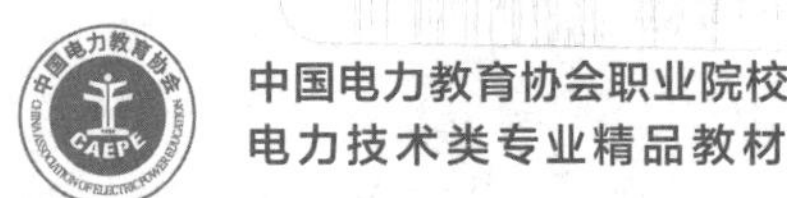

电气运行

（第二版）

组　编　全国电力职业教育教材编审委员会
主　编　杨　娟　史俊华
副主编　谭绍琼　王锐凤
编　写　莫　华　胡　平
主　审　黄红荔

中国电力出版社
CHINA ELECTRIC POWER PRESS

内 容 提 要

本书连续入选"十二五""十三五""十四五"职业教育国家规划教材，并被评为中国电力教育协会职业院校电力技术类专业精品教材。

本书为行动导向式教材，共分两大模块，模块1（变电站运行）共分四大学习项目，包括变电站运行监控、变电站电气设备巡视及维护、变电站倒闸操作、变电站异常及事故处理；模块2（发电厂运行）共分四大学习项目，包括发电厂运行监控、发电厂电气设备巡视及维护、发电厂倒闸操作、发电厂异常及事故处理。本书实践性、实用性强，具有很好的针对性和可操作性。

为学习贯彻落实党的二十大精神，本书根据《党的二十大报告学习辅导百问》《二十大党章修正案学习问答》，在数字资源中设置了"二十大报告及党章修正案学习辅导"栏目，以方便师生学习。

本书不仅可作为高职高专院校电力技术类专业教材，也可作为变电站、发电厂运行人员的职业技能鉴定培训教材，同时还可供相关工程技术人员参考。

图书在版编目（CIP）数据

电气运行/杨娟，史俊华主编；全国电力职业教育教材编审委员会组编．—2版．—北京：中国电力出版社，2019.5（2025.2重印）

"十二五"职业教育国家规划教材

ISBN 978-7-5198-3857-7

Ⅰ．①电… Ⅱ．①杨…②史…③全… Ⅲ．①电力系统运行-高等职业教育-教材 Ⅳ．①TM732

中国版本图书馆CIP数据核字（2019）第237473号

出版发行：中国电力出版社
地　　址：北京市东城区北京站西街19号（邮政编码100005）
网　　址：http://www.cepp.sgcc.com.cn
责任编辑：乔　莉（010－63412535）
责任校对：黄　蓓　王小鹏
装帧设计：郝晓燕
责任印制：吴　迪

印　　刷：廊坊市文峰档案印务有限公司
版　　次：2014年8月第一版　2019年5月第二版
印　　次：2025年2月北京第十三次印刷
开　　本：787毫米×1092毫米　16开本
印　　张：17.75
字　　数：435千字
定　　价：46.00元

全国电力职业教育教材编审委员会

参编院校

山东电力高等专科学校
山西电力职业技术学院
四川电力职业技术学院
三峡电力职业学院
武汉电力职业技术学院
江西电力职业技术学院
重庆电力高等专科学校
西安电力高等专科学校
保定电力职业技术学院
哈尔滨电力职业技术学院
安徽电气工程职业技术学院
福建电力职业技术学院
郑州电力高等专科学校
长沙电力职业技术学院

电力工程专家组

组　　长　解建宝

副 组 长　李启煌　陶　明　王宏伟　杨金桃　周一平

成　　员　（按姓氏笔画顺序排序）

王玉彬　王　宇　王俊伟　刘晓春　余建华　吴斌兵　张惠忠
李建兴　李道霖　陈延枫　罗建华　胡　斌　章志刚　黄红荔
黄益华　谭绍琼

出 版 说 明

为深入贯彻《国家中长期教育改革和发展规划纲要（2010—2020）》精神，落实鼓励企业参与职业教育的要求，总结、推广电力类高职高专院校人才培养模式的创新成果，进一步深化“工学结合”的专业建设，推进“行动导向”教学模式改革，不断提高人才培养质量，满足电力发展对高素质技能型人才的需求，促进电力发展方式的转变，在中国电力企业联合会和国家电网公司的倡导下，由中国电力教育协会和中国电力出版社组织全国14所电力高职高专院校，通过统筹规划、分类指导、专题研讨、合作开发的方式，经过两年时间的艰苦工作，编写完成本套教材。

该套教材分为电力工程、动力工程、实习实训、公共基础课、工科基础课、学生素质教育六大系列。其中，电力工程系列和工科基础课系列教材40余种，主要针对发电厂及电力系统、供用电技术、继电保护及自动化、输配电线路施工与维护等专业，涵盖了电力系统建设、运行、检修、营销以及智能电网等方面内容。教材采用行动导向方式编写，以电力职业教育工学结合和理实一体化教学模式为基础，既体现了高等职业教育的教学规律，又融入电力行业特色，是难得的行动导向式精品教材。

本套教材的设计思路及特点主要体现在以下几方面。

(1) 按照“行动导向、任务驱动、理实一体、突出特色”的原则，以岗位分析为基础，以课程标准为依据，充分体现高等职业教育教学规律，在内容设计上突出能力培养为核心的教学理念，引入国家标准、行业标准和职业规范，科学合理设计任务或项目。

(2) 在内容编排上充分考虑学生认知规律，充分体现“理实一体”的特征，有利于调动学生学习积极性，是实现“教、学、做”一体化教学的适应性教材。

(3) 在编写方式上主要采用任务驱动、行动导向等方式，包括学习情境描述、教学目标、学习任务描述、任务准备、相关知识等环节，目标任务明确，有利于提高学生学习的专业针对性和实用性。

(4) 在编写人员组成上，融合了各电力高职高专院校骨干教师和企业技术人员，充分体现院校合作优势互补，校企合作共同育人的特征，为打造中国电力职业教育精品教材奠定了基础。

本套教材的出版是贯彻落实国家人才队伍建设总体战略，实现高端技能型人才培养的重要举措，是加快高职高专教育教学改革、全面提高高等职业教育教学质量的具体实践，必将对课程教学模式的改革与创新起到积极的推动作用。

本套教材的编写是一项创新性的、探索性的工作，由于编者的时间和经验有限，书中难免有疏漏和不当之处，恳切希望专家、学者和广大读者不吝赐教。

全国电力职业教育教材编审委员会

前　言

《电气运行》教材是适应高职高专教育改革与发展的需要，培养技术应用为主线的“教、学、做”一体化教学的配套教材。

目前，国内有关电气运行的教学资料，往往都是侧重于理论。而本教材作为校企合作开发的教材，最大的特点就是在经过对变电站和发电厂大量的调研工作以及与现场多名技能专家的探讨，依据电气运行实际工作，针对发电厂电气值班员与变电站变电值班员等职业岗位对理论知识和职业技能的需求，结合理论来分析现场操作任务，用行业标准规范实际操作，以理论与实践融为一体为目的设置课程内容和学习项目；本教材主张在做上教和做上学，整个教学过程可结合发电仿真系统、变电仿真系统及多媒体教学手段，实现以项目为导向的任务驱动式一体化教学，以学生为主体，以做为中心，实现本专业毕业生零距离上岗。

为学习贯彻落实党的二十大精神，本书根据《党的二十大报告学习辅导百问》《二十大党章修正案学习问答》，在二维码链接的数字资源中设置了“二十大报告及党章修正案学习辅导”栏目，以方便师生学习。

本教材共分两大模块，模块 1 变电站运行共分四大学习项目：项目 1 变电站运行监控；项目 2 变电站电气设备巡视及维护；项目 3 变电站倒闸操作；项目 4 变电站异常及事故处理。其中，项目 1 与项目 2 由江西电力职业技术学院高级讲师莫华编写；项目 3 由福建电力职业技术学院副教授王锐凤编写；项目 4 由江西电力职业技术学院副教授史俊华编写。模块 2 发电厂运行共分四大学习项目：项目 1 发电厂运行监控；项目 2 发电厂电气设备巡视及维护；项目 3 发电厂倒闸操作；项目 4 发电厂异常及事故处理。其中，项目 1 由山西电力职业技术学院教授谭绍琼编写；项目 2 与项目 4 由长沙电力职业技术学院副教授杨娟编写；项目 3 由长沙电力职业技术学院副教授胡平编写。全书由福建电力职业技术学院黄红荔副教授主审。由于编者水平有限，疏漏之处敬请批评指正。另外，长沙电业局变电运维工区高级技师李佳、大唐湘潭发电有限责任公司工程师陈静也审阅了稿件，在此一并表示衷心感谢。

限于编者水平，加之编写时间仓促，疏漏之处敬请批评指正。

编　者

2022 年 11 月

目　录

模块2　发电厂运行

模块 1

变电站运行

变电站是电力系统的中间环节，起着变换电压和分配电能的作用。变电站主要由馈电线（进线、出线）和母线、隔离开关（接地开关）、断路器、主变压器（简称主变）、站用变压器（简称站用变）、电压互感器 TV、电流互感器 TA、避雷器及继电保护、自动装置、调度自动化和通信等相应的设备组成。

变电站运行，又称变电运行，其基本任务是给用户提供优质、可靠而充足的电能，确保电力系统安全和经济运行。其主要内容有变电站运行监控、变电站电气设备巡视及维护、变电站倒闸操作和变电站异常及事故处理。本模块以变电仿真系统中典型的 220kV 双母线接线变电站为例，在仿真机上学习完成变电站变电运行的各项基本工作。

项目 1

变电站运行监控

【项目描述】

在仿真环境下，各学习小组掌握 220kV 双母线接线变电站的正常运行方式及各设备平面布置，各设备额定运行方式下的主要参数及监控操作。学习完本项目能具备以下专业能力、方法能力、社会能力。

(1) 专业能力：能根据变电站一次系统、二次系统的正常运行方式及变电站电气设备额定运行方式下的主要参数，对变电站进行运行监控；了解变电站正常运行工况的监视内容和信号。

(2) 方法能力：能正确理解、分析变电运行规程和变电站一次系统、二次系统图，形成变电站运行监控基本思路，具备较强抽象思维能力；能根据表计或测量信息、各种信号，发现运行参数越限、设备运行异常情况，掌握运行监视的内容和方法。

(3) 社会能力：愿意交流，主动思考，善于在反思中进步；学会服从指挥，遵章守纪，吃苦耐劳，安全作业；学会团队协作，认真细致，保证目标实现。

【教学目标】

能认识变电站主接线图，建立变电运行的概念，了解变电站正常运行工况的监视内容和信号；熟悉变电站正常运行方式（包括主系统、站用电和直流系统的一、二次部分正常运行方式）；能对照典型 220kV 变电站正常运行方式，说出主变压器、站用变压器、断路器、隔离开关等主要设备额定运行方式下的主要参数；能根据表计或测量信息、各种信号，发现运行参数越限、设备运行异常情况，掌握运行监视的内容和方法；能严格遵守“变电运行”专业相关规程标准及规章制度，与小组成员协商、交流配合，按标准化作业流程在仿真机上对变电站运行工况进行监控操作。

【教学环境】

变电站运行监控在 220kV 双母线接线变电运行仿真实训室进行一体化教学，机位要求至少能满足每两个学生一台计算机，最好能满足每个学生一台计算机的教学需要；变电仿真系统相关资料齐全，配备规范的一体化教材和相应的多媒体课件等教学资源。

【知识背景】

在电力生产中，发电厂把其他形式的能量转换为电能，电能经过变压器和不同电压等级的输电线路被输送并分配给用户，再通过各种用电设备转换成适合用户需要的其他形式的能。这种由生产、输送、分配和使用电能的各种电气设备连接在一起而组成的整体，称为电力系统。如果把火电厂的汽轮机、锅炉、供热系统和热用户，水电厂的水轮机和水库，核电厂的反应堆和汽轮机等动力部分也包括进来，就称为动力系统。

电力系统中输送和分配电能的部分称为电力网，它包括升、降压变压器，换流站和各种电压等级的交、直流输电线路。由输电线和连接这些电力线路的变电站所组成的统一体，称为输电网，它的作用是将发电厂的电能送往负荷中心；由配电线路和配电站组成的统一体，称为配电网，它的作用是将负荷中心的电能分配到各配电站后，再将电能送往各用户。

变电运行的基本任务是给用户提供连续、优质、可靠、充足的电能，确保电力系统安全经济运行。变电运行管理的内容有运行值班制度、交接班制度、巡回检查制度、运行维护工作制度、运行分析制度、倒闸操作制度、工作票制度、设备验收制度、现场清洁卫生制度。

一、运行值班工作内容和要求

变电运行人员值班工作的内容和要求如下。

(1) 监视仪表、控制屏、光字牌信号、故障录波器和信号继电器的各种信号告警、掉牌及设备运行状况。

(2) 及时记录和汇报各种事故、异常告警信号和掉牌。

(3) 正确处理各种事故和设备异常情况。

(4) 正确接受和执行调度下达的各项操作命令。

(5) 负责接传有关生产调度的联系电话。

(6) 根据调度的要求向调度汇报当值运行情况和设备运行状态。

(7) 根据调度命令的要求和当值值班长的安排完成设备的倒闸操作。

(8) 审核并办理工作票的开、收、完工手续。

(9) 对设备的修、试、校工作进行验收和事故处理。

(10) 按照规定巡视运行设备。

(11) 负责抄表和核对电量，填写有关运行记录和运行日志。

(12) 定期启动备用设备运行和设备轮换运行的切换。

(13) 负责日常和定期的设备运行维护工作。

(14) 负责做好主控制室和专责设备场所的清洁卫生工作。

二、交接班工作内容和要求

1. 变电站交接班的内容

(1) 系统和本站的运行方式。

(2) 设备的倒闸操作和变更情况以及未执行的命令或未操作完的项目并说明原因。

(3) 继电保护装置、自动装置、稳定装置、通信设备、微机监控设备、五防设备运行及动作情况。

(4) 设备异常处理、事故处理、缺陷发现及处理情况。

(5) 设备检修试验情况、安全措施的布置，地线的组数、编号及位置和使用情况。

(6) 许可的工作票、停电申请、送电申请，工作班的工作进展情况。

(7) 按照设备巡视检查的内容对设备进行巡视检查。

(8) 核对断路器的位置，检查模拟图板与记录是否相符。

(9) 检查中央信号。

(10) 技术资料、图纸、台账、安全工具、其他用具、物品、仪表及钥匙是否齐全无损。

(11) 工具、仪表、备品、备件、材料、钥匙等的使用和变动情况。

(12) 当值已完成和未完成的工作及其有关措施。

(13) 上级指示、各种记录和技术资料的收管情况。

(14) 环境卫生情况。

(15) 其他事项。

2. 变电站的交接班制度要求

(1) 交接班双方必须做好交接准备工作，进行正点交接，一般不得无故拖延。在未办完交接手续前，交接班人员不得离开工作岗位。

(2) 交班人员在交班前应做好各种统计记录，整理工器具、仪表、钥匙、图纸、记录本，打扫工作现场。接班人员应按规定的时间提前进入值班室，做好接班准备。

交班时，首先由交班值班长详细介绍运行方式及主设备潮流，一、二次设备的动作、变更、异常及处理情况，倒闸操作、继电保护和自动装置投退情况，缺陷发现和处理情况，修试校正工作及结果，现场作业安全措施，上级指示，当值内发生的其他事项以及前值有必要交代的事宜。

交接班双方运行人员在听取交班值班长的介绍后，应按照岗位职责对照现场运行设备进行对口交接，做进一步的巡视和核查，现场交接和检查情况由接班人员向接班值班长汇报。

三、变电站正常运行工况监视

1. 变电站运行监视目的

运行监视是变电运行值班工作中的一个重要内容，是指对变电站的主要电气设备、输配线路与二次系统的运行工况进行的监视。通过运行监视，运行值班人员可以随时掌握变电站的运行工况和设备的工作状态，以便及时发现变电站运行异常和设备的不正常工作状态。它对于防止设备过载、运行参数越限、保证电压质量、发现设备异常和预防事故，确保变电站安全运行至关重要。

变电站的运行监视工作应包括：监视各种运行参数，按时记录各项电压、电流、功率、频率、电量等有关数据，分析其是否正常并上报调度部门；监视设备的运行状态，通过巡视检查设备的温度、压力、密度、油位、声响、渗油、放电、外观、锈蚀、发热、指示、灯光、信号、报警等，及时发现设备的缺陷和不正常工作状态，向有关调度和上级部门汇报并进行处理，同时做好相关记录。

2. 运行工况监视的方式

通常根据变电站控制方式的不同，常规变电站、综合自动化变电站或无人值班变电站运行工况监视也有不同的方式。

(1) 常规变电站：通过控制盘表计显示、光字信号、灯光信号等进行监视。

(2) 综合自动化变电站：通过监控系统计算机、报警信号等进行监视。

(3) 无人值班变电站：通过集控站或控制中心进行远方监视和控制。

由于综合自动化变电站可以实现遥控、遥信、遥测、遥调的四遥功能，变电站的监视、测量、记录、抄表等工作都由计算机自动进行，运行值班人员只要通过后台监控系统的监视器，便可对变电站的主要设备和各输配电线路的运行工作状况和运行参数一目了然。变电站综合自动化系统还具有与上级通信的功能，可将检测到的数据和信息及时送到集控站或控制中心，使运行人员和调度也能及时掌握变电站的运行工况，对其进行必要的调节和控制，同时各种操作和信号都有事件顺序记录可供查阅，从而大大提高了运行监视水平。

3. 变电站运行工况监视的内容

变电站运行监视的内容包括一次接线及运行方式，电气设备工作状态和运行参数，自动化系统、保护装置、通信系统、直流系统、站用电系统等的工作状态。

具体监视内容如下：

(1) 母线电压监视。变电站的母线电压直接反映了电网和变电站的运行工况，是电网运行和变电站运行监视的重要参数。监视各变电站母线电压是否在调度规定的变化范围内波动，对于电压中枢点或电压监视点的母线电压，需要监视电压棒形图等各类曲线图。严格按调度下达的电压曲线进行监视和调整，统计电压合格率情况，以保证供电电压质量。另外，还要监视变电站母线电压是否发生“三相电压不平衡”“10kV 系统接地”等异常或故障，及时汇报调度并进行相应处理。

(2) 变压器运行监视。主变压器是变电站的重要设备，对变压器运行工况的监视，可以随时了解变压器的温度和负荷等情况。通过变压器运行监视，还能及时发现变压器工作异常或存在的缺陷，从而采取相应措施，防止事故的发生或扩大，以保证变压器安全运行。变压器运行监视的参数主要有变压器各侧的有功功率、无功功率、三相电流，以及变压器的运行电压、温度、电量和各种信号等。另外，对变压器运行监视还包括监视分接开关、冷却系统等的运行情况。

(3) 线路运行监视。监视各线路的有功功率、无功功率、三相电流、潮流流向和电量等运行参数，以便运行人员掌握变电站运行情况，及时发现线路的功率越限或潮流异常。尤其是在高峰负荷或特殊保电期间，对重要线路的运行监视就显得十分重要。

(4) 运行监视的其他内容。它主要包括自动化系统、保护及二次系统、直流系统、五防系统、电压无功调节设备、母线设备、断路器设备、互感器及配电装置等的运行监视。对这些系统和设备的运行监视主要是监视设备和系统本身的工作状态。通过监视各种运行信号、各种报文或上传信号等情况，及时发现异常或故障，以便及时处理。

任务 1.1 典型 220kV 变电站正常运行方式核对

电气主接线有多种典型形式，在实际运行中每一种接线形式都有相应固定的运行方式。所谓主接线运行方式，是指电气主接线中各电气元件实际所处的工作状态（运行状态、备用状态、检修状态）及其相连接的方式。该运行方式分为正常运行方式和允许运行方式。

电气主接线的正常运行方式是指正常情况下，全部设备按固定连接方式投入运行时，电气主接线经常采用的运行方式，包括母线及进、出线回路的运行方式和中性点的运行方式两个方面。电气主接线的正常运行方式确定后，母线及回路的运行方式和中性点的运行方式也随之确定，且继电保护和自动装置的投入也随之确定。由于电气主接线的正常运行方式是综合考虑各种因素和实际情况而确定的，因此正常运行方式一旦确定，任何人不得随意改变。

电气主接线的允许运行方式是指在事故处理、设备故障或检修时，电气主接线所采用的运行方式。由于事故处理、设备故障和设备检修的随机性，变电站的允许运行方式有多种，可以根据运行的实际情况进行具体的安排和调整。

变电站运行方式是指站内电气设备主接线方式，设备状态及保护和自动装置、直流系统、站用变压器、通道配置的运行状况。为确保电力系统安全、可靠、灵活、经济运行，变电站必须按正常运行方式运行。

【教学目标】

知识目标：①掌握变电站运行规程相关知识，认识变电站主接线图，建立变电运行的概念；②熟悉典型 220kV 变电站主接线形式，220kV 变电站站用交直流系统接线形式；③掌握 220kV 变电仿真系统典型 220kV 变电站正常运行方式核对（包括一、二次系统）。

能力目标：①能对照典型 220kV 变电站正常运行方式，说出变压器等主要设备额定运行方式下的主要参数；②能在仿真机上对变电站运行工况进行监控操作。

态度目标：①能主动学习，在完成任务过程中发现问题、分析问题和解决问题；②能严格遵守“变电运行”专业相关规程标准及规章制度，与小组成员协商、交流配合，按标准化作业流程完成学习任务。

【任务分析】

（1）分析 220kV 袁州变电站主接线图，了解该站的主接线形式和设备分布情况。

（2）分析解读 220kV 袁州变电站电气运行方式。

【相关知识】

电气主接线可分为有母线和无母线两种形式。有母线的电气主接线有单母线接线、双母线接线和一个半断路器接线，无母线的电气主接线有桥形接线、角形接线和单元接线。电气主接线图一般绘制成单线图，只有在局部三相不对称时用三线图表示。

变电站的典型电气主接线及其运行方式如下。

（一）单母线接线

1. 单母线不分段接线

单母线不分段接线如图 1-1-1 所示。这种接线的特点是整个配电装置只有一组母线，所有电源进线和出线回路均经过各自的断路器和隔离开关连接在该母线上并列运行。

该接线的正常运行方式为：母线和所有接入该母线上的进出线、母线电压互感器均投入运行，继电保护及安全自动装置按规定投入。

该接线只能提供一种单母线运行方式，对运行状况变化的适应能力差；母线和任一母线隔离开关故障或检修时，全部回路必须在检修和故障处理期间停运。因此该接线适用于可靠性要求不高的场所。

2. 单母线分段接线

单母线分段接线如图1-1-2所示。正常运行时，单母线分段接线有如下三种正常运行方式。

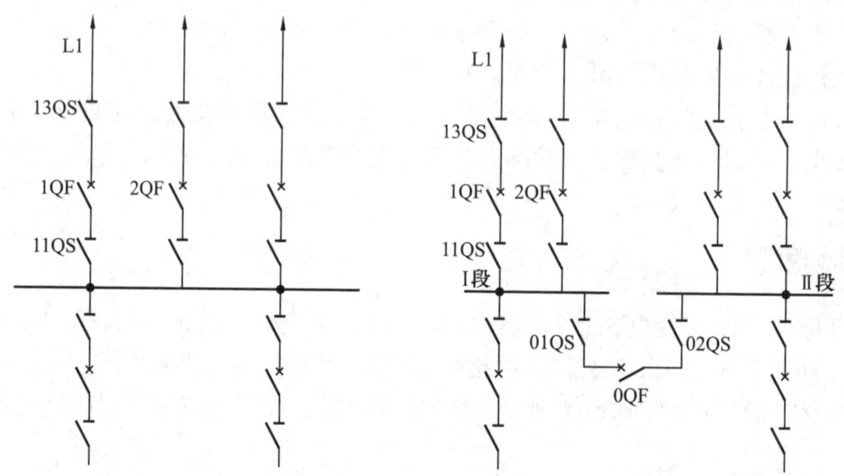

图1-1-1 单母线不分段接线　　图1-1-2 单母线分段接线

(1) 正常运行方式1：分段断路器闭合，其两侧隔离开关闭合，电源和负荷均衡地分配在两段母线上，以使两段母线上的电压均衡和通过分段断路器的电流最小。

(2) 正常运行方式2：分段断路器热备用，每个电源只向接至本母线段上的负荷供电。当任一电源故障时，该电源支路断路器自动跳闸后，由备用电源自投入装置自动接通分段断路器，以保证向全部引出线继续供电。

(3) 正常运行方式3：一电源带两段母线运行，另一电源热备用，装设备用电源自投入装置。

3. 单母线分段带旁路母线接线

单母线分段带旁路母线接线如图1-1-3所示。当该接线的断路器检修时，利用旁路断路器代替其工作，可使该回路不停电。随着GIS组合电器及高压断路器柜的普遍应用，该接线应用得越来越少。该接线的正常运行方式为旁路母线正常运行时不带电，旁路断路器处于冷备用状态；工作母线的运行方式与单母线分段接线相同。

(二) 双母线接线

1. 不分段的双母线接线

双母线不分段接线如图1-1-4所示。该接线的两组（Ⅰ母线和Ⅱ母线）母线通过母线联络断路器0QF（即母联断路器）连接，每一条引出线（L1、L2、L3、L4）和电源支路（5QF、6QF）都经一台断路器与两组母线隔离开关分别接至两组母线上。

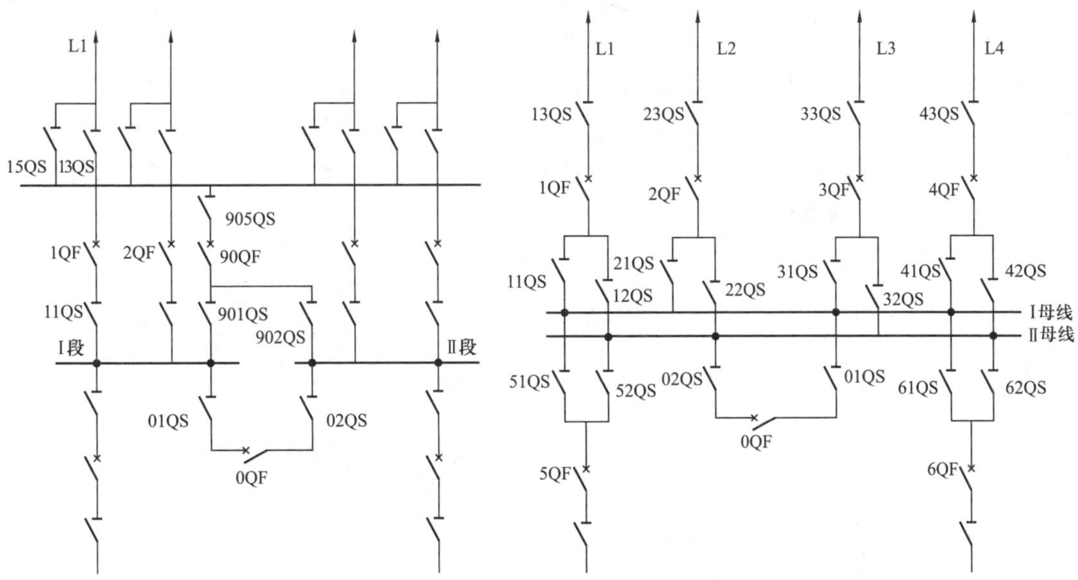

图1-1-3 单母线分段带旁路母线接线　　图1-1-4 不分段的双母线接线

不分段的双母线接线可靠性高：①可轮流检修母线而不影响正常供电。当采用一组母线工作、一组母线备用方式运行时，需要检修工作母线，可将工作母线转换为备用状态后，进行母线停电检修工作。②检修任一母线侧隔离开关时，只影响该回路供电。③工作母线发生故障后，所有回路只是短时停电并能迅速恢复供电。④可利用母联断路器替代引出线断路器工作，使引出线断路器检修期间能继续向负荷供电。

不分段的双母线接线灵活性好，各个电源和各回路负荷可以任意分配到某一组母线上，能灵活地适应电力系统中各种运行方式调度和潮流变化的需要。

通过操作该接线可以组成如下运行方式：

(1) 母联断路器断开，进出线分别接在两组母线上，相当于单母分段运行。

(2) 母联断路器断开，一组母线运行，一组母线备用。

(3) 两组母线同时工作，母联断路器合上，两组母线并联运行，电源和负荷平均分配在两组母线上，这是双母线接线常采用的运行方式。

不分段的双母线接线扩建方便。该接线可向双母线的左右任一方向扩建，均不影响两组母线的电源和负荷的均匀分配，不会引起原有电路的停电，但是检修出线断路器时该支路仍然会停电。另外这种接线设备较多、配电装置复杂，运行中需要用隔离开关切换电路，容易引起误操作；同时投资和占地面积也较大。

由于不分段的双母线接线具有较高的可靠性和灵活性，在大、中型变电站中得到广泛的应用，一般用于引出线和电源较多、输送和穿越功率较大、要求可靠性和灵活性较高的变电站。例如，电压为6～10kV，短路容量大，有出线电抗器的变电站；电压为35～60kV，出线超过8回或电源较多，负荷较大的变电站；电压为110～220kV，出线为5回及以上，或者在系统中居重要位置、出线为4回及以上的变电站。

2. 双母线分段接线

双母线分段接线如图1-1-5所示。该接线的Ⅰ段母线与Ⅱ段母线之间分别通过母联断路器 01QF、02QF 连接。这种接线较不分段的双母线接线具有更高的可靠性和更大的灵活性。当Ⅰ段母线工作，Ⅱ段母线备用时，它具有单母线分段接线的特点。Ⅰ段母线的任一分段检修时，将该段母线所连接的支路倒至备用母线上运行，仍能保持单母线分段运行的特点。当具有三个或三个以上电源时，可将电源分别接到Ⅰ段的两段母线和Ⅱ段母线上，用母联断路器连通Ⅱ段母线与Ⅰ段某一个分段母线，构成单母线分三段运行，可进一步提高供电可靠性。

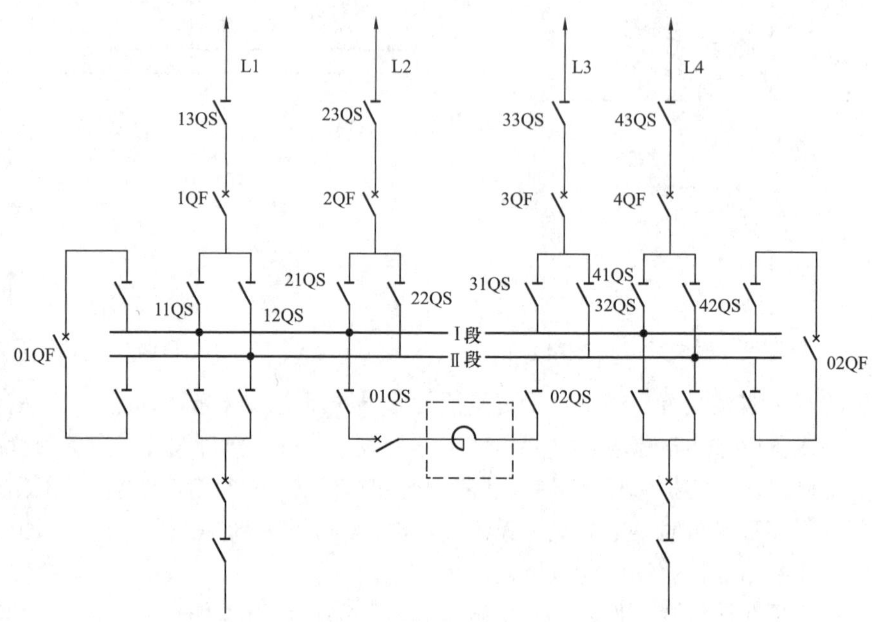

图 1-1-5　双母线分段接线

双母线分段接线主要适用于大容量进出线较多的变电站。

(1) 电压为 220kV，进出线为 10～14 回的变电站。

(2) 在 6～10kV 变电站中，当进出线回路数或者母线上电源较多，输送的功率较大时，短路电流较大时，常采用双母线分段接线，并在分段处装设母线电抗器。

3. 双母线带旁路母线接线

双母线带旁路母线接线如图 1-1-6 所示。双母线带旁路接线中旁路断路器可代替出线断路器工作，使出线断路器检修时，线路供电不受影响。但这种接线多用一组旁路母线、一台旁路断路器和多台旁路隔离开关，增加投资和占地面积，且旁路断路器的继电保护整定较复杂。这种接线一般用在 220kV 线路 4 回及以上出线或者 110kV 线路有 6 回及以上出线的变电站。

【任务实施】

根据电气主接线运行方式的设计原则，以及变电站现场运行方式按调度令执行的规定，通过以上任务分析，在仿真机上对典型 220kV 双母线接线变电站正常运行方式进行核对。

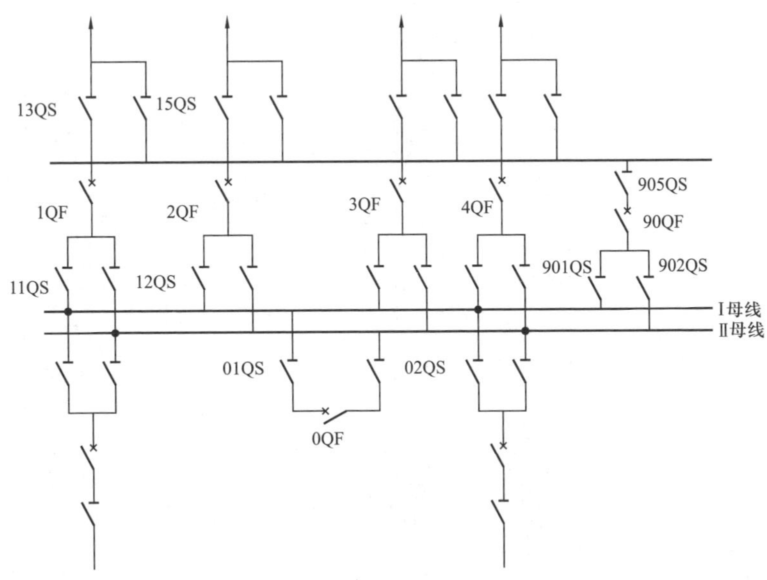

图1-1-6　双母线带旁路母线接线

(1) 典型220kV双母线接线袁州变电站一次系统主接线图如图1-1-7所示，站用电一次系统接线图如图1-1-8所示。

(2) 典型220kV双母线接线袁州变电站一次系统正常运行方式核对。

1) 220kV：采用双母线接线方式。跑袁Ⅰ线、大袁线、分袁线、1号主变201断路器接于Ⅰ母线运行；袁渝线、跑袁Ⅱ线、2号主变202断路器接于Ⅱ母线运行；母联231断路器在合上位置，2311、2312隔离开关均在合上位置；1号主变220kV中性点2010接地开关在合上位置；2号主变220kV中性点2020接地开关在拉开位置。

2) 110kV：采用单母分段带旁路接线方式。袁钧线、袁东线、袁风线、袁西线、1号主变101断路器接于Ⅰ段母线运行；袁三线、袁万线、2号主变102断路器接于Ⅱ段母线运行；分段131断路器在合上位置，1311、1312隔离开关均在合上位置；旁路141断路器接在Ⅱ段母线上，旁路141断路器及旁路母线在冷备用状态；1号主变110kV中性点1010接地开关在合上位置；2号主变110kV中性点1020接地开关在拉开位置。

3) 10kV：采用单母分段接线方式。1号主变901断路器带Ⅰ段母线负荷；2号主变902断路器带Ⅱ段母线负荷；分段931断路器在断开位置，9311、9312隔离开关在合上位置，931断路器备自投装置投入。

4) 站用电系统：1号站用变通过961断路器与10kVⅠ段母线相连，处于运行状态，低压侧通过401断路器（合闸位置）与低压380/220VⅠ段母线相连；2号站用变通过962断路器与10kVⅡ段母线相连，处于空载状态，低压侧通过402断路器（分闸位置）与低压380/220VⅡ段母线相连。低压Ⅰ母线、Ⅱ母线通过分段隔离开关4311实现并列运行。

5) 变电站直流系统：220V单母线分段，双蓄电池组，控制母线与合闸母线共用。高频开关充电屏Ⅰ接Ⅰ段直流母线，高频开关充电屏Ⅱ接Ⅱ段直流母线，直流Ⅰ、Ⅱ段母线分段运行，Ⅰ段母线切换开关切至1号充电屏，Ⅱ段母线切换开关切至2号充电屏，3号充电屏可代1号、2号充电屏运行。

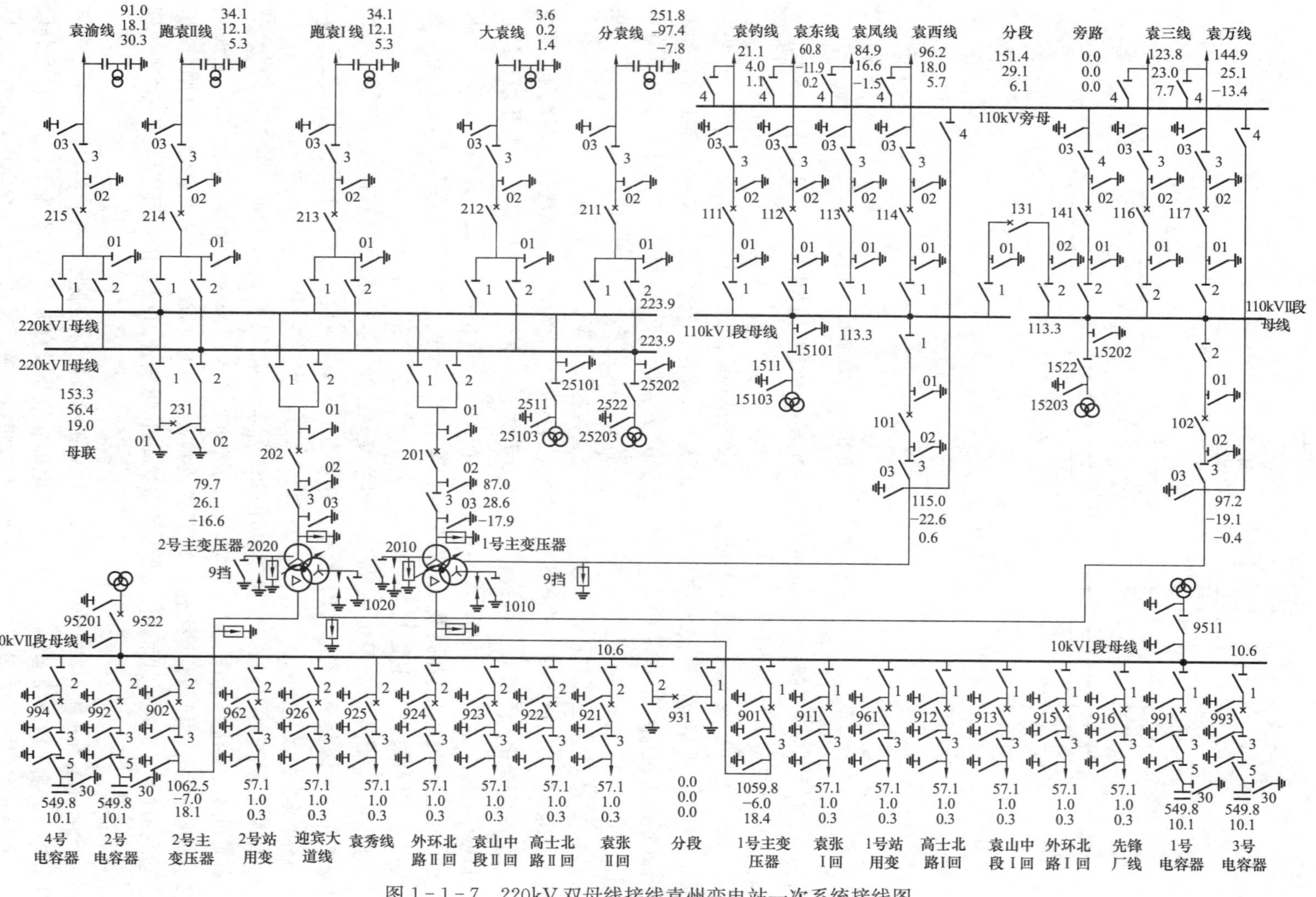

图 1－1－7　220kV 双母线接线袁州变电站一次系统接线图

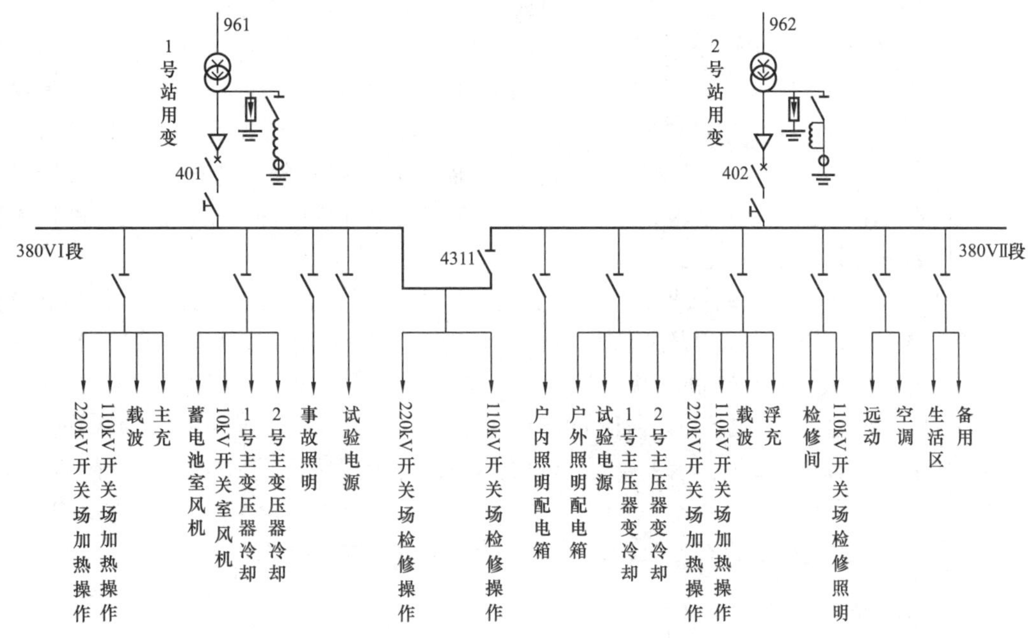

图1-1-8 220kV袁州变电站站用电一次系统接线图

(3) 典型220kV双母线接线袁州变电站二次系统正常运行方式核对。

1) 220kV：分袁线、大袁线、跑袁Ⅰ线、跑袁Ⅱ线、袁渝线的线路保护配置两套保护，实现了双主、双后备的保护配置原则。220kV线路保护Ⅰ屏为CSL-101D型数字式线路保护装置，配有专用光纤通道的光纤分相差动保护、三段式相间和接地距离保护、四段零序方向保护、失灵启动、三相不一致保护、充电保护、综合重合闸装置、故障录波器、电压切换箱和分相操作箱；220kV线路保护Ⅱ屏为CSL-103B型数字式线路保护装置，配有纵联分相差动保护、三段式相间和接地距离保护、四段零序方向保护和电压切换箱，采用高频载波通道传送保护信号。

220kV母线保护为差动保护，配置了两套保护。220kV母差保护（母线差动保护）Ⅰ屏为WMH-800型微机母线保护装置，配有比率制动特性的电流差动保护、复合电压闭锁、母联（分段）断路器充电保护、断路器失灵保护、母联断路器失灵死区保护、TA断线闭锁及告警、TV断线告警；220kV母差保护Ⅱ屏为WM2-41B型微机母线保护装置，配有电流差动保护、复合电压闭锁、母联断路器失灵（死区）保护及充电保护、断路器失灵保护、TA断线闭锁及告警、TV断线告警和直流稳压消失监视。

另外，220kV失灵保护为WSL-200型微机母线失灵保护装置。

2) 110kV：袁钓线、袁东线、袁风线、袁西线、袁三线、袁万线的线路保护为WXH-811型微机线路保护装置，配有三段式相间和接地距离保护、四段零序方向保护和三相一次重合闸；110kV母线保护为差动保护，配置了WMH-800型微机母线保护装置。

3) 10kV：10kV配电线路保护为WXH-821型微机线路保护测控装置，配有电流速断保护、过电流保护及三相一次重合闸装置；电容器组保护为低电压保护、过电压保护、过电流保护和零序平衡保护。

4) 主变压器保护：1号、2号主变压器配置两套保护，实现双主、双后备保护配置原则。主变压器保护Ⅰ屏为WBH-801型（集成了一台变压器的全部主后备电气量保护）和WBH-802型（集成了变压器的全部非电气量保护）微机变压器保护装置，并配有FCZ-832S型高压侧断路器操作箱（含电压切换），完成主变压器的一套电气量保护、非电气量保护和高压侧的操作回路及电压切换回路功能；主变压器保护Ⅱ屏为WBH-801型微机变压器保护装置，并配有FCZ-813S型中压侧和低压侧断路器操作箱（含中压侧电压切换）、ZYQ-812型高压侧电压切换箱，完成主变压器的第二套电气量保护和中、低压侧的操作回路及高中压侧电压切换回路功能。

其中电气量保护有：差动保护；220kV复压（方向）过电流保护，220kV零序电流保护（零序方向Ⅰ段、零序方向Ⅱ段、零序方向过电流、中性点零序过电流保护），220kV间隙保护；110kV复压（方向）过电流保护，110kV零序电流保护（零序方向Ⅰ段、零序方向Ⅱ段、零序方向过电流、中性点零序过电流保护）；10kV复压（方向）过电流保护。

非电气量保护有本体重瓦斯保护、调压重瓦斯保护、压力释放保护、冷却器故障保护、绕组温度保护、油温保护。

5）1号、2号站用变配置有RCS-9621A型成套保护装置。

【拓展提高】

1. 电气主接线运行方式的安排原则

电气主接线运行方式直接影响变电站及电力系统的安全、经济运行，各变电站均应合理安排本站电气主接线的正常和允许运行方式，并编入变电站运行规程中。安排电气主接线的运行方式时，应遵守以下原则：

(1) 合理安排电源和负荷。在双母线接线中，电源（发电机、变压器、电网联络线）接入每组母线上的数量要相当，电源容量基本平分，双回联络线分开接入两组母线；负荷安排要合理，双回线路分开接入两组母线，使两组母线上的负荷容量基本平衡，通过母联断路器的交换功率（电流）为零或尽量小。

(2) 变压器中性点接地满足要求。大电流接地系统中，电源变压器中性点的接地要分配合理。当高压母线有两个接地中性点时，运行方式的安排应考虑电源变压器的中性点在每一组母线上均有一个接地点，而不应集中在同一组母线上。否则，一旦母联断路器跳闸，将会使其中一组母线失去接地中性点，从而影响电网零序保护的正确配合。如果电网只需要一个接地中性点，则无需对此专门考虑。

(3) 限制短路电流，合理选择设备。主接线形式和运行方式的安排，直接影响短路电流大小和电气设备的选择。例如在发电厂主接线中，应适当限制接入发电机电压母线的发电机台数和容量，采用单元接线、母线分段运行、合理断开环网等措施，都可增大系统电抗，减小发电厂母线系统的短路电流，但必须经过仔细分析计算，保证满足发电厂和系统两方面的运行要求。

(4) 运行方式便于记忆。各变电站不同电压等级的母线、回路和电气元件的分配方法（包括设备的编号及所在母线的位置）要有一定的规律性，便于运行人员掌握和记忆。

2. 220kV双母线接线变电站一次系统可能的运行方式

(1) 220kV母线运行方式。

1）正常运行方式。220kVⅠ、Ⅱ母线经2311隔离开关—231断路器—2312隔离开关并列运行，220kV 母差保护自动切至“选择性”运行方式。

2）单母线运行方式。220kVⅠ母线运行Ⅱ母线备用，或Ⅱ母线运行Ⅰ母线备用。此时 231 断路器断开，2311、2312 隔离开关拉开，220kV 母差保护自动切换至“非选择性”运行方式。

（2）110kV 母线运行方式。

1）正常运行方式。单母线分段并列运行，141 旁路断路器及两侧隔离开关断开，110kV 旁母冷备用，110kV 母差保护投“非选择性”运行方式。

2）检修运行方式。141 旁路断路器代 110kV 线路断路器或主变压器断路器，此时 110kV 母线—1412 隔离开关—141 旁路断路器—1414 旁路隔离开关—110kV 旁母—被代线路旁路隔离开关或主变压器 110kV 旁路隔离开关—至线路侧或主变压器 110kV 侧运行，110kV 母差保护投“非选择性”运行方式。

（3）10kV 母线运行方式。

1）单母线分段运行方式。10kVⅠ、Ⅱ段母线经 931 母联断路器组成 10kV 单母线分段运行。10kVⅠ段母线—9311 隔离开关—931 分段断路器—9312 隔离开关—10kVⅡ段母线运行。

2）检修运行方式。10kVⅡ段母线检修，此时 931 断路器及两侧隔离开关均断开，10kVⅠ段母线单独运行。

（4）站用变压器的运行方式。站用变在正常运行时一台投入供站用电，另一台站用变热备用（其自动空气开关断开），站用电备自投装置投入，两段 400V（380V）低压站用母线并列运行。

变电站改变一次系统运行方式时，必须按所属调度有关规定和调度命令执行。因电网运行方式变化或检修、试验等工作而出现非正常运行方式时，在工作结束后，应按所属调度命令及时恢复正常运行方式。

任务 1.2　典型 220kV 变电站运行监控

运行监控是日常运行工作的主要组成部分，通过对主控室控制屏上各种表计、开关位置指示灯和信号光字牌的监视，可随时掌握变电站一、二次设备的运行状态及电网潮流分布情况。运行监控必须指定有资格的人员负责，并随时记录变化情况，同时按要求向调度进行汇报。

【教学目标】

知识目标：掌握变电站主变压器、站用变压器、断路器、隔离开关等主要设备额定运行方式下的主要参数及监控。

能力目标：①能对照典型 220kV 变电站正常运行方式，说出变压器等主要设备额定运行方式下的主要参数；②能在仿真机上对 220kV 变电站正常运行（一、二次系统）监控。

态度目标：①能主动学习，在完成任务过程中发现问题、分析问题和解决问题；②能严格遵守“变电运行”专业相关规程标准及规章制度，与小组成员协商、交流配合，按标准化作业流程完成学习任务。

【任务分析】

（1）分析电压、电流、功率的越限情况。一般变电站的母线电压，线路、变压器的电流和功率是在电网调度规程规定或额定参数的范围内运行的。当运行值超过规定值时称为越限。例如：某变电站的10kV母线电压，规程规定或调度下达在0%～+7%范围内运行。若该母线实际运行电压为10.8kV，则母线电压越限。

(2) 在仿真机上进行电流、功率的监视。三相电流应平衡，电流表指针无卡涩，微机监控系统数据刷新正常；电流不超过允许值；母线的进出线电流应平衡；功率指示数值应与电流指示相对应。

【相关知识】

(一) 常规变电站的运行监视

运行监视常规变电站电气设备额定运行方式下的主要参数及状况包括以下内容：

(1) 直流系统电压、电流和绝缘情况。

(2) 各级母线电压、频率。

(3) 主变压器有载分接开关位置、油温和各侧电流、有功功率、无功功率。

(4) 各线路的电压、电流、有功功率、无功功率及潮流方向。

(5) 主变压器功率因数和电容器投切情况。

(6) 光字牌亮牌情况。

(7) 开关的位置指示灯状况。

(8) 预告信号电源指示灯状况。

(9) 站用电系统运行方式。

(二) 综合自动化变电站的运行监视

综合自动化变电站的运行监视，是指以微机监控系统为主、人工为辅的监视方式，对变电站内的日常信息进行监视，以达到掌握变电站一、二次设备运行状态及电网潮流分布情况，保证正常运行的目的。

运行监视综合自动化变电站电气设备额定运行方式下的主要参数及状况包括以下内容：

(1) 监视一次主接线及一次设备的运行情况。

(2) 检查站内的安全措施。

(3) 监视主变压器的油温、负荷情况。

(4) 监视主变压器分接开关运行位置。

(5) 监视保护及自动装置运行情况。

(6) 监视各级母线电压。

(7) 监视各线路电流、有功功率及无功功率、潮流方向。

(8) 检查光字牌信息变位情况。

(9) 对事故音响、预告音响进行试验检查。

(10) 监视本站微机网络（包括与测控装置、保护装置、五防计算机之间的通信）的运行情况。

(11) 检查直流系统的电压、电流及绝缘情况。

(12) 监控主变压器功率因数和电容器投切情况。

(13) 监视站用电系统运行方式。

(14) 检查告警报文发出及复归情况。

（三）DL/T 572—2010《电力变压器运行规程》相关规定

因电力系统的运行电压随负荷变化而波动，从而决定了在电力系统中运行的变压器不可能严格控制在额定电压值下运行。当变压器的运行电压升高时，将使励磁电流相应的增加，变压器的励磁电流增大后，会使变压器的铁芯损耗增大而过热。同时变压器的励磁电流是无功电流，因此励磁电流的增加会使无功功率增加。由于变压器的容量是一定的，当无功功率增加时，有功功率会相应减少。因此电源电压升高以后，变压器允许通过的有功功率将会降低。此外，变压器的电源电压升高后，磁通增大，会使铁芯饱和，从而使变压器的电压和磁通波形畸变。电压畸变后，电压波形中的高次谐波分量也将随之加大。由于高次谐波使电压畸变而产生尖峰波对用电设备有很大的破坏性，如引起用户的电流波形畸变、增加电机和线路的附加损耗，可能使系统中产生谐振过电压，从而使电气设备的绝缘遭到破坏；高次谐波会干扰附近的通信线路。因此，DL/T 572—2010《电力变压器运行规程》规定：变压器的运行电压一般不应高于该变压器运行分接额定电压的105%。

运行中的变压器，由于铜损和铁损的原因，必然温度要升高。变压器温度空载时比停运时高，负载时比空载时高，过载时比轻载时高，短路时的温升更高。这是因为铁损基本不变，而铜损是与电流的平方成正比变化的。由于出厂运行的变压器的绝缘是一定的，其绝缘材料的绝缘强度（包括机械强度）也是一定的，随着时间的推移，特别是长期在高温的作用下，变压器绝缘材料的原有绝缘性能将会不断降低，这一过程叫作变压器的绝缘老化。温度越高，其绝缘老化越快，同时变脆而碎裂，绕组的绝缘层的保护也会失去。当变压器绝缘材料的工作温度超过其允许的长期工作最高温度时，每升高6℃，其使用寿命将减少一半。这就是变压器运行的“6℃原则”（干式变压器的为“10℃原则”）。油浸式变压器的温度依次为绕组>铁芯>上层油温>下层油温。变压器绕组热点温度的额定值（长期工作的允许最高温度）为正常寿命温度，绕组热点温度的最高允许值（非长期的）为安全温度。油浸式变压器一般通过监测上层油温来监视变压器绕组的温度。

【任务实施】

根据DL/T 572—2010《电力变压器运行规程》等相关规定，对照变电站各主要设备配置和技术规范，在仿真机上对典型220kV双母线接线袁州变电站进行运行监控。

（一）袁州变电站1号主变压器及附属设备运行监控

1号主变压器及附属设备的配置和技术规范见表1-1-1。

表1-1-1 1号主变压器及附属设备的配置和技术规范

型　号	SFPSZ10-120000/220
相　数	3
频率（Hz）	50
冷却方式	ODAF
额定容量（kVA）	120000/120000/60000
接线组别	YNynd11
电压组合（kV）	220±8×1.25%/121/10.5
额定电流（A）	315/572.6/3299

续表

型　　号		SFPSZ10－120000/220
空载电流（A）		0.29% I_N
负载损耗（kW）	高压侧/中压侧	405.321
	高压侧/低压侧	149.846
	中压侧/低压侧	120.293
空载损耗（kW）		91.504
短路阻抗（%）	高压侧/中压侧	12.37
	高压侧/低压侧	21.54
	中压侧/低压侧	7.24
油种类		25号变压器油
油重（t）		36.7
器身重（t）		82.7
总重（t）		150.3
运输重（t）		129.7
上节重（t）		10
调压方式		有载调压
冷却器全停允许运行时间（min）		20
允许上层油温（℃）		75
出厂日期		1997.10
出厂编号		970005
制造厂家		江西变压器厂
投运时间		1998年01月21日

主要附属设备	型　　号	制造厂家
冷却器	YF4－20	保定保利公司
变压器风扇	DBF－9QB	长春第二电机厂
油泵	6B80－5/2.2	湖南跃进机械厂
油流继电器	YJ－50	沈阳特种电器厂
控制箱	XKWFD－6/N	保定保利公司
有载调压开关	BZ5103C	德国MR公司
温度指示器	WTZK－02	杭州华立仪表厂
气体继电器	QJ4－80	江西变压器厂
压力释放器	YSF－55/130KJ	南昌变压器组件厂
220kV套管	BRLW－220/630－3	南京电瓷厂
110kV套管	BRLW－110/630－3	南京电瓷厂
10kV套管	BD－10/4000	南京电瓷厂

（二）袁州变电站2号主变压器及附属设备运行监控

2号主变压器及附属设备的配置和技术规范见表1－1－2。

表 1-1-2　　2号主变压器及附属设备的配置和技术规范

型　　号		SFSZ10-120000/220
相　　数		3
频率（Hz）		50
冷却方式		ONAN/ONAF　67%/100%
额定容量（kVA）		120000/120000/60000
接线组别		YNynd11
电压组合（kV）		220±8×1.25%/121/10.5
额定电流（A）		314.9/573/3299
空载电流（A）		0.11%I_N
负载损耗（kW）	高压侧/中压侧	379.0
	高压侧/低压侧	144.8
	中压侧/低压侧	114.8
空载损耗（kW）		78.77
短路阻抗（%）	高压侧/中压侧	12.9
	高压侧/低压侧	22.3
	中压侧/低压侧	8.0
油种类		25号变压器油
油重（t）		45.2
器身重（t）		88.8
总重（t）		170.7
运输重（t）		108.3
上节重（t）		10.5
调压方式		有载调压
允许上层油温（℃）		85
出厂日期		2004.01
出厂编号		03109811
制造厂家		衡阳变压器有限公司
投运时间		2004年06月20日
主要附属设备	型　　号	制造厂家
气体继电器	QJ4-80	沈阳皇姑区
片式散热器	PC(G)H-N/520	衡阳变压器有限公司
变压器风扇	DBF8-6.3Q8TH	浙江台州通达机电公司
压力释放阀	YsF130	衡阳变压器有限公司
有载调压开关	UCGRN　650/400/C	北京ABB公司
220kV套管	BRLW-252/630-3	南京电气有限责任公司
110kV套管	BRLW-110/1250-3	南京电气有限责任公司
温度指示控制器	BWY-803A（TH）	杭州华立仪表有限公司

（三）断路器运行监控

断路器的主要技术参数如下：

(1) 额定电压（kV），指断路器正常工作时，系统的额定（线）电压。这是断路器的标称电压，断路器应能保持在这一电压的电力系统中使用，最高工作电压可超过额定电压15%。

(2) 额定电流（A），指断路器在规定使用和性能条件下可以长期通过的最大电流（有效值）。当额定电流长期通过高压断路器时，其发热温度不应超过国家标准中规定的数值。

(3) 额定（短路）开断电流（kA），指在额定电压下，断路器能可靠切断的最大短路电流周期分量有效值。该值表示断路器的断路能力。

(4) 额定峰值耐受（动稳定）电流（kA），指在规定的使用和性能条件下，断路器在合闸位置时所能承受的额定短时耐受电流第一个半波达到的电流峰值。它反映设备受短路电流引起的电动效应能力。

(5) 额定短时耐受（热稳定）电流（kA），指在规定的使用和性能条件下，在额定短路持续时间内，断路器在合闸位置时所能承载的电流有效值。它反映设备经受短路电流引起的热效应能力。

(6) 额定短路关合电流（kA），指在规定的使用和性能条件下，断路器保证正常关合的最大预期峰值电流。

(7) 分闸时间（s），指从接到分闸指令开始到所有极弧触头都分离瞬间的时间间隔。在以前的有关标准中，分闸时间又称为固分时间。

(8) 开断时间（s），指断路器从分闸线圈通电（发布分闸命令）起至三相电弧完全熄灭为止的时间。开断时间为分闸时间和电弧燃烧时间（燃弧时间）之和。

(9) 合闸时间（s），指从合闸命令开始到最后一极弧触头接触瞬间的时间间隔。在以前的有关标准中，合闸时间又称为固合时间。

(10) 金属短接时间（s），指断路器在合闸操作时从动、静触头刚接触到刚分离时的一段时间。这个时间如果太长，则当重合于永久故障时持续时间长，对电力系统稳定不利；如果太短，会影响断路器灭弧室断口间的介质恢复，而导致不能可靠地开断。

(11) 分（合）闸不同期时间（s），指断路器各相间或同相各断口间分（合）的最大差异时间。

(12) 额定充气压力（表压，MPa），指标准大气压下设备运行前或补气时要求充入气体的压力。

(13) 相对漏气率（简称漏气率），指设备（隔室）在额定充气压力下，在一定时间间隔内测定的漏气量与总气量之比，以年漏百分率表示。

(14) 无电流间隔时间（s），指由断路器各相中的电弧完全熄灭到任意相再次通过电流为止的所用时间。

【拓展提高】

1. 变电站电压监视注意事项

根据对变电站电气设备额定运行方式下电压的要求，在进行电压监视时应注意以下几点：

(1) 三相电压应平衡并满足电压曲线要求。

(2) 并列运行的母线电压应相差不大。

(3) 电压表指示应稳定、无波动、微机监控系统数据刷新正常。

2. 变电站电能计量装置监视注意事项

对于电能计量装置的监视，要注意以下几点：

(1) 每日按照规定的时间监视或抄录变电站内安装的各种关口电能表、馈线电能表的读数，并进行电量核算。

(2) 对于双侧电源线路，运行中线路的潮流方向随时可能发生变化，抄录电能表读数时，要注意输入、输出两个方向的电量均要抄录。

(3) 定期核算母线电量不平衡率，若发现母线电量不平衡率超过规定值 [一般为±(1%～2%)] 应查明原因。

(4) 当计量回路出现异常（如电压回路熔断器熔断、电流回路开路等）后，应记录时间，以便根据负荷情况补算电量。

(5) 有代路操作时，应及时抄录通过旁路断路器的电量。

3. 变电站微机监控系统运行状况判断

(1) 在监控系统“遥测表”画面下，如果发现某一间隔的所有遥测数据不更新，或者日负荷报表中某一间隔的所有报表数据一直都未改动过，应检查网络通信是否正常，支持程序是否正常，采集装置运行指示是否正常，判断出该间隔的异常原因并进行相应处理。

(2) 如果发现监控系统中所用遥测数据均不再更新，通信状态显示正常，可能是程序死机，应按照规定的顺序，退出监控程序重新登录。

【项目评价】

变电站运行监控项目评价（占学期总评比例）参考表1-1-3。

表1-1-3 变电站运行监控项目评价

评价类型			评价内容	权重（%）
过程评价（4%）	素质考评（学生互评）	劳动纪律	出勤情况	1
		平时作业	作业成绩	2
		贡献大小	任务完成的质量	1
结果评价（10%）	运行方式分析		规定时间内完成情况	5
	额定运行方式下的主要参数及监控		规定时间内完成情况	5

【技能训练】

1. 变电运行的基本任务是什么？
2. 变电运行管理的内容是什么？
3. 变电运行工况监视的目的是什么？
4. 变电站的运行监视包括哪些工作？
5. 何为变电站的运行方式？
6. 安排电气主接线的运行方式时，应遵守哪些原则？

7. 典型电气主接线有哪些?

8. 双母线分段接线有何优点?

9. 运行监视变电站电气设备额定运行方式下的主要参数有哪些?

10. 画出袁州变电站 220kV 双母线运行主接线图，并标出相应各设备的状态；熟练标注图中的设备编号，熟悉编号规律。

11. 画出袁州变电站 110kV 单母线分段运行主接线图，并标出相应各设备的状态；标注图中的设备编号。

12. 画出袁州变电站 10kV 单母线分段运行主接线图，并标出相应各设备的状态；标注图中的设备编号。

13. 画出袁州变电站 220kV 单母线运行主接线图，并标出相应各设备的状态。

14. 画出袁州变电站 1 号主变压器检修主接线图，并标出相应各设备的状态。

15. 画出袁州变电站 2 号主变压器检修主接线图，并标出相应各设备的状态。

项目2

变电站电气设备巡视及维护

【项目描述】

变电站电气设备巡视及维护的学习项目，主要学习典型的220kV双母线接线变电站主系统一次设备、二次设备、站用电与直流系统巡视及维护。学习完成本项目能具备以下专业能力、方法能力、社会能力。

(1) 专业能力：熟悉变电站正常运行方式（一、二次系统）及站用交直流系统正常运行方式，变电站设备巡视的标准化作业流程（国家电网公司）；掌握变电站主变压器、断路器、隔离开关等一次设备的基本结构原理，变电站主变压器保护、母线保护、线路保护、备用电源自动投入装置、低频减载装置等二次设备的基本结构原理，变电站站用交直流系统的基本结构原理；能根据变电站电气设备巡视维护的基本流程及基本要求、变电站电气设备的布局，确定变电站电气设备巡视路线，并对变电站进行电气设备巡视及维护。

(2) 方法能力：能正确理解、分析变电运行规程和变电站一次系统、二次系统图，形成变电站电气设备巡视及维护基本思路，具备较强识图能力；能说出变电站电气设备巡视及维护的基本流程及确定变电站电气设备巡视路线；能在仿真机上对照电气设备巡视及维护内容，熟练进行电气设备巡视及维护的操作。

(3) 社会能力：①愿意交流，主动思考，善于在反思中进步；②学会服从指挥，遵章守纪，吃苦耐劳，安全作业；③学会团队协作，认真细致，保证目标实现。

【教学目标】

能熟读变电站正常运行方式（包括主系统、站用电系统、直流系统的一、二次部分正常运行方式）；能说出变电站电气设备巡视及维护的基本流程及确定变电站电气设备巡视路线；掌握变电站主变压器、断路器、隔离开关等一次设备的基本结构原理，巡视及维护内容；掌握变电站主变压器保护、母线保护、线路保护、备用电源自动投入装置、低频减载装置等二次设备的基本结构原理，巡视及维护内容；掌握变电站站用电与直流系统巡视及维护内容；能严格遵守“变电运行”专业相关规程标准及规章制度，与小组成员协商、交流配合，按标准化作业流程在仿真机上对照电气设备巡视及维护内容，熟练进行电气设备巡视及维护的操作。

【教学环境】

班级学生需掌握变电仿真系统220kV双母线接线正常运行方式，能独立填写设备巡视及维护任务工单。自由组合为8个运行学习小组，各运行学习小组自行选出值班长，并明确各小组成员的角色及岗位职责。在仿真环境下，各运行学习小组掌握220kV双母线接线变电站的正常运行方式及各设备平面布置，各设备的巡视、维护内容及操作。建议班级学生对照变电仿真系统220kV双母线接线主接线图，结合各设备平面布置，确定变电站设备巡视路线；对照电气设备巡视及维护的内容，按照变电站设备巡视的标准化作业流程组织学生分组讨论、熟悉变电仿真系统的操作。

【知识背景】

设备巡视检查是变电站值班员的一项重要技能，及时发现异常和缺陷，对预防事故的发生，确保设备安全运行起着重要的作用。

一、电气设备巡视检查的种类

变电站的设备巡视检查，一般分为正常巡视（含交接班巡视）、全面巡视、熄灯巡视和特殊巡视，其中正常巡视、全面巡视、熄灯巡视又统称为例行巡视。

1. 正常巡视

正常巡视内容如下：

(1) 充油设备有无漏油、渗油现象，油位、油压、油温指示及油色是否正常；

(2) 充气设备有无漏气，气压是否正常；

(3) 设备接头、接点有无发热、烧红现象，金具有无变形和螺钉有无断损和脱落；

(4) 旋转设备声音有无异常；

(5) 设备吸潮装置是否已变色、驱潮装置是否按规定投入；

(6) 设备绝缘子、瓷套有无破损和灰尘污染是否严重；

(7) 避雷器泄漏电流有无异常；

(8) 有无异常放电声音；

(9) 保护及自动装置设备信号指示是否正常，切换开关、连接片的投退是否正确，灯光信号及微机保护的液晶显示是否正确，自动空气开关及熔断器的投退是否正确；

(10) 仪表指示读数正确，计量电压、电流回路完好；

(11) 直流系统电压是否正常，有无直流接地，蓄电池电压及运行状况是否正常；

(12) 检修施工现场安措、工作范围和工作任务有无变动，工作人员有无违章现象；

(13) 监控装置运行是否正常。

2. 全面巡视

全面巡视主要是对设备进行全面的外部检查，对缺陷有无发展做出鉴定，检查设备的薄弱环节，检查防火、防小动物、防误闭锁等有无漏洞，检查接地网及接地引下线是否完好。

3. 熄灯巡视

熄灯巡视主要是检查设备有无电晕、放电及接头有无过热现象。

4. 特殊巡视

遇有以下情况，应进行特殊巡视：

(1) 大风前后的巡视；

(2) 雷雨后的巡视；

(3) 冰雪、冰雹、雾天的巡视；

(4) 设备变动后的巡视；

(5) 设备新投入运行后的巡视；

(6) 设备经过检修、改造或长期停运后重新投入系统运行后的巡视；

(7) 异常情况下的巡视，主要是指过负荷或负荷剧增、超温、设备发热、系统冲击、跳闸、有接地故障情况等，应加强巡视。必要时，应派专人监视；

(8) 设备缺陷有发展时，法定节假日、上级通知有重要供电任务时，应加强巡视。

二、电气设备巡视检查的一般规定

(1) 变电站应编制巡视标准化作业指导书，并严格执行。

(2) 值班人员应按规定认真巡视检查设备，提高巡视质量，及时发现异常和缺陷，及时汇报调度和上级，杜绝事故发生。

(3) 变电站应制定设备巡视路径图，确定设备观测点。

(4) 正常巡视有人值班站每天至少一次，无人值班站每周四次。

(5) 全面巡视应按照变电站标准化巡视指导书作业每周开展一次。

(6) 每周应进行熄灯巡视一次。

(7) 特殊巡视应根据需要进行。

(8) 站长应每月参加一次全面巡视，严格监督、考核各班的巡视检查质量。

三、变电站的日常运行维护工作

(1) 值班人员对各种仪表、信号和指示灯在发生异常变化时，应查明原因报告调度。

(2) 经常监视主变压器一、二次电流及温度变化，按变压器运行规定投、退冷却器组数。

(3) 根据调度规程规定监视系统电压、频率低于或高于规定时，应立即报告省调及地调。

(4) 经常监视电池组浮充电流、电压，并保持在规定数值内［浮充电流约为2mA/(A·h)；浮充电压为2.23～2.27V/单体；控制母线电压在220±10%，合闸母线电压在240±10%之间］。

(5) 每小时记录一次母线电压、主变油温和一、二次电流，以及主变、线路负荷电流和有功、无功功率。

(6) 从电能计量系统中调取各电能表底码并做好母线电量平衡统计，若母线电量平衡有超标时，应做好分析，并重新核对表计或计算是否错误，必要时应向有关部门汇报。

(7) 发现设备异常时，应详细记录，并报告调度和变电运行相关领导。

(8) 发生系统事故或设备事故时，应详细记录仪表变化、保护信号、设备检查情况、发生时间及处理经过等。

(9) 一切倒闸操作、设备异动、新设备投入、设备过负荷运行等，均应做好记录。

任务2.1　变电站主系统一次设备巡视及维护

变电站主系统的设备用于输送和分配电能，变电站主系统的一次设备主要有电力变压器、断路器、隔离开关、互感器等，这些都是电压高、电流大的强电设备。为了确保变电站及电力系统的安全稳定运行，必须对变电站主系统一次设备进行巡视及维护，使变电站主系统能正常稳定运行。

【教学目标】

知识目标：①掌握变电站主变压器、断路器、隔离开关等一次设备的基本结构原理；②熟悉典型220kV变电站一次设备巡视及维护的主要内容及要求，变电站设备巡视的标准化作业流程（国网公司）；③掌握变电站一次设备巡视路线的确定，按标准化作业流程对变电站一次设备进行巡视及维护。

能力目标：①能说出变电站一次电气设备巡视及维护的基本流程及确定变电站电气设备巡视路线；②能在仿真机上对照变电站一次设备巡视及维护内容，熟练进行电气设备巡视及维护的操作。

态度目标：①能主动学习，在完成任务过程中发现问题、分析问题和解决问题；②能严格遵守“变电运行”专业相关规程标准及规章制度，与小组成员协商、交流配合，按标准化作业流程完成学习任务。

【任务分析】

（1）对照变电仿真系统220kV袁州变电站双母线接线主接线图，结合各设备平面布置，确定变电站设备巡视路线。

（2）对照电气设备巡视及维护的内容，按照变电站设备巡视的标准化作业流程，在仿真机上对220kV袁州变电站一次设备进行巡视。

【相关知识】

（一）设备巡视的方法

1. 一般巡视方法

（1）目测检查。用眼睛检查看得见的设备部位，通过设备外观的变化来发现异常情况。通过目测可以发现下列异常现象：引线断股、散股，接头松动；变形（膨胀、收缩、弯曲），变色（烧焦、发红、硅胶变色、油变黑），渗漏（漏油、漏水、漏气）；污秽、腐蚀、磨损、破裂；冒烟，接头过热；火花、闪络；有杂质异物；指示不正常（表计、油位）；不正常动作。

（2）耳听判断。用耳朵或借助听音器械，判断设备运行中发出的声音是否正常。

（3）鼻嗅判断。用鼻子辨别是否有绝缘材料过热时产生的特殊气味。

（4）触试检查。用手触试设备的非带电部分，检查设备的温度是否有异常或局部过热。

（5）仪器检测。借助测温仪、望远镜、遥视探头对设备进行检查，是发现设备过热、高位设备缺陷的有效方法。

（6）比较分析。对所检查的设备部件有疑问时，可与正常设备部件比较，对于数据型结果可通过与其他同类设备及本身历史数据进行横向、纵向比较分析，综合判断设备是否正常。

2. 巡视工具的使用

(1) 测温仪。对于变电站配备的红外测温仪，一般情况下结合正常巡视使用。根据运行方式的变化，用红外测温仪对长期重负荷运行的设备、负荷有明显增加的设备、存在异常的设备、新投设备或运行方式改变后投入运行的设备、检修人员测温时发现温度偏高尚能坚持运行的设备和其他有必要的情况进行重点测温。

(2) 智能巡检仪。配置了智能巡检仪的变电站，巡视时按照掌上电脑的提示进行检查，避免发生漏检或检查不到位的情况。

(3) 遥视系统。装有遥视探头的变电站，可通过调整探头的角度和远近，检查正常情况下看不到的设备上部及高处的母线、绝缘子串有无异常。

3. 具体项目的检查方法和检查结果的分析判断

(1) 油位、渗漏油的检查。注油设备油位过高，可能是因为注油设备过负荷、内部接头过热或故障、散热环境不良或者气温高等原因造成的，对于变压器还可能是假油位。当注油设备油位过低看不见时，可能是由于注油设备外部或内部漏油以及气温突降等多种因素造成的。发现油位异常，应检查是否属于上述原因，并进行相应处理。

油位计油位不容易看清楚时，可采取多角度观察，两个温差较大的时刻所观察的油位比较，与其他同类设备油位比较，比较油位计不同亮度下的底色板颜色等方法观察。

(2) 油温判断。油温判断通常采用比较法，即与以往的运行数据比较，如发现油温较高，应查明原因。一般变压器类设备装设油温表，油温高的因素有：冷却器有故障，散热环境不良，散热器阀门没有打开；环境温度高，负荷大；内部有故障，外部有故障；温度计损坏。

通过比较安装在变压器上的几只不同温度计读数，并充分考虑气温、负荷的因素，对照变压器温度负荷曲线，判断是否为变压器温升异常。变压器的很多故障都有可能伴随急剧的温升，应检查运行电压是否过高，套管各个端子和母线或电缆的连接是否紧密，有无发热迹象。

(3) 声响判断。变压器在正常运行中会发出均匀的嗡嗡声，而其他大多数设备正常运行时处于无声状态。当发生各种异常或故障情况时，就会发出各类声响，也就是异声。对于声响判断，通常采用比较法。一般发生异常声响的可能因素有：设备内部有故障；负荷突变，过负荷；设备内部个别零件松动；铁磁谐振；系统发生故障；TA 二次开路，TA 末屏接地不良；TV 接地端接触不良；设备因脏污等原因发生放电以及其他因素（如设备外部附件螺钉、螺母松动造成的不正常声响）。

(4) 接头发热的检查方法。接头发热可根据示温蜡片状况进行检查；根据相色漆的变色来判断；观察接头上有无热气流、水蒸气和冒烟现象；观察接头金属的变色；用红外测温仪测量接头温度等方法检查。

(5) 绝缘子裂纹的检查方法。绝缘子裂纹可采用雨后检查绝缘子上的水波纹；对着日光检查，绝缘子表面污秽程度越大，其反射光线聚光点的亮度就越暗；用望远镜检查；根据放电声音检查等方法检查。

(6) 断路器液压操动机构压力的检查判断。液压操动机构压力表数值对照温度压力曲线判断是否在规定范围内，同时要与活塞杆和微动开关位置相比较，进行综合判断。如环境温度高时，压力表读数很高，但活塞杆的位置正常；储压筒活塞密封不严时，氮气或液压油发生内渗，压力表读数和活塞杆的位置也会不一致。

(7) 断路器机械位置的检查。断路器机械位置的检查可用检查分合闸指示器、绝缘拉杆状态是否一致，其相连的运动部件相对位置有无变化来判断。

(二) 设备巡视的工作流程

1. 做好准备工作

(1) 查阅设备缺陷记录、运行日志并检查负荷情况，掌握设备运行状况，对存在缺陷及负荷较大的设备重点巡视。

(2) 按照有关规程的要求，佩戴安全防护用品；考虑当时的天气情况，采取防止高温中暑或低温冻伤的措施。

(3) 人员搭配合理，设备分工合理，没有死角。

(4) 携带望远镜、测温仪、巡视卡、笔、设备区及配电室钥匙等。

2. 按照规定的巡视路线对设备逐个进行巡视

每个设备应按照巡视指导书（巡视卡）或PDA掌上电脑的巡视顺序和项目对各个部位逐项进行巡视，不得有遗漏。对存在缺陷或异常运行的设备巡视时，要重点检查其缺陷或异常有无发展。

变压器的巡视顺序举例：储油柜部分（油位指示器、气体继电器、储油柜及连接管、呼吸器)→变压器本体部分（设备标示牌、压力释放器、油箱、声响、上层油温)→各侧套管及引线（高压侧套管、中压侧套管、低压侧套管、中性点套管及其引线)→冷却系统（散热器、油泵、风扇)→有载调压装置。

3. 巡视中发现缺陷的处理

一般缺陷记录在巡视卡或PDA掌上电脑中，巡视完毕按照缺陷报告程序进行汇报。对于严重、危急缺陷，发现后应立即暂停巡视，报告值班负责人，由值班负责人汇报调度及相关领导，并根据缺陷严重程度采取适当措施，防止发生事故；紧急处理完毕，应该从中断的地方开始继续巡视。

4. 巡视结果记录

结果汇报值班负责人，必要时值班负责人应对存在缺陷设备进行复查，确认是否构成缺陷及其严重程度。

(三) 设备巡视的安全要求

1. 设备巡视的危险点分析

设备巡视时应严格遵守Q/GDW 1799.1—2013《国家电网公司电力安全工作规程（变电部分)》和相关规程制度的要求。巡视前针对巡视内容、天气情况、设备运行状况进行危险点分析。设备巡视过程中可能存在的危险点综合如下：

(1) 人员触电。危险点有擅自打开设备网门、跨越遮栏与带电设备安全距离不够；误登、误碰带电设备；高压设备发生接地时，保持距离不够或接触设备外壳、架构。

(2) 碰伤、摔伤。危险点有登高检查设备时，感应电造成人员失去平衡；夜间巡视，人员碰伤、摔伤、踩空。

(3) 其他人身伤害。危险点有检查设备气泵、油泵等部件时，电机突然启动，转动装置伤人；雷雨天气，靠近避雷器和避雷针，造成人员伤亡；不戴安全帽、不按规定着装或使用不合格的安全工器具，在突发事件时失去保护；巡视SF_6设备时，未按规定进行，造成气体中毒；生产现场安全措施不规范，如警告标示不齐全、孔洞封锁不良、带电设备隔离不符合要求，造成人员伤害；人员身体状况不适，思想波动，造成人身伤害。

(4) 设备误动。危险点有开、关保护屏门，振动过大，造成设备误动作；在保护室使用移动通信工具，造成保护误动。

(5) 造成安全隐患。危险点有擅自改变检修设备状态，变更工作地点的安全措施；发现缺陷及异常单人处理，未及时汇报；随意动用万能解锁钥匙；进出高压室，未随手关门，造成小动物进入。

(6) 巡视质量不高。危险点有未按照巡视路线巡视，造成巡视不到位，漏巡视。

2. 设备巡视的安全措施和注意事项

(1) 经本单位批准允许单独巡视高压设备的人员巡视高压设备时，不得进行其他工作(发现缺陷及异常，应及时汇报，不得单人处理)，不得移开或越过遮栏。

(2) 雷雨天气，需要巡视室外高压设备时，应穿绝缘靴，并不得靠近避雷器和避雷针。

(3) 高压设备发生接地时，室内不得接近故降点 4m 以内，室外不得接近故障点 8m 以内。进入上述范围人员应穿绝缘靴，接触设备外壳和架构时，应戴绝缘手套。

(4) 巡视配电装置，进出高压室，应随手关门，并检查防鼠门应良好。

(5) 进入设备区，应戴安全帽，并按规定着装，巡视前检查所使用的安全工器具应完好。

(6) 夜间巡视，应开启设备区照明，熄灯夜巡应带照明工具。

(7) 按照规定的巡视路线进行巡视，防止漏巡。

(8) 登高检查设备时做好有感应电的思想准备，不得单人进行登高或登杆巡视。

(9) 巡视设备时禁止变更检修现场安全措施，禁止改变检修设备状态。

(10) 巡视时严禁触摸油泵、气泵的电动机转动部分。

(11) 在保护室禁止使用移动通信工具，开、关保护屏门应小心谨慎，防止过大振动。

(12) 严格执行“五防”解锁规定，禁止随意动用解锁钥匙。

(13) 巡视人员状态应良好，巡视过程中精神集中，不得谈论与巡视无关的事情。

(14) 进入 GIS 设备室前应先通风 15min，且无报警信号，确认空气中含氧量不小于 18%，空气中 SF_6 浓度不大于 1000μL/L 后方可进入。GIS 是指六氟化硫封闭式组合电器，国际上称为“气体绝缘金属封闭开关设备”，简称 GIS (Gas Insulated Switchgear)。它将一座变电站中除变压器以外的一次设备，包括断路器、隔离开关、接地开关、电压互感器、电流互感器、避雷器、母线、电缆终端、进出线套管等，经优化设计有机地组合成一个整体，也称为高压配电装置。

(15) 不得单人进入 GIS 设备室进行任何工作，巡视时不要在 GIS 设备防爆膜附近停留，防止压力释放器突然动作，危及人身安全。

(16) 在巡视检查中，若遇到 GIS 设备操作，应停止巡视并离开设备一定距离，操作完成后，再继续巡视检查。

(17) 巡视时人员站位要合适，室外 SF_6 设备气体泄漏时，应从上风接近检查；避免站在设备压力释放装置所对的方向。

【任务实施】

对照变电仿真系统220kV双母线接线主接线图，结合各设备平面布置，确定变电站设备巡视路线（220kV袁州变电站巡视路线为：主控制室的保护装置、直流屏、远动通信屏、站用电源屏、风机控制箱、GIS设备室、35kV气体绝缘开关柜、控制电缆夹层、接地变压器、主变压器、终端塔等）。按照变电站设备巡视的标准化作业流程，对照以下各电气设备巡视及维护的内容，在仿真机上对220kV袁州变电站一次设备进行巡视，并记录本值各类巡视检查的开始、结束时间、巡视类别、巡视中发现的缺陷及巡视人姓名。

（一）变压器的巡视检查、正常运行与维护

1. 主变压器正常巡视检查项目和标准

(1) 变压器的油温和温度计应正常，1号主变压器油温应在75℃以下，2号主变压器油温应在85℃以下。储油柜的油位应与温度相对应。

(2) 变压器各部位应无渗油、漏油。

(3) 套管油位应正常，套管外部无破损裂纹、无严重油污、无放电痕迹及其他异常现象。

(4) 变压器声响应均匀、正常。

(5) 各冷却器手感温度应相近，风扇、油泵运转正常，油流继电器工作正常。

(6) 吸湿器完好，吸附剂干燥，油封油位正常。

(7) 引线接头、电缆、母线应无发热现象。

(8) 压力释放器、安全气道应完好无损。

(9) 有载调压分接开关的分接位置及电源指示应正常。

(10) 气体继电器内应无气体。

(11) 各控制箱和二次端子箱、机构箱应关严，无受潮，温控装置工作正常。

(12) 各类指示、灯光、信号应正常。

(13) 检查变压器各部件的接地应完好。

2. 新安装变压器投运前的检查

(1) 检查本体、冷却装置及所有附件，应无缺陷，无渗漏油现象。

(2) 事故排油设施应完好，消防设施齐全。

(3) 根据阀门的作用，检查其所在的位置（开或闭）是否正确。

(4) 检查接地系统是否可靠，检查铁芯接地情况，必须保证只能是一点接地。

(5) 储油柜及充油套管油位正常，储油柜呼吸用干燥器油位正常，干燥剂（硅胶）颜色正常，呼吸器应畅通。

(6) 检查各保护装置和断路器整定情况及动作灵敏度是否良好，继电保护是否正确。

(7) 检查冷却器控制系统控制投入、退出是否可靠。

(8) 根据系统情况，调整系统保护整定值，以便有效保护变压器。

3. 新安装变压器空载试运行

(1) 进行空载冲击合闸时，其中性点必须接地。

(2) 空载冲击合闸前，应将气体继电器信号触点并入重瓦斯触点上（即电源跳闸回路），合闸结束后应将气体继电器的信号触点恢复至报警回路上。

(3) 变压器第一次投入时，可全电压冲击合闸，冲击合闸时，变压器宜从高压侧投入。

(4) 冲击合闸电压为系统额定电压，合闸次数最多为5次，第一次受电后持续时间不应少于10min，变压器开始带电试运行，并带一定的载荷即可能的最大负荷连续运行24h，无异常后转入正常运行状态。

4. 变压器大修后投运前的检查

(1) 每组冷却器的上、下联管阀门，净油器的上、下联管阀门，储油柜与油箱联管阀门都在开启位置。

(2) 有载调压开关与接头指示已按调度规定的使用分接头（抽头）位置调整好。

(3) 气体继电器动作，重瓦斯保护接跳主变三侧断路器，轻瓦斯保护动作于信号。

(4) 主变保护（后备保护、主保护）整组试验符合要求，即保护整定正确，每套保护装置信号、光字牌信号、接跳断路器均与设计图纸相符。

(5) 变压器油箱接地要良好。

(6) 油箱顶盖无杂物，瓷套表面清洁完整。

(7) 接通电源，启动各组强油循环油泵，检查油泵和风扇的电动机旋转方向是否正确，整个冷却器有无强烈振动。冷却器运行2h后，停止运行，拧开顶部放气塞排出散热器里面的空气（如此反复2～3次）。

(8) 放去各套管升高座、冷却器、净油器等上部的残存空气。

(9) 检查并试验变压器强油循环、冷却系统自动控制装置，其控制和信号均应正确无误。

5. 主变检修后的试运行

(1) 主变新安装或大修后，在试运行前，应由检修和运行双方工作人员密切配合，对其本体及其有关设备进行全面检查，集中检修、试验、保护及运行方式的意见，确认符合运行条件后，方可进行试运行。

(2) 大修后的主变应进行3次冲击合闸试验，第一次冲击带电后运行时间应不少于10min，以后为5min，主变带电后检查内部有无不正常杂音，每次冲击合闸应检查冲击励磁涌流对差动保护的影响，并记录空载电流。

(3) 主变差动保护和瓦斯保护同时投入跳闸位置，经试运行不发生异常情况，24h空载运行后投入正式带负荷运行。主变带负荷后，对主变差动保护测量电流相位和不平衡电流或电压，测试差动保护电流相位前，退出差动保护跳闸连接片，证实二次接线及极性正确无误后，再将差动保护跳闸连接片投入。

(4) 变压器的运行维护应按照DL/T 572—2010《电力变压器运行规程》和国家电网公司的有关规定进行。为监视和防止变压器绝缘老化，不得随意改变冷却方式运行，要经常监视上层油温和温升（温升＝上层油温－环境温度）。当环境温度在20℃以上时，上层油温不得超过75℃（1号主变）或85℃（2号主变）；当环境温度在20℃以下时，上层油温不得超过55℃（1号主变）或65℃（2号主变）。

（二）断路器的巡视检查、正常运行与维护

1. 断路器的巡视检查项目和标准

(1) 油断路器的巡视检查项目和标准见表1-2-1。

表 1-2-1 油断路器的巡视检查项目和标准

序号	检查项目	标准
1	标示牌	名称、编号齐全、完好
2	本体	无油迹、无锈蚀、无放电、无异声
3	套管、绝缘子	完好，无断裂、裂纹、损伤放电现象
4	引线连接部位	无发热变色现象
5	放油阀	关闭严密，无渗漏
6	绝缘油	油位在正常范围内，油色正常
7	位置指示器	与实际运行方式相符
8	连杆、转轴、拐臂	无裂纹、变形
9	端子箱	电源开关完好、名称标注齐全、封堵良好、箱门关闭严密
10	接地	螺栓压接良好，无锈蚀
11	基础	无下沉、倾斜

(2) SF_6 断路器的巡视检查项目和标准见表 1-2-2。

表 1-2-2 SF_6 断路器的巡视检查项目和标准

序号	检查项目	标准
1	标示牌	名称、编号齐全、完好
2	套管、绝缘子	无断裂、裂纹、损伤放电现象
3	分合闸位置指示器	与实际运行方式相符
4	软连接及各导流压接点	压接良好，无过热变色、断股现象
5	控制、信号电源	正常，无异常信号发出
6	SF_6 气体压力表或密度表	压力或密度在正常范围内，并记录压力（密度）值
7	端子箱	电源开关完好、名称标注齐全、封堵良好、箱门关闭严密
8	各连杆、传动机构	无弯曲、变形、锈蚀，轴销齐全
9	接地	螺栓压接良好，无锈蚀
10	基础	无下沉、倾斜

(3) 真空断路器的巡视检查项目和标准见表 1-2-3。

表 1-2-3 真空断路器的巡视检查项目和标准

序号	检查项目	标准
1	标示牌	名称、编号齐全、完好
2	灭弧室	无放电、无异声、无破损、无变色
3	绝缘子	无断裂、裂纹、损伤放电等现象
4	绝缘拉杆	完好、无裂纹
5	连杆、转轴、拐臂	无变形、无裂纹，轴销齐全
6	引线连接部位	接触良好，无发热变色现象
7	位置指示器	与实际运行方式相符
8	端子箱	电源开关完好、名称标注齐全、封堵良好、箱门关闭严密
9	接地	螺栓压接良好，无锈蚀
10	基础	无下沉、倾斜

（4）液压操动机构的巡视检查项目和标准见表1－2－4。

表1－2－4　液压操动机构的巡视检查项目和标准

序号	检查项目	标　　准
1	机构箱	开启灵活无变形、密封良好，无锈迹、无异味、无凝露等
2	计数器	动作正确并记录动作次数
3	储能电源开关	位置正确
4	机构压力	正常（常温下220kV机构23.5MPa，110kV机构22.2MPa）
5	油箱油位	在上（75mm＋5mm）下（15mm＋5mm）限之间，无渗（漏）油
6	油管及接头	无渗油
7	油泵	正常、无渗漏
8	行程开关	无卡涩、变形
9	活塞杆、工作缸	无渗漏
10	加热器（除潮器）	正常完好，投（停）正确

（5）弹簧操动机构的巡视检查项目和标准见表1－2－5。

表1－2－5　弹簧操动机构的巡视检查项目和标准

序号	检查项目	标　　准
1	机构箱	开启灵活无变形、密封良好，无锈迹、无异味、无凝露等
2	储能电源开关	位置正确
3	储能电机	运转正常
4	行程开关	无卡涩、变形
5	分、合闸线圈	无冒烟、异味、变色
6	弹簧	完好，正常
7	二次接线	压接良好，无过热变色、断股现象
8	加热器（除潮器）	正常完好，投（停）正确
9	储能指示器	指示正确

（6）电磁操动机构的巡视检查项目和标准见表1－2－6。

表1－2－6　电磁操动机构的巡视检查项目和标准

序号	检查项目	标　　准
1	机构箱	开启灵活无变形、密封良好，无锈迹、无异味、无凝露等
2	合闸电源开关	位置正确
3	合闸熔断器	完好，规格符合标准
4	分、合闸线圈	无冒烟、异味、变色
5	合闸接触器	无异味、变色
6	直流电源回路	端子无松动、锈蚀
7	二次接线	压接良好，无过热变色、断股现象
8	加热器（除潮器）	正常完好，投（停）正确

2. 断路器的运行

(1) 各类断路器允许在其额定电压和额定电流的情况下长期运行。

(2) 断路器安装地点的短路容量不应大于其铭牌规定的遮断容量，当短路电流通过时能满足其动、热稳定性能的要求。

(3) 断路器的分、合闸指示器应易于观察且指示正确，辅助触点应动作正确、接触良好。

(4) 断路器操动机构应经常保持足够的操作电源。

(5) 采用电磁操动机构的断路器禁止用手动或千斤顶的办法带电进行合闸操作；采用液压操动机构的断路器，如因压力异常导致断路器分、合闸闭锁时，不准解除闭锁进行操作。

(6) 断路器的金属外壳及底座应有明显的接地标志并可靠接地。

(7) 断路器切除短路电流跳闸达到一定次数，应进行额外的检修；如未及时检修则应停用重合闸。

3. 断路器的正常维护项目

(1) 进行不带电的正常清扫。

(2) 配合带电设备停电的机会，进行传动部分的检查，清扫绝缘子积垢，处理缺陷，除锈刷漆。

(3) 对断路器及操动机构传动部件添加润滑油。

(4) 根据需要补气或放气，放气阀泄漏处理。

(5) 检查控制熔断器（或自动空气开关），油泵电动机熔断器及储能电源自动空气开关是否正常。

(6) 记录断路器的动作次数。

(7) 检查各断路器防误闭锁功能是否齐全，有无缺陷。

(三) 隔离开关的巡视检查、正常运行与维护

1. 隔离开关的正常巡视检查项目和标准

隔离开关的巡视检查项目和标准见表1-2-7。

表1-2-7 隔离开关的巡视检查项目和标准

序号	检查项目	标准
1	标示牌	名称、编号齐全、完好
2	绝缘子	清洁，无破裂、无损伤放电现象；防污闪措施完好
3	导电部分	触头接触良好，无过热、变色及移位等异常现象；动触头的偏斜不大于规定数值。触点压接良好，无过热现象，引线弛度适中
4	传动杆、拐臂	连杆无弯曲，连接无松动、无锈蚀，开口销齐全；轴销无变位脱落、无锈蚀、润滑良好，金属部件无锈蚀、无鸟巢
5	法兰连接	无裂痕，连接螺栓无松动、锈蚀、变形
6	接地开关	位置正确，弹簧无断股、闭锁良好，接地杆的高度不超过规定数值；接地引下线完整可靠接地
7	闭锁装置	机械闭锁装置完好、齐全，无锈蚀变形
8	操动机构	密封良好，无受潮
9	接地	应有明显的接地点，且标识色醒目；螺栓压接良好，无锈蚀

2. 隔离开关的正常运行

(1) 隔离开关不能用于开断负荷电流。

(2) 可用隔离开关操作的项目有：

1) 拉合电压互感器（新建或大修后的电压互感器，在条件允许时第一次受电应用断路器进行拉合）。

2) 拉合避雷器（无雷雨时）。

3) 拉合变压器中性点接地开关，拉合消弧线圈隔离开关（小电流接地系统，变压器中性点位移电压不超限的情况下）。

4) 拉合同一电压等级变电站内经断路器闭合的旁路电流（在拉合前须将断路器的操作电源退出）。

5) 拉合空母线，但不能对母线试充电。

6) 当可用隔离开关操作的设备（电压互感器、避雷器、站用变等）在运行中发生故障或接地时，不允许使用隔离开关将故障设备隔离，应使用本电压级的相应断路器将故障设备停电后，再将故障设备隔离。

3. 隔离开关的维护

对于隔离开关，应趁停电机会进行定期清扫维护工作，其内容如下。

(1) 铁件除锈刷漆，活动部件加润滑油；擦拭绝缘子。

(2) 检查和调整隔离开关的触头弹簧压力，用 0 号砂纸修理触头的接触面，旋紧各部件螺钉。

(3) 调整隔离开关的开度和三相同期。

(4) 检查隔离开关支柱绝缘子底座结合处是否开裂。

(5) 检查防误闭锁装置是否操作灵活、闭锁可靠。

(6) 隔离开关的锁定装置安装是否牢固，动作是否灵活，能否将隔离开关可靠地保证在既定的位置。

(7) 对电动操动机构的隔离开关，在确信机构各部正常后用电动开合操作几次；在隔离开关的电动操动机构动作正常、回路切换正常、连锁可靠后方可投入运行。

(8) 户外隔离开关电气锁应每月加润滑油一次，每年进行一次校准性维护检查。

(9) 隔离开关操作上存在问题，应趁停电机会给予处理。

(10) 缺陷处理工作可配合检修工作进行。

(四) 电流互感器的巡视检查、正常运行与维护

1. 电流互感器的正常巡视检查项目和标准

(1) 设备外观完整无损。

(2) 　、二次引线接触良好，接头无过热，各连接引线无过热、变色。

(3) 外绝缘表面清洁、无裂纹及放电现象。

(4) 金属部位无锈蚀，底座、支架牢固，无倾斜变形。

(5) 架构、遮拦、器身外涂漆层清洁，无爆皮掉漆。

(6) 无异常振动、异常声音及异味。

(7) 瓷套、底座、阀门和法兰等部位应无渗漏油现象。

(8) 端子箱引线端子无松动、过热、打火现象。

(9) 油色、油位正常。

(10) 金属膨胀器膨胀位置指示正常，无渗漏。

2. 电流互感器的正常运行

(1) 运行中电流互感器的负荷电流，对独立式电流互感器应不超过其额定值的110%，对套管式电流互感器应不超过其额定值的120%（宜不超过110%）。如长时间过负荷，会使测量误差加大和绕组过热或损坏。

(2) 电流互感器的二次绕组在运行中不允许开路。因为出现开路时，将使二次电流消失，全部一次电流都成为励磁电流，使铁芯中的磁感应强度急剧增加，其有功损耗增加很多，因而引起铁芯和绕组绝缘过热，甚至造成互感器的损坏；此外，由于磁通很大，在二次绕组中感应产生一个很大的电动势，这个电动势在故障电流作用下可达数千伏，无论对工作人员还是对二次回路的绝缘都是很危险的。

(3) 应定期检查油浸式电流互感器油位的变化是否在规定的范围内，若发现异常，应及时汇报调度和相关部门。

(4) 电流互感器的二次绕组至少应有一个端子可靠接地，以防止电流互感器主绝缘故障或击穿时，二次回路上出现高电压，危及人身和设备的安全。但为了防止二次回路多点接地造成继电保护误动作，对电流差动保护等交流二次回路只允许有一点接地，接地点一般设在保护屏上。

3. 电流互感器的维护

应趁停电机会安排对电流互感器的清扫维护。其维护工作内容如下：

(1) 检查高低压螺栓是否松动。

(2) 检查引线夹是否断裂，工作接地、外壳接地是否牢固。

(3) 擦抹绝缘子各部件，清除渗漏。

(五) 电压互感器的巡视检查、正常运行与维护

1. 电压互感器的正常巡视检查项目和标准

(1) 设备外观完整无损，外绝缘表面清洁、无裂纹及放电现象。

(2) 一、二次引线接触良好，接头无过热，各连接引线无发热、变色。

(3) 金属部位无锈蚀，底座、支架牢固，无倾斜变形。

(4) 架构、遮拦、器身外涂漆层清洁、无爆皮掉漆。

(5) 无异常振动、异常声音及异味，油色、油位正常。

(6) 瓷套、底座、阀门和法兰等部位无渗漏油现象。

(7) 电压互感器端子箱熔断器和二次自动空气开关正常。

(8) 金属膨胀器膨胀位置指示正常，无渗漏。

(9) 各部位接地可靠。

(10) 注意电容式电压互感器二次电压（包括开口三角形绕组电压）无异常波动。

2. 电压互感器的正常运行

(1) 电压互感器允许在1.2倍额定电压下长期运行。

(2) 在运行中若高压侧绝缘击穿，电压互感器二次绕组将出现高电压，为了保证安全，应将二次绕组的一个出线端或互感器的中性点直接接地，防止高压窜至二次侧对人身和设备造成危险。

(3) 启用电压互感器时，应检查绝缘是否良好，定相是否正确，外观、油位是否正常，接头是否清洁。

(4) 停用电压互感器时，应先退出相关保护和自动装置，断开二次侧自动空气开关（取下二次熔丝），再拉开一次侧隔离开关，防止反充电；记录有关回路停止电能计量时间。

(5) 电压互感器二次侧严禁短路。

(6) 严密监视各电压等级的相电压、线电压是否正常。

3. 电压互感器的维护

(1) 大修，一般指将互感器解体，对内、外部件进行检查和修理。

(2) 大修周期：根据互感器预防性试验结果、在线监测结果进行综合分析判断，认为必要时进行大修。

(3) 小修，一般指对互感器不解体进行的检查与修理。

(4) 小修周期：结合预防性试验和实际运行情况进行，1～3年1次。

(5) 利用停电机会进行清扫，擦抹绝缘子，检查引线接头是否接触良好，工作接地、保护接地是否牢固，渗油应清除。

(六) 避雷器的巡视检查、正常运行与维护

1. 避雷器的正常巡视检查项目和标准

避雷器的正常巡视检查项目和标准见表1-2-8。

表1-2-8　避雷器的巡视检查项目和标准

序号	检查项目	标　准
1	瓷套表面	不得有严重积污，运行中不得出现放电现象；瓷套、法兰不应出现裂纹、破损或放电烧伤痕迹
2	避雷器本体	内部不得出现异常声响，不应出现异常温度分布
3	与避雷器连接的导线及接地引下线	不得有烧伤痕迹或断股现象，接地端子应牢固并可靠接地，接地引下线应无锈蚀，与主接地网连通应良好
4	避雷器放电计数器	计数器应正确动作，连线牢固；计数器不得破损，内部不得有积水
5	泄漏电流在线监测装置	避雷器泄漏电流不应有明显变化
6	避雷器均压环	不得发生歪斜或放电

2. 避雷器的正常运行与维护

(1) 加在避雷器上的工频电压不允许长时间超过持续运行电压。

(2) 避雷器正常运行时应无任何响声。

(3) 雷电临近变电站时，一切人员应远离避雷针5m以外，不得在户外配电装置场地上逗留。

(4) 雷雨天气过后，应尽快特巡避雷器和避雷针，同时记录避雷器放电计数器动作情况。

(5) 每月中旬和月底应对全站避雷器放电计数器动作情况全面检查，并做好记录。

(6) 每星期四检查避雷器泄漏电流情况，并做好记录。

(7) 避雷针、接地网的接地电阻每六年测量一次。

(8) 避雷器每年雷雨季节前定期试验一次。

(9) 利用停电机会对避雷器进行清扫，擦抹绝缘子，并检查绝缘子有无裂纹或放电痕迹，接线装置是否牢固、可靠，引线接头是否紧固。

(七) 母线的巡视检查、正常运行与维护

1. 母线的正常巡视检查项目和标准

(1) 检查导线、母排和连接用金具的连接部分接触是否良好，有无氧化、电腐蚀、发热、熔化等现象，有无断股、散股现象或烧伤痕迹。

(2) 耐张线夹、双槽夹板有无松动和发热现象。检查方法为用远红外测温仪进行测试，各接头温度一般不超过70℃。

(3) 母线伸缩接头是否有裂纹、折皱或断股现象。

(4) 绝缘子是否清洁，有无裂纹或破损，有无放电现象。

(5) 低压配电屏母线支持绝缘子及母线固定螺钉是否良好。

(6) 母线上有无不正常声音。

2. 母线的特殊巡视检查项目和标准

(1) 下雪时检查接头积雪有无融化、冒汽现象，线夹及导线、母排导电部分可根据积雪情况判断有无发热现象。

(2) 大风天气时检查母线有无剧烈摆动；导线、绝缘子上是否挂有落物以及摆动、扭伤、断股等异常情况。

(3) 雷雨后检查绝缘子有无闪络痕迹。

(4) 天气过冷或过热时检查室外母线有无拉缩过紧、弛度过大现象，检查导线是否存在受力过大的地方。

(5) 夜间熄灯检查导线、母排及线夹各部位有无发红、电晕或放电现象等。

(6) 当导线、母排及线夹经过短路电流后，检查有无熔断、散股，连接部位有无接触不良，母排有无变形，线夹有无熔化变形等现象。

3. 母线的正常运行与维护

(1) 运行中母线接头温度不得超过70℃，每日负荷晚高峰时期用红外线测温仪对接头温度（或薄弱点）进行抽测，并做好记录。

(2) 每年由带电班测试悬式绝缘子绝缘及运行情况。

(3) 遇有高温或冰冻气候应观察母线垂度是否符合规定。

(4) 利用母线停电机会进行清扫，擦抹母线绝缘子，同时检查母线接头紧固情况。

(5) 每两年至少进行一次对各种线夹的紧固检查。

4. 母线大修或新投入运行的检查项目

(1) 耐张绝缘子清洁、无裂纹、表面无剥落现象。

(2) 各部螺钉紧固，螺钉杆露出螺钉长度不少于3～5mm。

(3) 各部螺钉、零件完整无损裂。

(4) 导线无断股，连接可靠，接触良好。

(5) 绝缘电阻合格。

(八) 电缆线路的巡视检查、正常运行与维护

1. 电缆线路的正常巡视检查项目和标准

(1) 电缆沟盖板应完好无缺。对于敷设在地下的电缆，应检查其所经过的路面有无挖掘

工程及其他损坏覆盖层的施工作业，路线标桩是否完整无缺等。

(2) 电缆沟支架必须牢固，无松动和锈蚀现象，接地应良好。

(3) 电缆沟内不应积水或堆积杂物和易燃品，防火设施应完善。

(4) 电缆线路标示牌应无脱落，电缆铠甲和保护管应完整、无锈蚀。

(5) 电缆终端头绝缘子应完整、清洁、无闪络放电现象；外露电缆的外皮应完整，支撑应牢固，外皮接地应良好。

(6) 引出线的连接线夹应紧固，使用红外线测温仪测量其温度，应不超过70℃。

(7) 电缆头上应无杂物，如鸟巢等。

(8) 电缆终端头接地线必须良好，无松动、断股和锈蚀现象，相序色应明显。

(9) 电缆中间接头应无变形和过热。

2. 电缆线路的正常运行与维护

(1) 电缆线路的正常运行。

1) 电缆线路的运行电压应不超过其额定电压的115%；备用或不使用的电缆线路应连接在电网上，加以充电，以防受潮而降低绝缘强度；在中性点不接地系统中，当发生单相接地时，要求电缆线路运行时间不超过2h。

2) 电缆线路在运行中不得超过其允许温度，否则将加速绝缘老化，导致电缆的损坏而引起事故。因此，当电缆的表面温度超过允许温度时，应采取限制负荷措施。

3) 全线敷设电缆的线路一般不装重合闸，因此当断路器跳闸后不允许试送电。这是因为电缆线路故障多为永久性的。

4) 电缆线路不得长期过负荷运行，但经常性负荷电流小于最大长期运行电流的电缆允许短时少量过负荷。

5) 电缆线路接入时，核对相位应正确。

6) 运行中的电缆线路禁止值班人员用手去直接触试电缆表面，以免发生意外，禁止搬动运行中的电缆线路。

(2) 电缆线路的维护。

1) 电缆线路除正常和特殊巡视检查外，还应利用停电机会清扫和擦抹电缆和绝缘子，同时检查是否有裂纹及闪络痕迹，以及电缆头接触部位是否紧固。

2) 经常用红外线测温仪测试电缆接头温度，要求不超过70℃，并做好相关记录。

3) 每季度检查电缆运行情况及防小动物孔洞是否封堵严密，措施是否到位。

4) 电缆层应装设温度自动控制灭火器，以防电缆温度过高而引发火灾。

5) 电缆线路发生故障，在处理完毕后，必须进行电缆绝缘的潮气试验和绝缘电阻试验。

(九) 电力电容器的巡视检查、正常运行与维护

1. 电力电容器的正常巡视项目和标准

电力电容器的正常巡视检查项目和标准见表1-2-9。

表1-2-9　电力电容器的巡视检查项目和标准

序号	巡视检查项目及标准
1	检查绝缘子有无破损裂纹、放电痕迹，表面是否清洁
2	母线及引线是否过紧或过松，设备连接处有无松动、过热

续表

序号	巡视检查项目及标准
3	设备外壳涂漆是否变色，变形，外壳无鼓肚、膨胀变形，接缝无开裂、渗漏油现象，内部无异声；外壳温度不超过50℃
4	电容器编号正确
5	熔断器、放电回路及指示灯是否完好，接地引下线有无严重锈蚀、断股
6	电抗器附近无磁性杂物存在，油漆无脱落、线圈无变形，无放电及焦味；油电抗器应无渗油
7	电缆挂牌齐全完整，内容正确，字迹清楚；电缆外皮无损伤，支撑牢固，电缆和电缆头无渗油漏胶、发热放电，无火花放电等现象

2. 电力电容器的正常运行

(1) 电容器组投运前应对电容器组断路器、保护、控制信号按质量标准进行严格验收，并收集移交安装施工记录、竣工报告、出厂说明书和出厂试验报告，这些投运事宜完善后方可投入运行。

(2) 在额定电压下，合闸冲击三次，每次合闸间隔时间5min；应将电容器残留电压放完时方可进行下次合闸。

(3) 在投运1个月后应停运全面检查一次，3个月内应对电容器组加强巡检。

(4) 电容器允许在不超过额定电流的30％工况下长期运行，三相不平衡电流不应超过±5％。

(5) 运行人员应经常监视电容器组的温度，应不超过50℃。

(6) 电容器组的电压、电流、温度均应前后比较，如有突变视为异常运行，必须查明原因，进行处理。

(7) 任何情况下电容器组的断路器跳闸，5min内不得强送电，在未找出原因之前不得重新合闸。

(8) 电容器退出运行后虽已自动放电，但在人体接触其导电部位时仍需按规定用接地棒对地放电并接地。

(9) 电容器的投切一般应按就地补偿无功功率，不得向系统倒送的原则进行。其具体操作应按规定电压曲线及有关参数进行，同时还应与主变压器的有载分接开关相配合，其配合原则如下：

1) 电压在规定的上下限之间，而无功过多或不足时，应当切除或投入电容器。

2) 电压超上限，当无功不足时，应先调整变压器分接开关，再投入电容器；当无功合适时，应调整变压器分接开关；当无功过多时，应先切除电容器，再调整变压器分接开关。

3) 电压超下限，当无功不足时，应先投入电容器，再调整变压器分接开关；当无功合适时，应调整变压器分接开关；当无功过多时，应先调整变压器分接开关，再切除电容器。

4) 电容器停止运行后，一般至少应放电5min，方可再次合闸送电。

(10) 电容器停电维修前须将接地开关合上。

(11) 主变停电操作时，先停电容器组的断路器；主变送电时，待主变低压侧母线配电装置投运后，再视具体情况投入电容器组。严禁主变和电容器组同时投退。

3. 电容器的维护

(1) 利用停电机会，做好箱壳表面、套管表面及其他各部位的清洁工作，并应定期清扫，以保证安全运行。

(2) 运行人员每周进行一次测温，以便于及时发现设备存在的隐患，保证设备安全可靠运行。

(3) 每季定期检查一次电容器组设备所有的接点和连接点。

(4) 电容器投运后，每年测量一次谐波。

（十）消弧线圈的巡视检查、正常运行与维护

安装消弧线圈的目的是减少 10kV 系统接地时的残流值，减缓恢复电压的上升速度以及抑制谐振过电压的产生等。

1. 消弧线圈的正常巡视检查项目和标准

(1) 检查声音是否正常，有无异常噪声。

(2) 检查紧固件、连接件是否松动，导电零件有无生锈、腐蚀的痕迹。

(3) 绝缘表面有无爬电痕迹和碳化现象，瓷套管是否清洁，有无裂纹和放电痕迹。

(4) 引线、电缆接头是否紧固，有无过热发红现象。

(5) 检查其附件设备（电阻器、真空接触器、电压互感器）运行是否正常，隔离开关刀口是否接触良好，有无发热现象。

2. 消弧线圈的正常运行与维护

(1) 正常运行中 10kV 两段主母线各投一套消弧线圈，因故需要停运接地变压器或消弧线圈时，必须报告值班调度员，按给定的运行方式倒闸操作。

(2) 在正常情况下，消弧线圈自动调谐装置必须投入运行，且应投入自动运行状态。

(3) 消弧线圈自动调谐装置投入运行操作步骤如下：先合上消弧线圈自动控制屏后交、直流电源自动空气开关，再推上消弧线圈与中性点之间的单相隔离开关（站用变断路器须在断开位置，消弧线圈与中性点之间单相隔离开关只有站用变断路器在断开时才能推上），最后将站用变断路器由热备用（冷备用）转运行，合上控制器电源开关。

(4) 消弧线圈自动调谐装置退出运行操作步骤如下：先断开控制器电源开关，将站用变断路器由运行转热备用（冷备用），再拉开消弧线圈与中性点之间的单相隔离开关，最后断开消弧线圈自动控制屏后交、直流电源自动空气开关。

(5) 若微机调节装置不能投运需要手动倒换消弧线圈的挡位时，应和值班调度员取得联系，根据脱谐度和位移电压的大小确定挡位。

(6) 禁止将一台消弧线圈同时接在两台接地变压器（或变压器）的中性点上。

（十一）电抗器的巡视检查、正常运行与维护

1. 电抗器的正常巡视检查项目和标准

(1) 设备外观完整无损，无异物。

(2) 引线接触良好，接头无过热，各连接引线无发热、变色。

(3) 外包封表面清洁、无裂纹、无爬电痕迹、无油漆脱落现象，憎水性良好。

(4) 撑条无错位。

(5) 无动物巢穴等异物堵塞通风道。

(6) 支柱绝缘子金属部位无锈蚀，支架牢固、无倾斜变形、无明显污染情况。

(7) 无异常振动和声响。

(8) 接地可靠，周边金属物无异常发热现象。

(9) 场地清洁无杂物，无杂草。

(10) 电抗器门窗应严密，以防小动物进入。

2. 电抗器的正常运行

(1) 电抗器允许在额定电压、额定电流下长期运行。

(2) 运行中应检查线圈垂直通风道是否畅通，发现异物应及时清除。

(3) 运行中应检查电抗器水平、垂直绑扎带有无损伤，出现异常时应及时处理或通知制造厂修理。

3. 电抗器的维护

(1) 干式电抗器及其电气连接部分每季度应进行带电红外线测温和不定期重点测温。红外测温发现有异常过热，应申请停运处理。

(2) 户外干式电抗器表面应定期清洗，5～6 年重新喷涂憎水绝缘材料。

(3) 发现包封表面有放电痕迹或油漆脱落，以及流（滴）胶、裂纹现象，应及时处理。

【拓展提高】

1. 变压器的特殊巡视检查项目和标准

(1) 气温骤变时，检查储油柜油位和瓷套管油位是否有明显变化，各侧连接引线是否有断股或接头处是否有发红现象，各密封处有否渗漏油现象。

(2) 雷雨、冰雹后，检查引线摆动情况及有无断股，设备上有无其他杂物，瓷套管有无放电痕迹及破裂现象。

(3) 在雷雨天气过后，应检查有无放电闪络，避雷器放电记录器有无动作情况。

(4) 大雾天气，检查瓷套管有无放电打火现象，重点监视污秽瓷质部分。

(5) 下雪天气，根据积雪融化情况检查接头发热部位；检查引线积雪情况，及时处理引线过多的积雪和冰柱。

(6) 大风天气，检查引线摆动情况及有无搭杂物。

(7) 高温天气，检查油温、油位、油色和冷却器运行是否正常。

(8) 过负荷，监视负荷、油温和油位的变化，接头接触应良好，试温蜡片（贴有试温蜡片时）无熔化现象，冷却系统应运行正常。

(9) 大短路故障后，检查有关设备、接头有无异状。

2. 断路器的特殊巡视检查项目和标准

设备新投运及大修后，巡视周期相应缩短，投运 72h 以后转入正常巡视。遇有下列情况，应对设备进行特殊巡视检查：①设备负荷有显著增加；②设备经过检修、改造或长期停用后重新投入系统运行；③设备缺陷近期有发展；④恶劣气候、事故跳闸和设备运行中发现可疑现象；⑤法定节假日和上级通知有重要供电任务期间。

特殊巡视检查项目如下：

(1) 大风天气，检查引线摆动情况及有无搭挂杂物。

(2) 雷雨天气，检查瓷套管有无放电闪络现象。

(3) 大雾天气，检查瓷套管有无放电、打火现象，重点监视污秽瓷质部分。

(4) 大雪天气，根据积雪融化情况，检查接头发热部位，及时处理悬冰。

(5) 温度骤变，检查注油设备油位变化及设备有无渗漏油等情况。

(6) 节假日时，监视负荷及增加巡视次数。

(7) 高峰负荷期间，增加巡视次数，监视设备温度，检查触头、引线接头，特别是限流元件接头有无过热现象，设备有无异常声音。

(8) 短路故障跳闸后，检查隔离开关的位置是否正确，各附件有无变形，触头、引线接头有无过热、松动现象，油断路器有无喷油，油色及油位是否正常，测量合闸熔断器是否良好，断路器内部有无异常声音。

(9) 设备重合闸后，检查设备位置是否正确，动作是否到位，有无不正常的音响或气味。

3. 隔离开关的特殊巡视检查项目和标准

(1) 隔离开关通过短路电流后，应检查隔离开关的绝缘子有无破损和放电痕迹，以及动静触头及接头有无熔化现象。

(2) 下雪或冰冻天气，检查隔离开关接触处是否积雪立即融化，绝缘子是否有冻裂现象。

(3) 大雾、阴雨天气的夜间，检查隔离开关上的绝缘子是否有放电及电晕声音。

(4) 大风时注意检查引线有无摆动，有无落物，能否保持相间或对地距离。

(5) 高峰负荷时检查隔离开关接头及接触处是否有发热烧红现象。

4. 电流互感器和电压互感器的特殊巡视检查项目

(1) 大负荷期间用红外测温设备检查互感器内部、引线接头发热情况。

(2) 大风扬尘、雾天、雨天，检查外绝缘有无闪络。

(3) 冰雪、冰雹天气，检查外绝缘有无损伤。

5. 避雷器（避雷针）雷雨天气后的特殊巡视检查项目和标准

检查引线是否松动，本体是否有摆动，均压环是否歪斜，瓷套管有无闪络、损伤，放电计数器的动作情况，避雷针有无倾斜、摆动，接地引下线有无损伤等。

6. 母线的特殊巡视检查项目和标准

(1) 下雪时检查接头积雪有无融化、冒汽现象，线夹及导线、母排导电部分可根据积雪情况判断有无发热现象。

(2) 大风天气时检查母线有无剧烈摆动，导线、绝缘子上是否挂有落物以及摆动、扭伤、断股等异常情况。

(3) 雷雨后检查绝缘子有无闪络痕迹。

(4) 天气过冷或过热时检查室外母线有无拉缩过紧、弛度过大现象，检查导线是否存在受力过大的地方。

(5) 夜间熄灯检查导线、母排及线夹各部位有无发红、电晕或放电现象等。

(6) 当导线、母排及线夹经过短路电流后，检查有无熔断、散股，连接部位有无接触不良，铝排有无变形，线夹有无熔化变形等。

7. 电缆线路的特殊巡视检查项目和标准

(1) 电力电缆线路已达满载或过载运行时，应检查电缆头接触处是否发热变色。

(2) 故障跳闸后特别是听到巨响时，应检查电缆头是否正常，引线接头是否有烧伤或烧断现象。

(3) 下雨或冰冻天气，检查电缆瓷套管是否被冻裂，引线接头是否过紧。

(4) 雷雨天气，检查电缆瓷套管是否有放电闪络的现象。

(5) 大雾或阴雨天气，检查电缆头上瓷套管是否有放电电晕声音。

8. 电抗器的特殊巡视项目和标准

(1) 投运期间用红外测温设备检查电抗器包封内部、引线接头发热情况。

(2) 大风扬尘、雾天、雨天，检查外绝缘有无闪络，表面有无放电痕迹。

(3) 冰雪、冰雹，检查外绝缘有无损伤，本体有无倾斜变形，有无异物。

(4) 检查电抗器接地体及围网、围栏有无异常发热，可对比其他设备检查，通过积雪融化较快、水汽较明显等进行判断。

(5) 故障跳闸后未查明原因前不得再次投入运行，应检查保护装置是否正常，干式电抗器线圈匝间及支持部分有无变形、烧坏等现象。

9. 电容器的特殊巡视项目和标准

电容器的特殊巡视检查项目和标准见表1-2-10。

表1-2-10　电容器的特殊巡视检查项目和标准

序号	巡视检查项目及标准
1	雨、雾、雪、冰雹天气应检查瓷绝缘有无破损裂纹、放电现象，表面是否清洁。冰雪融化后检查有无悬挂冰柱，桩头上有无发热。大风后应检查设备和导线上有无悬挂物、有无断线，构架和建筑物有无下沉倾斜变形
2	大风后检查母线及引线是否过紧或过松，设备连接处有无松动、过热
3	雷电后应检查瓷绝缘有无破损裂纹、放电痕迹
4	环境温度超过或低于规定温度时，检查示温蜡片是否齐全或融化，各接头有无发热现象
5	断路器故障跳闸后应检查电容器有无烧伤、变形、移位等，导线有无短路，电容器温度、音响、外壳有无异常，熔断器、放电回路、电抗器、电缆、避雷器等是否完好
6	系统异常（如振荡、接地、低频或铁磁谐振）运行消除后，应检查电容器有无放电，温度、音响、外壳有无异常

任务2.2　变电站主系统二次设备巡视及维护

变电站主系统二次设备是指对主系统一次设备的工作状况进行监视、测量、控制、保护、调节的电气设备或装置，如监控装置、继电保护装置、自动装置、信号装置等，通常还包括电流互感器、电压互感器的二次绕组、引出线及二次回路。这些二次设备按一定要求连接在一起构成的回路，称为二次回路或二次接线系统。掌握变电站二次设备巡视及维护是发电厂电气值班人员必备的技能之一。

【教学目标】

知识目标：①掌握变电站主变保护、母线保护、线路保护、备用电源自动投入装置、低频减载装置等二次设备的基本结构原理；②熟悉典型220kV变电站巡视及维护的主要内容及要求；③按标准化作业流程对变电站二次设备进行巡视及维护。

能力目标：①能说出变电站二次电气设备巡视及维护的基本流程及确定变电站电气设备

巡视路线；②能在仿真机上对照变电站二次电气设备巡视及维护内容，熟练进行电气设备巡视及维护的操作。

态度目标：①能主动学习，在完成任务过程中发现问题、分析问题和解决问题；②能严格遵守“变电运行”专业相关规程标准及规章制度，与小组成员协商、交流配合，按标准化作业流程完成学习任务。

【任务分析】

对照电气设备巡视及维护的内容，按照变电站设备巡视的标准化作业流程，在仿真机上对 220kV 袁州变电站二次设备进行巡视。

【相关知识】

（一）二次设备巡视的一般规定

1. 变电站二次回路的概述

二次回路主要包括以下内容：

（1）控制系统。控制系统的作用是对变电站的开关设备进行就地或远方跳、合闸操作，以满足改变主系统运行方式及处理故障的要求。控制系统是由控制装置、控制对象及控制网络构成。在实现了综合自动化的变电站中，控制系统控制方式包括远方控制和就地控制。远方控制有变电站端控制和调度（集控站或集控中心）端控制，就地控制有操动机构处控制和保护（或监控）屏控制。

（2）信号系统。信号系统的作用是准确及时地显示出相应一次设备的运行工作状态，为运行人员提供操作、调节和处理故障的可靠依据。信号系统由信号发送机构、信号接收显示元件（装置）及其网络构成。信号按性质分为状态信号和实时登录信号。常见的状态信号有断路器位置信号、各种开关位置信号、变压器挡位信号等，常见的实时登录信号有保护动作信号、装置故障信号、断路器监视的各种异常信号等。信号按发出时间分为瞬时动作信号和延时动作信号。信号按复归方式分为自动复归信号和手动复归信号等。

（3）测量及监察系统。测量及监察系统的作用是指示或记录电气设备和输电线路的运行参数，作为运行人员掌握主系统运行情况、故障处理及经济核算的依据。测量及监察系统由各种电气测计仪表、监测装置、切换开关及其网络构成。变电站常见的有电流、电压、频率、功率、电能等的测量系统和交流、直流绝缘监察系统。

（4）调节系统。调节系统的作用是调节某些主设备的工作参数，以保证主设备和电力系统的安全、经济、稳定运行等。调节系统由测量机构、传送设备、自控装置、执行元件及其网络构成。常用的调节方式有手动、自动或半自动方式。

（5）继电保护及自动装置系统。继电保护及自动装置系统的作用是当电力系统发生故障时，能自动、快速、有选择地切除故障设备，减小设备的损坏程度，保证电力系统的稳定，增加供电的可靠性；及时反映主设备的不正常工作状态，提示运行人员关注和处理，保证主设备的完好及系统的安全。

继电保护及自动装置系统由电压互感器和电流互感器的二次绕组、继电器、继电保护及自动装置和控制断路器等构成。继电保护及自动装置系统是按电力系统的电气单元进行配置的。所谓电气单元是指由断路器隔离的一次电气设备，即构成一个电气单元（也称元件）。

断路器可以将电力系统分隔为各种独立的电气元件，如发电机、变压器、母线、线路、电动机等。一次设备被分隔为各种电气单元，相应的就有了各种电气单元的继电保护装置，如发电机保护、变压器保护、母线保护、线路保护、电动机保护等。

(6) 操作电源系统。操作电源系统的作用是供给上述各二次系统的工作电源，断路器的跳、合闸电源，及其他设备的事故电源等。操作电源系统由直流电源或交流电源供电，一般常由直流电源设备和供电网络构成。

2. 二次设备巡视目的

变电站二次设备的主要功能是对一次设备运行的监视、测量、控制和调节。因此，巡视二次设备主要有两个目的：一是可以发现一次设备的故障和运行异常；二是监视二次设备和系统本身的运行状态，掌握二次设备运行情况，通过对二次设备巡视检查，及时发现二次设备和系统运行的异常、缺陷或故障，确保变电站和电网安全运行。

3. 二次设备巡视方法

变电站的二次设备是监视、测量、控制、保护、调节一次设备运行的电气设备。通常二次设备本身的自动化程度高，尤其是现在大量采用的微机型保护或装置，这类装置一般都有自检程序，当装置发生故障或异常时会自动闭锁，并发出报警信号。因此，二次设备的巡视应重点检查保护装置、监控系统、自动化设备、直流设备等的信号和显示。

二次设备的巡视检查一般采用下列方法：

(1) 外观检查：检查设备的外观，是否有破损、损坏、锈蚀、脱落、松动或异常等，检查设备有无明显发热、放电、烧焦等痕迹。

(2) 信息检查：检查二次设备、各种装置、保护屏、电源屏、直流屏、控制柜、控制箱、监控系统等是否发出异常信号、报警信号、光字信号、报文信息、上传信息、打印信息、异常显示等。

(3) 测试检查：利用装置、设备和系统等的自检功能，测试其工作状态。

(4) 仪表检查：利用仪表测量电阻、电压和电流等。

(5) 位置检查：检查设备和装置的连接片、开关和操作把手位置是否符合运行方式。

(6) 环境检查：检查主控室、保护室等的温度、清洁度、工作环境是否符合要求。

(7) 其他检查：检查是否有异响、异味，检查电缆孔洞、端子箱等封堵情况。

4. 二次设备巡视的要求

二次设备巡视的基本要求、巡视周期、巡视流程与一次设备相同。巡视检查也必须按标准化作业指导书进行，按规定路线巡视，使用巡视卡（智能卡或纸质卡），详细填写巡视记录，严格执行相关规程规定，确保人身安全和设备安全运行。同时，为了保证巡视质量，运行值班人员除了应具备高度责任感，严格执行标准化作业要求外，还应正确理解微机继电保护、自动装置和监控系统的各种信息含义，才能及时发现问题。

5. 二次设备巡视的危险点分析

二次设备巡视的危险点主要是下列几个方面：

(1) 未按照巡视线路巡视，造成巡视不到位，漏巡视。

(2) 人员身体状况不适、思想波动，造成巡视质量不高或发生人身伤害。

(3) 巡视中误碰、误动运行设备，造成装置误动或人员触电。

(4) 擅自改变检修设备状态，变更安全措施。

（5）开、关装置或柜门振动过大，造成设备误动。

（6）在保护室使用移动通信工具，造成保护误动。

（7）发现缺陷及异常时，未及时汇报。

（8）夜间巡视或室内照明不足，造成人员碰伤等。

（二）二次设备的巡视检查项目

（1）检查继电保护及二次回路各元件，应接线紧固，无过热、异味、冒烟现象，标识清晰准确，继电器外壳无破损、触点无抖动、内部无异常声响。

（2）检查交直流切换装置，应工作正常。

（3）检查继电保护及自动装置的运行状态、运行监视（包括液晶显示及各种信号灯指示），应正确、无异常信号。

（4）检查继电保护及自动装置屏上各自动空气、切换把手的位置，应正确。

（5）检查继电保护及自动装置的连接片投退情况，应符合要求、压接牢固，长期不用的连接片应取下。

（6）检查高频通道测试数据，应正常。

（7）检查记录有关继电保护及自动装置计数器的动作情况。

（8）检查屏内 TV、TA 回路应无异常。

（9）检查微机保护装置的打印机运行应正常、不缺纸、无打印记录。

（10）检查微机保护装置的定值区位和时钟应正常。

（11）检查电能表指示应正常，与潮流一致。

（12）检查试验中央信号应正常，无光字、告警信息。

（13）检查控制屏各仪表指示应正常、无过负荷现象，母线电压三相平衡、正常，系统频率在规定的范围内。

（14）检查控制屏各位置信号应正常。

（15）检查变压器远方测温指示和有载调压指示应与现场一致。

（16）检查保护屏、控制屏下电缆孔洞应封堵严密。

（三）继电保护及自动装置的运行维护

（1）定期对微机保护装置进行采样值检查、可查询的开入量状态检查和时钟校对，检查周期一般不超过一个月，并应做好记录。

（2）每年按规定打印一次全站各微机保护装置定值，与存档的正式定值单核对，并在打印定值单上记录核对日期、核对人，保存该定值直到下次核对。

（3）应每月检查打印机的打印纸是否充足、打印字迹是否清晰，及时加装打印纸和更换打印机色带。

（4）加强对保护室空调、通风等装置的管理，保护室内相对湿度不超过 75%，环境温度应在 5～30℃范围内。

（5）应按规定进行专用载波通道的测试工作。

1）有人值守变电站按规定时间（该时间由本单位排定，线路两端一般应错开 4h 以上）进行一次通道测试，并填写记录，记录数据应包括天气状况、收发信信号灯状况、电平指示、告警灯状况等内容。

2）无人值守变电站通过监控中心每日进行远方测试。运行人员对变电站进行常规巡视检查时，应进行一次各线路专用载波通道的测试，并做好记录。

3）无论变电站是否有人值守，在下列情况下应增加一次通道测试：断路器转代及恢复原断路器运行时，对转代线路增加测试；线路停电转运行时，对本线路增加测试；保护工作完毕投入运行时，对本线路增加测试。

4）天气情况恶劣（大雾或线路覆冰）时，通道测试工作由24h一次改为4h一次，直至天气状况恢复且通道测试正常。

【任务实施】

学生分组讨论、熟悉变电仿真系统的操作，按照变电站设备巡视的标准化作业流程，对照二次设备巡视及维护的内容，在仿真机上对220kV袁州变电站二次设备进行巡视，并记录本值各类巡视检查的开始时间、结束时间、巡视类别、巡视中发现的缺陷及巡视人姓名。

（一）继电保护和自动装置的正常巡视检查

变电站所有的电气设备和线路，都按规定装设保护装置、自动装置、测控装置及故障录波器等二次设备。

1. 设备巡视的内容和要求

（1）各种控制、信号、保护装置、直流屏和站用屏等应清洁，屏上所有装置和元件的标示应齐全。各种屏上的装置、显示设备、面板、信号设备、开关、连接片等应清洁、完整，不破损，无锈蚀、安装牢固。

（2）继电保护及自动装置屏上的保护连接片、切换开关、组合开关的投入位置应与一次设备的运行相对应，信号灯显示应正常、无异常信号，装置的打印纸应足够。

（3）控制屏、信号屏、直流屏和站用屏上的自动空气开关、熔断器等的投入位置应正确，信号灯显示应正常、无异常信号。

（4）断路器和隔离开关等的位置信号应正确，分、合显示应与实际位置相符。

（5）各种装置的电源指示、信号指示灯应正确，液晶显示应与实际相符。

（6）控制柜、端子箱、操作箱、端子盒的门应关好、无损坏，保护屏、端子箱、接线盒、电缆沟的孔洞应密封。

（7）继电保护室、开关室、直流室等的室内温度和湿度应符合规定。

对于无人值班变电站的巡视检查，应使用调度自动化监控系统，认真监视设备运行情况，做好各种有关记录。在监控机上检查各站有无信号发出以及检查各站的有功、无功及电流、电压情况是否正常。集控站（监控中心）应能对所辖各无人值班变电站实行监控，实现防火、防盗自动报警和远程图像监控。

2. 巡视检查发现问题的处理

（1）当低压信号或电压回路断线信号发出时，应检查电压互感器的熔断器及自动空气开关并设法处理，及时向调度汇报；经处理仍无法恢复时，根据调度命令退出有关保护，并及时通知保护专业人员进行处理。

（2）当直流回路断线信号发出时，应检查控制熔断器及控制回路并设法处理，及时向调度汇报；如仍无法恢复时，应及时通知保护专业人员进行处理。

（3）当继电保护和安全自动装置异常信号发出时，应查明原因并设法处理，及时向调度汇报；经处理仍无法消除时，该保护和安全自动装置是否退出应根据调度命令执行，并及时通知保护专业人员进行处理。

(4) 当监控系统发出异常信号，如无法查明原因且不能消除时，应及时向调度汇报，通知自动化专业人员进行处理。

(二) 通信及自动化设备的正常巡视检查

1. 通信设备的巡视检查

电力通信是电网调度和自动化的基础，变电站的通信设备应纳入变电运行管理。电力通信系统主要包括微波通信系统、光纤通信系统、电力载波通信系统、通信电缆系统、调度程控交换系统等。

为了提高通信设备的运行质量，确保系统内通信设备的安全运行，在有人值班变电站的值班人员必须按规定对通信机房进行必要的巡视；做好设备的巡视、检查，做好设备运行记录等工作；做好机房的环境卫生，保持室内温度在规定范围内；通信设备的电源要稳定可靠，运行正常；在日常巡视中发现故障应及时向通信主管部门汇报。

2. 自动化设备的巡视检查

变电站自动化设备是调度自动化、监控系统的主要设备，其将变电站的运行信息实时上传至监控中心和调度中心，并接收由监控中心发出的指令对变电站进行控制。

(1) 交接班检查。检查自动化设备屏、柜的清洁情况，屏上所有元件的标示应齐全；检查自动化设备屏上主要指示灯的运行工况，应根据实际情况制定设备巡视卡；综合自动化变电站检查事故音响是否正常；检查后台机主画面遥信位置、遥测值与实际状态是否一致，且画面不断有刷新；检查自动化设备屏、柜的门（盖）是否关好；检查自动化设备屏内是否有异声、异味。

(2) 班中检查。检查遥控输出连接片的投入、退出应正确；检查自动化装置电源位置是否正确；检查综合自动化变电站后台机，应在遥信变位时发出音响，推出告警画面，遥测画面在不断刷新；检查上一班操作后的遥控出口连接片和断路器的位置是否符合实际状态；检查自动化设备主要指示灯的运行工况是否正常；检查后台机是否有病毒侵害；当调度终端发出事故或异常告警时，变电站值班员应立即巡视相关设备。

(三) 监控系统的正常巡视检查

监控系统是集控站（监控中心）用于监视和控制无人值班变电站的自动化系统，它在调度自动化系统的基础上进行了功能细化和完善。通过监控系统，集控站（监控中心）可以对其所管辖的变电站实行遥测、遥信、遥控、遥调和遥视（五遥），完成各种远方操作、监视和控制等功能。由于监控系统主要是计算机设备、远动设备、通信设备、网络设备和信息传输通道等，因此，变电运行值班人员对监控系统的巡视检查主要是对设备外观检查、工作状态和工作环境检查等，同时还要检查监控系统的异常信号、运行状态和监控功能。

巡视检查的内容和要求如下：

(1) 检查计算机柜、远动屏、通信屏、装置屏、机柜等屏上的各种装置、显示窗口、操作面板、组合开关，是否清洁、完整、安装牢固，信号灯显示是否正常、有无异常信号。

(2) 检查监控系统有无异常信息、报警信息、报文信息、上传信息，是否出现故障信号、异常信号、动作信号、断线信号、温度信号、过负荷信号。检查故障录波、操作日志、运行曲线、报表等是否异常，并对监控信息进行分析判断。

(3) 检查监控系统显示的运行状态与实际运行方式是否一致，切换检查各监控画面，检查频率、电压、电流、功率、电量等实时数据和参数显示是否正常。

(4) 检查监控系统“五遥”功能、自检功能和自恢复功能是否正常。

(5) 检查各种保护装置和监控装置的电源指示、时间显示、各信号指示灯是否正确，通信、巡检是否正常，液晶显示应与实际相符。

(四) 二次设备巡视卡

二次设备巡视卡见表1-2-11。

表1-2-11 二次设备巡视卡

<table>
<tr><th>设备名称</th><th>序号</th><th>检查项目</th><th>检查标准</th></tr>
<tr><td rowspan="5">控制室、
继电保护室</td><td>1</td><td>房屋检查</td><td>(1) 房屋四壁及房顶应无裂纹、渗水、漏雨现象
(2) 房顶及四壁粉刷物应无脱落现象
(3) 门窗应关闭严密、牢固，无变形，开启灵活，窗户玻璃齐全无破损</td></tr>
<tr><td>2</td><td>室内环境</td><td>(1) 室内光线充足、通风良好
(2) 照明设备齐全，灯具完好，满足工作需要
(3) 事故照明灯具完好，试开正常
(4) 控制室、继电室内温度不得超过35℃，否则应开启空调</td></tr>
<tr><td>3</td><td>消防器材</td><td>(1) 消防器材量和存放符合要求
(2) 消防器材检验不超期，合格证齐全</td></tr>
<tr><td>4</td><td>防小动物措施</td><td>(1) 继电保护室的门口防鼠挡板齐全严密
(2) 电缆孔洞封堵严密
(3) 鼠药投放数量充足，并定期更换</td></tr>
<tr><td>5</td><td>空调</td><td>(1) 外观清洁
(2) 开启正常</td></tr>
<tr><td rowspan="5">中央信号</td><td>1</td><td>各级母线
电压检查</td><td>各级母线电压指示不超出电压合格率的管理规定值（记录具体数值）</td></tr>
<tr><td>2</td><td>光字牌检查
及试验</td><td>(1) 中央信号屏上无异常光字牌及灯光信号
(2) 切换实验瞬时及延时信号光字牌指示正常</td></tr>
<tr><td>3</td><td>音响试验</td><td>切换试验事故及预告音响信号正常，延时复归正常</td></tr>
<tr><td>4</td><td>同期并列装置</td><td>同期并列装置在退出位置，同期表无指示</td></tr>
<tr><td>5</td><td>继电器及二次线</td><td>(1) 继电器外壳无破损，触点无抖动，内部无异常响声
(2) 屏上继电器等各元件标示清晰、准确
(3) 二次线无松脱、发热变色现象，电缆孔洞封堵严密</td></tr>
<tr><td>主变220、
110、10kV
控制屏</td><td>1</td><td>控制屏</td><td>(1) 控制屏上开关位置指示与实际位置一致
(2) 测量表计指示准确。运行中电流表指示不大于间隔允许电流，若超过表计刻度红线应向调度汇报
(3) 无异常光字牌报出
(4) 二次线无松脱、发热变色现象，电缆孔洞封堵严密</td></tr>
</table>

【拓展提高】

发现二次设备缺陷后，运行人员应对缺陷进行初步分类，根据现场规程进行应急处理，并立即报告值班调度及上级管理部门。设备缺陷按严重程度和对安全运行造成的威胁大小，分为危急缺陷、严重缺陷、一般缺陷三类。

1. 危急缺陷

危急缺陷是指性质严重，情况危急，直接威胁安全运行的缺陷。发现危急缺陷，应当立即采取应急措施，并尽快予以消除。

以下缺陷属于危急缺陷：

(1) 电流互感器回路开路。

(2) 二次回路或二次设备着火。

(3) 保护、控制回路直流消失。

(4) 保护装置故障或保护异常退出。

(5) 保护装置电源灯熄灭或电源消失。

(6) 收发信机运行灯熄灭、装置故障、裕度告警。

(7) 控制回路断线。

(8) 电压切换不正常。

(9) 电流互感器回路断线告警、差流越限，线路保护电压互感器回路断线告警。

(10) 保护开入异常变位，可能造成保护不正确动作。

(11) 直流接地。

(12) 其他威胁安全运行的情况。

2. 严重缺陷

严重缺陷是指设备缺陷情况严重，有恶化发展趋势，影响保护正确动作，对电网和设备安全威胁，可能造成事故的缺陷。严重缺陷可在保护专业人员到达现场进行处理时再申请退出相应保护。缺陷未处理期间，运行人员应加强监视，保护有误动风险时应及时处置。

以下缺陷属于严重缺陷：

(1) 保护通道异常，如 3dB 告警等。

(2) 保护装置只发告警或异常信号，未闭锁。

(3) 录波器装置故障、频繁启动或电源消失。

(4) 保护装置液晶显示屏异常。

(5) 操作箱指示灯熄灭，但未发控制回路断线信号。

(6) 保护装置动作后报告打印不完整或无事故报告。

(7) 就地信号正常，后台或中央信号不正常。

(8) 切换灯熄灭，但未发电压互感器断线告警。

(9) 母线保护隔离开关辅助触点开入异常，但不影响母线保护正确动作。

(10) 无人值守变电站保护信息通信中断。

(11) 频繁出现又能自动复归的缺陷。

(12) 其他可能影响保护正确动作的情况。

3. 一般缺陷

一般缺陷是指上述危急、严重缺陷以外的，性质一般、情况较轻、保护能继续运行，对安全运行影响不大的缺陷。

以下缺陷属于一般缺陷：

(1) 打印机故障或打印格式不对。

(2) 电磁继电器外壳变形、损坏，但不影响内部。

（3）GPS装置失灵或时间不对，保护装置时钟无法调整。

（4）保护屏上按钮接触不良。

（5）有人值守变电站保护信息通信中断。

（6）能自动复归的偶然缺陷。

（7）其他对安全运行影响不大的缺陷。

任务2.3 变电站站用电与直流系统巡视及维护

变电站站用电与直流系统是保障变电站安全、可靠运行的一个重要环节。站用电与直流系统出现问题，将直接或间接地影响变电站安全运行，严重时会造成设备停电。例如：主变压器的冷却风扇或强油循环冷却装置的油泵、水泵、风扇及整流操作电源等，这些设备是变电站的重要负荷，一旦中断供电就可能导致一次设备停电。因此，提高站用电与直流系统的供电可靠性是保证变电站安全运行的重要措施。

【教学目标】

知识目标：①熟悉变电站站用电与直流系统的主要设备；②熟悉典型220kV变电站站用电系统的巡视及维护的主要内容及要求，掌握变电站站用电与直流系统巡视及维护内容；③按标准化作业流程在仿真机上对变电站站用电与直流系统进行巡视及维护。

能力目标：①能说出变电站站用电与直流系统电气设备巡视及维护的基本流程及确定变电站站用电与直流系统电气设备巡视路线；②能在仿真机上对照站用电与直流系统电气设备巡视及维护内容，熟练进行站用电与直流系统电气设备巡视及维护的操作。

态度目标：①能主动学习，在完成任务过程中发现问题、分析问题和解决问题；②能严格遵守“变电运行”专业相关规程标准及规章制度，与小组成员协商、交流配合，按标准化作业流程完成学习任务。

【任务分析】

对照站用电与直流系统电气设备巡视及维护的内容，按照变电站设备巡视的标准化作业流程，在仿真机上对220kV袁州变电站站用电与直流系统进行巡视。

【相关知识】

（一）变电站站用电系统

变电站的站用电系统由站用变压器、配电盘、配电电缆、站用电负荷等组成。站用电负荷主要包括变压器冷却系统、蓄电池充电设备、油处理设备及操作电源、照明电源、空调、通风、采暖、加热、检修用电负荷等。

一般变电站站用电系统的运行有如下规定：

（1）站用变压器高压侧用熔断器作保护时，熔断器性能必须满足站用电系统的要求。

（2）室内安装的站用变压器应有足够的通风，室温一般不得超过40℃。

（3）站用变压器室的门应采用阻燃或不燃材料，门上标明设备名称、编号并应上锁。

（4）经常监视仪表指示，掌握站用变压器运行情况。当其电流超过额定值时，应做好记录。

(5) 在最大负载期间测量站用变压器三相电流，并设法保持三相电流基本平衡。

(6) 对站用变压器每天应进行一次外部检查，每周应进行一次夜间检查。

(7) 站用电与直流系统的运行方式，在变电站现场运行规程中规定。

(二) 变电站直流系统

变电站直流系统一般由蓄电池、充电装置、直流回路和直流负载组成。变电站直流系统为站内的控制、信号、继电保护及自动装置、事故照明提供可靠的电源，同时还为断路器的操动机构、五防闭锁装置提供电源。

直流操作回路运行规定如下：

(1) 控制母线电压的变化范围为额定电压的 90%～105%，独立合闸母线的电压变化范围为额定电压的 105%～110%。

(2) 正常浮充运行时，控制母线电压应高于额定值；其他非正常浮充运行时，控制母线电压变化范围应控制为额定电压的 85%～115%，合闸母线电压不应低于额定电压的 90%。

(3) 正常浮充状态下，充电装置应工作在稳压状态，浮充运行的蓄电池电压应保持在厂家的规定值内。

(4) 应检查整流器输出电压与输出电流、蓄电池输出电压与输出电流、直流母线对地绝缘。

(5) 装有两组蓄电池的变电站，正常两组蓄电池均浮充运行；蓄电池组应在退出情况下进行均衡充电、定期充放电。

(6) 查找直流接地需停用保护时，应征得调度同意，停用保护时间尽量短，运行人员只允许查至保护端子排处，防止保护误动。

(7) 蓄电池连接引线无松动、无腐蚀，蓄电池外壳固定支架和绝缘表面应清洁，壳体无破裂、无漏液。

(8) 电池充放电的方法和规定按制造厂家的技术规定执行。

(9) 正常情况下，直流系统绝缘应良好，不允许直流系统在接地情况下长期运行。当直流系统发生接地时，按以下顺序对可能造成接地的原因进行分析和查找。

1) 先找事故照明、信号回路、充电装置回路，后找其他回路。

2) 先找主合闸回路，后找保护回路；先找室外设备，后找室内设备；先找简单回路，后找复杂回路；先找一般回路，后找重要回路。

3) 先找 10、35kV 回路，后找 110、220kV 和 500kV 回路。

【任务实施】

学生分组讨论、熟悉变电仿真系统的操作，按照变电站设备巡视的标准化作业流程，对照变电站站用电与直流系统巡视及维护的内容，在仿真机上对 220kV 袁州变电站站用电与直流系统进行巡视，并指导学生正确填写巡视卡。

(一) 220kV 袁州变电站站用电系统的巡视检查、运行与维护

1. 站用电系统的巡视检查项目和标准

(1) 高压进线穿墙套管及站用变压器各侧套管无裂纹及放电闪络痕迹，无破损现象，外观清洁；接头不松动，无发热、变色现象，示温蜡片无融化现象。

(2) 高压熔断器无熔断现象，支柱绝缘子无裂纹和放电痕迹，无破损现象，外观清洁。

(3) 运行声音正常，无杂音或不均匀的放电声。

(4) 储油柜油位正常，油色应为透明的淡黄色，油位计无破损，没有影响察看油位的油垢。

(5) 本体及各个部件无渗漏油现象。

(6) 外壳接地良好，无断裂、锈蚀现象。

(7) 限流电阻瓷套无裂纹及放电痕迹，无破损现象，外观整洁。

(8) 气体继电器中无气体、漏油现象。

(9) 呼吸器的硅胶不变色（变色不超过 2/3），硅胶罐无破损，油位正常。

(10) 散热片无碰瘪现象。

(11) 调压装置电源指示正常，分接头指示与实际相符，运行电压在正常范围内；调压机构清洁，无渗漏油，电缆完好，无破损及腐蚀现象。检查声音是否正常，有无异常噪声。

2. 站用电系统的运行

(1) 接地变压器应在空载时合闸投运，合闸涌流值最高可达 10 倍额定电流。

(2) 选择接地变压器分接开关需要运行的挡位，将分接开关按现场要求调至相应位置（即电网实际电压为 10.5kV，则分接头应接 3 挡；电网实际电压为 11.02kV，则分接头应接 1 挡；电网实际电压为 9.975kV，则分接片应接 5 挡）。

(3) 接地变压器投入运行后，所带负荷应由轻到重，且检查变压器有无异常，切忌盲目一次大负荷投入。

(4) 接地变压器在运行中应对其接地系统的可靠性进行严格的检查。其接地系统应绝对安全可靠，万无一失。

(5) 接地变压器中性点额定电流的运行时间不得超过铭牌规定的运行时间（即 66A/2h）。

(6) 站用电在运行中要确保主变冷控系统的连续供电，事故情况下其他负荷可以暂时中断。

(7) 站内共有两台站用变压器：1 号站用变接于 10kVⅠ段母线，2 号站用变接于 10kV Ⅱ段母线。1、2 号两台站用变互为备用，即 1 号站用变处运行状态，2 号站用变处空载运行状态，站用变备自投投入。

(8) 接地变压器退出运行后，一般不需要采取其他措施即可重新投入运行。但是，如果在高温下且变压器已发生凝露现象，必须经过干燥处理才能投入运行。

3. 站用电系统的维护

(1) 一般在干燥清洁的场所，每年或更长时间检查一次；若有灰尘或化学烟雾污染的空气进入的场所，需要每 3～6 个月进行一次检查。

(2) 检查时若发现有过多的灰尘聚集，必须利用停电机会进行清除，以保证空气流通和防止绝缘击穿，特别要注意变压器的绝缘子、垫块、绕组装配的顶部和底部的清洁。

(3) 变压器运行 5 年后，应进行绝缘电阻测试以判断变压器能否继续运行，一般无需进行其他测试。

(二) 220kV 袁州变电站直流系统的巡视检查、运行与维护

1. 直流系统的巡视检查

(1) 蓄电池室通风、照明及消防设备完好，温度符合要求，无易燃、易爆物品。

(2) 蓄电池组外观清洁，无短路、接地。

(3) 各连接片连接牢靠无松动，端子无氧化现象，并涂有中性凡士林。

(4) 蓄电池外壳无裂纹、漏液，呼吸器无堵塞，密封良好，电解液液面高度在合格范围内。

(5) 蓄电池极板无龟裂、弯曲、变形、硫化和短路，极板颜色正常，无欠充电、过充电，电解液温度不超过 35℃。

(6) 典型蓄电池电压、电解液密度在合格范围内。

(7) 充电装置交流输入电压、直流输出电压和电流正常，表计指示正确，保护的声、光信号正常，运行声音无异常。

(8) 直流控制母线、动力母线电压在规定范围内，浮充电流符合规定。

(9) 直流系统的绝缘状况良好。

(10) 各支路的运行监视信号完好、指示正常，熔断器无熔断，自动空气开关位置正确。

直流系统巡视卡见表 1-2-12。

表 1-2-12　　直流系统巡视卡

设备名称	序号	检查项目	检查标准
直流系统1号	1	测控部分	(1) 控制母线电压应保持在 225～230V，合闸母线电压应保持在 230～240V (2) 检查浮充电流符合电池的要求，一般在 0.3mA/(A·h) (3) 检查直流系统绝缘，正、负极对地绝缘电阻值应大于 0.2MΩ
	2	充电屏	(1) 1、2 号充电机正常应按照规定的充电方式运行，各切换开关位置正确 (2) 充电机各模块工作正常，交流电源电压正常。自投装置工作正常，备用电源电压正常 (3) 面板上各指示灯指示正确、符合装置说明书规定 (4) 充电机输出电流应等于站内直流负荷电流＋蓄电池充电电流 (5) 屏内接线无松脱、发热变色现象，电缆孔洞封堵严密 (6) 屏、柜应整洁，柜门严密
	3	蓄电池	(1) 抽测蓄电池电压，一般应保持为 2.15～2.20V (2) 瓶体密闭良好，无渗漏液现象 (3) 瓶体完整，无倾斜变形，表面清洁，附件齐全良好 (4) 各连接部位接触良好，无松脱、腐蚀现象 (5) 极柱与安全阀无酸雾溢出
	4	直流回路	(1) 直流控制（信号）、合闸回路正常应按规定分段运行 (2) 各回路保险配置应符合该回路负载要求 (3) 各自动空气开关、熔断器熔丝及接头均应接触良好，无发热变色现象

2. 直流系统的运行与维护

(1) 当交流系统发生故障时，负载由蓄电池供电。由于蓄电池容量有限，应尽快恢复交流系统供电。

(2) 蓄电池系统的安装地必须防尘，并远离热源、电磁干扰源、腐蚀性气体和金属尘埃。

(3) 不同型号、不同种类以及新旧程度不同的蓄电池不能用在一起。严禁过放电，使用过程中蓄电池单只电压不得降至1.8V以下，应及时恢复充电。蓄电池按10h放电率终止电压为1.8V/单体，1h放电率终止电压为1.75V/单体。蓄电池浮充电压，不同环境温度按铭牌规定确定。

(4) 浮充运行的蓄电池进行容量检查试验时，放电后充电采用限流恒压充电法。蓄电池放电后应立即充电。若放电后蓄电池搁置时间长，即使再充电也不能恢复其原容量。

(5) 对于正常使用的蓄电池，不许松动安全阀，否则将影响蓄电池的安全可靠性。控制菜单内“模块开关、均充浮充、调整电压和恒压恒流”几种功能在系统投入运行后，无特殊情况不必对这些功能进行操作。

(6) 采用四个继电器控制直流接触器触头的开闭以投切硅链的组数，用户可以通过面板按钮选择调压方式为手动或自动方式。当设定为“自动”时，根据控制母线电压的高低自动调节接触器的动合触头，控制投切的硅链的组数，使控制母线电压保持在额定电压220V±5V范围内；当设定为“手动”时，根据每组硅链调5V电压，通过转换开关控制投切的硅链的组数，使控制母线电压保持在额定电压220V±5V范围内。采用手动调压时，须监视控制母线电压为额定电压。

【拓展提高】

在直流系统出现以下情况时，应进行特殊巡视检查：

(1) 新安装、检修、改造后的直流系统投运后，应进行特殊巡视。

(2) 蓄电池核对性充放电期间应进行特殊巡视。

(3) 直流系统出现交流失压、直流失压、直流接地、熔断器熔断等异常现象处理后，应进行特殊巡视。

(4) 出现自动空气开关跳闸、熔断器熔断等异常现象后，应巡视保护范围内各直流回路元件有无过热、损坏和明显故障现象。

【项目评价】

变电站电气设备巡视及维护项目评价（占学期总评比例）参考表1-2-13。

表1-2-13 变电站电气设备巡视及维护项目评价表

评价类型			评价内容	权重（%）
过程评价（4%）	素质考评（学生互评）	劳动纪律	出勤情况	1
		平时作业	作业成绩	2
		贡献大小	任务完成的质量	1
结果评价（10%）	项目笔试		笔试一次	10

【技能训练】

1. 变电站的电气设备巡视检查分为哪几类？
2. 变压器的正常巡视检查包括哪些项目？
3. 断路器的正常维护包括哪些项目？

4. 隔离开关的正常巡视检查包括哪些项目？

5. 消弧线圈的正常巡视检查包括哪些项目？

6. 一般电气设备的巡视检查方法有哪些？

7. 对变电站二次设备巡视检查的目的是什么？

8. 站用电负荷主要包括哪些？

9. 变电站直流系统由哪些设备组成？

10. 画出对220kV袁州变电站进行巡视的路线图。

11. 对变压器进行特殊巡视检查时，发现220kV V相瓷套管的瓷质部分有轻微裂纹，试分析其形成原因。

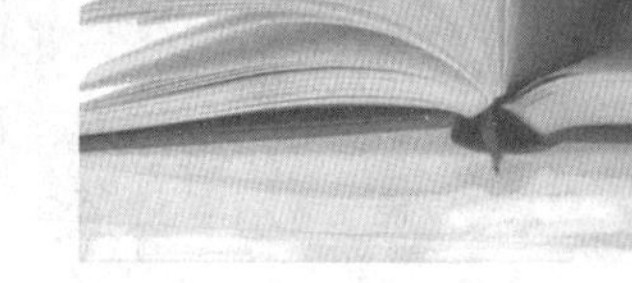

项目3

变电站倒闸操作

【项目描述】

变电站倒闸操作学习项目，主要学习典型的220kV双母线接线变电站各级电压断路器、线路、母线、主变压器、站用电与直流系统的停送电操作。学习完成本项目能具备以下专业能力、方法能力、社会能力。

(1) 专业能力：具备从事变电运行专业所需要的专门技能以及专业知识，能有目的地依据规程规范，并按照一种方法独立完成任务，解决问题，包括工作方式方法和对劳动材料、工艺工具的认识使用等，以培养赖以生存的本领；具备根据变电站倒闸操作基本原则、变电站倒闸操作基本流程，对变电站各级电压断路器及线路、母线、主变压器、站用电与直流系统进行停送电操作的能力。

(2) 方法能力：具备从事职业活动所需要的工作方法及学习方法，学会学习，学会工作，包括制定计划、确定思路、评估结果等，以养成科学的思维、工作、学习习惯；具备正确理解、分析变电运行规程和变电站一次系统、二次系统接线图，形成变电站各级电压断路器及线路、母线、主变压器、站用电与直流系统进行停送电操作的基本思路，具备较强抽象思维能力。

(3) 社会能力：具备从事职业活动所需要的行为规范及价值观念，学会相处、学会做人，包括与人相处合作能力、交流能力、约束能力等，以养成高尚的道德品质；具备服从指挥、遵章守纪、吃苦耐劳、主动思考、善于交流、团结协作、认真细致的安全作业的能力。

【教学目标】

能正确叙述变电站高压断路器、线路、母线、变压器、互感器、电容器、站用电与直流系统进行停送电操作前的运行方式，掌握倒闸操作的基本原则及要求，并正确填写倒闸操作票，严格遵守“变电运行”专业相关规程标准及规章制度，与小组成员协商、交流配合，按标准化作业流程在仿真机上熟练进行变电站倒闸操作。

【教学环境】

变电站倒闸操作项目在220kV双母线接线变电运行仿真实训室进行一体化教学，机位至少能满足每两个学生一台计算机，最好能满足每个学生一台计算机的教学需要；

220kV双母线接线变电仿真系统相关资料齐全，有相对规范的一体化教学教材，有进行一体化教学的多媒体课件、任务工单。

【知识背景】

倒闸操作是实现设备运行的开始、结束或变换参数的操作，是一项操作复杂而又特别危险的行为，操作的正确与否直接关系到操作人员的安全和设备的正常运行。因此，对其过程的正确性与严肃性要求尤显突出。

变电站倒闸操作学习项目主要包括典型的220kV双母线接线变电站高压断路器停送电操作、变电站线路停送电操作、变电站母线停送电操作、变压器停送电操作、互感器停送电操作、补偿装置停送电操作、站用电与直流系统停送电操作。

一、电气设备倒闸操作的基本概念

1. 电气设备的状态

变电站电气设备有四种稳定的状态，即运行状态、热备用状态、冷备用状态和检修状态。

(1) 运行状态，是指电气设备的断路器和隔离开关都在合闸位置，并且电源至负载间的电路接通，包括仪表、电压互感器、避雷器等辅助设备的状态。

(2) 热备用状态，是指电气设备的断路器在断开位置，而隔离开关在合闸位置，即没有明显的断开点的状态。其特点是断路器一经合闸即可将设备投入运行。

(3) 冷备用状态，是指电气设备的断路器和隔离开关均在断开位置的状态。其特点是该设备与其他带电部分之间有明显的断开点。

(4) 检修状态，是指电气设备的断路器和隔离开关均在断开位置，检修设备的两侧装设了接地线或合上接地开关的状态。“检修状态”根据检修设备的不同又可分为以下几种情况：

1)“断路器检修状态”是指断路器及两侧隔离开关均在断开位置，取下断路器的控制回路中的熔断器或断开自动空气开关，两侧装上接地线或合上接地开关，短接断路器连接到母差保护的电流互感器回路。

2)“线路检修状态”是指线路断路器及两侧隔离开关均在断开位置，如果线路有电压互感器且装有隔离开关时，应将电压互感器的隔离开关拉开，并取下低压熔断器或断开自动空气开关，在线路侧装上接地线或合上接地开关。

3)“主变压器检修状态”是指变压器的各侧断路器及隔离开关均在断开位置，并在变压器各侧装设接地线或合上接地开关，断开变压器的相关辅助设备电源。

4)“母线检修状态”是指连接该母线上的所有断路器（包括母联、分段断路器）及隔离开关均在断开位置，该母线上的电压互感器及避雷器改为冷备用状态或检修状态，并在该母线上装设接地线或合上接地开关。

2. 倒闸操作的概念

将电气设备由一种状态转变到另一种状态所进行的一系列操作总称为电气设备倒闸操作。

3. 变电站倒闸操作具体内容

(1) 线路的停送电操作。

(2) 变压器的停送电操作。

(3) 倒母线及母线停送电操作。

(4) 装设和拆除接地线的操作。

(5) 与电网的并列、解列操作。

(6) 变压器的调压操作。

(7) 站用电源的切换操作。

(8) 继电保护及自动装置的投、退操作，改变继电保护及自动装置的定值操作。

(9) 其他特殊操作。

4. 倒闸操作任务的下达

倒闸操作任务是由电网调度值班人员下达的将一个电气设备单元由一种状态连续地转变为另一种状态的特定操作。电气设备单元由一种状态转换为另一种状态有时只需要一个操作任务就可以完成，有时却需要经过多个操作任务来完成。

调度指令是电网调度值班人员向变电站值班人员下达倒闸操作任务的命令。调度操作指令分为逐项指令、综合指令和口头指令三种。

(1) 逐项指令。逐项指令是调度值班人员下达的涉及两个及以上变电站共同完成的调度指令。调度值班人员按操作规定分别对不同单位逐项下达操作指令，接受指令的单位应严格按照指令的顺序逐个进行操作。

(2) 综合指令。综合指令是调度值班人员下达的只涉及一个变电站的调度指令。该指令具体的操作步骤和内容以及安全措施，均由接受指令单位的运行值班员按现场规程自行拟定。

(3) 口头指令。口头指令是调度值班人员口头下达的调度指令。变电站的继电保护和自动装置的投、退等操作，可以下达口头指令。在事故处理的情况下，为加快事故处理的速度，也可以下达口头指令。

二、倒闸操作的基本原则及一般规定

1. 停送电操作原则

倒闸操作的基本原则是严禁带负荷拉合隔离开关，不能带电合接地开关或带电装设接地线。据此制定的停送电操作原则如下：

(1) 停电操作原则：先断开断路器，然后拉开负荷侧隔离开关，再拉开电源侧隔离开关。

(2) 送电操作原则：先合上电源侧隔离开关，然后合上负荷侧隔离开关，最后合上断路器。

2. 倒闸操作一般规定

为了保证倒闸操作的安全顺利进行，倒闸操作的一般规定如下：

(1) 正常倒闸操作必须根据调度值班人员的指令进行操作。

(2) 正常倒闸操作必须填写倒闸操作票。

(3) 倒闸操作必须两人进行。

(4) 正常倒闸操作尽量避免在下列情况下操作：变电站交接班时间内，负荷处于高峰时段，系统稳定性薄弱期间，雷雨、大风等天气时，系统发生事故时，有特殊供电要求时。

(5) 电气设备倒闸操作后必须检查确认实际位置。

(6) 下列情况下，变电站值班人员不经调度许可可自行操作，但操作后须回报调度。

1) 将直接对人员生命有威胁的设备停电。

2) 确定在无来电可能的情况下，将已损坏的设备停电。

3) 确认母线失压，拉开连接在失压母线上的所有断路器。

(7) 设备投入运行前必须检查其有关保护装置已确投入。

(8) 操作中发现疑问，应立即停止操作，并汇报调度，查明问题后再进行操作。操作中具体问题处理规定如下。

1) 操作中发现闭锁装置失灵时，不得擅自解锁，应按现场有关规定履行解锁操作程序。

2) 操作中出现影响操作安全的设备缺陷，应立即汇报调度值班人员，并初步检查缺陷情况，由调度决定是否停止操作。

3) 操作中发现系统异常，应立即汇报调度值班人员，得到其同意后才能继续操作。

4) 操作中发现操作票有误，应立即停止操作，将操作票改正后才能继续操作。

5) 操作中发生误操作事故，应立即汇报调度值班人员，采取有效措施，将事故控制在最小范围内，严禁隐瞒事故。

(9) 事故处理时可不用操作票。

三、倒闸操作的流程

倒闸操作的流程总体上是一个设备状态转换的流程，是一个倒闸操作任务完成的主要过程，如图 1-3-1 所示。

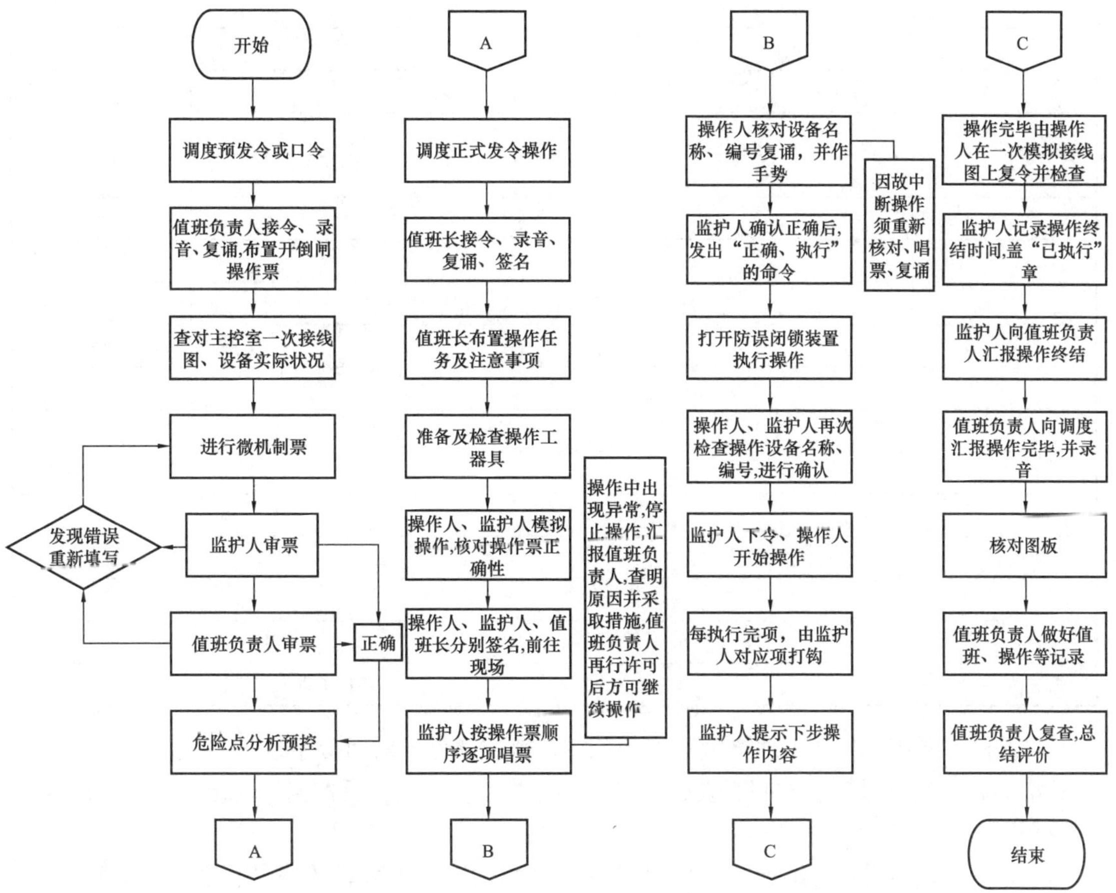

图 1-3-1　倒闸操作流程图

四、倒闸操作票的填写规定

（1）倒闸操作票格式见表1-3-1。

表1-3-1　　变电站（发电厂）倒闸操作票

单位________　　　　编号________

发令人		受令人		发令时间	年 月 日 时 分		
操作开始时间： 年 月 日 时 分				操作结束时间： 年 月 日 时 分			
（ ）监护下操作 （ ）单人操作 （ ）检修人员操作							
操作任务：							
顺序	操作项目						√
备注：							
操作人：				监护人：		值班负责人（值长）：	

（2）操作票用钢笔或圆珠笔填写，颜色用蓝色或黑色，票面应字迹工整、清楚，字体使用标准简化汉字，日期、时间、设备编号、接地线编号、主变压器挡位、定值及定值区号等应使用阿拉伯数字。

（3）操作票不得任意涂改，其中设备双重名称、接地线组数及编号、动词（如拉、合、拆除、装设）等重要文字严禁出现错误。

（4）操作票应使用统一的调度术语和操作术语。

(5) 操作票以变电站为单位，以年为周期，任务号应连续编号，按页号顺序填写，不得跳页、缺页。

(6) 操作票关于年、月、日、时（24小时制）按实数填写，分钟按两位数填写，不足两位前面加0。

(7) 操作票盖章规定。

1) 操作票填写完并经审核正确后，应立即在操作票操作项目栏最后一项下面左边平行盖“以下空白”章；若操作票一页刚好填写完，则不盖“以下空白”章。

2) 操作票执行完后，应立即在操作票操作项目栏最后一项下面右边齐边线平行盖“已执行”章；若操作票一页刚好填写完，则“已执行”章盖在备注栏。

3) 若一个任务使用几张操作票，在操作中因故中断，则此任务未执行的各页应在任务栏盖“未执行”章。

4) 因故作废操作票，应立即在操作任务栏最左端齐边线处平行盖“作废”章。

五、操作票上各栏目填写规定

1. 第一栏的填写

第一项填写发令人姓名，可以是调度值班人员或运行值班负责人；第二项填写受令人姓名，必须是运行单位明确有权接受调度指令的人员；第三项填写发令时间。

2. 第二栏的填写

第一项填写操作开始时间，在实际操作开始时填写；第二项填写操作结束时间，在操作票所列操作项目全部执行完后填写，当操作项目虽未全部执行但因故不再执行其余操作项目时，最后一项时间为操作结束时间。

3. 第三栏的填写

按“监护下操作”“单人操作”“检修人员操作”的操作分类，分别在对应的括号内打“√”。

4. 第四栏的填写

第四栏为操作任务栏。

(1) 按统一的调度术语简明扼要说明要执行的操作任务，所有涉及的一次设备均应写出电压等级和设备双重名称。所有操作任务按设备状态填写，不得填写具体工作任务。

(2) 一个操作任务有多页操作票时，应在前一页备注栏内填写“接下页”，续页的操作任务栏填写“接上页”。

(3) 一份操作票只能填写一个操作任务。 个操作任务是指根据调度命令，为了相同的操作目的而进行的一系列相关联并依次进行的操作过程。下列操作票可只填写一个操作任务：倒母线操作或母线停电、送电操作；切换电压互感器的操作；倒两台主变压器及主变压器相关的分段（母联）断路器的操作，停一台主变压器或送一台主变压器的操作；倒站用电源及其他电源线的操作；进、出线及倒负荷操作。

5. 第五栏的填写

第五栏为操作项目栏。第一列填写操作项目顺序号，按顺序用阿拉伯数字连续编号；第二列填写操作项目内容；第三列为执行栏，当某一项具体操作执行后，在该项目编号对应的执行栏做一个“√”记号。

6. 第六栏的填写

第六栏为备注栏，填写需补充说明的内容。如：当一个操作任务有多页操作票时，应在备注栏内填写“接下页”（最后页不填）；倒闸操作中，因故未执行或在操作进行到某一项无法继续操作（如雷雨、雷电闪烁厉害、设备失修拉不开或合不上等），操作任务完不成时，其原因应在备注栏注明。

7. 第七栏的填写

第七栏为签字栏。操作人、监护人和值班负责人应根据一次接线图和现场实际核对操作票并分别在对应栏内签字，严禁代签。

任务3.1 变电站高压断路器停送电操作

高压断路器是变电站中重要的控制和保护设备，在电网中起两方面的作用：一是控制作用，即根据电网运行的需要，将部分电气设备或线路投入或退出运行；二是保护作用，即在电气设备或线路发生故障，继电保护自动装置发出跳闸信号时，启动断路器跳闸，将故障设备或线路从电网中迅速切除，确保电网中无故障部分的正常运行。

任务3.1.1 10kV袁秀线925断路器由运行转检修

【教学目标】

知识目标：①熟悉变电站10kV袁秀线925断路器进行停电操作前的运行方式；②掌握变电站高压断路器进行停电操作的基本原则及要求，熟悉10kV袁秀线925断路器停电操作顺序；③掌握变电仿真系统10kV袁秀线925断路器停电的倒闸操作。

能力目标：①能说出变电站10kV袁秀线925断路器进行停电操作前的运行方式；②能正确填写变电站10kV袁秀线925断路器进行停电操作的倒闸操作票；③能在仿真机上熟练进行10kV袁秀线925断路器停电的倒闸操作。

态度目标：①能主动学习，在完成任务过程中发现问题、分析问题和解决问题；②能严格遵守“变电运行”专业相关规程标准及规章制度，与小组成员协商、交流配合，按标准化作业流程完成学习任务。

【任务分析】

1. 分析高压断路器进行停电操作前的运行方式

10kV一次系统采用单母线分段接线，正常运行时10kVⅠ段、Ⅱ段母线分列运行，袁秀线接Ⅱ段母线运行，931断路器断开运行方式。

2. 分析保护配置情况

10kV线路保护为电流速断保护、过电流保护以及三相一次重合闸；10kV 931断路器备自投装置投入；2号、4号电容器组保护为低电压保护、过电压保护、过电流保护和零序平衡保护。

3. 分析操作任务

10kV袁秀线925断路器由运行转检修，需要断开925断路器，拉开9253和9252隔离开关，并在925断路器两侧进行可靠接地。

【相关知识】

（1）高压断路器停电操作的一般原则。

1）操作断路器前，应检查断路器本体、操动机构及控制回路完好，有关继电保护及自动装置已按规定投停。

2）断路器的停电操作中，应先断开该断路器，后拉开其负荷侧隔离开关，再拉开其电源侧隔离开关；若需检修断路器，应在断路器两侧验明三相无电后挂接地线（或合上接地开关），并断开该断路器的合闸电源和控制电源。

3）主变压器停电时应先断开负荷侧断路器，后断开电源侧断路器。在断开主变压器电源侧断路器前，必须先将主变压器中性点直接接地。

（2）主接线的特点。单母分段接线有并列运行和分列运行两种方式，两母线段可以分别进行检修，缩小母线检修时的停电范围。重要用户可从不同母线段上分别供电，提高供电可靠性。

（3）隔离开关作用。隔离开关是高压电气装置中保证供电安全的开关电器，结构简单，没有灭弧装置。不能用来接通和断开有负荷电流的电路。隔离开关的用途是：①保证电压在1000V以上的高压装置中检修工作的安全，用隔离开关将高压装置中需要检修的部分与其他带电部分进行可靠的隔离；②用来进行电力系统运行方式改变时的倒闸操作；③接通或切断小电流电路。

（4）操作程序。

1）电气设备状态的转换程序：①设备停电检修时转换程序为运行→热备用→冷备用→检修；②设备检修后投入运行时转换程序为检修→冷备用→热备用→运行。

2）倒闸操作中应重点防止的误操作包括：①误拉、误合断路器或隔离开关；②带负荷拉合隔离开关；③带电挂接地线或带电合接地开关；④带地线合闸；⑤非同期并列。

【任务实施】

根据倒闸操作的基本原则及一般流程，通过以上任务分析，正确写出10kV袁秀线925断路器由运行转检修的倒闸操作步骤，并结合Q/GDW 1799.1—2013《国家电网公司电力安全工作规程 变电部分》、各级调度规程和其他有关规定在仿真机上进行倒闸操作。

10kV袁秀线925断路器由运行转检修的倒闸操作步骤如下：

（1）断开袁秀线925断路器。

（2）检查袁秀线925断路器确已断开。

（3）拉开袁秀线9253隔离开关。

（4）检查袁秀线9253隔离开关确已拉开。

（5）拉开袁秀线9252隔离开关。

（6）检查袁秀线9252隔离开关确已拉开。

（7）在袁秀线9252隔离开关开关侧三相分别验明确无电压。

（8）合上袁秀线92501接地开关。

（9）检查袁秀线92501接地开关确已合到位。

（10）在袁秀线9253隔离开关线路侧三相分别验明确无电压。

(11) 在袁秀线9253隔离开关线路侧装设××号接地线。

(12) 断开袁秀线925断路器储能电源自动空气开关。

(13) 断开袁秀线925断路器控制电源自动空气开关。

(14) 断开袁秀线925断路器信号电源自动空气开关。

【拓展提高】

(1) 断路器停电操作。

1) 对终端线路应先检查负荷是否为零；对并列运行的线路，在一条线路停电前应考虑保护定值的调整，并注意在该线路拉开后另一线路是否过负荷；对联络线应考虑拉开后是否会引起本站电源线过负荷，如有疑问应问清调度后再操作。

2) 断路器分闸后，若发现绿灯不亮而红灯已熄灭，应立刻断开该断路器的控制电源开关（或取下熔断器），以防跳闸线圈烧毁。

3) 在手车式断路器拉出后，应观察隔离挡板是否可靠封闭。

4) 断路器检修时，必须断开该断路器二次回路所有电源开关（或取下熔断器），停用相应的母差保护跳该断路器及断路器失灵启动连接片。

(2) 隔离开关操作注意事项。

1) 操作隔离开关时，断路器必须在分闸位置，并经核对编号无误后，方可操作。

2) 手动操作隔离开关前，应先拔出操动机构的定位销子再进行分合闸；操作后应及时检查定位销子已销牢，以防止隔离开关自动分合闸造成事故。

3) 电动操作隔离开关前，应先合上该隔离开关的控制电源，操作后应及时断开，以防止隔离开关自动分合闸而造成事故。若电动操作失灵而改手动操作时，应在手动操作前断开该隔离开关的控制电源。

4) 隔离开关分闸操作时，如动触头刚离开静触头时就发生弧光，应迅速合上并停止操作，检查是否为误操作引起的电弧。操作人员在操作隔离开关前，应先判断拉开隔离开关时是否会产生弧光，切断环流或充电电流时产生的弧光是正常现象。

5) 隔离开关合闸操作时，当合到底时发现有弧光或为误合时，不准再将隔离开关拉开，以免由于误操作而发生带负荷拉隔离开关，导致事故扩大。

6) 隔离开关操作后，应检查操作良好。合闸时三相同期且接触良好，分闸时三相断口张开角度或拉开距离符合要求。检查正常后应及时加锁。

(3) 有关重合闸的投退听从调度指令。

(4) 10kV其他线路断路器由运行转检修操作时，顺序基本相同。

任务3.1.2 10kV袁秀线925断路器由检修转运行

【教学目标】

知识目标：①熟悉变电站10kV袁秀线925断路器进行送电操作前的运行方式；②掌握变电站高压断路器进行送电操作的基本原则及要求，熟悉10kV袁秀线925断路器送电操作顺序；③掌握变电仿真系统10kV袁秀线925断路器送电的倒闸操作。

能力目标：①能说出变电站10kV袁秀线925断路器进行送电操作前的运行方式；②能

正确填写变电站 10kV 袁秀线 925 断路器进行送电操作的倒闸操作票；③能在仿真机上熟练进行 10kV 袁秀线 925 断路器送电的倒闸操作。

态度目标：①能主动学习，在完成任务过程中发现问题、分析问题和解决问题；②能严格遵守“变电运行”专业相关规程标准及规章制度，与小组成员协商、交流配合，按标准化作业流程完成学习任务。

【任务分析】

1. 分析 10kV 袁秀线 925 断路器送电操作前的运行方式

10kV 一次系统采用单母线分段接线，10kV 袁秀线 925 断路器已断开，9252 隔离开关、9253 隔离开关断开，92501 接地开关已合上，9253 隔离开关线路侧已挂接地线，925 断路器处于检修状态的运行方式其储能电源空气开关、控制电源空气开关、信号电源空气开关均已退出。

2. 分析操作任务

10kV 袁秀线 925 断路器由运行转检修，需要拆除接地线，然后按顺序合上 9252 和 9253 隔离开关和 925 断路器。

【相关知识】

1. 分析高压断路器送电操作的一般原则

(1) 送电时应先检查断路器确已断开，再合上电源侧隔离开关，后合上负荷侧隔离开关，最后合上断路器。

(2) 操作断路器前，应检查断路器本体、操动机构及控制回路完好，有关继电保护及自动装置已按规定投停。

(3) 主变压器送电时应先合上电源侧断路器，后合上负荷侧断路器。合主变压器电源侧断路器前，必须先将主变压器中性点直接接地。

2. 本任务注意事项

(1) 10kV 袁秀线 925 断路器处于检修状态时，其储能电源自动空气开关、控制电源自动空气开关、信号电源自动空气开关均已退出，应在恢复 925 断路器送电操作前投入。

(2) 10kV 袁秀线 925 断路器由运行转检修时，在 925 断路器两侧挂设了接地线，因此在送电操作时该接地线应在隔离开关闭合前拆除，以免出现带地线合闸的误操作。

【任务实施】

根据倒闸操作的基本原则及一般流程，通过以上任务分析，正确写出 10kV 袁秀线 925 断路器由检修转运行的倒闸操作步骤，并结合 Q/GDW 1799.1—2013《国家电网公司电力安全工作规程 变电部分》、各级调度规程和其他有关规定在仿真机上进行倒闸操作。

10kV 袁秀线 925 断路器由检修转运行的倒闸操作步骤如下：

(1) 拆除袁秀线 9253 隔离开关线路侧××号接地线。

(2) 检查袁秀线 9253 隔离开关线路侧××号接地线确已拆除。

(3) 拉开袁秀线 92501 接地开关。

(4) 检查袁秀线 92501 接地开关确已拉开。

(5) 合上袁秀线 925 断路器信号电源自动空气开关。

(6) 合上袁秀线 925 断路器控制电源自动空气开关。

(7) 合上袁秀线 925 断路器储能电源自动空气开关。

(8) 检查袁秀线 925 断路器保护确已投入。

(9) 检查袁秀线 925 断路器确已断开。

(10) 合上袁秀线 9252 隔离开关。

(11) 检查袁秀线 9252 隔离开关确已合到位。

(12) 合上袁秀线 9253 隔离开关。

(13) 检查袁秀线 9253 隔离开关确已合到位。

(14) 合上袁秀线 925 断路器。

(15) 检查袁秀线 925 断路器确已合上。

【拓展提高】

(1) 断路器送电操作。

1) 操作前，应检查送电范围内所有安全措施确已拆除，断路器分闸位置指示正确且确在分闸位置，断路器二次回路所有电源开关已合上（或放上熔丝）；油断路器油色、油位应正常，SF_6 断路器气体压力应在规定范围之内；对于采用液压、气压操动机构的断路器，其储能装置压力应在允许范围内。

2) 断路器合闸前，必须检查有关继电保护已恢复至停电前状态，其母差保护电流互感器端子已可靠接入差动回路，并投入相应的母差保护跳闸及断路器失灵启动连接片。

3) 用断路器对终端送电时，如发现电流表指示到最大刻度（或电流显示过大），说明合于故障，继电保护应动作跳闸，如未跳闸，应立即手动拉开该断路器；对联络线送电时，有一定数值的电流是正常的；对主变压器进行充电合闸时，由于变压器励磁涌流的存在，电流表会瞬间指示（或电流瞬间显示）较大数值后马上又返回。

(2) 隔离开关的操作顺序：停电时先拉开负荷侧隔离开关，再拉开电源侧。送电操作相反。这是为了当出现带负荷拉合隔离开关时，能尽量将事故范围降到最小（限制在负荷侧）。

(3) 10kV 其他线路断路器由检修转运行的操作顺序基本相同。

任务 3.1.3 110kV 袁凤线 113 断路器由运行转检修

【教学目标】

知识目标：①熟悉变电站 110kV 袁凤线 113 断路器进行停电操作前的运行方式；②掌握变电站高压断路器进行停电操作的基本原则及要求，熟悉 110kV 袁凤线 113 断路器停电操作顺序；③掌握变电仿真系统 110kV 袁凤线 113 断路器停电的倒闸操作。

能力目标：①能说出变电站 110kV 袁凤线 113 断路器进行停电操作前的运行方式；②能正确填写变电站 110kV 袁凤线 113 断路器进行停电操作的倒闸操作票；③能在仿真机上熟练进行 110kV 袁凤线 113 断路器停电的倒闸操作。

态度目标：①能主动学习，在完成任务过程中发现问题、分析问题和解决问题；②能严

格遵守“变电运行”专业相关规程标准及规章制度，与小组成员协商、交流配合，按标准化作业流程完成学习任务。

【任务分析】

（1）分析110kV袁风线113断路器进行停电操作前的运行方式。110kV一次系统采用单母分段带旁母接线，正常运行时110kVⅠ段、Ⅱ段母线并列运行，旁母不带电，袁风线接Ⅰ段母线运行，131断路器合闸的运行方式。

（2）分析保护配置情况。110kV线路保护为WXH－811型微机线路保护装置，配有三段式相间和接地距离保护，四段零序方向保护和三相一次重合闸；110kV母线保护为差动保护，配置了WMH－800型微机母线保护装置。

（3）分析操作任务。110kV袁风线113断路器由运行转检修，需要断开113断路器，断开1133和1131隔离开关，并在113断路器两侧合接地开关。

【相关知识】

（1）110kV袁风线113断路器的作用是负责将电能从110kVⅠ段母线通过1131、1133隔离开关送至袁风线。

（2）110kV袁风线113断路器由运行转检修时，为了形成明显的断开点，以保证检修人员的生命安全，需要将两侧的1131、1133隔离开关断开，并在113断路器两侧进行可靠接地。

【任务实施】

根据倒闸操作的基本原则及一般流程，通过以上任务分析，正确写出袁风线113断路器由运行转检修的倒闸操作步骤，并结合Q/GDW 1799.1—2013《国家电网公司电力安全工作规程 变电部分》、各级调度规程和其他有关规定在仿真机上进行倒闸操作。

110kV袁风线113断路器由运行转检修的倒闸操作步骤如下：

（1）断开袁风线113断路器。

（2）检查袁风线113断路器确已断开。

（3）检查袁风线1134隔离开关确在拉开位置。

（4）拉开袁风线1133隔离开关。

（5）检查袁风线1133隔离开关确已拉开。

（6）拉开袁风线1131隔离开关。

（7）检查袁风线1131隔离开关确已拉开。

（8）在袁风线113断路器与1131隔离开关之间三相分别验明确无电压。

（9）合上袁风线11301接地开关。

（10）检查袁风线11301接地开关确已合到位。

（11）在袁风线113断路器与1133隔离开关之间三相分别验明确无电压。

（12）合上袁风线11302接地开关。

（13）检查袁风线11302接地开关确已合到位。

（14）断开袁风线113断路器储能电源自动空气开关。

（15）退出110kV母差保护屏4XB跳113断路器保护连接片。

（16）检查 110kV 母差保护屏 4XB 跳 113 断路器保护连接片确已退出。

（17）断开袁风线 113 断路器控制电源自动空气开关。

（18）断开袁风线 113 断路器信号电源自动空气开关。

【拓展提高】

110kV 断路器的断开工作在控制室操作即可。

任务 3.1.4　110kV 袁风线 113 断路器由检修转运行

【教学目标】

知识目标：①熟悉变电站 110kV 袁风线 113 断路器进行送电操作前的运行方式；②掌握变电站高压断路器进行送电操作的基本原则及要求，熟悉 110kV 袁风线 113 断路器送电操作顺序；③掌握变电仿真系统 110kV 袁风线 113 断路器送电的倒闸操作。

能力目标：①能说出变电站 110kV 袁风线 113 断路器进行送电操作前的运行方式；②能正确填写变电站 110kV 袁风线 113 断路器进行送电操作的倒闸操作票；③能在仿真机上熟练进行 110kV 袁风线 113 断路器送电的倒闸操作。

态度目标：①能主动学习，在完成任务过程中发现问题、分析问题和解决问题；②能严格遵守"变电运行"专业相关规程标准及规章制度，与小组成员协商、交流配合，按标准化作业流程完成学习任务。

【任务分析】

（1）分析 110kV 袁风线 113 断路器进行送电操作前的运行方式。110kV 一次系统采用单母分段带旁母接线，110kV 袁风线 113 断路器断开，1131 隔离开关、1133 隔离开关断开，1134 隔离开关断开，11301 接地开关、11302 接地开关合上，113 断路器处于检修状态的运行方式。

（2）分析保护投退情况。110kV 袁风线 113 断路器配有储能电源自动空气开关、控制电源自动空气开关、信号电源自动空气开关，在 113 断路器由运行转检修时它们均已退出运行。

（3）分析操作任务。110kV 袁风线 113 断路器由检修转运行，需要拉开 113 断路器两侧接地开关，检查断路器在断开状态，再合上 1131、1133 隔离开关和 113 断路器。

【相关知识】

（1）113 断路器由检修转运行时，需要将 113 断路器的储能电源自动空气开关、控制电源自动空气开关、信号电源自动空气开关在合上 925 断路器之前投入。

（2）由于 11301 接地开关和 11302 接地开关均处于闭合状态，因此在 110kV 袁风线 113 断路器由检修转运行时，必须首先将 11301 接地开关和 11302 接地开关拉开，以免出现带地线合闸的误操作。

（3）为了避免出现带地线合闸误操作导致大面积停电，合隔离开关时应先合电源侧的隔离开关，再合负荷侧的隔离开关，最后合断路器。

【任务实施】

根据倒闸操作的基本原则及一般流程，通过以上任务分析，正确写出袁风线 113 断路器由检修转运行的倒闸操作步骤，并结合 Q/GDW 1799.1—2013《国家电网公司电力安全工作规程 变电部分》、各级调度规程和其他有关规定在仿真机上进行倒闸操作。

110kV 袁凤线 113 断路器由检修转运行的倒闸操作步骤如下：

(1) 拉开袁凤线 11301 接地开关。

(2) 检查袁凤线 11301 接地开关确已拉开。

(3) 拉开袁凤线 11302 接地开关。

(4) 检查袁凤线 11302 接地开关确已拉开。

(5) 合上袁凤线 113 断路器信号电源自动空气开关。

(6) 合上袁凤线 113 断路器控制电源自动空气开关。

(7) 合上袁凤线 113 断路器储能电源自动空气开关。

(8) 投入 110kV 母差保护屏 4XB 跳 113 断路器保护连接片。

(9) 检查 110kV 母差保护屏 4XB 跳 113 断路器保护连接片确已投入。

(10) 检查袁凤线 113 保护屏跳闸出口连接片确已投入。

(11) 检查袁凤线 113 保护屏合闸出口连接片确已投入。

(12) 检查袁凤线 113 保护屏距离保护确已投入。

(13) 检查袁凤线 113 保护屏零序保护确已投入。

(14) 检查袁凤线 113 断路器确在断开位置。

(15) 合上袁凤线 1131 隔离开关。

(16) 检查袁凤线 1131 隔离开关确已合到位。

(17) 检查袁凤线 1134 隔离开关确已拉开。

(18) 合上袁凤线 1133 隔离开关。

(19) 检查袁凤线 1133 隔离开关确已合到位。

(20) 合上袁凤线 113 断路器。

(21) 检查袁凤线 113 断路器确已合上。

【拓展提高】

在倒闸操作中，其主合闸熔断器和控制熔断器应在两侧的隔离开关合上之前投入，以避免出现隔离开关带负荷合闸或待送电线路上出现故障而立刻将断路器跳闸。

任务 3.2　变电站线路停送电操作

电力线路是用来传递电能的，在长期带电运行中可能出现各种缺陷或故障，因此在固定的周期内需要对其进行检修，也就需要进行停送电操作。

任务 3.2.1　110kV 袁万线 117 断路器及袁万线由运行转检修

【教学目标】

知识目标：①熟悉变电站 110kV 袁万线 117 断路器及袁万线进行停电操作前的运行方式；②掌握变电站线路进行停电操作的基本原则及要求，熟悉 110kV 袁万线 117 断路器及袁万线停电操作顺序；③掌握变电仿真系统 110kV 袁万线 117 断路器及袁万线停电的倒闸操作。

能力目标：①能说出变电站 110kV 袁万线 117 断路器及袁万线进行停电操作前的运行方式；②能正确填写变电站 110kV 袁万线 117 断路器及袁万线进行停电操作的倒闸操作票；③能在仿真机上熟练进行 110kV 袁万线 117 断路器及袁万线停电的倒闸操作。

态度目标：①能主动学习，在完成任务过程中发现问题、分析问题和解决问题；②能严格遵守“变电运行”专业相关规程标准及规章制度，与小组成员协商、交流配合，按标准化作业流程完成学习任务。

【任务分析】

(1) 分析线路停送电操作一般原则。

1) 线路停电操作顺序应按以下步骤进行：①断开线路断路器；②断开断路器负荷侧隔离开关、电源侧隔离开关及线路电压互感器隔离开关；③在线路侧验明三相确无电后挂接地线（或合上线路接地开关），并悬挂“禁止合闸，线路有人工作!”标示牌。恢复送电时操作顺序与上述步骤相反。

2) 在线路停送电操作中，若调度没有下令停投保护及重合闸装置时，保护及重合闸应保持原状态。在任何情况下通过断路器对线路恢复送电时，如线路的保护为退出状态，应先将保护投入，再对线路进行送电操作。

(2) 分析 110kV 一次系统运行方式。

110kV 一次系统采用单母线分段带旁路母线接线，Ⅰ段母线和Ⅱ段母线通过 131 分段断路器并列运行的方式，袁钧线、袁东线、袁风线、袁西线接于Ⅰ段母线上，袁三线、袁万线接于Ⅱ段母线上。

(3) 需要进行的操作。

110kV 袁万线及 117 线路器由运行转检修时，需要断开 117 断路器；断开 117 断路器之后，为了确保检修安全，需要将袁万线负荷侧 1173 隔离开关和电源侧 1172 隔离开关拉开，形成明显的断开点，并在 117 断路器两侧接地；在线路及断路器均转检修操作中，还应将 1173 隔离开关线路侧接地。

【相关知识】

(1) 线路转检修操作时应将线路单相电压互感器的二次熔断器取下。

(2) 110kV 袁万线在运行状态时，综合重合闸方式切至综重位置。

【任务实施】

根据倒闸操作的基本原则及一般流程，通过以上任务分析，正确写出 110kV 袁万线 117 断路器及袁万线由运行转检修的倒闸操作步骤，并结合 Q/GDW 1799.1—2013《国家电网公司电力安全工作规程 变电部分》、各级调度规程和其他有关规定在仿真机上进行倒闸操作。

110kV 袁万线 117 断路器及袁万线由运行转检修的倒闸操作步骤如下：

(1) 断开袁万线 117 断路器。

(2) 检查袁万线 117 断路器确已断开。

(3) 检查袁万线 1174 隔离开关确已拉开。

(4) 拉开袁万线 1173 隔离开关。

(5) 检查袁万线 1173 隔离开关确已拉开。

(6) 拉开袁万线 1172 隔离开关。

(7) 检查袁万线 1172 隔离开关确已拉开。

(8) 取下袁万线线路单相电压互感器二次熔断器。

(9) 在袁万线 117 断路器与 1172 隔离开关之间三相分别验明确无电压。

(10) 合上袁万线 11701 接地开关。

(11) 检查袁万线 11701 接地开关确已合到位。

(12) 在袁万线 117 断路器与 1173 隔离开关之间三相分别验明确无电压。

(13) 合上袁万线 11702 接地开关。

(14) 检查袁万线 11702 接地开关确已合到位。

(15) 在袁万线 1173 隔离开关线路侧三相分别验明确无电压。

(16) 合上袁万线 11703 接地开关。

(17) 检查袁万线 11703 接地开关确已合到位。

(18) 断开袁万线 117 断路器储能电源自动空气开关。

(19) 退出 110kV 母差保护屏 9XB 跳 117 断路器保护连接片。

(20) 检查 110kV 母差保护屏 9XB 跳 117 断路器保护连接片确已退出。

(21) 退出 110kV 母差保护屏 29XB 闭锁 117 重合闸保护连接片。

(22) 检查 110kV 母差保护屏 29XB 闭锁 117 重合闸保护连接片确已退出。

(23) 将袁万线 117 断路器重合闸把手置于停用位置。

【拓展提高】

(1) 110kV 线路停电操作顺序：先断开受电端断路器，后断开送电端断路器。

(2) 主接线为 3/2 断路器接线方式的线路停电时，先断开中断路器，后断开边断路器。

任务 3.2.2 110kV 袁万线 117 断路器及袁万线由检修转运行

【教学目标】

知识目标：①熟悉变电站 110kV 袁万线 117 断路器及袁万线进行送电操作前的运行方式；②掌握变电站线路进行送电操作的基本原则及要求，熟悉 110kV 袁万线 117 断路器及袁万线送电操作顺序；③掌握变电仿真系统 110kV 袁万线 117 断路器及袁万线送电的倒闸操作。

能力目标：①能说出变电站 110kV 袁万线 117 断路器及袁万线进行送电操作前的运行方式；②能正确填写变电站 110kV 袁万线 117 断路器及袁万线进行送电操作的倒闸操作票；③能在仿真机上熟练进行 110kV 袁万线 117 断路器及袁万线送电的倒闸操作。

态度目标：①能主动学习，在完成任务过程中发现问题、分析问题和解决问题；②能严

格遵守“变电运行”专业相关规程标准及规章制度，与小组成员协商、交流配合，按标准化作业流程完成学习任务。

【任务分析】

（1）分析110kV一次系统的运行方式。

110kV一次系统采用单母线分段带旁路母线接线，Ⅰ段母线和Ⅱ段母线通过131分段断路器并列运行的方式，袁钧线、袁东线、袁风线、袁西线接于Ⅰ段母线上，袁三线接于Ⅱ段母线上。

（2）需要进行的操作。

袁万线由检修转运行时，需要通过合上117断路器与Ⅱ段母线相连，恢复运行。

【相关知识】

（1）110kV袁万线线路及117断路器由运行转检修时，在1172隔离开关靠母线侧、1173隔离开关靠线路侧和靠断路器侧均进行合接地开关的操作。因此，在合隔离开关之前，应该将这些接地开关拉开，以免出现带地线合闸的误操作。

（2）在对线路进行送电，合隔离开关之前，还需要检查断路器是否在分闸位置，以防出现带负荷合隔离开关的误操作。

（3）110kV袁万线线路及117断路器转检修操作时，重合闸方式切至停用位置。故由检修转运行时，需要将其切回至综重位置。

【任务实施】

根据倒闸操作的基本原则及一般流程，通过以上任务分析，正确写出110kV袁万线117断路器及袁万线由检修转运行的倒闸操作步骤，并结合Q/GDW 1799.1—2013《国家电网公司电力安全工作规程 变电部分》、各级调度规程和其他有关规定在仿真机上进行倒闸操作。

110kV袁万线117断路器及袁万线由检修转运行的倒闸操作步骤如下：

（1）拉开袁万线11701接地开关。

（2）检查袁万线11701接地开关确已拉开。

（3）拉开袁万线11702接地开关。

（4）检查袁万线11702接地开关确已拉开。

（5）拉开袁万线11703接地开关。

（6）检查袁万线11703接地开关确已拉开。

（7）装上袁万线线路单相电压互感器二次熔断器。

（8）合上袁万线117断路器储能电源自动空气开关。

（9）合上袁万线117断路器信号电源自动空气开关。

（10）合上袁万线117断路器控制电源自动空气开关。

（11）投入110kV母差保护屏9XB跳117断路器保护连接片。

（12）检查110kV母差保护屏9XB跳117断路器保护连接片确已投入。

（13）投入110kV母差保护屏29XB闭锁117断路器重合闸保护连接片。

(14) 检查 110kV 母差保护屏 29XB 闭锁 117 断路器重合闸保护连接片确已投入。

(15) 检查袁万线 117 断路器保护确已投入。

(16) 检查袁万线 117 断路器确已断开。

(17) 合上袁万线 1172 隔离开关。

(18) 检查袁万线 1172 隔离开关确已合到位。

(19) 检查袁万线 1174 隔离开关确已拉开。

(20) 合上袁万线 1173 隔离开关。

(21) 检查袁万线 1173 隔离开关确已合到位。

(22) 合上袁万线 117 断路器。

(23) 将袁万线 117 断路器重合闸把手置于综重位置。

【拓展提高】

(1) 110kV 线路送电操作顺序：先合送电端断路器，后合受电端断路器。

(2) 主接线为 3/2 断路器接线方式的线路送电时，先合边断路器，后合中断路器。

任务 3.2.3　220kV 分袁线由Ⅰ母线运行转检修

【教学目标】

知识目标：①熟悉变电站 220kV 分袁线进行停电操作前的运行方式；②掌握变电站线路进行停电操作的基本原则及要求，熟悉 220kV 分袁线停电操作顺序；③掌握变电仿真系统 220kV 分袁线停电的倒闸操作。

能力目标：①能说出变电站 220kV 分袁线进行停电操作前的运行方式；②能正确填写变电站 220kV 分袁线进行停电操作的倒闸操作票；③能在仿真机上熟练进行 220kV 分袁线停电的倒闸操作。

态度目标：①能主动学习，在完成任务过程中发现问题、分析问题和解决问题；②能严格遵守“变电运行”专业相关规程标准及规章制度，与小组成员协商、交流配合，按标准化作业流程完成学习任务。

【任务分析】

(1) 分析 220kV 一次系统的运行方式。

220kV 一次系统采用双母线接线，Ⅰ母线和Ⅱ母线通过 231 母联断路器并列运行，跑袁Ⅰ线、大袁线、分袁线运行在 220kVⅠ母线，袁渝线、跑袁Ⅱ线运行在 220kVⅡ母线的运行方式。

(2) 分析线路进行停电操作前的运行方式。

231 母联断路器合闸，211 断路器、2113 隔离开关、2111 隔离开关合闸，2112 隔离开关分闸。

(3) 需要进行的操作。

由于分袁线通过 211 断路器与 220kVⅠ母线相连，该线路由运行转检修时，需将分袁线从系统切除，因此需要断开 211 断路器。

【相关知识】

分袁线 211 断路器断开之后为了形成明显的断开点，为确保线路检修安全，需要将分袁线线路侧的 2113 隔离开关拉开，并将 2113 隔离开关靠线路侧接地。

【任务实施】

根据倒闸操作的基本原则及一般流程，通过以上任务分析，正确写出 220kV 分袁线停电的倒闸操作步骤，并结合 Q/GDW 1799.1—2013《国家电网公司电力安全工作规程 变电部分》、各级调度规程和其他有关规定在仿真机上进行倒闸操作。

220kV 分袁线由Ⅰ母线运行转检修的倒闸操作步骤如下：

(1) 断开分袁线 211 断路器。

(2) 检查分袁线 211 断路器三相确已断开。

(3) 拉开分袁线 2113 隔离开关。

(4) 检查分袁线 2113 隔离开关确已拉开。

(5) 拉开分袁线 2111 隔离开关。

(6) 检查分袁线 2111 隔离开关确已拉开。

(7) 检查分袁线 2112 隔离开关确已拉开。

(8) 取下分袁线线路电压互感器二次熔断器。

(9) 在分袁线 2113 隔离开关线路侧三相分别验明确无电压。

(10) 合上分袁线 21103 接地开关。

(11) 检查分袁线 21103 接地开关确已合到位。

(12) 退出分袁线高频闭锁保护屏启动失灵保护连接片。

(13) 检查分袁线高频闭锁保护屏启动失灵保护连接片确已退出。

(14) 退出分袁线方向高频保护屏启动失灵保护连接片。

(15) 检查分袁线方向高频保护屏启动失灵保护连接片确已退出。

(16) 断开分袁线 211 断路器控制电源自动空气开关。

(17) 断开分袁线 211 断路器信号电源自动空气开关。

【拓展提高】

线路停用重合闸后投入沟通三跳连接片的目的是保证任何故障下，保护都跳三相，且不进行重合。

任务 3.2.4 220kV 分袁线由检修转接Ⅰ母线运行

【教学目标】

知识目标：①熟悉变电站 220kV 分袁线进行送电操作前的运行方式；②掌握变电站线路进行送电操作的基本原则及要求，熟悉 220kV 分袁线送电操作顺序；③掌握变电仿真系统 220kV 分袁线送电的倒闸操作。

能力目标：①能说出变电站 220kV 分袁线进行送电操作前的运行方式；②能正确填写

变电站 220kV 分袁线进行送电操作的倒闸操作票；③能在仿真机上熟练进行 220kV 分袁线送电的倒闸操作。

态度目标：①能主动学习，在完成任务过程中发现问题、分析问题和解决问题；②能严格遵守“变电运行”专业相关规程标准及规章制度，与小组成员协商、交流配合，按标准化作业流程完成学习任务。

【任务分析】

(1) 分析 220kV 一次系统的运行方式。

220kV 一次系统采用双母线接线，Ⅰ母线和Ⅱ母线通过 231 母联断路器并列运行，跑袁线、大袁Ⅰ线、运行在 220kVⅠ母线，袁渝线、跑袁Ⅱ线运行在 220kVⅡ母线。分袁线线路由检修转运行时，需要将分袁线通过相应的 211 断路器与 220kVⅠ母线相连，恢复运行。

(2) 分析线路进行送电操作前的运行方式。

送电操作前：220kV 一次系统是双母线接线并列运行方式，220kV 分袁线 211 断路器断开，2111 隔离开关、2112 隔离开关、2113 隔离开关断开，21103 接地开关合上，分袁线处于检修状态。

(3) 需要进行的操作。

由于分袁线通过 211 断路器与 220kVⅠ母线相连，该线路由检修转运行时，需要将分袁线接至 220kVⅠ母线，因此需要合上 2111 隔离开关、2113 隔离开关和 211 断路器。

【相关知识】

(1) 220kV 分袁线线路由运行转检修时，在 2113 隔离开关靠线路侧进行了合接地开关的操作。因此在合隔离开关之前应该将接地开关拉开，以免出现带地线合闸的误操作。

(2) 在对线路进行送电操作时，在合隔离开关之前还需要检查断路器的位置，在确保其在分闸位置后方可进行合隔离开关操作，以防出现带负荷合隔离开关的误操作。

【任务实施】

根据倒闸操作的基本原则及一般流程，通过以上任务分析，正确写出 220kV 分袁线送电的倒闸操作步骤，并结合 Q/GDW 1799.1—2013《国家电网公司电力安全工作规程 变电部分》、各级调度规程和其他有关规定在仿真机上进行倒闸操作。

220kV 分袁线由检修转接Ⅰ母线运行的倒闸操作步骤如下：

(1) 拉开分袁线 21103 接地开关。

(2) 检查分袁线 21103 接地开关确已拉开。

(3) 装上分袁线线路电压互感器二次熔断器。

(4) 合上分袁线 211 断路器信号电源自动空气开关。

(5) 合上分袁线 211 断路器控制电源自动空气开关。

(6) 投入分袁线高频闭锁保护屏启动失灵保护连接片。

(7) 检查分袁线高频闭锁保护屏启动失灵保护连接片确已投入。

(8) 投入分袁线方向高频保护屏启动失灵保护连接片。

(9) 检查分袁线方向高频保护屏启动失灵保护连接片确已投入。

(10) 检查分袁线方向高频保护屏（出口、高频、距离、零序）保护确已投入。

(11) 检查分袁线高频闭锁保护屏（出口、高频、距离、零序）保护确已投入。

(12) 检查分袁线 211 断路器三相确已断开。

(13) 检查分袁线 2112 隔离开关确已拉开。

(14) 合上分袁线 2111 隔离开关。

(15) 检查分袁线 2111 隔离开关确已合到位。

(16) 合上分袁线 2113 隔离开关。

(17) 检查分袁线 2113 隔离开关确已合到位。

(18) 合上分袁线 211 断路器。

(19) 检查分袁线 211 断路器三相确已合上。

【拓展提高】

沟通三跳连接片应在重合闸投入运行之后才能解除，否则如果在解除沟通三跳连接片之后出现故障，而此时重合闸还没有及时投入，将造成无法切除故障的现象。

任务 3.3 变电站母线停送电操作

在发电厂和变电站的各级电压配电装置中，将发电机、变压器等大型电气设备与各种电器之间连接的导线称为母线。母线的作用是汇集、分配和传送电能，是构成电气主接线的主要设备。

任务 3.3.1 10kVⅠ段母线由运行转检修

【教学目标】

知识目标：①熟悉变电站 10kVⅠ段母线进行停电操作前的运行方式；②掌握变电站母线进行停电的基本原则及要求，熟悉 10kVⅠ段母线的停电操作顺序；③掌握变电仿真系统 10kVⅠ段母线停电的倒闸操作。

能力目标：①能说出 10kVⅠ段母线进行停电操作前的运行方式；②能正确填写变电站 10kVⅠ段母线进行停电操作的倒闸操作票；③能在仿真机上熟练进行 10kVⅠ段母线停电的倒闸操作。

态度目标：①能主动学习，在完成任务过程中发现问题、分析问题和解决问题；②能严格遵守“变电运行”专业相关规程标准及规章制度，与小组成员协商、交流配合，按标准化作业流程完成学习任务。

【任务分析】

1. 分析母线操作的一般原则

(1) 运行中的双母线，当一组母线上的部分或全部断路器（包括热备用）倒至另一组母线时（冷备用除外），应确保母联断路器及其隔离开关在合闸状态。

1）对微机型母差保护，在倒母线操作前应作出相应切换（如投入互联或单母线方式连接片等），要注意检查切换后的情况（指示灯及相应光字牌亮），然后短时将母联断路器改为非自动。倒母线操作结束后，应自行将母联断路器恢复自动，以及母差保护改为与一次系统运行方式相一致。

2）操作隔离开关时，应遵循“先合、后拉”的原则（即热倒）。其操作方法有两种，一种是“先合上全部应合的隔离开关、后拉开全部应拉的隔离开关”，另一种是“先合上一组应合的隔离开关、后拉开相应的一组应拉的隔离开关”。

3）在倒母线操作过程中，要严格检查各回路母线侧隔离开关的位置指示情况（应与现场一次系统运行方式相一致），确保保护回路电压可靠；对于不能自动切换的，应采用手动切换，并做好防止误动作的措施，即切换前停用保护，切换后投入保护。

（2）对于母线上热备用的线路，当需要将热备用线路由一组母线倒至另一组母线时，应先将该线路由热备用转为冷备用，然后再操作调整至另一组母线上热备用，即遵循“先拉、后合”的原则（冷倒），以免发生通过两条母线侧隔离开关合环或解环的误操作事故，这种操作无需将母联断路器改非自动。

（3）运行中的双母线并列、解列操作必须用断路器来完成。倒母线应考虑各组母线负荷和电源分布的合理性。一组运行母线及母联断路器停电，应在倒母线操作结束后，断开母联断路器，再拉开停电母线侧隔离开关，最后拉开运行母线侧隔离开关。

（4）单母线停电时，应先断开停电母线上所有负荷断路器，后断开电源断路器，再将所有间隔设备（含母线电压互感器、站用变压器等）转冷备用，最后将母线三相短路接地；恢复送电时操作顺序相反。

2. 分析母线操作注意事项

（1）检修完工的母线在送电前，检查母线设备应完好、无接地点。

（2）用断路器向母线充电前，应将空母线上只能用隔离开关充电的附属设备，如母线电压互感器、避雷器等先行投入。

（3）当停用运行双母线中的一组母线时，要做好防止运行母线电压互感器对停用母线电压互感器二次反充电的措施，即母线转热备用后，应先断开该母线上电压互感器的所有二次电压自动空气开关（或取下熔断器），再拉开该母线上电压互感器的高压隔离开关（或取下熔断器）。

（4）双母线的倒母线操作时，应注意线路的继电保护、自动装置及电能表所用的电压互感器电源的相应切换。如不能切换到运行母线的电压互感器上，则在操作前将这些保护停用。

（5）无论是回路的倒母线还是母线停电的倒母线操作，在合上（或拉开）某回路母线侧隔离开关后，及时检查该回路保护电压切换箱所对应的母线指示灯以及微机型母差保护回路的位置指示灯，应指示正确。

母线停电倒母线操作后，在拉开母联断路器之前，再次检查回路是否已全部倒至另一组运行母线上，并检查母联断路器电流指示，应为零；当拉开母联断路器后，检查停电母线上的电压指示，电压应为零。

（6）在母线侧隔离开关的合上（或拉开）过程中，如可能发生较大火花时，应依次先合靠母联断路器最近的母线侧隔离开关，以尽量减少母线侧隔离开关操作时的电位差；拉开的操作顺序相反。

(7) 带有电容器的母线停送电操作时，停电前应先拉开电容器的断路器，以防母线过电压，危及设备绝缘，送电后再合上电容器断路器。

3. 分析 10kV 一次系统的运行方式

10kV 一次系统采用单母线分段接线，10kV Ⅰ段母线和Ⅱ段母线分列运行，931 分段断路器处于分闸状态的运行方式。10kV Ⅰ段母线所带负荷为袁张Ⅰ回、高土北路Ⅰ回、外环北路Ⅰ回、袁山中段Ⅰ回、先锋厂线、1 号站用变、Ⅰ段母线电压互感器、1 号电容器组、3 号电容器组。10kV Ⅱ段母线所带负荷为袁张Ⅱ回、高土北路Ⅱ回、外环北路Ⅱ回、袁山中段Ⅱ回、袁秀线、迎宾大道线、2 号站用变、Ⅱ段母线电压互感器、2 号电容器组、4 号电容器组。

4. 需要进行的操作

由于 10kV Ⅰ段母线需要检修，根据 10kV 负荷特点，10kV Ⅰ段母线由运行转检修时，需要将其所带的负荷及二次设备全部切除，因此需要操作 991、993、911、912、913、915、916、961 断路器，将这些断路器断开，同时切除Ⅰ段母线互感器。为了将Ⅰ段母线从系统中彻底切除，需要将Ⅰ段母线的电源侧断路器（901 断路器）断开。

【相关知识】

(1) 母线由运行转检修时，需要将靠电源侧与负荷侧的隔离开关拉开，以形成明显的断开点。

(2) 10kV Ⅰ段母线上接有 1 号站用变。站用变是为站用电负荷供电的，不能停电。10kV Ⅰ段母线停电检修前，需要进行站用电切换操作。

【任务实施】

根据倒闸操作的基本原则及一般流程，通过以上任务分析，正确写出 10kV Ⅰ段母线由运行转检修的倒闸操作步骤，并结合 Q/GDW 1799.1—2013《国家电网公司电力安全工作规程 变电部分》、各级调度规程和其他有关规定在仿真机上进行倒闸操作。

10kV Ⅰ段母线由运行转检修的倒闸操作步骤如下：

(1) 断开 1 号电容器组 991 断路器。

(2) 检查 1 号电容器组 991 断路器确已断开。

(3) 取下 1 号电容器组 991 断路器合闸熔断器。

(4) 拉开 1 号电容器组 9913 隔离开关。

(5) 检查 1 号电容器组 9913 隔离开关确已拉开。

(6) 拉开 1 号电容器组 9911 隔离开关。

(7) 检查 1 号电容器组 9911 隔离开关确已拉开。

(8) 断开 3 号电容器组 993 断路器。

(9) 检查 3 号电容器组 993 断路器确已断开。

(10) 取下 3 号电容器组 993 断路器合闸熔断器。

(11) 拉开 3 号电容器组 9933 隔离开关。

(12) 检查 3 号电容器组 9933 隔离开关确已拉开。

(13) 拉开 3 号电容器组 9931 隔离开关。

(14) 检查3号电容器组9931隔离开关确已拉开。
(15) 断开袁张Ⅰ回911断路器。
(16) 检查袁张Ⅰ回911断路器确已断开。
(17) 取下袁张Ⅰ回911断路器合闸熔断器。
(18) 拉开袁张Ⅰ回9113隔离开关。
(19) 检查袁张Ⅰ回9113隔离开关确已拉开。
(20) 拉开袁张Ⅰ回9111隔离开关。
(21) 检查袁张Ⅰ回9111隔离开关确已拉开。
(22) 断开高土北路Ⅰ回912断路器确已断开。
(23) 检查高土北路Ⅰ回912断路器确已断开。
(24) 取下高土北路Ⅰ回912断路器合闸熔断器。
(25) 拉开高土北路Ⅰ回9123隔离开关。
(26) 检查高土北路Ⅰ回9123隔离开关。
(27) 拉开高土北路Ⅰ回9121隔离开关。
(28) 检查高土北路Ⅰ回9121隔离开关确已拉开。
(29) 断开袁山中段Ⅰ回913断路器。
(30) 检查袁山中段Ⅰ回913断路器确已断开。
(31) 取下袁山中段Ⅰ回913断路器合闸熔断器。
(32) 拉开袁山中段Ⅰ回9133隔离开关。
(33) 检查袁山中段Ⅰ回9133隔离开关确已拉开。
(34) 拉开袁山中段Ⅰ回9131隔离开关。
(35) 检查袁山中段Ⅰ回9131隔离开关确已拉开。
(36) 断开外环北路Ⅰ回915断路器。
(37) 检查外环北路Ⅰ回915断路器确已断开。
(38) 取下外环北路Ⅰ回915断路器合闸熔断器。
(39) 拉开外环北路Ⅰ回9153隔离开关。
(40) 检查外环北路Ⅰ回9153隔离开关确已拉开。
(41) 拉开外环北路Ⅰ回9151隔离开关。
(42) 检查外环北路Ⅰ回9151隔离开关确已拉开。
(43) 断开先锋厂线916断路器。
(44) 检查先锋厂线916断路器确已断开。
(45) 取下先锋厂线916断路器合闸熔断器。
(46) 拉开先锋厂线9163隔离开关。
(47) 检查先锋厂线9163隔离开关确已拉开。
(48) 拉开先锋厂线9161隔离开关。
(49) 检查先锋厂线9161隔离开关确已拉开。
(50) 断开1号站用变961断路器。
(51) 检查1号站用变961断路器确已断开。
(52) 取下1号站用变961断路器合闸熔断器。

(53) 拉开1号站用变9613隔离开关。
(54) 检查1号站用变9613隔离开关确已拉开。
(55) 拉开1号站用变9611隔离开关。
(56) 检查1号站用变9611隔离开关确已拉开。
(57) 解除10kV分段931断路器自动连接片。
(58) 检查10kV分段931断路器确已断开。
(59) 取下10kV分段931断路器合闸熔断器。
(60) 拉开10kV分段9312隔离开关。
(61) 检查10kV分段9312隔离开关确已拉开。
(62) 拉开10kV分段9311隔离开关。
(63) 检查10kV分段9311隔离开关确已拉开。
(64) 断开1号主变901断路器。
(65) 检查1号主变901断路器确已断开。
(66) 取下1号主变901断路器合闸熔断器。
(67) 拉开1号主变9013隔离开关。
(68) 检查1号主变9013隔离开关确已拉开。
(69) 拉开1号主变9011隔离开关。
(70) 检查1号主变压器9011隔离开关确已拉开。
(71) 取下10kVⅠ段母线电压互感器二次熔断器。
(72) 检查10kVⅠ段母线电压表计指示，应正常。
(73) 拉开10kVⅠ段母线电压互感器9511隔离开关。
(74) 检查10kVⅠ段母线电压互感器9511隔离开关确已拉开。
(75) 在1号主变压器9011隔离开关靠10kVⅠ段母线侧三相分别验明确无电压。
(76) 在1号主变压器9011隔离开关靠10kVⅠ段母线侧挂××号接地线。
(77) 在10kV母联9311隔离开关靠10kVⅠ段母线侧三相分别验明确无电压。
(78) 在10kV母联9311隔离开关靠10kVⅠ段母线侧挂××号接地线。

【拓展提高】

若站用电需要维持供电时，为了避免出现非同期并列，需要先将站用变从待停电母线上切除，然后利用低压侧分段断路器实现由另一母线供电。

任务3.3.2 10kVⅠ段母线由检修转运行

【教学目标】

知识目标：①熟悉变电站10kVⅠ段母线进行送电操作前的运行方式；②掌握变电站母线进行送电的基本原则及要求，熟悉10kVⅠ段母线的送电操作顺序；③掌握变电仿真系统10kVⅠ段母线送电的倒闸操作。

能力目标：①能说出10kVⅠ段母线进行送电操作前的运行方式；②能正确填写变电站10kVⅠ段母线进行送电操作的倒闸操作票；③能在仿真机上熟练进行10kVⅠ段母线送电的倒闸操作。

态度目标：①能主动学习，在完成任务过程中发现问题、分析问题和解决问题；②能严格遵守“变电运行”专业相关规程标准及规章制度，与小组成员协商、交流配合，按标准化作业流程完成学习任务。

【任务分析】

1. 分析 10kV 一次系统的运行方式

10kV 一次系统采用单母线分段接线，10kV Ⅰ段母线处于检修状态，Ⅱ段母线运行，931 分段断路器处于分闸状态的运行方式。10kV Ⅱ段母线所带负荷为袁张Ⅱ回、高土北路Ⅱ回、外环北路Ⅱ回、袁山中段Ⅱ回、袁秀线、迎宾大道线、2 号站用变、Ⅱ段母线电压互感器、2 号电容器组、4 号电容器组。

2. 需要进行的操作

由于 10kV Ⅰ段母线处于检修状态，故其原来所带负荷均已从Ⅰ段母线上断开，且从 1 号主变来的电源也已断开。10kV Ⅰ段母线由检修转运行操作时，需要将其所带的负荷及二次设备全部投入，因此需要操作 991、993、911、912、913、915、916、961 断路器，将这些断路器合上，同时接入Ⅰ段母线电压互感器。主变电源也需送至 10kV Ⅰ段母线，故需要将 10kV Ⅰ段母线电源侧断路器（901 断路器）合上。

【相关知识】

（1）10kV Ⅰ段母线由运行转检修时，在 1 号主变 9011 隔离开关靠 10kV Ⅰ段母线侧、10kV 母联 9311 隔离开关靠 10kV Ⅰ段母线侧进行了挂接地线的操作，因此合隔离开关之前，应将这些接地线拉开，以免出现带地线合闸的误操作。

（2）在进行母线由检修转运行时，应先对母线进行充电，即先合电源侧断路器，再合负荷侧断路器。

【任务实施】

根据倒闸操作的基本原则及一般流程，通过以上任务分析，正确写出 10kV Ⅰ段母线由检修转运行的倒闸操作步骤，并结合 Q/GDW 1799.1—2013《国家电网公司电力安全工作规程 变电部分》、各级调度规程和其他有关规定在仿真机上进行倒闸操作。

10kV Ⅰ段母线由检修转运行的倒闸操作步骤如下：

（1）拆除 1 号主变 9011 隔离开关靠 10kV Ⅰ段母线侧××号接地线。

（2）检查 1 号主变 9011 隔离开关靠 10kV Ⅰ段母线侧××号接地线确已拆除。

（3）拆除 10kV 母联 9311 隔离开关靠 10kV Ⅰ段母线侧××号接地线。

（4）检查 10kV 母联 9311 隔离开关靠 10kV Ⅰ段母线侧××号接地线确已拆除。

（5）合上 1 号主变 901 断路器控制电源自动空气开关。

（6）检查 1 号主变 901 断路器保护确已投入。

（7）检查 1 号主变 901 断路器确已断开。

（8）合上 1 号主变 9011 隔离开关。

（9）检查 1 号主变 9011 隔离开关确已合到位。

（10）合上 1 号主变 9013 隔离开关。

(11) 检查1号主变9013隔离开关确已合到位。
(12) 装上1号主变901断路器合闸熔断器。
(13) 合上10kV母联931断路器控制电源自动空气开关。
(14) 检查10kV母联931断路器保护确已投入。
(15) 检查10kV母联931断路器确已断开。
(16) 合上10kV母联9312隔离开关。
(17) 检查10kV母联9312隔离开关确已合到位。
(18) 合上10kV母联9311隔离开关。
(19) 检查10kV母联9311隔离开关确已合到位。
(20) 装上10kV母联931断路器合闸熔断器。
(21) 投入10kV母联931断路器备自投连接片。
(22) 合上1号主变901断路器。
(23) 检查1号主变901断路器确已合上。
(24) 检查10kVⅠ段母线充电正常。
(25) 合上10kVⅠ段母线电压互感器9511隔离开关。
(26) 检查10kVⅠ段母线电压互感器9511隔离开关确已合上。
(27) 装上10kVⅠ段母线电压互感器二次熔断器。
(28) 检查10kVⅠ段母线电压指示，应正常。
(29) 合上袁张Ⅰ回911断路器控制电源自动空气开关。
(30) 检查袁张Ⅰ回911断路器保护确已投入。
(31) 检查袁张Ⅰ回911断路器确已断开。
(32) 合上袁张Ⅰ回9111隔离开关。
(33) 检查袁张Ⅰ回9111隔离开关确已合到位。
(34) 合上袁张Ⅰ回9113隔离开关。
(35) 检查袁张Ⅰ回9113隔离开关确已合到位。
(36) 装上袁张Ⅰ回911断路器合闸熔断器。
(37) 合上袁张Ⅰ回911断路器。
(38) 检查袁张Ⅰ回911断路器确已合上。
(39) 合上高土北路Ⅰ回912断路器控制电源自动空气开关。
(40) 检查高土北路Ⅰ回912断路器保护确已投入。
(41) 检查高土北路Ⅰ回912断路器确已断开。
(42) 合上高土北路Ⅰ回9121隔离开关。
(43) 检查高土北路Ⅰ回9121隔离开关确已合到位。
(44) 合上高土北路Ⅰ回9123隔离开关。
(45) 检查高土北路Ⅰ回9123隔离开关确已合到位。
(46) 装上高土北路Ⅰ回912断路器合闸熔断器。
(47) 合上高土北路Ⅰ回912断路器。
(48) 检查高土北路Ⅰ回912断路器确已合上。
(49) 合上袁山中段Ⅰ回913断路器控制电源自动空气开关。

(50) 检查袁山中段Ⅰ回913断路器保护确已投入。
(51) 检查袁山中段Ⅰ回913断路器确已断开。
(52) 合上袁山中段Ⅰ回9131隔离开关。
(53) 检查袁山中段Ⅰ回9131隔离开关确已合到位。
(54) 合上袁山中段Ⅰ回9133隔离开关。
(55) 检查袁山中段Ⅰ回9133隔离开关确已合到位。
(56) 装上袁山中段Ⅰ回913断路器合闸熔断器。
(57) 合上袁山中段Ⅰ回913断路器。
(58) 检查袁山中段Ⅰ回913断路器确已合上。
(59) 合上外环北路Ⅰ回915断路器控制电源自动空气开关。
(60) 检查外环北路Ⅰ回915断路器保护确已投入。
(61) 检查外环北路Ⅰ回915断路器确已断开。
(62) 合上外环北路Ⅰ回9151隔离开关。
(63) 检查外环北路Ⅰ回9151隔离开关确已合到位。
(64) 合上外环北路Ⅰ回9153隔离开关。
(65) 检查外环北路Ⅰ回9153隔离开关确已合到位。
(66) 装上外环北路Ⅰ回915断路器合闸熔断器。
(67) 合上外环北路Ⅰ回915断路器。
(68) 检查外环北路Ⅰ回915断路器确已合上。
(69) 合上先锋厂线916断路器控制电源自动空气开关。
(70) 检查先锋厂线916断路器保护确已投入。
(71) 检查先锋厂线916断路器确已断开。
(72) 合上先锋厂线9161隔离开关。
(73) 检查先锋厂线9161隔离开关确已合到位。
(74) 合上先锋厂线9163隔离开关。
(75) 检查先锋厂线9163隔离开关确已合到位。
(76) 装上先锋厂线916断路器合闸熔断器。
(77) 合上先锋厂线916断路器。
(78) 检查先锋厂线916断路器确已合上。

【拓展提高】

(1) 在恢复送电前需检查10kVⅠ段母线所有安全措施均已全部拆除。

(2) 1号电容器组991断路器、3号电容器组993断路器根据系统电压、无功或调度指令进行投退。

(3) 1号站用变961断路器视站内情况决定是否切换。

任务3.3.3 220kV由双母线并列运行转为Ⅰ母线运行、Ⅱ母线检修

【教学目标】

知识目标：①熟悉变电站220kVⅡ母线进行停电操作前的运行方式；②掌握变电站

220kVⅡ母线进行停电的基本原则及要求，熟悉220kVⅡ母线的停电操作顺序；③掌握变电仿真系统220kVⅡ母线停电的倒闸操作。

能力目标：①能说出220kVⅡ母线进行停电操作前的运行方式；②能正确填写变电站220kVⅡ母线进行停电操作的倒闸操作票；③能在仿真机上熟练进行220kVⅡ母线停电的倒闸操作。

态度目标：①能主动学习，在完成任务过程中发现问题、分析问题和解决问题；②能严格遵守"变电运行"专业相关规程标准及规章制度，与小组成员协商、交流配合，按标准化作业流程完成学习任务。

【任务分析】

1. 分析220kV一次系统的运行方式

220kV一次系统采用双母线接线，Ⅰ母线和Ⅱ母线通过231母联断路器并列运行的方式，231断路器处于合闸状态，220kVⅠ母线所带负荷为跑袁线、大袁Ⅰ线、分袁线及Ⅰ母线电压互感器，220kVⅡ母线所带负荷为袁渝线、跑袁Ⅱ线及Ⅱ母线电压互感器。

2. 需要进行的操作

由于220kVⅡ母线由运行转检修，因此，原来220kVⅡ母线所带的负荷要热倒至220kVⅠ母线，并切除Ⅱ母线电压互感器和断开231断路器。

【相关知识】

(1) 倒负荷时，为了避免母联断路器误跳闸，需要将母联断路器的控制电源自动空气开关取下，待倒负荷过程结束之后方可装上。

(2) 一般在220kV母线的两端均装有接地开关，检修时需要将这两端的接地开关接地，以保证检修工作的安全。

【任务实施】

根据倒闸操作的基本原则及一般流程，通过以上任务分析，正确写出220kV由双母线并列运行转Ⅰ母线运行、Ⅱ母线检修的倒闸操作步骤，并结合Q/GDW 1799.1—2013《国家电网公司电力安全工作规程 变电部分》、各级调度规程和其他有关规定在仿真机上进行倒闸操作。

220kV母线由双母线并列运行转Ⅰ母线运行、Ⅱ母线转检修的倒闸操作步骤如下：

(1) 检查母联231断路器三相确已合上。

(2) 检查母联2311隔离开关确已合到位。

(3) 检查母联2312隔离开关确已合到位。

(4) 投入220kV母差保护屏13LP互联保护连接片。

(5) 检查220kV母差保护屏13LP互联保护连接片确已投入。

(6) 断开母联231断路器控制电源自动空气开关。

(7) 合上跑袁Ⅱ线2141隔离开关。

(8) 检查跑袁Ⅱ线2141隔离开关确已合到位。

(9) 拉开跑袁Ⅱ线2142隔离开关。

(10) 检查跑袁Ⅱ线 2142 隔离开关确已拉开。
(11) 合上 2 号主变 2021 隔离开关。
(12) 检查 2 号主变 2021 隔离开关确已合到位。
(13) 拉开 2 号主变 2022 隔离开关。
(14) 检查 2 号主变 2022 隔离开关确已拉开。
(15) 合上袁渝线 2151 隔离开关。
(16) 检查袁渝线 2151 隔离开关确已合到位。
(17) 拉开袁渝线 2152 隔离开关。
(18) 检查袁渝线 2152 隔离开关确已拉开。
(19) 检查 1 号主变 2012 隔离开关确已拉开。
(20) 检查分袁线 2112 隔离开关确已拉开。
(21) 检查大袁线 2122 隔离开关确已拉开。
(22) 检查跑袁Ⅰ线 2132 隔离开关确已拉开。
(23) 检查 220kV 母差保护屏运行方式，应正常。
(24) 合上母联 231 断路器控制电源自动空气开关。
(25) 退出 220kV 母差保护屏 13LP 互联保护连接片。
(26) 检查 220kV 母差保护屏 13LP 互联保护连接片确已退出。
(27) 退出 220kV 母差保护屏 16LPⅡ母线复合电压保护连接片。
(28) 检查 220kV 母差保护屏 16LPⅡ母线复合电压保护连接片确已退出。
(29) 断开 220kVⅡ母线电压互感器二次自动空气开关。
(30) 拉开 220kVⅡ母线电压互感器 2522 隔离开关。
(31) 检查 220kVⅡ母线电压互感器 2522 隔离开关确已拉开。
(32) 断开母联 231 断路器。
(33) 检查母联 231 断路器三相确已断开。
(34) 拉开母联 2312 隔离开关。
(35) 检查母联 2312 隔离开关确已拉开。
(36) 拉开母联 2311 隔离开关。
(37) 检查母联 2311 隔离开关确已拉开。
(38) 在 220kVⅡ母线电压互感器 2522 隔离开关与Ⅱ母线之间三相分别验明确无电压。
(39) 合上 220kVⅡ母线 25202 接地开关。
(40) 检查 220kVⅡ母线 25202 接地开关确已合到位。
(41) 断开母联 231 断路器控制电源自动空气开关。

【拓展提高】

(1) 对可能出现谐振的变电站，在母线和母线电压互感器同时停电时，待停电母线转为空母线之后，应先拉开电压互感器隔离开关，后断开母联断路器。

(2) 倒母线时，必须先取下母联断路器的控制电源自动空气开关，待倒母线成功之后方能再装上。原因是为了避免母联断路器在倒母线过程中出现跳闸（如误操作、保护动作或直流两点接地），导致合第一组母线隔离开关或者拉最后一组母线隔离开关时出现不等电位操作，造成系统事故。

任务3.3.4 220KV母线由Ⅰ母线运行、Ⅱ母线检修转双母线并列运行

【教学目标】

知识目标：①熟悉变电站220kVⅡ母线进行送电操作前的运行方式；②掌握变电站220kVⅡ母线进行送电的基本原则及要求，熟悉220kVⅡ母线的送电操作顺序；③掌握变电仿真系统220kVⅡ母线送电的倒闸操作。

能力目标：①能说出220kVⅡ母线进行送电操作前的运行方式；②能正确填写变电站220kVⅡ母线进行送电操作的倒闸操作票；③能在仿真机上熟练进行220kVⅡ母线送电的倒闸操作。

态度目标：①能主动学习，在完成任务过程中发现问题、分析问题和解决问题；②能严格遵守“变电运行”专业相关规程标准及规章制度，与小组成员协商、交流配合，按标准化作业流程完成学习任务。

【任务分析】

1. 分析220kV一次系统的运行方式

220kV一次系统采用双母线接线，Ⅰ母线运行，Ⅱ母线检修的运行方式。231母联断路器处于分闸状态，220kVⅠ母线所带负荷为跑袁线、大袁Ⅰ线、分袁线、袁渝线、跑袁Ⅱ线及Ⅰ母线电压互感器。

2. 需要进行的操作

由于220kVⅡ母线由运行转检修操作时，原来Ⅱ母线所带的负荷由Ⅰ母线供电。在220kVⅡ母线由检修转运行操作中，需要将其所带的负荷从Ⅰ母线转回至Ⅱ母线，并投入Ⅱ母线电压互感器和合上231断路器，实现Ⅰ母线与Ⅱ母线并列运行。

【相关知识】

(1) 倒负荷时为了避免母联断路器误跳闸而导致不等电位操作隔离开关的事故，需要将母联断路器的控制电源自动空气开关取下，待倒负荷过程结束之后方可装上。

(2) 一般检修时退出运行的电压互感器，在母线准备倒负荷之前，需要将电压互感器投入运行，以便正确检查母线电压是否正常。

【任务实施】

根据倒闸操作的基本原则及一般流程，通过以上任务分析，正确写出220kV母线由Ⅰ母线运行、Ⅱ母线检修转双母线并列运行的倒闸操作步骤，并结合Q/GDW 1799.1—2013《国家电网公司电力安全工作规程 变电部分》、各级调度规程和其他有关规定在仿真机上进行倒闸操作。

220kV母线由Ⅰ母线运行、Ⅱ母线检修转双母线并列运行的倒闸操作步骤如下：

(1) 拉开220kVⅡ母线25202接地开关。

(2) 检查220kVⅡ母线25202接地开关确已拉开。

(3) 检查 220kVⅡ母线确无临时接地线。
(4) 合上母联 231 断路器控制电源自动空气开关。
(5) 检查母联 231 断路器三相确已断开。
(6) 合上母联 2311 隔离开关。
(7) 检查母联 2311 隔离开关确已合到位。
(8) 合上母联 2312 隔离开关。
(9) 检查母联 2312 隔离开关确已合到位。
(10) 合上母联 231 断路器。
(11) 检查母联 231 断路器三相确已合上。
(12) 检查 220kVⅡ母线充电正常。
(13) 合上 220kVⅡ母线电压互感器 2522 隔离开关。
(14) 检查 220kVⅡ母线电压互感器 2522 隔离开关确已合到位。
(15) 合上 220kVⅡ母线电压互感器二次自动空气开关。
(16) 检查 220kVⅡ母线电压指示应正常。
(17) 投入 220kV 母差保护屏 16LPⅡ母线复合电压保护连接片。
(18) 检查 220kV 母差保护屏 16LPⅡ母线复合电压保护连接片确已投入。
(19) 投入 220kV 母差保护屏 13LP 互联保护连接片。
(20) 检查 220kV 母差保护屏 13LP 互联保护连接片确已投入。
(21) 断开母联 231 断路器控制电源自动空气开关。
(22) 合上跑袁Ⅱ线 2142 隔离开关。
(23) 检查跑袁Ⅱ线 2142 隔离开关确已合到位。
(24) 拉开跑袁Ⅱ线 2141 隔离开关。
(25) 检查跑袁Ⅱ线 2141 隔离开关确已拉开。
(26) 合上 2 号主变 2022 隔离开关。
(27) 检查 2 号主变 2022 隔离开关确已合到位。
(28) 拉开 2 号主变 2021 隔离开关。
(29) 检查 2 号主变 2021 隔离开关确已拉开。
(30) 合上袁渝线 2152 隔离开关。
(31) 检查袁渝线 2152 隔离开关确已合到位。
(32) 拉开袁渝线 2151 隔离开关。
(33) 检查袁渝线 2151 隔离开关确已拉开。
(34) 检查 220kV 母差保护屏运行方式，应正常。
(35) 合上母联 231 断路器控制电源自动空气开关。
(36) 退出 220kV 母差保护屏 13LP 互联保护连接片。
(37) 检查 220kV 母差保护屏 13LP 互联保护连接片确已退出。

【拓展提高】

对母线充电前，一般应将空母线上只能用隔离开关送电的附属设备，如电压互感器、避雷器等投入运行。

但对可能出现谐振的变电站，恢复母线正常运行时应先对母线送电，然后通过隔离开关将母线电压互感器合上。

任务3.4 变电站变压器停送电操作

电力变压器是发电厂和变电站的主要设备之一，其利用电磁感应原理实现不同电压等级之间的变换。根据变比的大小可以分为升压变压器和降压变压器。升压变压器主要是将低电压升高，以便于远距离传输，减少线路的损耗和压降。降压变压器则将高电压转为低电压，以满足电力用户的需要。

任务3.4.1 1号主变由并列运行转检修

【教学目标】

知识目标：①熟悉变电站1号主变进行停电操作前的运行方式；②掌握变电站1号主变进行停电的基本原则及要求；熟悉1号主变的停电操作顺序；③掌握变电仿真系统1号主变停电的倒闸操作。

能力目标：①能说出1号主变进行停电操作前的运行方式；②能正确填写变电站1号主变进行停电操作的倒闸操作票；③能在仿真机上熟练进行1号主变停电的倒闸操作。

态度目标：①能主动学习，在完成任务过程中发现问题、分析问题和解决问题；②能严格遵守“变电运行”专业相关规程标准及规章制度，与小组成员协商、交流配合，按标准化作业流程完成学习任务。

【任务分析】

1. 分析变压器操作的一般原则

(1) 在110kV及以上中性点直接接地系统中，变压器停送电及经变压器向母线充电，操作前，必须将变压器中性点接地开关合上，操作完毕后根据系统运行方式的要求决定拉开与否。

(2) 拉合运行变压器中性点接地开关的操作必须由所辖调度发令。在操作运行中的110kV或220kV双绕组及三绕组变压器时，若需断开中性点直接接地系统侧的断路器，则该侧的中性点接地开关应先合上。

(3) 对于中低压侧均有电源的变电站，至少应有一台变压器中性点接地。在双母线运行时，当母联断路器跳闸后应保证被分开的两个系统至少应有一台变压器中性点接地。

(4) 变压器投入运行时，应选择继电保护完备、励磁涌流影响较小的一侧送电。变压器送电时，应先从电源侧充电，再送负荷侧；当两侧或三侧均有电源时，应先从高压侧送电，再送低压侧，并按继电保护的要求调整变压器中性点接地方式。在变压器停电操作时，应先停负荷侧，后停电源侧；当两侧或三侧均有电源时，应先停低压侧，后停高压侧。

(5) 变压器送电操作前，应检查送电侧母线电压及变压器分接头位置，保证送电后各侧电压不超过其相应分接头电压的5%。

(6) 带有消弧线圈接地的变压器停电操作前，必须先将消弧线圈断开，并不得将两台变压器的中性点同时接到一台消弧线圈上。

(7) 新投运或大修后的变压器应进行核相，确认无误后方可并列运行。新投运的变压器一般冲击合闸5次，大修后的冲击合闸3次。

2. 分析变压器操作的注意事项

(1) 变压器由检修转运行前，检查其各侧中性点接地开关，应在合闸位置。

(2) 运行中若需倒换某变压器中性点接地方式，应先合上另一台变压器的中性点接地开关后，才能拉开某变压器的中性点接地开关。

(3) 两台变压器并列运行前，检查两台变压器有载调压电压分接头指示应一致；若是有载调压变压器与无励磁调压变压器并列运行时，其分接电压应尽量靠近无励磁调压变压器的分接位置。并列运行的变压器，其调压操作应轮流逐级或同步进行，不得在单台变压器上连续进行两个及以上分接头变换操作。

(4) 两台变压器并列运行时，如果一台变压器需要停电，在未拉开这台变压器断路器之前应检查总负荷情况，确保一台变压器停电后不导致另一台变压器过负荷。

(5) 投入备用的变压器后，应根据表计指示来确认该变压器已带负荷后，方可停下运行的变压器。

(6) 对已停电的变压器，其继电保护若有联跳的，应停用其联跳连接片。

3. 分析一次系统的运行方式

220kV一次系统采用双母线接线，231断路器合闸的运行方式；110kV一次系统采用单母线分段带旁路母线接线，其中110kVⅠ段母线由1号主变101断路器供电，110kVⅡ段母线由2号主变102断路器供电，131断路器分闸的运行方式；10kV一次系统采用单母线分段接线，分段运行，其中10kVⅠ段母线由1号主变901断路器供电，10kVⅡ段母线由2号主变902断路器供电，931断路器分闸的运行方式。

4. 需要进行的操作。

由于1号主变需要由运行转检修，因此要断开901、101、201断路器。由于220kV一次系统为双母线并列运行，所以不会造成220kV侧线路的停运；110kV一次系统为单母线分段并列运行，131断路器在合闸状态，可以继续对110kVⅠ段母线重要负荷的供电。10kV一次系统为单母线分段分列运行，931断路器在分闸状态，因此为保证不中断对10kVⅠ段母线重要负荷的供电，需要合上931断路器。

【相关知识】

(1) 三绕组降压变压器停电时，应依次断开低、中、高压三侧断路器，再拉开三侧隔离开关。

(2) 当系统的运行方式由两台主变并列运行改为一台主变运行时，应尽可能保证不停电。但是当变压器容量不足或负荷过大时，需要转移或切除部分负荷，同时还需要投入复合电压闭锁过电流保护跳开分段断路器的连接片。

【任务实施】

根据倒闸操作的基本原则及一般流程，通过以上任务分析，正确写出1号主变由并列运行转检修的倒闸操作步骤，并结合Q/GDW 1799.1—2013《国家电网公司电力安全工作规

程 变电部分》、各级调度规程和其他有关规定在仿真机上进行倒闸操作。

1号主变由并列运行转检修的倒闸操作步骤如下：

(1) 检查两台主变负荷总和小于2号主变允许负荷容量。

(2) 合上10kV母联931断路器。

(3) 检查10kV母联931断路器确已合上。

(4) 检查110kV母联131断路器确已合上。

(5) 合上2号主变220kV侧中性点2020接地开关。

(6) 检查2号主变220kV侧中性点2020接地开关确已合到位。

(7) 合上2号主变110kV侧中性点1020接地开关。

(8) 检查2号主变110kV侧中性点1020接地开关确已合到位。

(9) 退出2号主变保护Ⅰ、Ⅱ屏4LP高压侧间隙零序保护连接片。

(10) 检查2号主变保护Ⅰ、Ⅱ屏4LP高压侧间隙零序保护连接片确已退出。

(11) 退出2号主变保护Ⅰ、Ⅱ屏7LP中压侧间隙零序保护连接片。

(12) 检查2号主变保护Ⅰ、Ⅱ屏7LP中压侧间隙零序保护连接片确已退出。

(13) 投入2号主变保护Ⅰ、Ⅱ屏3LP高压侧零序过电流保护连接片。

(14) 检查2号主变保护Ⅰ、Ⅱ屏3LP高压侧零序过电流保护连接片确已投入。

(15) 投入2号主变保护Ⅰ、Ⅱ屏6LP中压侧零序过电流保护连接片。

(16) 检查2号主变保护Ⅰ、Ⅱ屏6LP中压侧零序过电流保护连接片确已投入。

(17) 检查1号主变220kV侧中性点2010接地开关确已合到位。

(18) 检查1号主变110kV侧中性点1010接地开关确已合到位。

(19) 检查1号主变保护Ⅰ、Ⅱ屏3LP高压侧零序过电流保护连接片确已投入。

(20) 断开1号主变901断路器。

(21) 断开1号主变101断路器。

(22) 断开1号主变201断路器。

(23) 检查2号主变负荷确在其允许范围内。

(24) 检查1号主变901断路器确已断开。

(25) 取下1号主变901断路器合闸熔断器。

(26) 拉开1号主变9013隔离开关。

(27) 检查1号主变9013隔离开关确已拉开。

(28) 拉开1号主变9011隔离开关。

(29) 检查1号主变9011隔离开关确已拉开。

(30) 检查1号主变101断路器确已断开。

(31) 检查1号主变1014隔离开关确已拉开。

(32) 拉开1号主变1013隔离开关。

(33) 检查1号主变1013隔离开关确已拉开。

(34) 拉开1号主变1011隔离开关。

(35) 检查1号主变1011隔离开关确已拉开。

(36) 检查1主变201断路器三相确已断开。

(37) 拉开1号主变2013隔离开关。

(38) 检查1号主变2013隔离开关确已拉开。

(39) 拉开1号主变2011隔离开关。

(40) 检查1号主变2011隔离开关确已拉开。

(41) 检查1号主变2012隔离开关确已拉开。

(42) 拉开1号主变220kV侧中性点2010接地开关。

(43) 检查1号主变220kV侧中性点2010接地开关确已拉开。

(44) 拉开1号主变110kV侧中性点1010接地开关。

(45) 检查1号主变110kV侧中性点1010接地开关确已拉开。

(46) 在1号主变110kV侧与1013隔离开关之间三相分别验明确无电压。

(47) 合上1号主变10103接地开关。

(48) 检查1号主变10103接地开关确已合到位。

(49) 在1号主变220kV侧与2013隔离开关之间三相分别验明确无电压。

(50) 合上1号主变20103接地开关。

(51) 检查1号主变20103接地开关确已合到位。

(52) 在1号主变10kV侧与穿墙套管之间三相分别验明确无电压。

(53) 在1号主变10kV侧与穿墙套管之间装设××号接地线。

(54) 退出1号主变保护Ⅰ屏30LP、31LP高压侧母联断路器第一、二跳闸线圈保护连接片。

(55) 检查1号主变保护Ⅰ屏30LP、31LP高压侧母联断路器第一、二跳闸线圈保护连接片确已退出。

(56) 退出1号主变保护Ⅰ屏35LP中压侧母联断路器跳闸线圈保护连接片。

(57) 检查1号主变保护Ⅰ屏35LP中压侧母联断路器跳闸线圈保护连接片确已退出。

(58) 退出1号主变保护Ⅰ屏39LP低压侧分段断路器跳闸线圈保护连接片。

(59) 检查1号主变保护Ⅰ屏39LP低压侧分段断路器跳闸线圈保护连接片确已退出。

(60) 退出1号主变保护Ⅱ屏30LP、31LP高压侧母联断路器第一、二跳闸线圈保护连接片。

(61) 检查1号主变保护Ⅱ屏30LP、31LP高压侧母联断路器第一、二跳闸线圈保护连接片确已退出。

(62) 退出1号主变保护Ⅱ屏35LP中压侧母联断路器跳闸线圈保护连接片。

(63) 检查1号主变保护Ⅱ屏35LP中压侧母联断路器跳闸线圈保护连接片确已退出。

(64) 退出1号主变保护Ⅱ屏39LP低压侧分段断路器跳闸线圈保护连接片。

(65) 检查1号主变保护Ⅱ屏39LP低压侧分段断路器跳闸线圈保护连接片确已退出。

(66) 退出220kV母差保护Ⅰ屏4LP201 1号主变保护连接片。

(67) 检查220kV母差保护Ⅰ屏4LP201 1号主变保护连接片确已退出。

(68) 退出220kV母差保护Ⅰ屏2XB跳201断路器保护连接片。

(69) 检查220kV母差保护Ⅱ屏2XB跳201断路器保护连接片。

(70) 退出110kV母差保护屏2XB跳101断路器保护连接片。

(71) 检查110kV母差保护屏2XB跳101断路器保护连接片确已退出。

(72) 断开1号主变901断路器控制电源自动空气开关。

(73) 断开1号主变101断路器控制电源自动空气开关。

(74) 断开1号主变201断路器控制电源自动空气开关。

【拓展提高】

在变压器解列操作中，应将变压器中性点接地之后方能将变压器从系统中退出运行。其目的是避免在解列操作中出现断路器非同期动作或不对称开断，出现电容传递过电压或者失步工频过电压所造成的事故。

任务3.4.2 1号主变由检修转与2号主变并列运行

【教学目标】

知识目标：①熟悉变电站1号主变进行送电操作前的运行方式；②掌握变电站1号主变进行送电的基本原则及要求，熟悉1号主变的送电操作顺序；③掌握变电仿真系统1号主变送电的倒闸操作。

能力目标：①能说出1号主变进行送电操作前的运行方式；②能正确填写变电站1号主变进行送电操作的倒闸操作票；③能在仿真机上熟练进行1号主变送电的倒闸操作。

态度目标：①能主动学习，在完成任务过程中发现问题、分析问题和解决问题；②能严格遵守"变电运行"专业相关规程标准及规章制度，与小组成员协商、交流配合，按标准化作业流程完成学习任务。

【任务分析】

1. 分析一次系统运行方式

220kV一次系统采用双母线接线，231断路器在合闸状态；110kV一次系统采用单母线分段带旁路母线接线，131断路器在合闸状态；10kV一次系统采用单母线分段接线，931断路器在合闸状态，所有负荷均由2号主变供电。

2. 需要进行的操作

1号主变由检修转运行操作时，除了按规定对1号主变进行恢复送电，还需要恢复10kV一次系统的单母线分段分列运行方式，故需断开931断路器。

【相关知识】

三绕组降压变压器送电时，应依次合上高压、中压、低压侧断路器。若中低压一次系统中有双母线或单母线分段的并列运行方式时，还需要检测两个母线的负荷分配是否正常。

【任务实施】

根据倒闸操作的基本原则及一般流程，通过以上任务分析，正确写出1号主变由检修转与2号主变并列运行的倒闸操作步骤，并结合Q/GDW 1799.1—2013《国家电网公司电力安全工作规程 变电部分》、各级调度规程和其他有关规定在仿真机上进行倒闸操作。

1号主变由检修转与2号主变并列运行的倒闸操作步骤如下：

(1) 拆除1号主变10kV侧与穿墙套管之间××号接地线。

(2) 检查1号主变10kV侧与穿墙套管之间××号接地线确已拆除。

(3) 拉开1号主变10103接地开关。

(4) 检查1号主变10103接地开关确已拉开。

(5) 拉开1号主变20103接地开关。

(6) 检查1号主变20103接地开关确已拉开。

(7) 检查1号主变有载调压分接开关挡位与2号主变挡位一致，符合并列运行条件。

(8) 检查1号主变冷却电源确已投入。

(9) 合上1号主变220kV侧中性点2010接地开关。

(10) 检查1号主变220kV侧中性点2010接地开关确已合到位。

(11) 合上1号主变110kV侧中性点1010接地开关。

(12) 检查1号主变110kV侧中性点1010接地开关确已合到位。

(13) 合上1号主变201断路器控制电源自动空气开关。

(14) 合上1号主变101断路器控制电源自动空气开关。

(15) 合上1号主变901断路器控制电源自动空气开关。

(16) 投入1号主变保护Ⅰ屏30LP、31LP高压侧母联断路器第一、二跳闸线圈保护连接片。

(17) 检查1号主变保护Ⅰ屏30LP、31LP高压侧母联断路器第一、二跳闸线圈保护连接片确已投入。

(18) 投入1号主变保护Ⅰ屏35LP中压侧母联断路器跳闸线圈保护连接片。

(19) 检查1号主变保护Ⅰ屏35LP中压侧母联断路器跳闸线圈保护连接片确已投入。

(20) 投入1号主变保护Ⅰ屏39LP低压侧分段断路器跳闸线圈保护连接片。

(21) 检查1号主变保护Ⅰ屏39LP低压侧分段断路器跳闸线圈保护连接片确已投入。

(22) 检查1号主变保护Ⅰ屏保护确已投入。

(23) 投入1号主变保护Ⅱ屏30LP、31LP高压侧母联断路器第一、二跳闸线圈保护连接片。

(24) 检查1号主变保护Ⅱ屏30LP、31LP高压侧母联断路器第一、二跳闸线圈保护连接片确已投入。

(25) 投入1号主变保护Ⅱ屏35LP中压侧母联断路器跳闸线圈保护连接片。

(26) 检查1号主变保护Ⅱ屏35LP中压侧母联断路器跳闸线圈保护连接片确已投入。

(27) 投入1号主变保护Ⅱ屏39LP低压侧分段断路器跳闸线圈保护连接片。

(28) 检查1号主变保护Ⅱ屏39LP低压侧分段断路器跳闸线圈保护连接片确已投入。

(29) 检查1号主变保护Ⅱ屏保护确已投入。

(30) 投入220kV母差保护Ⅰ屏跳4LP201 1号主变保护连接片。

(31) 检查220kV母差保护Ⅰ屏跳4LP201 1号主变保护连接片确已投入。

(32) 投入220kV母差保护Ⅱ屏2XB跳201断路器保护连接片。

(33) 检查20kV母差保护Ⅱ屏2XB跳201断路器保护连接片确已投入。

(34) 投入110kV母差保护屏2XB跳101断路器保护连接片。

(35) 检查110kV母差保护屏2XB跳101断路器保护连接片确已投入。

(36) 检查1号主变201断路器三相确已断开。

(37) 检查1号主变2012隔离开关确已拉开。
(38) 合上1号主变2011隔离开关。
(39) 检查1号主变2011隔离开关确已合到位。
(40) 合上1号主变2013隔离开关。
(41) 检查1号主变2013隔离开关确已合到位。
(42) 检查1号主变101断路器确已断开。
(43) 合上1号主变1011隔离开关。
(44) 检查1号主变1011隔离开关确已合到位。
(45) 检查1号主变1014隔离开关确已拉开。
(46) 合上1号主变1013隔离开关。
(47) 检查1号主变1013隔离开关确已合到位。
(48) 检查1号主变901断路器确已断开。
(49) 合上1号主变9011隔离开关。
(50) 检查1号主变9011隔离开关确已合到位。
(51) 合上1号主变9013隔离开关。
(52) 检查1号主变9013隔离开关确已合到位。
(53) 装上1号主变901断路器合闸熔断器。
(54) 合上1号主变201断路器。
(55) 检查1号主变201断路器三相确已合上。
(56) 检查1号主变充电正常。
(57) 合上1号主变101断路器。
(58) 检查1号主变101断路器确已合上。
(59) 检查1号主变101断路器已带负荷（××A)。
(60) 合上1号主变901断路器。
(61) 检查1号主变901断路器确已合上。
(62) 检查1号主变901断路器已带负荷（××A)。
(63) 检查1号主变接带负荷正常。
(64) 断开10kV母联931断路器。
(65) 检查10kV母联931断路器确已断开。
(66) 拉开2号主变220kV侧中性点2020接地开关。
(67) 检查2号主变220kV侧中性点2020接地开关确已拉开。
(68) 拉开2号主变110kV侧中性点1020接地开关。
(69) 检查2号主变110kV侧中性点1020接地开关确已拉开。
(70) 投入2号主变保护Ⅰ、Ⅱ屏4LP高压侧间隙零序保护连接片。
(71) 检查2号主变保护Ⅰ、Ⅱ屏4LP高压侧间隙零序保护连接片确已投入。
(72) 投入2号主变保护Ⅰ、Ⅱ屏7LP中压侧间隙零序保护连接片。
(73) 检查2号主变保护Ⅰ、Ⅱ屏7LP中压侧间隙零序保护连接片确已投入。
(74) 退出2号主变保护Ⅰ、Ⅱ屏3LP高压侧零序过电流保护连接片。
(75) 检查2号主变保护Ⅰ、Ⅱ屏3LP高压侧零序过电流保护连接片确已退出。

(76) 退出 2 号主变保护Ⅰ、Ⅱ屏 6LP 中压侧零序保护连接片。

(77) 检查 2 号主变保护Ⅰ、Ⅱ屏 6LP 中压侧零序保护连接片确已退出。

【拓展提高】

变压器充电前，应先将全部保护投入跳闸位置再操作；操作中先合母线侧隔离开关，再合变压器侧隔离开关；最后由保护完备的电源侧断路器充电后，再合上负荷侧断路器。

任务 3.5 变电站互感器停送电操作

互感器包括电流互感器和电压互感器，是一次系统和二次系统之间的联络元件，将一次侧的高电压和大电流变成二次侧标准的低电压（100V 或 $100/\sqrt{3}$V）和小电流（5A 或 1A），向二次电路提供交流电源，可以正确反映一次系统的运行状况。

任务 3.5.1 10kVⅠ段母线电压互感器由运行转检修

【教学目标】

知识目标：①熟悉变电站 10kVⅠ段母线电压互感器停电操作前的运行方式；②掌握 10kVⅠ段母线电压互感器停电操作的基本原则及要求；10kVⅠ段母线电压互感器停电操作顺序；③掌握变电仿真系统 10kVⅠ段母线电压互感器停电的倒闸操作。

能力目标：①能说出变电站 10kVⅠ段母线电压互感器停电操作前的运行方式；②能正确填写变电站 10kVⅠ段母线电压互感器停电操作的倒闸操作票；③能在仿真机上熟练进行 10kVⅠ段母线电压互感器停电的倒闸操作。

态度目标：①能主动学习，在完成任务过程中发现问题、分析问题和解决问题；②能严格遵守“变电运行”专业相关规程标准及规章制度，与小组成员协商、交流配合，按标准化作业流程完成学习任务。

【任务分析】

1. 分析电压互感器操作的一般原则

(1) 对于双母线或单母线分段接线，两组电压互感器各接在相应的母线上运行，正常情况下二次不并列。当任一母线电压互感器停电时，因线路保护的交流电压取自其所接的母线电压互感器，所以二次应作相应切换，并将双母线改为单母线运行即可。但二次不能切换的母线电压互感器停用时，其所在母线就需要同时停用。

(2) 两组电压互感器二次并列时，必须先并一次，后并二次，以防止电压互感器二次对一次进行反充电，造成二次熔丝熔断或自动空气开关跳闸。

(3) 只有一组母线电压互感器时一般情况下电压互感器和母线同时进行停送电操作；若单独停用电压互感器时，应考虑继电保护及自动装置进行相应的变动。

2. 分析电压互感器的操作注意事项

(1) 两组电压互感器二次电压回路并列时，对电压并列回路是经母联或分段断路器回路运行启动的，母联或分段断路器应改为非自动，且微机型母线差动保护应改为互联或单母线运行方式。

(2) 若两组电压互感器二次电压回路不能并列时，对于将失去电压闭锁的微机型母线差动保护，仍可继续运行，但此时不得在母线差动保护二次回路上工作。

(3) 为防止反充电，母线电压互感器由运行转冷备用时，必须先断开该电压互感器的所有二次电压低压自动空气开关，再拉开高压隔离开关；相反由冷备用转运行时，必须先合上高压隔离开关，再合上其所有二次电压自动空气开关。

3. 分析一次系统的运行方式

220kV一次系统采用双母线接线并列运行方式；110kV一次系统采用单母线分段带旁路母线接线并列运行方式，其中110kVⅠ段母线由1号主变101断路器供电，110kVⅡ段母线由2号主变102断路器供电；10kV一次系统采用单母线分段接线分列运行方式，其中10kVⅠ段母线由1号主变901断路器供电，10kVⅡ段母线由2号主变902断路器供电。

4. 需要进行的操作

10kVⅠ段母线电压互感器由运行转检修后会导致保护元件测得的电压为零。但由于10kVⅠ段母线并不转检修，因此为了避免保护误动作，需要将1号主变10kV侧复合电压启动连接片解除，投入1号主变10kV侧复合电压短接连接片，同时将1号和3号电容器组低电压保护跳闸连接片解除。最后还需做好验电和挂接地线等安全措施。

【相关知识】

正常运行时，10kVⅠ段母线和Ⅱ段母线各自所带的电压互感器二次侧未并列。

【任务实施】

根据倒闸操作的基本原则及一般流程，通过以上任务分析，正确写出10kVⅠ段母线电压互感器由运行转检修的倒闸操作步骤，并结合Q/GDW 1799.1—2013《国家电网公司电力安全工作规程 变电部分》、各级调度规程和其他有关规定进行倒闸操作。

10kVⅠ段母线电压互感器由运行转检修的倒闸操作步骤如下：

(1) 解除1号主变10kV侧复合电压启动连接片。

(2) 投入1号主变10kV侧复合电压短接连接片。

(3) 解除1号和3号电容器组低电压保护跳闸连接片。

(4) 将10kV电压切换开关由“断”切至“通”位置。

(5) 取下10kVⅠ段母线电压互感器二次熔断器。

(6) 检查10kVⅠ段母线电压表计指示，应正常。

(7) 拉开10kVⅠ段母线电压互感器9511隔离开关。

(8) 检查10kVⅠ段母线电压互感器9511隔离开关确已拉开。

(9) 在10kVⅠ段母线电压互感器9511隔离开关三相动静触头之间装设××号绝缘挡板。

(10) 在10kVⅠ段母线电压互感器与高压熔断器之间三相分别验明确无电压。

(11) 在10kVⅠ段母线电压互感器与高压熔断器之间装设××号接地线。

【拓展提高】

允许利用隔离开关拉、合无接地指示的电压互感器，大修或新更换的电压互感器（含二次回路变动）在投入运行前应核相。

任务 3.5.2 10kV Ⅰ段母线电压互感器由检修转运行

【教学目标】

知识目标：①熟悉变电站 10kV Ⅰ段母线电压互感器送电操作前的运行方式；②掌握 10kV Ⅰ段母线电压互感器送电操作的基本原则及要求；熟悉 10kV Ⅰ段母线电压互感器送电操作顺序；③掌握变电仿真系统 10kV Ⅰ段母线电压互感器停电的倒闸操作。

能力目标：①能说出变电站 10kV Ⅰ段母线电压互感器送电操作前的运行方式；②能正确填写变电站 10kV Ⅰ段母线电压互感器送电操作的倒闸操作票；③能在仿真机上熟练进行 10kV Ⅰ段母线电压互感器送电的倒闸操作。

态度目标：①能主动学习，在完成任务过程中发现问题、分析问题和解决问题；②能严格遵守“变电运行”专业相关规程标准及规章制度，与小组成员协商、交流配合，按标准化作业流程完成学习任务。

【任务分析】

1. 分析一次系统的运行方式

10kV 一次系统采用单母分段接线，分列运行（931 断路器断开，其备自投投入），其中 10kV Ⅰ段母线由 1 号主变 901 断路器供电，10kV Ⅱ段母线由 2 号主变 902 断路器供电。

2. 需要进行的操作

10kV Ⅰ段母线电压互感器由运行转检修时，采取了挂接地线等安全措施；同时解除 1 号主变 10kV 侧复合电压启动连接片，投入 1 号主变 10kV 一次系统复合电压短接连接片，并解除 1 号和 3 号电容器组的低电压保护跳闸连接片。因此在 10kV Ⅰ段母线电压互感器由检修转运行时，必须拆除接地线，并将保护连接片恢复正常运行状态。

【相关知识】

正常运行时，10kV Ⅰ段母线和Ⅱ段母线各自所带的电压互感器二次侧未并列。

【任务实施】

根据倒闸操作的基本原则及一般流程，通过以上任务分析，正确写出 10kV Ⅰ段母线电压互感器由检修转运行的倒闸操作步骤，并结合 Q/GDW 1799.1—2013《国家电网公司电力安全工作规程 变电部分》、各级调度规程和其他有关规定在仿真机上进行倒闸操作。

10kV Ⅰ段母线电压互感器由检修转运行的倒闸操作步骤如下：

(1) 拆除 10kV Ⅰ段母线电压互感器 9511 隔离开关三相动静触头之间××号绝缘挡板。

(2) 检查 10kV Ⅰ段母线电压互感器 9511 隔离开关三相动静触头之间××号绝缘挡板确已拆除。

(3) 拆除 10kV Ⅰ段母线电压互感器与高压熔断器之间××号接地线。

(4) 检查 10kV Ⅰ段母线电压互感器与高压熔断器之间××号接地线确已拆除。

(5) 合上 10kV Ⅰ段母线电压互感器 9511 隔离开关。

(6) 检查 10kV Ⅰ段母线电压互感器 9511 隔离开关确已合到位。

(7) 检查 10kVⅠ段母线电压互感器充电正常。

(8) 装上 10kVⅠ段母线电压互感器二次熔断器。

(9) 将 10kV 电压切换开关由"通"切至"断"位置。

(10) 检查 10kVⅠ段母线电压表计指示，应正常。

(11) 投入 1 号和 3 号电容器组的低电压保护跳闸连接片。

(12) 解除 1 号主变 10kV 侧复合电压短接连接片。

(13) 投入 1 号主变 10kV 侧复合电压启动连接片。

【拓展提高】

10kV 母线常用电磁式的电压互感器，为防止产生电磁潜振，应在 10kV 母线充电后进行电压互感器的送电操作。

任务 3.6 变电站补偿装置停送电操作

电网通过无功补偿装置的投、退可以实现无功功率的动态平衡和电压的调整与控制。变电站无功补偿装置主要是电容器。

任务 3.6.1 10kV 1 号电容器组由运行转检修

【教学目标】

知识目标：①熟悉变电站 10kV 1 号电容器组停电操作前的运行方式；②掌握 10kV 1 号电容器组停电操作的基本原则及要求；熟悉 10kV 1 号电容器组停电操作顺序；③掌握变电仿真系统 10kV 1 号电容器组停电的倒闸操作。

能力目标：①能说出变电站 10kV 1 号电容器组停电操作前的运行方式；②能正确填写变电站 10kV 1 号电容器组停电操作的倒闸操作票；③能在仿真机上熟练进行 10kV 1 号电容器组停电的倒闸操作。

态度目标：①能主动学习，在完成任务过程中发现问题、分析问题和解决问题；②能严格遵守"变电运行"专业相关规程标准及规章制度，与小组成员协商、交流配合，按标准化作业流程完成学习任务。

【任务分析】

1. 分析电容器组的操作原则

(1) 停电时，先断开断路器，后拉开元件侧隔离开关，再拉开母线侧隔离开关。

(2) 送电时，先合上母线侧隔离开关，后合上元件侧隔离开关，最后合上断路器。

(3) 严禁空母线带电容器运行。

2. 分析电网调度对电容器组操作的规定

(1) 各变电站内电容器的操作由其调管的电网调度下令或许可下进行。

(2) 电网调度利用投切电容器组来进行系统电压调整时，由电网调度下达综合命令下达进行操作。变电站现场运行值班人员可根据本站电压曲线向值班调度员提出电容器操作申请，经许可后进行操作，操作结束后应值班调度员汇报。

(3) 投切电容器组必须用断路器进行操作。

(4) 电容器组的操作只涉及本变电站，所以调度对补偿装置的操作指令是以综合命令下达。

3. 分析10kV母线补偿装置的运行方式

10kV母线补偿装置由电容器组与电抗器串联组成，其中电容器组为星形接线。10kVⅠ段母线接1号和3号电容器组运行，10kVⅡ段母线接2号和4号电容器组进行。

4. 需要进行的操作

由于10kV 1号电容器组是通过991断路器接到10kVⅠ段母线上运行，因此在10kV 1号电容器组由运行转检修操作时，需要断开991断路器。

【相关知识】

电容器组检修时，由于采用星形接线方式，所以接地点可选在中性点，并且挂一个接地线即可。

【任务实施】

根据倒闸操作的基本原则及一般流程，通过以上任务分析，正确写出10kV 1号电容器组由运行转检修的倒闸操作步骤，并结合Q/GDW 1799.1—2013《国家电网公司电力安全工作规程 变电部分》、各级调度规程和其他有关规定进行倒闸操作。

10kV 1号电容器组由运行转检修的倒闸操作步骤如下：

(1) 断开1号电容器组991断路器。

(2) 检查1号电容器组991断路器确已断开。

(3) 取下1号电容器组991断路器合闸熔断器。

(4) 拉开1号电容器组9913隔离开关。

(5) 检查1号电容器组9913隔离开关确已拉开。

(6) 拉开1号电容器组9911隔离开关。

(7) 检查1号电容器组9911隔离开关确已拉开。

(8) 拉开1号电容器组9915隔离开关。

(9) 检查1号电容器组9915隔离开关确已拉开。

(10) 在1号电容器组9913隔离开关电容器侧三相分别验明确无电压。

(11) 在1号电容器组9913隔离开关电容器侧装设××号接地线。

(12) 在1号电容器组9915隔离开关与1号电容器组之间三相分别验明确无电压。

(13) 合上1号电容器组99130接地开关。

(14) 检查1号电容器组99130接地开关确已合到位。

(15) 在1号电容器组中性点验明确无电压。

(16) 在1号电容器组中性点装设××号接地线。

(17) 断开1号电容器组991断路器控制电源自动空气开关。

【拓展提高】

(1) 电容器的投退操作必须根据调度指令，并结合电网的电压及无功功率情况进行操作。

（2）有电容器组运行的母线停电操作时，应先停运电容器组，再停运母线上的其他元件。

（3）无失压保护的电容器组，母线失压后应立即断开电容器组的断路器。

（4）电容器停用时应经放电线圈充分放电后才可合接地开关，其放电时间不得少于5min。

任务3.6.2 10kV 1号电容器组由检修转运行

【教学目标】

知识目标：①熟悉变电站10kV 1号电容器组送电操作前的运行方式；②掌握10kV 1号电容器组送电操作的基本原则及要求；熟悉10kV 1号电容器组送电操作顺序；③掌握变电仿真系统10kV 1号电容器组送电的倒闸操作。

能力目标：①能说出变电站10kV 1号电容器组送电操作前的运行方式；②能正确填写变电站10kV 1号电容器组送电操作的倒闸操作票；③能在仿真机上熟练进行10kV 1号电容器组送电的倒闸操作。

态度目标：①能主动学习，在完成任务过程中发现问题、分析问题和解决问题；②能严格遵守“变电运行”专业相关规程标准及规章制度，与小组成员协商、交流配合，按标准化作业流程完成学习任务。

【任务分析】

1. 分析10kV母线补偿装置的运行方式

10kVⅠ段母线接3号电容器组运行，1号电容器组检修；10kVⅡ段母线接2号和4号电容器组运行。

2. 需要进行的操作

在10kV 1号电容器组由检修转运行时，需要先将电容器组中性点和其两侧的接地线拆除，然后合上9911隔离开关、9913隔离开关、9915隔离开关和991断路器。

【相关知识】

在电容器组送电前需要检查电容器组的保护已投入。

【任务实施】

根据倒闸操作的基本原则及一般流程，通过以上任务分析，正确写出10kV 1号电容器组由检修转运行的倒闸操作步骤；并结合Q/GDW 1799.1—2013《国家电网公司电力安全工作规程 变电部分》、各级调度规程和其他有关规定进行倒闸操作。

10kV 1号电容器组由检修转运行的倒闸操作步骤如下：

（1）拆除1号电容器组中性点××号接地线。

（2）检查1号电容器组中性点××号接地线确已拆除。

（3）拉开1号电容器组99130接地开关。

（4）检查1号电容器组99130接地开关确已拉开。

(5) 拆除1号电容器组9913隔离开关电容器侧××号接地线。

(6) 检查1号电容器组9913隔离开关电容器侧××号接地线确已拆除。

(7) 合上1号电容器组991断路器控制电源自动空气开关。

(8) 检查1号电容器组991断路器保护确已投入。

(9) 检查1号电容器组991断路器确已断开。

(10) 合上1号电容器组9915隔离开关。

(11) 检查1号电容器组9915隔离开关确已合到位。

(12) 合上1号电容器组9911隔离开关。

(13) 检查1号电容器组9911隔离开关确已合到位。

(14) 合上1号电容器组9913隔离开关。

(15) 检查1号电容器组9913隔离开关确已合到位。

(16) 装上1号电容器组991断路器合闸熔断器。

(17) 合上1号电容器组991断路器。

(18) 检查1号电容器组991断路器确已合上。

(19) 检查1号电容器组表计指示正常。

【拓展提高】

(1) 电容器送电操作过程中，如果断路器没合好应立即断开断路器，间隔3min后再将电容器投入运行，以防止出现操作过电压。

(2) 接有电容器组的母线送电时，应先投运母线上的其他元件，最后再投运电容器组。

任务3.7 变电站站用电与直流系统停送电操作

变电站站用电系统主要是为站内的一、二次设备提供电源，是保证变电站安全、可靠输送电能的一个必不可少的重要环节。站用电系统主要包括站用变压器、400V交流电源屏、馈线及用电元件等。变电站直流系统主要包括直流电源装置、直流配电装置、控制和监测装置等，在正常及事故状态下为直流负荷提供可靠的直流操作电源。

任务3.7.1 10kV 1号站用变由运行转检修

【教学目标】

知识目标：①熟悉变电站10kV 1号站用变停电操作前的运行方式；②掌握10kV 1号站用变停电操作的基本原则及要求；熟悉10kV 1号站用变停电操作顺序；③掌握变电仿真系统10kV 1号站用变停电的倒闸操作。

能力目标：①能说出变电站10kV 1号站用变停电操作前的运行方式；②能正确填写变电站10kV 1号站用变停电操作的倒闸操作票；③能在仿真机上熟练进行10kV 1号站用变停电的倒闸操作。

态度目标：①能主动学习，在完成任务过程中发现问题、分析问题和解决问题；②能严

格遵守“变电运行”专业相关规程标准及规章制度，与小组成员协商、交流配合，按标准化作业流程完成学习任务。

【任务分析】

1. 分析站用电系统操作的一般原则

（1）站用电系统属于变电站（或集控中心）管辖的设备，但高压侧的运行方式由调度操作指令确定，站用电低压系统的操作由值班负责人发令；涉及站用变压器转运行或备用的操作，应经调度许可。

（2）两台站用变压器均运行时，由于二次存在电压差以及所接电源可能不同，为避免电磁环网，低压侧原则上不能并列运行，故只能采用停电倒负荷的方式，即停电时先拉开需停运的站用变压器自动空气开关（或取下熔断器），再合上低压母线联络断路器（或隔离开关），送电时与此相反。

（3）若两台站用变压器满足并列运行的条件，且高压侧在并列运行或高压侧为同一个电源时，可采用不停电倒负荷的方式，即停电时先合上低压母线联络断路器（或隔离开关），再拉开需停运的站用变压器自动空气开关（或取下熔断器），送电时与此相反。

（4）站用变压器的倒闸操作要迅速，尽量缩短停电时间。如果站用变压器负荷较大，在倒换站用变压器时应先切除一部分负荷。

2. 分析站用电系统操作的注意事项

（1）在两台站用变压器高压侧未并列时，严禁合上低压母线联络断路器（或隔离开关）。因为高压侧未并列时低压侧（或出线）并列会有很大的环流，可能造成短路。

（2）由于外来电源的站用变压器和站内电源的站用变压器相位不同，因此两者不得并列运行。

（3）合站用变压器低压侧隔离开关前，应注意检查站用变压器高压熔断器熔丝配置合理，且放置符合要求。

（4）采用停电倒负荷方式的站用变压器停电后，应检查相应站用电屏上的电压表无指示，然后才能合上另一台站用变压器的自动空气开关（或放上熔断器）或低压母联断路器（或隔离开关）。

（5）在站用变压器转检修后，应做好防止倒送电的安全措施。

3. 分析站用电系统的运行方式

10kV一次系统为单母线分段接线，Ⅰ段母线和Ⅱ段母线分列运行。1号站用变处于运行状态，高压侧通过961断路器与10kVⅠ段母线相连，低压侧通过401断路器（合闸状态）与低压Ⅰ段母线相连；2号站用变处于空载状态，高压侧通过962断路器与10kVⅡ段母线相连，位于空载状态，低压侧通过402断路器（分闸状态）与低压Ⅱ段母线相连；站用变备自投装置投入。低压Ⅰ、Ⅱ段母线通过分段隔离开关4311实现并列运行。

4. 需要进行的操作

1号站用变由运行转检修，其原来所带的所有负荷将转由2号站用变供电，故需要操作的断路器有931断路器、402自动空气开关、961断路器、401自动空气开关。先合上931断路器，将两台站用变高压侧并列，再合402开关将低压侧并列，最后断开401自动空气开关和 961 断路器并退出 1 号站用变。

【相关知识】

站用变压器停电时，应先停负荷侧，后停电源侧。

【任务实施】

根据倒闸操作的基本原则及一般流程，通过以上任务分析，正确写出 10kV 1 号站用变由运行转检修的倒闸操作步骤，并结合 Q/GDW 1799.1—2013《国家电网公司电力安全工作规程 变电部分》、各级调度规程和其他有关规定在仿真机上进行倒闸操作。

10kV 1 号站用变由运行转检修的倒闸操作步骤如下：

(1) 检查 9311 隔离开关确已合上。

(2) 检查 9312 隔离开关确已合上。

(3) 合上 931 断路器。

(4) 检查 931 断路器确已合上。

(5) 检查站用电屏（4S）低压母联 4311 隔离开关确已合上。

(6) 检查站用电屏（5S）2 号站用变 4022 隔离开关确已合上。

(7) 合上站用电屏（5S）2 号站用变 402 自动空气开关。

(8) 检查站用电屏（5S）2 号站用变 402 自动空气开关确已合上。

(9) 检查站用电屏（5S）2 号站用变表计指示正常。

(10) 断开站用电屏（3S）1 号站用变 401 自动空气开关。

(11) 拉开站用电屏（3S）1 号站用变 4011 隔离开关。

(12) 断开 1 号站用变 961 断路器。

(13) 检查 1 号站用变 961 断路器确已断开。

(14) 取下 1 号站用变 961 断路器合闸熔断器。

(15) 拉开 1 号站用变 9613 隔离开关。

(16) 检查 1 号站用变 9613 隔离开关确已拉开。

(17) 拉开 1 号站用变 9611 隔离开关。

(18) 检查 1 号站用变 9611 隔离开关确已拉开。

(19) 在 1 号站用变 9613 隔离开关与 1 号站用变高压侧之间三相分别验明确无电压。

(20) 在 1 号站用变 9613 隔离开关与 1 号站用变高压侧之间装设××号接地线。

(21) 在 1 号站用变低压侧与 1 号站用变 401 自动空气开关之间三相分别验明确无电压。

(22) 在 1 号站用变低压侧与 1 号站用变 401 自动空气开关之间装设××号接地线。

(23) 断开 1 号站用变 961 断路器控制电源自动空气开关。

【拓展提高】

(1) 对于重要负荷，如主变压器冷却电源、断路器储能电源以及隔离开关操作电源灯，必须保证其供电的可靠性和灵活性，并分别接于站用电低压Ⅰ、Ⅱ段母线并构成环路，但正常运行时应开环运行。

（2）大修后或新更换的站用变压器（含低压回路变动）在投入运行前应核相。

任务3.7.2 10kV 1号站用变由检修转与2号站用变并列运行

【教学目标】

知识目标：①熟悉变电站10kV 1号站用变送电操作前的运行方式；②掌握10kV 1号站用变送电操作的基本原则及要求；熟悉10kV 1号站用变送电操作顺序；③掌握变电仿真系统10kV 1号站用变送电的倒闸操作。

能力目标：①能说出变电站10kV 1号站用变送电操作前的运行方式；②能正确填写变电站10kV 1号站用变送电操作的倒闸操作票；③能在仿真机上熟练进行10kV 1号站用变的倒闸操作。

态度目标：①能主动学习，在完成任务过程中发现问题、分析问题和解决问题；②能严格遵守"变电运行"专业相关规程标准及规章制度，与小组成员协商、交流配合，按标准化作业流程完成学习任务。

【任务分析】

1. 分析站用电系统的运行方式

1号站用变处于检修状态，原1号站用变所带负荷已转由2号站用变供电；低压母线的分段隔离开关4311处于合闸状态。

2. 需要进行的操作

1号站用变由检修转运行，需要先将低压Ⅰ段母线的负荷转移至1号站用变，并拉开4311分段隔离开关，将低压Ⅰ段母线和Ⅱ段母线分列运行，然后将961断路器和401自动空气开关合上。

【相关知识】

站用变压器送电时，应先送电源侧（高压侧），后送负荷侧（低压侧）。

【任务实施】

根据倒闸操作的基本原则及一般流程，通过以上任务分析，正确写出10kV 1号站用变由检修转与2号站用变并列运行的倒闸操作步骤；并结合Q/GDW 1799.1—2013《国家电网公司电力安全工作规程 变电部分》、各级调度规程和其他有关规定在仿真机上进行倒闸操作。

10kV 1号站用变由检修转与2号站用变并列运行的倒闸操作步骤如下：

（1）拆除1号站用变低压侧与1号站用变401自动空气开关之间××号接地线。

（2）检查1号站用变低压侧与1号站用变401自动空气开关之间××号接地线确已拆除。

（3）拆除1号站用变9613隔离开关与1号站用变高压侧之间××号接地线。

（4）检查1号站用变9613隔离开关与1号站用变高压侧之间××号接地线确已

拆除。

(5) 合上1号站用变961断路器控制电源自动空气开关。

(6) 检查1号站用变961断路器保护确已投入。

(7) 检查1号站用变961断路器确已断开。

(8) 合上1号站用变9611隔离开关。

(9) 检查1号站用变9611隔离开关确已合到位。

(10) 合上1号站用变9613隔离开关。

(11) 检查1号站用变9613隔离开关确已合到位。

(12) 装上1号站用变961断路器合闸熔断器。

(13) 合上1号站用变961断路器。

(14) 检查1号站用变961断路器确已合上。

(15) 检查1号站用变充电正常。

(16) 推上站用电屏(3S)1号站用变4011隔离开关。

(17) 合上站用电屏(3S)1号站用变401自动空气开关。

(18) 检查站用电屏(3S)1号站用变表计指示应正常。

【拓展提高】

装卸站用变压器高压熔断器(操作前确认站用变压器高低压侧已断开),应戴护目眼镜和绝缘手套,必要时使用绝缘夹钳,并站在绝缘垫或绝缘台上。停电时先取中相,后取边相;送电时则反之。对于跌落式熔断器,遇到大风时应先拉中相,再拉背风相,最后拉迎风相。

任务3.7.3 1号高频开关充电装置和1号蓄电池组由运行转检修

【教学目标】

知识目标:①熟悉变电站站用直流系统停电操作前的运行方式;②掌握站用直流系统停送电操作的基本原则及要求;熟悉1号高频开关充电装置和1号蓄电池组停电操作顺序;③掌握变电仿真系统1号高频开关充电装置和1号蓄电池组停电的倒闸操作。

能力目标:①能说出变电站站用直流系统停电操作前的运行方式;②能正确填写变电站1号高频开关充电装置和1号蓄电池组停电操作的倒闸操作票;③能在仿真机上熟练进行1号高频开关充电装置和1号蓄电池组停电的倒闸操作。

态度目标:①能主动学习,在完成任务过程中发现问题、分析问题和解决问题;②能严格遵守"变电运行"专业相关规程标准及规章制度,与小组成员协商、交流配合,按标准化作业流程完成学习任务。

【任务分析】

1. 分析站用直流系统操作的一般原则

(1) 220kV变电站直流系统一般配置两组高频开关充电装置和蓄电池组,采用单母线分段运行方式。正常情况下,直流Ⅰ、Ⅱ段母线分别由一组充电装置和蓄电池组供电,并装有绝缘在线监测及报警装置等。

1）若两段母线之间装有母线联络自动断路器，当任一组高频开关充电装置故障或其交流电源失去时，该断路器自动合闸，将两段母线并列运行；若该断路器置于“手动”位置时，则需手动合闸，将两段母线并列运行。

2）若两段母线之间装有隔离开关，当任一组高频开关充电装置故障或其交流电源失去时，应手动合上该隔离开关，将两段母线并列运行。

(2) 蓄电池组浮充电方式运行时，其浮充电流的大小应满足蓄电池浮充电的要求。

(3) 如因直流系统工作需要转移负荷时，允许用母线联络断路器或隔离开关进行直流Ⅰ、Ⅱ段母线短时间并列。但两段母线电压必须极性相同，电压值相等（电压差小于5%），且绝缘良好，无接地现象。工作完毕后应及时恢复，以免降低直流系统的可靠性。

(4) 运行中的直流Ⅰ、Ⅱ段母线，在正常情况下不允许通过负荷回路并列，以免因合环电流过大而使负荷回路自动空气开关跳开（或熔丝熔断），造成负荷回路失压而引起保护异常或系统事故。

2. 分析直流系统操作的注意事项

(1) 直流母线不允许只带高频开关充电装置运行，以免突然失电或装置故障而造成直流母线停电事故；直流母线也不允许长期只带蓄电池组运行，以免造成蓄电池长期供负载电流而过放电。

(2) 投入或停用直流控制电源（或熔断器）时，应考虑对继电保护及自动装置的影响，必要时应征得所属调度同意允许短时停用。

运行中的继电保护及自动装置需停用直流电源时，应先停用保护出口连接片，再停用直流电源。恢复时投入直流电源后，应先检查整个继电保护及自动装置运行是否正常，并使用高内阻电压表测量出口连接片两端对地无异极性电压后，再投入出口连接片。

(3) 运行中的直流屏上高频开关充电装置、绝缘在线监测装置和监控器电源以及控制母线的总自动空气开关，正常时不得断开。

(4) 任一组高频开关充电装置中的某一整流模块故障后，在直流电压、电流不受影响时，可暂时将故障模块退出。

3. 分析站用直流系统运行方式

站用直流系统为单母线分段接线，母联断路器QF15处于断开状态。

4. 需要进行的操作

1号高频开关充电装置和1号蓄电池组检修，其原来所带的所有负荷将转由Ⅱ段供电，需要实现Ⅰ、Ⅱ段母线的并列运行。

【相关知识】

(1) 母联断路器QF15为自动断路器，其位置置于“自动”位置。

(2) 取下直流控制电源的熔断器时，应先取正极后取负极，以防产生寄生回路使继电保护及自动装置误动作。装、放熔断器时，应迅速，不得连续地接通和断开，以防损坏继电保护及自动装置。

【任务实施】

根据倒闸操作的基本原则及一般流程，通过以上任务分析，正确写出1号高频开关充电装置和1号蓄电池组由运行转检修的倒闸操作步骤，并结合Q/GDW 1799.1—2013《国家电网公司电力安全工作规程 变电部分》、各级调度规程和其他有关规定在仿真机上进行倒闸操作。

1号高频开关充电装置和1号蓄电池组由运行转检修的倒闸操作步骤如下。

(1) 检查站用直流屏上Ⅰ、Ⅱ段母线电压差小于5%。

(2) 拉开站用直流屏上1号高频开关充电装置“整流模块”直流电源开关QF12。

(3) 拉开站用直流屏上1号高频开关充电装置交流电源自动空气开关QF1。

(4) 拉开站用直流屏上1号高频开关充电装置交流电源自动空气开关QF2。

(5) 检查站用直流屏上1号高频开关充电装置输出电压指示为零。

(6) 检查站用直流屏上Ⅰ、Ⅱ段母线联络断路器QF15已自动合上。

(7) 拉开站用直流屏上1号蓄电池组开关QF13。

(8) 取下站用直流屏上1号蓄电池组熔断器FU10。

(9) 检查站用直流屏上Ⅰ段母线电压显示正常。

【拓展提高】

(1) 直流Ⅰ、Ⅱ段母线分段运行时，严禁将高频开关充电装置并列运行，严禁将两组蓄电池长期并列运行。

(2) 当蓄电池组与直流母线断开后，应退出电磁式操动机构断路器的重合闸。

任务3.7.4 1号高频开关充电装置和1号蓄电池组由检修转运行

【教学目标】

知识目标：①熟悉变电站直流系统送电操作前的运行方式；②掌握直流系统停送电操作的基本原则及要求；熟悉1号高频开关充电装置和1号蓄电池组送电操作顺序；③掌握变电仿真系统1号高频开关充电装置和1号蓄电池组送电的倒闸操作。

能力目标：①能说出变电站直流系统送电操作前的运行方式；②能正确填写变电站1号高频开关充电装置和1号蓄电池组送电操作的倒闸操作票；③能在仿真机上熟练进行1号高频开关充电装置和1号蓄电池组送电的倒闸操作。

态度目标：①能主动学习，在完成任务过程中发现问题、分析问题和解决问题；②能严格遵守“变电运行”专业相关规程标准及规章制度，与小组成员协商、交流配合，按标准化作业流程完成学习任务。

【任务分析】

1. 分析站用直流系统的运行方式

1号高频开关充电装置和1号蓄电池组处于检修状态，低压母联断路器QF15处于合闸位置，原Ⅰ段母线所有直流负荷已转由Ⅱ段母线供电。

2. 需要进行的操作

1号高频开关充电装置和1号蓄电池组由转检修故转运行时，需要利用整流模块先将直流Ⅰ段母线充电，然后将直流Ⅰ段母线和Ⅱ段母线分列运行。

【相关知识】

母联断路器的切换方式置于“自动”位置，当Ⅰ段母线恢复正常运行后母联断路器会自动断开。

【任务实施】

根据倒闸操作的基本原则及一般流程，通过以上任务分析，正确写出1号高频开关充电装置和1号蓄电池组由检修转运行的倒闸操作步骤，并结合Q/GDW 1799.1—2013《国家电网公司电力安全工作规程 变电部分》、各级调度规程和其他有关规定在仿真机上进行倒闸操作。

1号高频开关充电装置和1号蓄电池组由检修转运行的倒闸操作步骤如下：

(1) 装上站用直流屏上1号蓄电池组熔断器FU10。

(2) 合上站用直流屏上1号蓄电池组开关QF13。

(3) 检查站用直流屏上Ⅰ段母线电压显示正常。

(4) 合上站用直流屏上1号高频开关充电装置交流电源自动空气开关QF1。

(5) 合上站用直流屏上1号高频开关充电装置交流电源自动空气开关QF2。

(6) 合上站用直流屏上1号高频开关充电装置“整流模块”交流电源开关QF12。

(7) 检查站用直流屏上1号高频开关充电装置输出电压指示正常。

(8) 检查站用直流屏上Ⅰ、Ⅱ母线联络断路器QF15已自动断开。

(9) 检查站用直流屏上Ⅰ段母线电压显示正常。

【拓展提高】

在断路器停送电操作中，有关直流控制和合闸电源开关（或熔断器）的操作要求如下：

(1) 断路器停电时，其控制电源应在挂接地线或合上接地开关之后断开。其目的是防止若断路器未断开造成带负荷拉隔离开关时，断路器的保护装置可动作于跳闸，避免事故扩大。

(2) 断路器送电时，其控制电源应在拆接地线或拉开接地开关之前合上，其目的一是可以检查继电保护及自动装置运行是否正常、控制回路是否完好，如有异常，可在安全措施未拆除时予以处理；二是操作中若断路器未断开，造成带负荷合隔离开关，断路器的保护装置可动作于跳闸，防止事故扩大。

(3) 电磁式操动机构的断路器合闸电源，应在断路器分闸之后断开，其目的是防止在停电操作中，由于某种意外原因造成断路器误合闸，而导致带负荷拉隔离开关的事故。同理，在断路器送电操作中合闸电源应该在合上断路器之前合上。

【项目评价】

表 1-3-2　　变电站倒闸操作评价建议（占学期总评比例）

<table>
<tr><th colspan="3">评价类型</th><th>评价内容</th><th>权重（%）</th></tr>
<tr><td rowspan="3">过程评价（6%）</td><td rowspan="3">素质考评
（学生互评）</td><td>劳动纪律</td><td>出勤情况</td><td>2</td></tr>
<tr><td>平时作业</td><td>作业成绩</td><td>2</td></tr>
<tr><td>贡献大小</td><td>任务完成的质量</td><td>2</td></tr>
<tr><td rowspan="2">结果评价（30%）</td><td colspan="2">倒闸操作票</td><td>规定时间内完成情况</td><td>15</td></tr>
<tr><td colspan="2">倒闸操作</td><td>规定时间内完成情况</td><td>15</td></tr>
</table>

【技能训练】

1. 对照 220kV 双母线接线变电站主接线图，叙述 220kV 双母线接线变电站一、二次系统正常运行方式。
2. 写出 10kV 先锋厂线 916 断路器由运行转检修的基本操作步骤。
3. 写出 10kV 先锋厂线 916 断路器由检修转运行的基本操作步骤。
4. 写出 110kV 袁三线 116 断路器由运行转检修的基本操作步骤。
5. 写出 110kV 袁三线 116 断路器由检修转运行的基本操作步骤。
6. 写出 220kV 袁渝线 215 断路器由运行转检修的基本操作步骤。
7. 写出 220kV 袁渝线 215 断路器由检修转运行的基本操作步骤。
8. 写出 10kV 袁张Ⅱ回线线路由运行转检修的基本操作步骤。
9. 写出 10kV 袁张Ⅱ回线线路由检修转运行的基本操作步骤。
10. 写出 110kV 袁东线线路由运行转检修的基本操作步骤。
11. 写出 110kV 袁东线线路由检修转运行的基本操作步骤。
12. 写出 220kV 跑袁Ⅱ线线路及断路器由运行转检修的基本操作步骤。
13. 写出 220kV 跑袁Ⅱ线线路及断路器由检修转运行的基本操作步骤。
14. 写出 10kVⅠ段母线由运行转检修的基本操作步骤。
15. 写出 10kVⅠ段母线由检修转运行的基本操作步骤。
16. 写出 110kVⅠ段母线由运行转检修的基本操作步骤。
17. 写出 110kVⅠ段母线由检修转运行的基本操作步骤。
18. 写出 220kV 母线由双母线并列运行倒为Ⅱ母线运行、Ⅰ母线转检修的基本操作步骤。
19. 写出 220kV 母线由Ⅱ母线运行、Ⅰ母线检修倒为双母线并列运行的基本操作步骤。
20. 写出 2 号主变由运行转检修的基本操作步骤。
21. 写出 2 号主变由检修转运行的基本操作步骤。
22. 写出 10kVⅡ段母线电压互感器由运行转检修的基本操作步骤。
23. 写出 10kVⅡ段母线电压互感器由检修转运行的基本操作步骤。
24. 写出 2 号电容器组由运行转检修的基本操作步骤。

25. 写出2号电容器组由检修转运行的基本操作步骤。
26. 写出2号站用变由运行转检修的基本操作步骤。
27. 写出2号站用变由检修转运行的基本操作步骤。
28. 写出2号高频开关充电装置和2号蓄电池组由运行转检修的基本操作步骤。
29. 写出2号高频开关充电装置和2号蓄电池组由检修转运行的基本操作步骤。

项目4

变电站异常及事故处理

【项目描述】

变电站异常及事故处理的学习项目，主要学习变电站线路、母线、变压器、互感器、补偿装置、交直流系统等设备的异常及事故处理；学习完本项目必须具备以下专业能力、方法能力、社会能力。

(1) 专业能力：熟悉变电站运行方式和电气设备的性能、结构、工作原理、运行参数，掌握变电安全规程、设备异常及事故处理规程等专业知识；能依据设备异常及事故现象进行正确判断和及时处理，解除对人身和设备安全的威胁，将损失降到最低程度，具备正确处理异常及事故处理的能力。

(2) 方法能力：具备处理异常及事故的方式方法，包括收集故障信息、分析现象、确定整体思路、制定处理方案、评估处理结果和做好记录等，以养成良好的应变能力。

(3) 社会能力：具备高尚的职业道德和职业素养，包括诚信守法、敬业精神、团队精神、安全意识、主动思考、服从指挥、及时汇报等优良品德。

【教学目标】

能正确叙述变电站线路、母线、变压器、互感器、补偿装置、交直流系统等设备的异常及事故现象，并进行具体分析和查找原因，掌握变电站异常及事故处理基本原则和一般流程，严格遵守Q/GDW 1799.1—2013《国家电网公司电力安全工作规程 变电部分》、各级调度规程和其他的有关规定，与小组成员协商、交流配合在仿真机上熟练进行变电站异常及事故处理。

【教学环境】

变电站异常及事故处理项目在220kV双母线接线变电运行仿真实训室进行一体化教学，机位要求至少能满足每两个学生一台计算机，最好能满足每个学生一台计算机的教学需要，变电仿真系统相关资料齐全，配备规范的一体化教材和相应的多媒体课件等教学资源。

【知识背景】

电气设备工作状态有电气设备正常状态、电气设备异常状态、电气设备故障状态。电气设备正常状态是指电气设备在规定的外部环境条件，如额定电压、电流、介质、环境温度下，保证连续正常的达到额定工作能力的状态。电气设备异常状态即不正常工作状态，是相对于电气设备正常工作状态而言的，电气设备在规定的外部条件下部分或全部失去额定工作能力的状态，如变压器过负荷。电气设备故障状态是指异常状态逐渐发展到设备丧失部分功能或全部功能，不能维持运行的状态，如变电站发生的各种短路故障。

如受到不可抗拒的外力、设备缺陷、继电保护误动、运行人员误操作等诸多因素的破坏，电力系统不可避免地会发生设备故障或事故，如主变在运行中发生过负荷、漏油，断路器运行中发出闭锁信号，母线发生短路，电压互感器高压熔断器熔丝熔断等。电气设备的异常运行或故障，都可能引起事故。事故是指当电气设备正常工作遭破坏，造成对用户的停电或人身伤亡和设备损坏的故障，前者称为停电事故，后者称为人身和设备事故。

事故处理是指在发生危及人身、电网及设备安全的紧急状况或发生电网和设备事故时，为迅速恢复正常运行进行的一系列操作，包括迅速解救人员、隔离故障设备、调整运行方式等。变电站电气设备异常及事故处理是变电站运行值班人员一项重要的基本职责和技能。如果异常及事故能得到正确及时的处理，损失就会降到最低程度。处理电气设备故障或事故是一件很复杂的工作，它要求值班员具有良好的技术素质，并且熟悉变电站运行方式和电气设备的性能、结构、工作原理、运行参数以及电气事故处理规程等专业知识。运行经验证明，严格执行电气事故处理规程，掌握处理故障或事故的基本原则，能够正确判断和及时处理变电站发生的各种故障或事故。

一、设备缺陷处理流程

变电站的设备缺陷处理流程如图1-4-1所示。

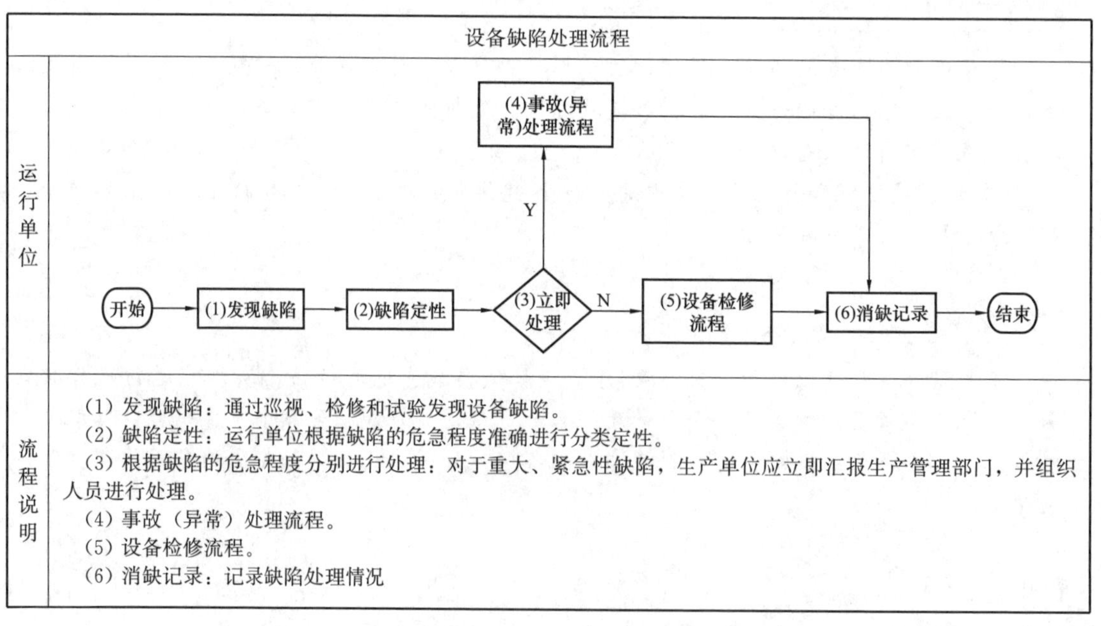

图1-4-1 变电站的设备缺陷处理流程

二、变电站事故处理基本原则

变电站事故处理必须严格遵守变电站事故处理的基本原则及 Q/GDW 1799.1—2013《国家电网公司电力安全工作规程 变电部分》、各级调度规程和其他有关规定。

变电站事故处理的基本原则如下：

(1) 迅速限制事故的发展，消除事故根源，解除对人身和设备安全的威胁。一般情况下不得轻易停运设备；如果对人身和设备的安全没有构成威胁时，应尽力设法维持该设备的运行；如果对人身和设备的安全构成威胁时，应尽力设法解除威胁；如果危及人身和设备的安全时，应立即停止该设备的运行。

(2) 确保站用电的安全，设法保持站用电源的正常。在处理事故过程中，首先应保证站用电的安全运行和正常供电。如系统或有关设备发生异常及事故造成站用电停电或故障时，应首先处理和恢复站用电的运行，以确保其供电。

(3) 事故发生后，应根据当值值班长的安排，检查表计、保护、信号及自动装置动作情况并到现场进行的巡视检查，进行综合分析，判断事故的性质及范围，迅速制定事故处理方案。

(4) 处理事故时，应根据现场的情况和有关规程的规定启动备用设备运行，采取必要的安全措施，对未造成事故的设备进行必要的安全隔离，保持其正常运行，防止事故扩大。

(5) 在事故已被限制并趋于正常稳定状态时，应设法调整系统运行方式，让系统恢复正常；并尽快对已停电的用户和线路恢复供电，防止非同期并列和系统事故扩大。

(6) 在事故处理过程中，详细地做好重要操作及操作时间等记录（包括打印保护装置动作记录和故障录波图等），及时将事故处理情况报告有关领导和值班调度员。

三、变电站事故处理一般规定

为了做到有条不紊地处理好事故，运行值班人员必须严格执行变电站事故处理的一般规定，在事故发生的第一时间向值班调度员和主管领导汇报，服从调度指挥，正确执行调度命令。

变电站事故处理的一般规定如下：

(1) 发生事故时，当值人员要迅速、正确地查明情况，做好相关记录，并及时报告执行调度命令及运行负责人的指示，然后按照有关规程规定正确处理。处理事故过程中，应当与值班调度员保持紧密联系，随时执行调度的命令。系统调度员是系统事故处理的领导和组织者，值班长应接受系统调度员指挥。

(2) 在处理事故时，当值值班长作为事故处理的直接指挥者应留在主控制室，统一指挥，并与值班调度员保持联系。当值值班员应立即到主控制室，服从当值值班长的分配，进行事故处理和设备检查。除当值人员和有关人员外，其他人员一律迅速离开主控制室和事故处理现场，一切工作必须立即停止，待事故处理完毕后，再申请恢复工作。在事故处理过程中，当值值班长如有必要离开主控制室，必须指定专人负责坚守主控制室，并保持电话联系。

(3) 事故处理过程中，相关领导和专责工程师必须到现场进行监督指导，必要时有权代替当值值班长亲自组织事故处理。

(4) 在交接班中发生事故时，应由交班人员负责处理，接班人员必须听从交班值班长的安排协助处理事故。在系统未恢复稳定状态或值班负责人不同意交接班之前，不得进行交接班。只有事故处理告一段落或值班负责人同意交接班后，方可进行交接班。

(5) 处理事故时，各级值班人员必须严格执行发令、复诵、汇报、录音和记录制度。发令人发出事故处理的命令后，要求受令人复诵自己的命令。受令人应向发令人复诵一遍，如果未听懂，应向发令人询问清楚，命令执行后还应向发令人汇报。为便于分析事故，处理事故时应录音，并且事故处理后还应记录事故现象和处理情况。

(6) 事故处理中若下一个命令需根据上一个命令的执行情况来确定，发令人则必须等待命令执行人的亲自汇报后再定，并且不能经第三者传达，不准根据表计的指示信号来判断命令的执行情况（可作参考）。

(7) 发生事故时，各装置的动作信号不要急于复归，以便随时查核，这有利于事故的正确分析和处理。

(8) 变电站的技术人员应定期整理事故档案，并集中讨论事故处理步骤的正确与否，结合事故预想、反事故演习等培训工作对职工进行安全教育，从而提高值班人员事故处理水平。

四、变电站事故处理一般程序

变电站发生事故时，为了做到准确、及时、正确地处理好事故，变电站运行值班人员在处理事故时必须遵循变电站事故处理一般程序。

变电站事故处理的一般程序如下：

(1) 汇报调度，执行现场应急处理。若故障对人身和设备安全构成威胁，应立即设法消除，必要时可停止设备运行。

(2) 判断故障性质及故障范围。根据监控系统信息显示、光字牌报警信号、有无冲击摆动现象、继电保护及自动装置动作情况、仪表及计算机打印的报告，进行仔细分析，判断出故障性质及故障范围，并对故障范围内的设备和相关间隔进行全面检查，如母线故障时应检查所有相连的断路器和隔离开关。

(3) 将故障设备隔离，确保非故障设备的运行，尽快恢复停电设备的供电，恢复系统运行，并做好故障设备现场安全措施，以便检修人员进行抢修。

(4) 做好事故处理记录和汇报工作。值班人员必须迅速、准确地记录事故处理的每一阶段情况，及时报告调度，避免发生混乱。

五、变电站事故处理基本流程

运行值班人员在进行事故处理时，必须严格遵守国家电网公司标准化作业流程，具体流程如图1-4-2所示。

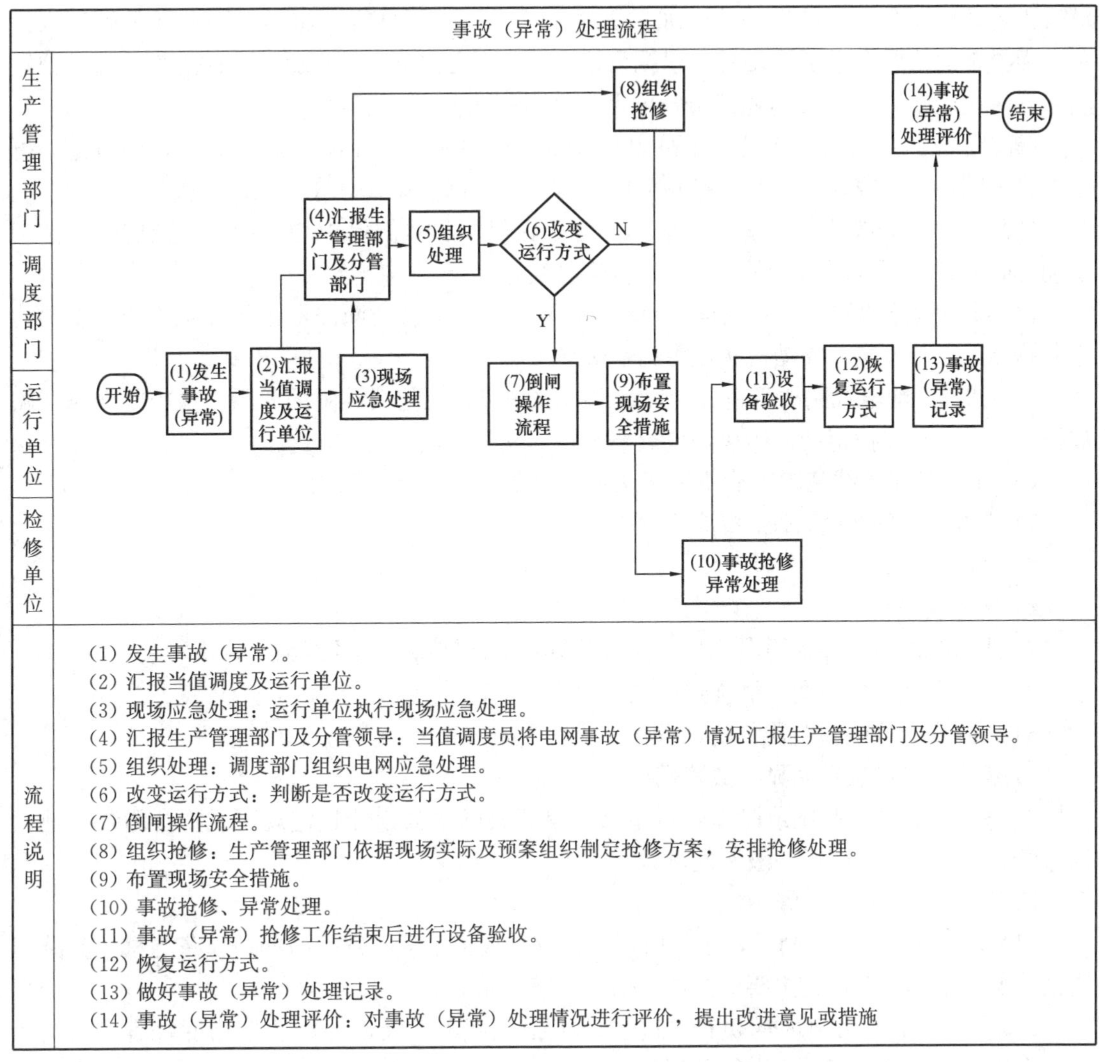

图1-4-2　事故（异常）处理流程

任务4.1　变电站线路异常及事故处理

在电力系统各类故障中，输电线路故障所占比例最大。由于线路通道环境比较复杂，造成输电线路故障的原因也比较多，如大雾、大雪、雷击、大风等异常天气，线路附近存在树木、沟塘、跨越线等通道，撞杆、人为破坏倒杆（塔），线路施工质量或设备本身绝缘不良的原因等。这些都是造成线路事故的根源，给电力系统造成极大的危害。

线路故障按故障类型一般可分为单相故障和相间故障；按性质可分为接地故障、短路故障和断线故障。线路故障既有同一线路的单相接地、多相接地短路、两相短路、三相短路、线路断线等故障，又有同杆架设不同线路的同相短路和异名相短路，其中以单相接地最为频繁。有统计表明，单相接地故障占输电线路故障的85%～95%。

一、线路故障处理的一般原则

(1) 单电源线路跳闸后，线路断路器重合闸未投入或重合闸未动作时，变电运行值班人员可无需调度命令立即试送一次。如果试送不成功，现场检查断路器、隔离开关等站内设备，无异常的线路在系统需要时可根据调度命令再强送一次。当线路有T接变电站或分段断路器时，应断开T接变电站或分段断路器后再强送。

(2) 在220kV电网联络线、环网线路（包括双回线）三相跳闸后，如线路侧有电，可立即检定同期并列或合环；如线路侧无电，可以根据调度命令对线路强送一次。

(3) 当220kV线路仅一套保护动作，另一套保护和对侧保护均未动作，判定该保护为误动作时，可申请调度退出误动的保护，恢复线路运行。

(4) 线路故障跳闸后，无论重合闸动作成功与否，均应对断路器进行详细检查，主要检查断路器的三相位置、操动机构压力指示等。

(5) 如发生输电线路故障造成越级跳闸，首先应找到越级跳闸的原因，检查是线路断路器拒动还是线路保护拒动，尽快隔离故障设备，恢复送电。

(6) 下列情况下线路跳闸后不宜强送：

1) 充电运行的线路，跳闸后一律不准试送。

2) 试运行线路。

3) 电缆线路。

4) 线路跳闸后，经备用电源自动投入装置负荷已转移到其他线路上，不影响供电。

5) 有带电作业并声明不能强送电的线路。

6) 线路变压器组断路器跳闸，重合不成功。

7) 运行人员已发现明显的故障现象。

8) 线路断路器有缺陷或遮断容量不够、事故跳闸次数累计超过规定或重合闸装置退出运行时，保护动作跳闸后一般不能试送。

二、线路故障处理步骤

(1) 线路保护动作跳闸后，运行值班人员首先应记录事故发生时间、设备名称、断路器变位情况、重合闸动作、主要保护动作信号等事故信息。

(2) 将以上信息和当时的负荷情况及时汇报调度和有关部门，便于调度及有关人员及时、全面地掌握事故情况，进行分析判断。

(3) 检查受事故影响的设备运行状况，如一条线路跳闸时另一条线路上设备运行状况。

(4) 记录保护及自动装置屏上的所有信号，尤其是检查线路故障录波器的测距数据，并打印故障录波报告及微机保护报告。

(5) 到现场检查故障线路的断路器实际位置，无论重合与否都应检查断路器及线路侧所有设备有无短路、接地、闪络、瓷件破损、爆炸、喷油等现象。

(6) 检查站内其他相关设备有无异常。

(7) 将详细检查结果汇报调度和有关部门。

(8) 根据调度命令对故障设备进行隔离，恢复无故障设备运行，将故障设备转检修，做好安全措施。

(9) 事故处理完毕后，值班人员应填写运行日志、断路器分合闸等记录，并根据断路器的跳闸、保护及自动装置的动作情况、故障录波报告以及处理过程，整理详细的事故处理经过。

任务 4.1.1　断路器异常及事故处理

【教学目标】

知识目标：①熟悉变电站高压断路器运行的基本知识；②熟悉断路器的异常及事故现象；③掌握断路器异常及事故处理流程和典型异常及事故的处理步骤。

能力目标：①能说出变电站高压断路器运行的基本要求，区别断路器的正常运行、异常运行及事故运行状态；②能写出典型异常及事故的处理步骤；③能在仿真机上熟练进行断路器的异常及事故处理。

态度目标：①能主动学习，在完成任务过程中发现问题、分析问题和解决问题；②能严格遵守“变电运行”专业相关规程标准及规章制度，与小组成员协商、交流配合，按标准化作业流程完成学习任务。

【任务分析】

在熟悉断路器的基本结构和主要部件、操动机构运行要求的基础上，能正确掌握变电站220、110kV 和 10kV 断路器典型异常及事故的处理步骤，并进行异常及事故处理。

【相关知识】

1. 断路器的异常及事故现象

断路器常见的异常及事故有断路器接头发热、瓷套破损有放电、油泵频繁打压、液压机构漏氮告警、SF_6 断路器 SF_6 压力低闭锁、操动机构压力低、拒绝分合闸、非全相运行等现象。

值班人员在断路器运行时发现有任何不正常现象，应及时予以消除，不能及时消除时应汇报调度及运行部门领导。若发现设备有威胁电网安全运行且不停电难以消除的缺陷时，应向值班调度员汇报，及时申请停电处理，并做好运行记录和缺陷记录。

2. 断路器运行注意事项

(1) 断路器投运前应检查接地线（接地开关）已全部拆除（拉开），检查防误闭锁装置正常。

(2) 操作前应检查控制回路和辅助回路的电源正常，检查机构已储能。

(3) SF_6 断路器的气体压力在规定范围内，各种信号、表计指示均正常。

(4) 停运超过 6 个月的断路器在正式执行操作前，应通过远方控制方式进行试操作 2～3 次，无异常后方能按操作票拟定的方式操作。

(5) 操作前检查相应隔离开关和断路器的位置，并确认继电保护已按规定投入。

(6) 操作控制把手时不能用力过猛，以防损坏控制开关；操作断路器合闸时不能返回太快，以防时间短断路器来不及合闸，同时应监视有关电压、电流、功率等表计的指示及监控系统中断路器红绿灯位置指示的变化。

(7) 断路器分合闸动作后，应到现场确认本体和机构分合闸指示器以及拐臂、传动杆位置，保证断路器确已正确分合闸，同时检查断路器本体无异常。

(8) 当断路器机构或 SF_6 发出闭锁信号时，严禁进行断路器的分、合闸操作。

(9) 当断路器液压机构发出零压闭锁信号时，严禁进行手动打压操作。

【任务实施】

根据变电站异常及事故处理的基本原则、处理流程和相关规程，变电站断路器的异常及事故进行如下处理。

1. 220kV 系统 LW10B-252 SF_6 断路器的异常及事故处理

(1) 运行中的断路器有下列任一情况，应立即向调度汇报并申请将断路器退出运行：

1) 液压操作系统油压不符合规定，如已降至操作闭锁值。

2) 套管有严重破损和放电现象。

3) SF_6 气室严重漏气，发出操作闭锁信号。

4) 引线接头严重发红或烧断。

(2) 液压操动机构油压不符合规定时，值班员的处理步骤如下：

1) 立即到现场检查断路器机构的压力值及液压系统是否异常。

2) 检查油泵电源开关是否跳闸（熔断）。如跳闸（熔断）则应合上油泵电源开关（更换熔断器），再启动油泵打压使压力上升至正常工作压力。如合上油泵电源开关（更换熔断器）时发生再次跳闸或熔断，就说明回路有短路故障，此时应立即汇报调度，查明短路原因，并通知维修部门进行处理。

3) 压力确降至“重合闸闭锁值”且不能打压使压力恢复正常时，应立即向调度汇报申请退出重合闸装置，并通知维修部门进行处理。

4) 压力确降至“合闸闭锁值”且不能打压使压力恢复正常时，应立即向调度汇报申请该断路器退出运行，并通知维修部门进行处理。

5) 压力确降至“总闭锁值”且又不能打压使压力恢复正常值时，应立即拉开该断路器的 220V 直流控制电源或将控制选择开关切至“就地”，使之变为死断路器，并立即汇报调度申请将该断路器退出运行，通知维修部门进行处理。

6) 压力降至零时，禁止启动油泵打压，应立即汇报调度申请停电，采取必要的安全措施后通知维修部门进行处理。

(3) SF_6 气体压力降低时，值班员的处理步骤如下：

1) 当断路器 SF_6 气体压力降低报警时，应立即到现场检查 SF_6 气体压力值，注意加强监视，并及时汇报调度，通知维修部门进行处理。

2) 当 SF_6 气体渗漏严重，压力下降较快且接近或降至闭锁值时，应向调度汇报申请停电处理。SF_6 气体压力低于闭锁值时，不得操作该断路器。

3) 当 SF_6 气体压力降至分、合闸闭锁值告警时，应立即到现场检查 SF_6 气体压力，如压力确降至闭锁值，应立即将该断路器控制电源自动空气开关（Ⅰ组直流电源开关、Ⅱ组直流电源开关）断开，将操动机构箱内“远/近”控切换开关切至“就地”位置，向调度汇报并申请停电，通知维修部门及时处理。

(4) 断路器拒绝分、合闸时，值班员的处理步骤如下：

1) 拒绝合闸时应检查如下项目：操作是否不当，操作程序是否正确；检查控制电源是否合上，机构箱内控制选择开关位置是否正确，压力是否闭锁（包括操作动力介质的压力和灭弧室绝缘气体 SF_6 的压力）。当断路器合于故障线路并且保护动作跳闸时，禁止再次合断路器，应立即汇报调度，听候处理。若属断路器机构本身存在故障或二次回路故障，应立即汇报调度并通知维修部门进行处理。

2）拒绝分闸时应检查如下项目：操作是否不当，操作程序是否正确；检查控制电源是否合上，压力是否闭锁（包括操作动力介质的压力和灭弧室绝缘气体 SF_6 的压力）。当越级跳闸（故障线路断路器未跳开）时，应在验明确无电压后用隔离开关将故障断路器退出。当断路器由于机构或二次回路故障等原因拒绝分闸时，应立即汇报调度，将母联断路器与故障断路器串联，再用母联断路器断开故障断路器所在回路，退出故障断路器（发生拒动的断路器应保持原状，以便于分析查找问题）。

（5）油泵打压异常时，值班员的处理步骤如下：

1）当液压油压力降至30.5MPa，并持续延时3min时，发出油泵打压故障信号，此时处理方法如下：①到现场检查油泵工作有无异常，液压油压力指示是否正常；②检查油泵电机是否有卡阻或烧坏现象；③检查油泵电源开关是否跳闸。如跳闸试合一次，检查油泵是否恢复正常工作；若仍无法恢复，应立即汇报调度，并通知维修部门进行处理。

2）当油泵出现打压频繁（每次打压间隔时间小于1h）时，应对机构进行外观检查并加强监视，通知维修部门进行处理。

3）当油泵打压超过安全阀动作值仍不停时，应断开油泵电源开关后再合一次，看油泵是否再启动。如果油泵再次启动，则应迅速断开油泵电源开关，汇报调度并加强压力监视，通知维修单位进行处理。

2. 110kV 系统 LW35－126W SF_6 断路器的异常及事故处理

（1）由于断路器只有在弹簧机构已储能状态下才能进行合闸操作，因此必须将合闸控制回路经弹簧储能位置开关触点进行连接。弹簧未储能或正在储能过程中均不能合闸，且此时会发出相应的信号。

（2）运行中一旦发出“弹簧未储能”的信号，就说明该断路器不具备快速自动重合闸的能力，应立即现场检查弹簧操动机构是否储能，判断是否属误发信号。如属误发信号，试复归信号一次。

（3）如弹簧操动机构确实未储能，应检查储能电源的自动空气是否跳闸。如跳闸，检查设备无异常后现场合上此自动空气开关，再检查电机是否能正常启动。

（4）当断路器电动储能系统发生故障时，在手动储能前应将储能方式把手切至手动位置，并将电机电源切断。

（5）如出现以上情况现场值班人员无法自行处理，应向值班调度员汇报，并通知设备检修维护部门进行处理。

【拓展提高】

正常方式下断路器因某些原因偷跳或发生非全相运行时，500kV 和 220kV 的三相不一致保护或零序保护应发信或动作跳闸。若三相不一致保护未正确动作时，应立即汇报调度和有关部门。

一旦断路器发生非全相运行，运行人员应立即处理，避免事故扩大。断路器非全相运行的具体处理方法如下：

（1）对于220kV分相操作的断路器，不允许非全相运行。当运行中的断路器由于“偷跳”或人员误碰，或线路发生瞬时性故障重合闸动作，发生非全相运行时，运行值班人员应根据出现的非全相运行情况，分别采取如下措施：

1）单相跳闸时，值班人员应立即合上跳闸相，若该相合不上时，立即断开其余相。

2）两相跳闸时，应立即断开未跳闸相。

3）非全相运行的断路器无法断开时，应立即将该断路器的潮流降至最小，并尽快采取措施隔离故障断路器。

（2）断路器正常合闸操作中，如两相合上一相未合上，应立即断开已合上相，再重合一次。仍未成功合闸时，应立即将合上的两相断开，并断开断路器控制电源的自动空气开关，汇报调度，通知维修部门进行处理。

（3）断路器正常分闸操作中，如两相断开一相未断开，应立即断开断路器控制电源，到现场检查断路器位置，确定无异常后手动断开拒分相断路器。

任务 4.1.2 隔离开关异常及事故处理

【教学目标】

知识目标：①熟悉变电站隔离开关运行的基本知识；②熟悉隔离开关的异常及事故现象；③掌握隔离开关异常及事故处理流程和典型异常及事故的处理步骤。

能力目标：①能说出变电站隔离开关运行的基本要求，区别隔离开关的正常运行、异常运行及事故运行状态；②能正确写出典型异常及事故的处理步骤；③能在仿真机上进行隔离开关的异常及事故处理。

态度目标：①能主动学习，在完成任务过程中发现问题、分析问题和解决问题；②能严格遵守“变电运行”专业相关规程标准及规章制度，与小组成员协商、交流配合，按标准化作业流程完成学习任务。

【任务分析】

在熟悉隔离开关的基本工作原理、操作规定和运行要求的基础上，能正确掌握变电站隔离开关典型异常及事故的处理步骤，并进行异常及事故处理。

【相关知识】

（1）隔离开关常见的异常及事故有隔离开关触头和接头发热，支柱绝缘子和传动绝缘子破损、闪络，操动机构卡涩，分、合闸不到位或三相合闸不同步，辅助开关切换不良，传动机构失灵，电动操作失灵，隔离开关自分，操作过程中停止在中间位置，电动机烧坏，接触器烧坏，远方不能操作，不能机械操作等现象。

（2）隔离开关在运行中发热，主要是由负荷过重、触头接触不良、操作时没有完全合好等引起。接触部位过热会使接触电阻增大，加剧氧化，甚至可能造成严重事故。

（3）运行中隔离开关的端子箱受潮（导致分合闸回路接通）会造成自分合现象，一旦发生将可能造成带负荷拉合隔离开关，引起保护动作跳闸事故。

（4）操作中隔离开关合闸不到位和三相不同期，多数情况下是由机构锈蚀、卡涩、检修调试未调好或合闸过程中电源消失等原因引起的。由于在户外环境下长时间的静止，隔离开关的操动机构会发生锈蚀、润滑脂干涸、缝隙积灰粘连等情况。操作时容易造成卡涩，甚至因电动机过载发生熔丝熔断、热继电器动作，或传动部件变形断裂。

（5）电动机构的隔离开关拒绝操作的原因有控制回路断线、合闸电源消失、二次回路继电器故障、接触器卡滞或烧坏、操作回路被闭锁和机械卡滞等。

【任务实施】

根据变电站异常及事故处理基本原则、处理流程和相关规程，变电站运行值班员对隔离开关的异常及事故进行如下处理：

（1）当隔离开关支柱绝缘子和传动绝缘子破损时，如发生在裙边上、面积不大且单个可以继续运行的应伺机处理，较严重的应停电处理；如发生在柱体上且较严重的，禁止操作该隔离开关，应停电处理。

（2）当隔离开关电气操作失灵时，首先应检查隔离开关的操作条件是否满足，排除因防误操作闭锁装置作用而将隔离开关操作回路解除的可能，认真核对设备编号，并检查操作程序是否有误。若是操作票错误或操作顺序错误，应立即停止操作，及时弄清和更正操作票中操作任务后再行操作。若不属于闭锁和操作错误的原因，应对以下内容进行检查：控制电源是否正常；机构箱内的“远方/就地”切换开关位置是否正确；动力电源端子箱内交流电源是否正常，电源熔丝是否熔断；电动机保护开关是否跳闸；隔离开关机构箱内电源开关是否跳闸；电动机保护热偶继电器是否动作，缺相保护继电器是否跳闸，然后再做进一步处理。若是回路断线、接触器卡滞或接触器烧坏等元器件故障造成的，应暂停操作，汇报有关部门和调度，处理后再继续操作。

（3）当操作隔离开关发生机械故障时，运行人员应根据起弧情况将隔离开关尽可能恢复到操作前的运行状态，并通知维修部门尽快进行处理。

【拓展提高】

（1）如果隔离开关主导流部位、接触部位有发热情况，应用测温装置进一步检测，观察发热点温度和温度发展趋势，并尽快汇报调度和有关部门，设法减小或转移负荷。可按接线方式进行负荷转移，如接线带有旁路断路器的可用旁路断路器带负荷，隔离故障隔离开关后再进行处理。对室内的隔离开关，可采取通风降温的措施。当发现隔离开关触头烧红甚至熔化时，不得直接操作该隔离开关，防止操作时触头烧牢造成故障，引起事故扩大。此时应立即申请停电，通过断开该回路断路器来切断电流，降低隔离开关触头温度。

（2）手动操作隔离开关时，操作动作和用力要合适。如在电动操作过程中突然停止，多是因为熔断器熔丝熔断、热继电器动作或操动机构卡涩造成。当操作隔离开关出现不到位时，应反复拉开再重合，必要时可辅以绝缘棒，使隔离开关到位，操作结束后再填报缺陷，汇报有关部门安排检修处理。

（3）在双母线接线方式下，线路或元件的二次电压、母差保护的电流回路都是通过母线隔离开关的辅助开关进行切换，若操作隔离开关时辅助开关切换不良将会导致“电压回路断线”、“母差电流回路断线”、母差保护“开入异常”等信号掉牌。此时如未完成送电操作，可以反复操作隔离开关几次；如已经完成送电操作，应经调度同意后再次停电处理，或申请停用有关保护并通知检修人员进行处理。

任务 4.1.3 防雷设备异常及事故处理

【教学目标】

知识目标：①熟悉变电站避雷器运行的基本知识；②熟悉避雷器的异常及事故现象；③掌握避雷器异常及事故处理流程和避雷器典型异常及事故的处理步骤。

能力目标：①能说出变电站避雷器运行的基本要求，正确区别避雷器的正常运行、异常运行及事故运行状态；②能正确写出典型异常及事故的处理步骤；③能在仿真机上熟练进行避雷器的异常及事故处理。

态度目标：①能主动学习，在完成任务过程中发现问题、分析问题和解决问题；②能严格遵守“变电运行”专业相关规程标准及规章制度，与小组成员协商、交流配合，按标准化作业流程完成学习任务。

【任务分析】

在熟悉变电站防雷设备基本结构的基础上，能正确掌握变电站防雷设备典型异常及事故的处理步骤，并进行异常及事故处理。

【相关知识】

避雷器常见的异常及事故有避雷器爆炸、阀片击穿、内部闪络故障、瓷套破损有裂纹、外绝缘套有污闪或冰闪痕迹、泄漏电流值异常、接地引下线严重锈蚀或断裂等现象。

【任务实施】

根据变电站异常及事故处理基本原则、处理流程和相关规程，变电站避雷器的异常及事故进行如下处理：

(1) 发现避雷器的泄漏电流值明显增大时，运行人员应当立即向调度及上级主管部门汇报，并对近期的巡视记录进行对比分析，用红外线检测仪对避雷器的温度进行测量。若不属于测量误差，应确认为内部故障，需申请停电处理。如泄漏电流值为零，则有可能是泄流回路开路或表计损坏。

(2) 避雷器瓷套有裂纹时，如天气正常，运行人员应向调度申请停用故障避雷器，更换为合格的避雷器；如天气不正常（有雷雨），应尽可能不使避雷器退出运行，等雷雨天过后再处理。

(3) 避雷器外绝缘套有污闪或冰闪痕迹时，运行人员应立即到现场检查设备。如未造成保护跳闸，需尽快向调度及上级主管部门汇报，闪络严重时应申请停电处理。避雷器未停运时，应用红外线检测仪对避雷器进行检测，并加强监视。

(4) 避雷器接地引下线锈蚀或断裂，会造成避雷器不能可靠地与接地网相连。此时应立即向调度及上级主管部门汇报，申请停电维修或更换。

【拓展提高】

当避雷器发生爆炸、阀片击穿或内部闪络故障时，运行人员应立即到现场检查设备。首先初步识别故障相和故障类别，再巡视避雷器引流线、均压环、外绝缘、放电动作计数器、泄漏电流在线检测装置及接地引下线，然后向调度及上级主管部门汇报检查情况。

对粉碎性爆炸事故，还应巡视故障避雷器临近设备外绝缘的损伤状况。在事故调查人员到来前，运行人员不得接触故障避雷器及其附件，并不得擅自将碎片挪位或丢弃。避雷器爆炸尚未造成接地时，应退出故障避雷器所在间隔并更换避雷器。避雷器爆炸已造成接地时，禁止直接用隔离开关停用故障的避雷器。运行人员需做好现场的安全措施，以便检修人员检查故障设备。

任务 4.1.4　10kV 迎宾大道线 926 线路近端相间瞬时性故障（保护装置和断路器动作正确，重合闸动作）

【教学目标】

知识目标：①熟悉变电站 10kV 线路的运行方式和保护配置；②熟悉 10kV 线路的故障现象；③掌握 10kV 线路事故处理流程和处理步骤。

能力目标：①能说出变电站 10kV 线路的运行方式和保护配置；②能正确区别变电站 10kV 线路的单相短路和相间短路故障；③能在仿真机上熟练进行变电站 10kV 线路的近端相间瞬时性故障的事故处理。

态度目标：①能主动学习，在完成任务过程中发现问题、分析问题和解决问题；②能严格遵守"变电运行"专业相关规程标准及规章制度，与小组成员协商、交流配合，按标准化作业流程完成学习任务。

【任务分析】

事故现象：事故警报响，监控系统显示迎宾大道线 926 线路电流速断保护动作，926 断路器指示闪烁，重合闸动作，重合成功。

根据现场检查，判断为 10kV 迎宾大道线 926 线路瞬时性故障。

【相关知识】

（一）10kV 迎宾大道线 926 线路的正常运行方式

1. 一次部分

10kV 迎宾大道线 926 线路将电能由 10kV Ⅱ段母线送至该线路所带负荷（926 断路器在合闸位置，9262、9263 隔离开关在合闸位置）；10kV Ⅱ段母线由 2 号主变 902 断路器供电；931 分段断路器在断开位置，9311、9312 隔离开关在合闸位置。

2. 二次部分

10kV 线路保护为电流速断保护、过电流保护以及三相一次重合闸装置。

（二）自动重合闸装置

1. 自动重合闸的作用

（1）线路发生瞬时性故障时可以自动重合线路断路器，恢复线路运行，从而提高输电线路的供电可靠性。

（2）对于双端供电的高压输电线路，可提高系统并列运行的稳定性，从而增大线路的输送容量。

(3) 可以纠正由于断路器机构接触不良或继电保护误动作而引起的误跳闸。

2. 自动重合闸的工作方式

自动重合闸通常综合重合闸、三相重合闸、单相重合闸和停用四种工作方式。

(1) 在综合重合闸方式下，线路单相故障时故障相单相跳闸，随后单相重合，如果重合于永久性故障再三相跳闸；线路相间故障时三相跳闸，随后三相重合，如果重合于永久性故障再三相跳闸。

(2) 在三相重合闸方式下，线路任何故障都三相跳闸，随后三相重合，如果重合于永久性故障再三相跳闸。

(3) 在单相重合闸方式下，线路单相故障时故障相单相跳闸，随后单相重合，如果重合于永久性故障再三相跳闸；线路相间故障时三相跳闸，不重合。

(4) 在停用方式下，线路任何故障时都直接三相跳闸，不重合。

【任务实施】

根据变电站事故处理的基本原则、处理流程和相关规程，通过以上任务分析，正确写出10kV迎宾大道线926线路近端相间瞬时性故障（保护装置和断路器动作正确，重合闸投入）的处理步骤，并结合Q/GDW 1799.1—2013《国家电网公司电力安全工作规程 变电部分》、各级调度规程和其他有关规定在仿真机上进行事故处理。

10kV迎宾大道线926线路近端相间瞬时性故障处理步骤如下：

(1) 记录故障发生时间，恢复警报；记录故障现象（监控系统显示的跳闸断路器位置信息，10kV迎宾大道线926线路电流和10kV Ⅱ段母线电压等相关表计指示，告警信息窗显示的事故总信号，保护与重合闸动作信息，断路器跳闸信息），并及时向值班调度员及有关人员汇报（5min之内）。

(2) 检查本站二次设备的运行工况。主要检查监控机和10kV迎宾大道线926线路保护屏，并相互核对保护动作情况（10kV迎宾大道线926线路电流速断保护动作，三相一次重合闸动作），同时做好相应记录。

(3) 穿绝缘靴，戴绝缘手套和安全帽，到现场检查926断路器位置（926断路器在合闸位置）及相关设备（10kV Ⅱ段母线、926断路器所在电气间隔的其他设备）均正常。

(4) 根据现场检查的情况，将"迎宾大道线电流速断保护动作，重合闸动作成功，本站其他设备无异常"检查结果汇报调度。

(5) 事故处理完毕后，值班人员填写相关运行日志和事故跳闸记录，并根据事故跳闸情况、保护及自动装置的动作情况以及事故处理过程，整理出详细的事故处理报告。

【拓展提高】

(1) 小电流接地系统发生单相接地故障时，由于线电压仍然对称（大小和相位不变），并且系统绝缘是按线电压设计的，因此不需要立即切除故障，允许带单相接地故障继续运行（一般允许运行时间不超过2h）。此时运行值班人员应汇报调度，将有关现象做好记录，根据信号、表计指示、天气、运行方式、系统操作等综合分析故障原因。

(2) 如变电站安装有接地故障选线装置，且装置正常投入时，很容易查找出故障范围。

如果发母线接地信号的同时，选线装置显示某一线路接地，则故障多在该线路上。如果发母线接地信号时，选线装置没有显示故障线路，则故障点可能在母线及其连接设备上。

处理时应注意以下两点：

1）有母线接地信号，且选线装置显示某一线路接地时，应检查该故障线路的站内设备有无问题，并可通过断开线路断路器来确认。

2）只有母线接地信号，而选线装置没有显示故障线路时，应检查母线及其连接设备、变压器 10kV 侧出线有无异常。如果经检查站内设备无问题，则可能是某一线路有故障，而接地选线装置失灵，应用瞬停的方法查明故障线路。

任务 4.1.5　110kV 袁万线电流互感器线路侧 B 相永久性故障（保护装置和断路器动作正确，重合闸动作）

【教学目标】

知识目标：①熟悉变电站 110kV 线路的运行方式和保护配置；②熟悉 110kV 线路的故障现象；③掌握 110kV 线路事故处理流程和处理步骤。

能力目标：①能说出变电站 110kV 线路的运行方式和保护配置；②能根据故障现象查找故障点；③能在仿真机上熟练进行 110kV 线路永久性故障的事故处理。

态度目标：①能主动学习，在完成任务过程中发现问题、分析问题和解决问题；②能严格遵守“变电运行”专业相关规程标准及规章制度，与小组成员协商、交流配合，按标准化作业流程完成学习任务。

【任务分析】

事故现象：事故警报响，监控系统显示袁万线 117 断路器指示闪烁；信息显示袁万线线路距离保护动作，零序保护动作，重合闸动作不成功，并发出相关辅助信息。

根据现场检查，判断为 110kV 袁万线电流互感器线路侧 B 相永久性故障。

【相关知识】

（一）110kV 袁万线 117 线路的正常运行方式

1. 一次部分

110kV 袁万线 117 线路将电能由 110kV Ⅱ段母线送至该线路所带负荷（117 断路器在合闸位置，1172、1173 隔离开关在合闸位置）；110kV Ⅱ段母线由 2 号主变 102 断路器供电；分段 131 断路器在合闸位置，1311、1312 隔离开关在合闸位置，110kV Ⅰ段母线与 110kV Ⅱ段母线并列运行。

2. 二次部分

110kV 袁万线 117 线路保护为 WXH－811 型微机线路保护装置，配有三段式相间和接地距离保护、四段零序方面保护和三相一次重合闸装置。

（二）自动重合闸加速保护

1. 自动重合闸后加速保护（简称“后加速”）

当任一线路发生故障时，应首先由故障线路的保护有选择性地切除故障，然后由自动重合闸装置来进行重合。如果是瞬时性故障，则重合成功，线路恢复正常供电；如果是永久性故障，则故障线路的保护加速动作，不带延时地再次切除故障。这样就在重合闸动作后加速了保护动作，快速地切除永久性故障。

2. 自动重合闸前加速保护（简称“前加速”）

当线路发生故障时，靠近电源侧的保护首先无选择性地瞬时动作，而后借助自动重合闸来纠正这种非选择性动作。一般用于具有几段串联的辐射形线路中，自动重合闸装置仅装在靠近电源的线路上。

【任务实施】

根据变电站事故处理的基本原则、处理流程和相关规程，通过以上任务分析，正确写出110kV袁万线117线路近端相间永久性故障（保护装置和断路器正确动作，重合闸投入）的处理步骤，并结合Q/GDW 1799.1—2013《国家电网公司电力安全工作规程 变电部分》、各级调度规程和其他有关规定在仿真机上进行事故处理。

110kV袁万线117线路近端相间永久性故障的处理步骤如下：

(1) 记录事故发生时间，恢复警报；记录故障现象（监控系统显示的跳闸断路器位置信息117断路器指示闪烁，袁万线线路的有功功率、无功功率、电流等相关表计指示均为0，110kV Ⅱ段母线电压正常，告警信息窗显示的事故总信号，保护与重合闸动作信息，断路器跳闸信息），初步判断为“117断路器跳闸，保护动作后重合闸不成功”，并及时向值班调度员及相关人员汇报（5min之内）。

(2) 检查本站二次设备的运行工况。主要检查监控机和110kV袁万线117线路保护屏，并相互核对保护动作情况（110kV袁万线117线路保护屏显示接地距离保护动作、零序保护动作，重合闸动作，重合闸后加速保护动作，并显示B相故障和故障距离），同时做好相应记录，复归117断路器停止闪光。

(3) 穿绝缘靴，戴绝缘手套和安全帽，到现场对一次设备进行检查，117断路器操动机构及SF_6压力指示正常，发现站内袁万线电流互感器线路侧B相有击穿接地故障，其他设备无异常。

(4) 根据现场检查的情况，将“袁万线电流互感器线路侧B相击穿接地；117断路器跳闸，重合闸动作不成功，其他设备无异常”检查结果汇报调度。

(5) 根据调度指令隔离故障点。检查117断路器确在分闸位置，拉开1173、1172隔离开关。检查旁路141断路器与117断路器保护投入一致，并投入充电保护连接片，合上1414、1412隔离开关，合上141断路器对旁路母线充电，充电正常后断开141断路器，合上1174隔离开关后再合上141断路器，并检查线路送电正常。在验明117断路器两侧确无电压后，合上11701、11702接地开关，断开117断路器操作电源，做好相应的安全措施。

(6) 向调度汇报事故处理后的运行方式。

(7) 事故处理完毕后，值班人员填写相关运行日志和事故跳闸记录，并根据事故跳闸情况、保护及自动装置的动作情况以及事故处理过程，整理出详细的事故处理报告。

【拓展提高】

事故处理时，运行值班人员应掌握如下要点：

(1) 初次汇报时间要快，汇报内容简明扼要。

(2) 无论故障点是否在站内，都要对站内相关设备进行现场检查，特别是断路器本体应进行重点检查。

(3) 在线路发生瞬时性故障重合闸动作成功后，仍应对设备进行仔细检查。

(4) 在线路发生永久性故障重合闸动作不成功后，是否对线路强送电应根据调度指令进行。如线路重合闸未动作或未投入，可根据现场运行规程进行强送电，但操作前应取得值班调度员的许可。

任务4.1.6　220kV大袁线212线路近端A相瞬时性故障（保护装置和断路器动作正确，重合闸（单重）运行）

【教学目标】

知识目标：①熟悉变电站220kV线路的运行方式和保护配置；②熟悉220kV线路的故障现象；③掌握220kV线路事故处理流程和处理步骤。

能力目标：①能说出变电站220kV线路的运行方式和保护配置；②能根据故障现象查找故障点；③能在仿真机上熟练进行220kV线路瞬时性故障的事故处理。

态度目标：①能主动学习，在完成任务过程中发现问题、分析问题和解决问题；②能严格遵守“变电运行”专业相关规程标准及规章制度，与小组成员协商、交流配合，按标准化作业流程完成学习任务。

【任务分析】

事故现象：事故警报响，监控系统显示大袁线212断路器指示闪烁；信息显示大袁线212线路保护Ⅰ屏光纤分相差动保护动作，接地距离Ⅰ段保护动作，零序电流Ⅰ段保护动作，A相跳开，重合闸动作，重合A相成功；大袁线212线路保护Ⅱ屏，纵联分相差动保护动作，接地距离Ⅰ段保护动作，零序电流Ⅰ段保护动作，A相跳开，重合闸动作，重合A相成功。

根据现场检查，判断为大袁线近端A相瞬时性故障。

【相关知识】

220kV大袁线212线路是袁州变电站与大台变电站之间的联络线，下面分析其正常运行方式。

1. 一次部分

220kV大袁线212线路在220kV Ⅰ母线运行（212断路器在合闸位置，2121、2123隔离开关在合闸位置）；220kV Ⅰ母线由1号主变201断路器供电；231母联断路器在合闸位置，2311、2312隔离开关均在合闸位置，220kV Ⅰ母线与220kVⅡ母线并列运行。

2. 二次部分

大袁线212线路保护配置两套保护，实现了双主、双后备的保护配置原则。220kV大袁线212线路保护Ⅰ屏为CSL101D型数字式线路保护装置，配有专用光纤通道的光纤分相差动保护、三段式相间和接地距离、四段零序方向保护、失灵启动、三相不一致保护、充电保护、综合重合闸装置、故障录波器、电压切换箱和分相操作箱；保护Ⅱ屏为CSL－103B型数字式线路保护装置，配有纵联分相差动保护、三段式相间和接地距离、四段零序方向保护和电压切换箱，采用高频载波通道传送保护信号。

【任务实施】

根据变电站事故处理的基本原则、处理流程和相关规程，通过以上任务分析，正确写出220kV大袁线212线路近端A相瞬时性故障（保护装置和断路器动作正确，单重运行）的处理步骤，并结合Q/GDW 1799.1—2013《国家电网公司电力安全工作规程 变电部分》、各级调度规程和其他有关规定在仿真机上进行事故处理。

220kV大袁线212线路近端A相瞬时性故障的处理步骤如下：

(1) 记录事故发生时间，恢复警报；记录故障现象（监控系统显示大袁线212断路器指示闪烁，大袁线212线路的有功功率、无功功率、电流等相关表计指示均正常，220kV Ⅰ母线电压正常，告警信息窗显示的事故总信号，保护与重合闸动作信息，断路器跳闸信息），并及时向值班调度员和相关人员汇报（5min之内）。

(2) 检查本站二次设备的运行工况。主要检查监控机和220kV大袁线保护屏，并相互核对保护动作情况（大袁线212线路保护Ⅰ屏显示光纤分相差动保护动作，接地距离Ⅰ段保护动作，零序电流Ⅰ段保护动作，A相跳开，重合闸动作；保护Ⅱ屏显示纵联分相差动保护动作，接地距离Ⅰ段保护动作，零序电流Ⅰ段保护动作，A相跳开，重合闸动作），同时做好相应记录，调取故障录波波形及故障测距，并打印报告。

(3) 穿绝缘靴，戴绝缘手套和安全帽，到现场对站内线路保护范围一次设备进行检查，212断路器及相关设备（220kV Ⅰ母线、212断路器所在电气间隔的其他设备）均正常，站内未发现故障点。

(4) 根据现场检查和故障录波波形分析，将“大袁线发生A相瞬时性故障，重合成功，本站设备检查无异常”检查结果汇报调度。

(5) 事故处理完毕后，值班人员填写相关运行日志和事故跳闸记录，并根据事故跳闸情况、保护及自动装置的动作情况、故障录波报告以及处理过程，整理出详细的事故处理报告。

【拓展提高】

大袁线212线路如发生永久性接地故障，而212断路器又拒动（SF_6压力低闭锁）时，则212断路器失灵保护动作，造成231、211、213、201断路器跳闸，220kVⅠ母线失压，但212断路器在合闸位置。

处理这种事故的注意事项如下：

(1) 隔离故障后，尽快恢复无故障设备的运行，然后再将故障设备转检修。

(2) 认真检查线路故障点，同时还要检查和判断故障断路器拒动的原因。如果是由操动机构压力低引起的，应先采取措施恢复压力再进行操作。如无法恢复压力时，应先隔离拒动断路器和故障线路，恢复无故障设备运行后，再将故障线路和拒动断路器转检修。

(3) 处理断路器操动机构异常前，应先将断路器操作电源和操动机构动力电源切除。

任务4.2　变电站母线异常及事故处理

由于变电站的环境条件相对线路较好，因此母线出现故障的概率不大。但是在220kV以下变电站中，一旦发生母线故障，其故障影响力非常大。

一、母线故障处理的基本原则

(1) 经现场查明母线设备有明显的故障点时，应用隔离开关隔离故障点，再确认母线无异常后，方可对其恢复送电；找不到明显故障点时，条件允许情况下应对母线做零起升压测试，或用对侧断路器试送电。

(2) 恢复母线送电时，不允许未经检查强行送电。

(3) 故障点在母线上不能隔离，双母线接线中只有一条母线停电时，应迅速检查故障母线上所有电气间隔，确认无故障后采用冷倒方法先将无故障间隔倒换到另一运行母线上，恢复线路送电，再将故障母线转检修。

(4) 双母线接线中两条母线同时停电时，如母联断路器无异常且未断开，应立即将其手动断开，经检查排除故障后再分别进行两条母线的送电。操作中应尽快恢复一条母线运行，如另一条母线不能恢复则将所有负荷倒换至运行母线。

(5) 母线失压造成站用电消失时，应先倒换站用电并立即汇报调度，再将故障或失压母线上未跳开的断路器全部断开。

(6) 在220kV失压母线进行试送时，应优先考虑用外部电源，其次是用母联断路器。

二、母线事故处理步骤

(1) 母线保护动作跳闸后，运行值班人员应首先记录事故发生时间、设备名称、断路器变位情况、主要保护动作信号等事故信息。

(2) 将以上信息和当时的负荷情况及时汇报调度和有关部门，便于调度及有关人员及时、全面地掌握现场情况，进行事故分析判断。

(3) 检查运行变压器的负荷情况。

(4) 如有工作现场或操作现场，应首先对现场进行检查。

(5) 记录保护及自动装置屏上的所有信号，打印故障录波报告及微机保护报告。

(6) 现场检查失压母线上所有设备，是否有放电、闪络或其他故障点。

(7) 将详细检查结果汇报调度和有关部门，按照母线事故处理原则进行处理。

(8) 事故处理完毕后，值班人员填写相关运行日志和事故跳闸记录，并根据断路器跳闸情况、保护及自动装置的动作情况、故障录波报告以及处理过程，整理出详细的事故处理报告。

任务4.2.1　母线常见异常及事故处理

【教学目标】

知识目标：①熟悉变电站母线运行的基本知识；②熟悉母线的异常及事故现象；③掌握母线异常及事故处理流程和典型异常及事故处理步骤。

能力目标：①能说出变电站母线运行的基本要求，区别母线的正常运行、异常运行及事故运行状态；②能正确写出典型异常及事故的处理步骤；③能在仿真机上熟练进行母线异常及事故处理。

态度目标：①能主动学习，在完成任务过程中发现问题、分析问题和解决问题；②能严格遵守“变电运行”专业相关规程标准及规章制度，与小组成员协商、交流配合，按标准化作业流程完成学习任务。

【任务分析】

在熟悉变电站母线的基本结构和运行要求的基础上，能正确掌握变电站母线典型异常及事故的处理步骤，并进行异常及事故处理。

【相关知识】

母线常见的异常及事故有母线失压、引线接头线夹发热、电晕放电、绝缘子破裂损坏、管型母线变形（下沉）或软母线弧度过大等现象。

（1）母线失压是指在电力系统中因故障而导致母线电压为零。造成母线失压可能的原因有电源线故障跳闸、出线故障由主变压器后备保护启动越级跳闸、母差或失灵保护动作跳闸、母线故障开关拒动由后备保护动作跳闸等。判别母线失压的依据是同时出现下列现象：①该母线的电压指示为零；②该母线的各出线及变压器负荷均消失；③该母线所供的站用电消失。

（2）母线接头发热可以通过接头金属变色或测温仪、红外成像仪发现。造成接头发热的主要原因是接头接触不良，如接触面处理不好、接触面积小、接触面压力不够等。

（3）母线电晕放电与导引线和绝缘子污秽、母线表面有毛刺、环境气候、天气情况等因素有关。电晕放电一般不影响母线正常运行，但特别严重时应汇报有关部门安排检修处理，同时加强巡视和测温。

（4）管型母线变形多为施工安装原因，如地基下沉、连接抗劲等。另外过大的短路电流也会引起母线变形或连接松动。

（5）随着气温和负荷的变化，软母线的弧垂度会有一定变化。但当线路、软母线弧度过大时，会造成对地距离缩短，而且在大风等异常天气中易造成引线摆动过大，甚至造成相间短路。

【任务实施】

根据变电站异常及事故处理的基本原则、调度和现场运行规程，变电站运行值班人员对母线异常及事故进行如下处理：

1. 母线失压处理

（1）确认变电站母线失压后，应自行将失压母线上的断路器全部断开，然后向值班调度员汇报。

（2）根据保护动作和信号指示情况分析失压原因，进行现场检查，并将保护动作情况和检查结果汇报值班调度员。

（3）查明原因后，根据调度指令隔离故障。对母线进行试送时，应尽可能用外来电源。

2. 母线接头发热处理

母线接头温度一般不应超过 95℃。接头发热处理主要通过调整负荷电流来控制接头温度，并合理安排停电处理。

3. 管型母线异常及事故处理

管型母线一般配有曲臂或剪刀式隔离开关。下沉时隔离开关支撑母线下沉重量，容易发生隔离开关拉不开或接触不良（合上后触头位置偏差），甚至造成隔离开关支柱绝缘子断裂。此时应加强监督巡视，一旦发现问题应立即上报并申请处理。

【拓展提高】

在多电源变电站的母线失压处理时，在确认不是由本站母线故障所引起后，为防止各电源突然来电引起非同期，现场值班人员应按下述要求自行处理：

（1）单母线接线时应保留一电源断路器，其他所有断路器（包括主变和馈线断路器）全部断开。

（2）双母线接线时应首先断开母联断路器，然后在每一组母线上只保留一个主电源断路器，其他所有断路器（包括主变和馈线断路器）全部断开。

（3）失压母线上的电源断路器中仅有一台断路器可以进行并列操作时，该断路器一般不作为保留的主电源断路器。

任务 4.2.2　10kV Ⅱ段母线 AB 相相间永久性故障（保护装置和断路器动作正确）

【教学目标】

知识目标：①熟悉变电站 10kV 母线的运行方式和保护配置；②熟悉 10kV 母线的故障现象；③掌握 10kV 母线事故处理流程和处理步骤。

能力目标：①能说出变电站 10kV 母线的运行方式和保护配置；②能根据故障现象查找故障；③能在仿真机上熟练进行 10kV 母线相间永久性故障的事故处理。

态度目标：①能主动学习，在完成任务过程中发现问题、分析问题和解决问题；②能严格遵守“变电运行”专业相关规程标准及规章制度，与小组成员协商、交流配合，按标准化作业流程完成学习任务。

【任务分析】

事故现象：事故警报响，监控系统显示 902、992、994 断路器指示闪烁，10kV Ⅱ段母线失压，2 号主变低压后备保护动作，2 号和 4 号电容器组低电压保护动作，并发出相关辅助信息。10kV 分段备自投闭锁，931 断路器不动作。

根据现场检查，判断为 10kV Ⅱ段母线 AB 相相间永久性故障。

【相关知识】

（一）10kV Ⅱ段母线的正常运行方式

1. 一次部分

10kV 一次系统为单母线分段接线，Ⅰ段母线和Ⅱ段母线分列运行，931 分段断路器在分闸位置，9311、9312隔离开关在合闸位置。2号主变902断路器带Ⅱ段母线，Ⅱ段母线供电给10kV袁张Ⅱ回、高士北路Ⅱ回、袁山中段Ⅱ回、外环北路Ⅱ回、袁秀线、迎宾大道线、2号站用变等负荷，并接有2号和4号电容器组。2号站用变通过962断路器与10kVⅡ段母线相连，位于空载状态，站用电备自投装置投入。

2. 二次部分

10kV Ⅱ段母线所带10kV配电线路保护为电流速断保护、过电流保护及三相一次重合闸装置；电容器组保护为低电压保护、过电压保护、过电流保护和零序平衡保护；10kV分段931断路器断开，备自投投入；2号主变配置两套保护，主变保护Ⅰ屏为WBH－801型（集成了一台变压器的全部主后备电气量保护）和WBH－802型（集成了变压器的全部非电气量类保护）微机变压器保护装置，并配有FCZ－832S型高压侧断路器操作箱（含电压切换），完成主变的一套电气量保护、非电气量保护和高压侧的操作回路及电压切换回路功能；主变保护Ⅱ屏为WBH－801型微机变压器保护装置，并配有FCZ－813S型中压侧和低压侧断路器操作箱（含中压侧电压切换）、ZYQ－812型高压侧电压切换箱，完成主变的第二套电气量保护和中、低压侧的操作回路及高中压侧电压切换回路功能。其中电气量保护有：差动保护；220kV复压（方向）过电流，220kV零序电流保护（零序方向Ⅰ段、零序方向Ⅱ段、零序方向过电流、中性点零序过电流），220kV间隙保护；110kV复压（方向）过电流，110kV零序电流保护（零序方向Ⅰ段、零序方向Ⅱ段、零序方向过电流、中性点零序过电流）；10kV复压（方向）过电流。

（二）10kV Ⅱ段母线AB相相间永久性故障分析

在10kV Ⅱ段母线AB相相间永久性故障发生时，因10kV Ⅱ段母线无专用母线保护，所以2号主变10kV复压（方向）过电流保护动作，跳开902断路器来切除故障。

【任务实施】

根据变电站事故处理的基本原则、处理流程和相关规程，通过以上任务分析，正确写出10kV Ⅱ段母线AB相相间永久性故障（保护装置和断路器动作正确，分段备自投动作不成功）的处理步骤，并结合Q/GDW 1799.1—2013《国家电网公司电力安全工作规程 变电部分》、各级调度规程和其他有关规定在仿真机上进行事故处理。

10kV Ⅱ段母线相间永久性故障的处理步骤如下：

（1）记录事故发生时间，恢复警报；记录故障现象（监控系统显示902、992、994断路器指示闪烁，902、992、994、931断路器回路及10kV Ⅱ段母线所接负荷等电流表计指示均为0，10kV Ⅱ段母线电压表指示为0，告警信息窗显示的事故总信号，保护与重合闸动作信息，断路器跳闸信息），并及时向值班调度员及有关人员汇报（5min之内）。

（2）检查本站二次设备的运行工况。主要检查监控机和相关保护屏，并相互核对保护动作情况（2号主变保护Ⅰ屏显示10kV复压方向过电流保护1时限动作，10kV复压方向过电流保护2时限动作，2号主变保护Ⅱ屏显示10kV复压方向过电流保护1时限动作，10kV复压方向过电流保护2时限动作，10kV Ⅱ段母线2号和4号电容器组低电压保护动作，10kV分段备自投动作，10kV 931分段断路器后加速保护动作），同时做好相应记录并打印报告；复归902、992、994、931断路器停止闪光。

（3）穿绝缘靴，戴绝缘手套和安全帽，到现场检查跳闸断路器902、992、994、931在分闸位置，检查902断路器电气间隔及10kV Ⅱ段母线设备，发现是小动物造成母线AB相相间短路，母线绝缘子损坏多处，其他设备均无异常。检查并确认10kV Ⅱ段母线失压，断开失压线路921、922、923、924、925、926、962断路器。

(4) 根据现场检查的情况，将“10kV Ⅱ段母线AB相相间永久性故障，10kV Ⅱ段母线失压，2号主变低压后备保护动作，2号和4号电容器组低电压保护动作，本站其他设备无异常”检查结果汇报调度。

(5) 根据调度指令将10kV Ⅱ段母线隔离并转检修，做好相应的安全措施。

(6) 向调度汇报事故处理后的运行方式。

(7) 事故处理完毕后，值班人员填写相关运行日志和事故跳闸记录，并根据事故跳闸情况、保护及自动装置的动作情况、故障录波报告以及事故处理过程，整理出详细的事故处理报告。

【拓展提高】

对于不太重要的母线，可利用母线上其他供电元件的后备保护作为母线保护。

任务4.2.3 110kV Ⅰ段母线BC相相间永久性故障（保护装置和断路器正确动作）

【教学目标】

知识目标：①熟悉变电站110kV母线的运行方式和保护配置；②熟悉110kV母线的故障现象；③掌握110kV母线事故处理流程和处理步骤。

能力目标：①能说出变电站110kV母线的运行方式和保护配置；②能根据故障现象查找故障；③能在仿真机上熟练进行110kV母线相间永久性故障的事故处理。

态度目标：①能主动学习，在完成任务过程中发现问题、分析问题和解决问题；②能严格遵守“变电运行”专业相关规程标准及规章制度，与小组成员协商、交流配合，按标准化作业流程完成学习任务。

【任务分析】

事故现象：事故警报响，监控系统显示131、101、111、112、113、114断路器指示闪烁，信息显示110kV Ⅰ段母线差动保护动作，110kV Ⅰ段母线失压，并发出相关辅助信息。

根据现场检查，判断为110kV Ⅰ段母线BC相相间永久性故障。

【相关知识】

110kV Ⅰ段母线正常运行方式如下：

1. 一次部分

110kV一次系统为单母线分段接线，Ⅰ段母线和Ⅱ段母线分列运行，母联131断路器、1311和1312隔离开关在合闸位置。1号主变101断路器带Ⅰ段母线，Ⅰ段母线将电能分配给110kV袁钧线111、袁东线112、袁凤线113、袁西线114等线路。1号主变110kV中性点1010接地开关在合闸位置，2号主变110kV中性点1020接地开关在断开位置。

2．二次部分

110kVⅠ段母线所带的袁钧线 111、袁东线 112、袁凤线 113、袁西线 114 线路保护为 WXH－811 型微机线路保护装置，配有三段式相间和接地距离保护、四段零序方向保护和三相一次重合闸装置；110kV 母线保护为差动保护，配有 WMH－800 型微机母线保护装置。

【任务实施】

根据变电站事故处理的基本原则、处理流程和相关规程，通过以上任务分析，正确写出 110kV Ⅰ段母线 BC 相相间永久性故障（保护装置和断路器正确动作）的处理步骤，并结合 Q/GDW 1799.1—2013《国家电网公司电力安全工作规程 变电部分》、各级调度规程和其他有关规定进行事故处理。

110kV Ⅰ段母线 BC 相相间永久性故障的处理步骤如下：

(1) 记录事故发生时间，恢复警报；记录故障现象（监控系统显示 131、101、111、112、113、114 断路器指示闪烁，131、101、111、112、113、114 断路器回路有功、无功、电流等相关表计指示均为 0，110kV Ⅰ段母线电压表指示为 0，告警信息窗显示的事故总信号，保护与重合闸动作信息，断路器跳闸信息），并及时向调度值班员及有关人员汇报（5min 之内）。

(2) 检查本站二次设备运行工况。主要检查监控机和相关保护屏，并相互核对保护动作情况（110kV Ⅰ段母线差动保护动作），同时做好相应记录，打印报告，复归 131、101、111、112、113、114 断路器停止闪光。

(3) 穿绝缘靴，戴绝缘手套和安全帽，到现场检查跳闸断路器 131、101、111、112、113、114 在分闸位置，检查 110kVⅠ段母线及相关设备（131、101、111、112、113、114 断路器所在电气间隔设备），发现 110kVⅠ段母线 B、C 相各有一绝缘子闪络，其他设备均无异常。

(4) 根据现场检查的情况，将“110kV Ⅰ段母线 BC 相相间永久性故障，110kVⅠ段母线失压，本站其他设备无异常”检查结果汇报调度。

(5) 根据调度指令，将 110kV Ⅰ段母线隔离转检修，做好相应的安全措施，并用 110kV 旁路 141 断路器旁带 110kV 袁钧线。

(6) 向调度汇报事故处理后的运行方式。

(7) 事故处理完毕后，值班人员填写相关运行日志和事故跳闸记录，并根据事故跳闸情况、保护及自动装置的动作情况、故障录波报告以及事故处理过程，整理出详细的事故处理报告。

【拓展提高】

利用供电元件的后备保护来切除故障母线的保护方式简单经济，但切除故障的时间长。因此，对于重要的母线应设置专用的母线保护。为满足快速性和选择性的要求，母线保护广泛采用差动保护原理构成。

任务 4.2.4　220kV 分袁线 2111 隔离开关母线侧 B 相永久性故障（保护装置和断路器正确动作）

【教学目标】

知识目标：①熟悉变电站 220kV 母线的运行方式和保护配置；②熟悉 220kV 母线的故

障现象；③掌握220kV母线事故处理流程和处理步骤。

能力目标：①能说出变电站220kV母线的运行方式和保护配置；②能根据故障现象查找故障；③能在仿真机上熟练进行220kV母线故障的事故处理。

态度目标：①能主动学习，在完成任务过程中发现问题、分析问题和解决问题；②能严格遵守“变电运行”专业相关规程标准及规章制度，与小组成员协商、交流配合，按标准化作业流程完成学习任务。

【任务分析】

故障现象：事故警报响，监控系统显示231、201、211、212、213断路器指示闪烁，信息显示220kV Ⅰ母线差动保护动作，220kV Ⅰ母线失压，并发出相关辅助信息。

根据现场检查，判断为220kV分袁线2111隔离开关母线侧B相永久性故障。

【相关知识】

220kV Ⅰ母线的正常运行方式如下：

1. 一次部分

220kV一次系统采用双母线接线，Ⅰ母线和Ⅱ母线并列运行，母联231断路器、2311、2312隔离开关在合闸位置。1号主变201断路器带Ⅰ母线，Ⅰ母线将电能分配给220kV分袁线211、大袁线212、跑袁Ⅰ母线213等线路。1号主变220kV中性点2010接地开关在合闸位置，2号主变220kV中性点2020接地开关在断开位置。

2. 二次部分

220kVⅠ母线所带的分袁线211、大袁线212、跑袁Ⅰ线213线路保护为WXH-811型微机线路保护装置，配有三段式相间和接地距离保护、四段零序方向保护和三相一次重合闸装置；220kV母线保护配置了两套差动保护。220kV母差保护Ⅰ屏为WMH-800型微机母线保护装置，配有比率制动特性的电流差动保护、复合电压闭锁、母联（分段）充电保护、断路器失灵保护、母联失灵死区保护、TA断线闭锁及告警、TV断线告警；220kV母差保护Ⅱ屏为WM2-41B型微机母线保护装置，配有电流差动保护、复合电压闭锁、母联断路器失灵（死区）保护及充电保护、断路器失灵保护、TA断线闭锁及告警、TV断线告警和直流稳压消失监视。

【任务实施】

根据变电站事故处理的基本原则、处理流程和相关规程，通过以上任务分析，正确写出220kV分袁线2111隔离开关母线侧B相永久性故障（保护装置和断路器正确动作）的处理步骤，并结合Q/GDW 1799.1—2013《国家电网公司电力安全工作规程 变电部分》、各级调度规程和其他有关规定在仿真机上进行事故处理。

220kV分袁线2111隔离开关母线侧B相永久性故障的处理步骤如下：

(1) 记录事故发生时间，恢复警报；记录故障现象（监控系统显示231、201、211、212、213断路器指示闪烁，231、201、211、212、213断路器回路有功、无功、电流等相关表计指示均为0，220kV Ⅰ母线电压表指示为0，告警信息窗显示的事故总信号，保护与重合闸动作信息，断路器跳闸信息），并及时向值班调度员及有关人员汇报（5min之内）。

(2) 检查本站二次设备运行工况。主要检查监控机和相关保护屏，并相互核对保护动作情况（220kV Ⅰ母线差动保护动作），同时做好相应记录，打印报告，复归231、201、211、212、213断路器停止闪光。

(3) 穿绝缘靴，戴绝缘手套和安全帽，到现场对母差保护范围内一次设备进行检查，检查231、201、211、212、213断路器在分闸位置，检查220kV Ⅰ母线及相关设备（231、201、211、212、213断路器所在电气间隔设备），发现2111隔离开关母线侧B相永久性故障，其他设备均无异常。

(4) 根据现场检查的情况，将"220kV分袁线2111隔离开关母线侧B相永久性故障，220kV Ⅰ母线差动保护动作，220kV Ⅰ母线失压，本站其他设备无异常"检查结果汇报调度。

(5) 根据调度指令，隔离220kV Ⅰ母线（拉开2011、2111、2121、2131隔离开关，拉开2311、2312隔离开关，拉开220kV Ⅰ母线电压互感器二次自动空气开关并检查，拉开220kV Ⅰ母线电压互感器2511隔离开关并检查）；恢复201、211、212、213断路器回路供电（合上2012、2112、2122、2132隔离开关，合上201、211、212、213断路器）；将220kV Ⅰ母线转检修，并做好相应的安全措施。

(6) 向调度汇报事故处理后的运行方式。

(7) 事故处理完毕后，值班人员填写相关运行日志和事故跳闸记录，并根据事故跳闸情况、保护及自动装置的动作情况、故障录波报告以及事故处理过程，整理出详细的事故处理报告。

【拓展提高】

通常将母线本身、母线上的隔离开关、母联断路器、母线支柱绝缘子、母线悬式绝缘子、母线电压互感器、母线避雷器等设备故障统称为母线故障。

处理母线故障的注意事项如下：

(1) 在未找到故障点并隔离前，尽量不要采用冷倒方式将出线倒至另一段母线运行，以防将故障点倒至正常母线而扩大事故。

(2) 母线隔离开关无论哪一侧故障，均应将该隔离开关两侧接地以便于检修，但应注意调整变电站的运行方式。

任务4.3 变电站变压器异常及事故处理

变压器的主要作用是变换电压和传输电能，是变电站的重要设备。若变压器发生故障，用户则无法从电力系统获取所需要的电压等级的电能。

一、变压器故障处理的基本原则

(1) 变压器的主保护（重瓦斯保护和差动保护）动作跳闸时，在未经查明原因和消除故障之前，不得进行强送。

(2) 在一台变压器断路器跳闸后，应密切关注另一台主变压器的负荷情况，以防变压器过负荷。

(3) 主变压器的两套差动保护都投入运行时，若只有一套差动保护动作，则应检查此套保护是否为误动。如确实是由保护误动引起，应停用此保护并汇报调度，根据调度命令恢复变压器运行。

(4) 当变压器重瓦斯保护动作时，如经检查是因保护或二次回路故障引起的变压器断路器误跳闸，应根据调度命令停用变压器重瓦斯保护，恢复变压器运行。

(5) 变压器的瓦斯保护或差动保护中任一保护动作时，首先应检查变压器外部无明显故障，再抽取变压器内气体检测。如经检测证明变压器内部无明显故障，在系统急需时可以试送变压器一次。

(6) 因变压器后备保护误动造成变压器跳闸时，应汇报调度并根据其命令停用变压器后备保护，再恢复变压器运行。

(7) 当保护越级动作（如线路或母线等外部故障），造成变压器跳闸时，隔离故障后可立即恢复变压器运行。

(8) 变压器跳闸后应先检查站用电的供电情况，必要时调整站用电的运行方式，以确保其可靠运行。

(9) 在未查明造成变压器主保护动作的故障原因前，不要着急复归保护屏信号，而且一定要做好相关记录，以便专业人员进一步分析和检查。

二、变压器事故处理步骤

(1) 变压器保护动作后，运行值班人员首先应记录事故发生时间、断路器变位情况、保护动作信号、负荷及站用电情况。

(2) 尽快将以上信息简要汇报调度，便于调度掌握系统事故情况，进行分析判断。

(3) 检查受事故影响的运行设备运行状况。比如并列运行的变压器中有一台跳闸时，应检查另一台主变运行状况以及站用变压器运行情况。

(4) 记录保护及自动装置屏上的所有信号，检查故障录波器的动作情况。打印故障录波报告及微机保护报告，并确定故障查找范围。

(5) 现场检查设备。首先应检查变压器各侧断路器是否已跳闸，否则应手动断开故障变压器各侧断路器，并立即停油泵。其次检查保护范围内现场一次设备，有无着火、爆炸、喷油、放电痕迹及导线断线、短路、小动物爬入等现象。

(6) 将详细检查结果汇报调度和有关部门。

(7) 根据调度命令进行处理。

(8) 事故处理完毕后，值班人员填写相关运行日志和事故跳闸、断路器分合闸记录，并根据事故跳闸情况、保护及自动装置的动作情况、故障录波报告以及事故处理过程，整理出详细的事故处理报告。

任务 4.3.1　变压器异常及事故处理

【教学目标】

知识目标：①熟悉变电站变压器运行的基本知识；②熟悉变压器的异常及事故现象；③掌握变压器异常及事故处理流程和典型异常及事故处理步骤。

能力目标：①能说出变电站变压器运行的基本要求，区别变压器的正常运行、异常运行及事故运行状态；②能正确写出典型异常及事故的处理步骤；③能在仿真机上熟练进行变压器的异常及事故处理。

态度目标：①能主动学习，在完成任务过程中发现问题、分析问题和解决问题；②能严格遵守“变电运行”专业相关规程标准及规章制度，与小组成员协商、交流配合，按标准化作业流程完成学习任务。

【任务分析】

在熟悉变压器的基本结构原理、主要辅助设备部件的运行原理和运行要求的基础上，能正确掌握变压器典型异常及事故的处理步骤，并进行异常及事故处理。

【相关知识】

变电站变压器的异常主要表现在运行声音、运行温度、变压器油、外部连接部件和辅助设备上。

（1）变压器正常运行时发出的声音应当是连续、均匀的“嗡嗡”声。由于负荷或电压的变动，音量可能略有高低，不应有不连续的、爆裂性的噪声。

（2）过热对变压器是极其有害的。变压器绝缘损坏大多是由过热引起，温度的升高会降低绝缘材料的耐压能力和机械强度。

（3）变压器油位过低、过高或看不到油位，都应视为油位不正常。当油位降低到一定程度时，会造成轻瓦斯保护动作告警；严重缺油时，会使油箱内绝缘暴露受潮，降低绝缘性能，影响散热，甚至引起绝缘故障。油位应符合变压器的油位和温度的关系曲线，如不符合即为油位异常。但判断时应依据变压器正常运行时油位与曲线偏离程度作为参考点，防止油位异常误判断。

（4）变压器冷却装置包括控制部分、散热器、风扇和循环油泵。变压器通过变压器油的循环帮助绕组和铁芯散热，因此冷却装置运行正常是变压器正常运行的重要条件。每台冷却器的运行状态有工作、辅助、备用和停止四种，在运行前应根据具体情况确定其运行状态，确定后应将每台冷却器在总控制箱中转换手柄转到相应位置。

【任务实施】

根据变电站异常及事故处理基本原则、调度和现场运行规程，变电站运行值班人员对变压器异常进行如下处理：

（1）变压器声音异常处理。变压器声音异常有两种原因，一种是机械振动，一种是局部放电。①内部机械振动声一般为内部部件松动，不易察觉。不影响运行时，应加强巡视，观察声音是否有发展，填写缺陷单，汇报部门领导。外部机械振动声较明显，不借助工具也能听到。如用手或物件接触声音发出点，声音会减弱或消失。但处理时应注意安全距离，必要时使用符合电压等级并且合格的绝缘棒，不能处理的按缺陷报检修处理，防止发生部件损坏。②放电声分为内部放电声和外部放电声。内部放电对变压器影响较严重，声响明显增大，内部发出爆裂声，表明变压器内部有严重故障，应立即停电处理。外部放电主要是电晕放电和变压器瓷套放电，一般是由于套管脏污或破损引起。套管脏污放电要观察电弧长度，个别瓷套裙边之间放电可等待停电处理，多个瓷套裙边之间放电应尽快处理，情况严重时立即停电处理。变压器套管破损引起放电，应立即停电处理。

（2）变压器温度超限或不正常升高异常处理。如温度升高由超额定负载、过励磁或冷却器故障引起的，按相应的规定进行处理；由温度计、变送器等故障引起的，汇报主管部门安排处理；原因不明的必须立即报告调度及有关领导，请专业人员进行检查和寻找原因加以排除。

（3）变压器油位不正常升降异常处理。当变压器油面比对应气温下应有的油面过低或过高时，应查明原因并及时加油或放油。漏油程度严重的或长期的微漏现象都会使变压器的油位降低。如因大量漏油而使油位迅速下降时，禁止将重瓦斯保护改信号，应立即采取制止漏油的措施，并通知检修人员立即加油。如油面下降过多危及变压器运行时，应申请调度将变压器停运。

（4）冷却系统异常处理。若变压器冷却器发生故障退出运行时，应立即汇报调度并查明原因，尽快恢复冷却器运行。若暂时不能恢复时，应向调度汇报，并加强监视变压器，特别是油温和负荷参数超过运行规定时应向调度报告，按调度命令将变压器退出运行。强迫油循环风冷变压器中，如冷却系统（油泵、风扇、电源等）发生故障，冷却器全部停止工作时，允许带额定负载下运行 20min。如 20min 后顶层油温未达到 75℃，则允许上升到 75℃，如已达 75℃则将变压器退出运行。但切除全部冷却器的最长时间，在任何情况下不得超过 1h。

【拓展提高】

变压器轻瓦斯保护动作发信号后，值班人员首先应检查是否为保护误动或二次电缆短路。具体判断方法是检查气体继电器内是否有气体，或有无直流接地异常信号。没有气体则为保护误动或二次回路异常的可能性较大。还可对主变压器的负荷、温度、油位、声响及渗漏油情况进行检查和分析。如气体继电器内有气体，可采集气体并记录气量，对气体进行感官检查和定性分析，判别其是否可燃，再通知有关专业人员取样做色谱分析。汇报调度及有关部门后，根据分析结果作出将主变停运、继续采样观察或撤销警戒的处理。

任务 4.3.2　2 号主变内部故障（保护装置和断路器正确动作）

【教学目标】

知识目标：①熟悉变电站主变的运行方式和保护配置；②熟悉主变的内部故障现象；③掌握主变内部故障的处理流程和处理步骤。

能力目标：①能说出变电站主变的运行方式和保护配置；②能根据故障现象查找故障；③能在仿真机上熟练进行主变内部故障的事故处理。

态度目标：①能主动学习，在完成任务过程中发现问题、分析问题和解决问题；②能严格遵守“变电运行”专业相关规程标准及规章制度，与小组成员协商、交流配合，按标准化作业流程完成学习任务。

【任务分析】

事故现象：事故警报响，监控系统显示 202、102、902 断路器指示闪烁，信息显示 2 号主变差动保护、轻瓦斯保护、重瓦斯保护动作，10kV 分段备自投动作且动作成功，10kV Ⅱ段母线恢复供电，并发出相关辅助信息。

根据现场检查，判断为 2 号主变内部故障。

【相关知识】

(一) 2号主变的正常运行方式

1. 一次部分

2号主变220kV侧202断路器接于220kV Ⅱ母线运行，母联231断路器和2311、2312隔离开关均在合闸位置，2号主变220kV侧中性点2020接地开关在断开位置（1号主变220kV侧中性点2010隔离开关在合闸位置）；2号主变110kV侧102断路器接于110kV Ⅱ段母线运行，母联131断路器和1311、1312隔离开关均在合闸位置，2号主变110kV侧中性点1020接地开关在断开位置（1号主变110kV侧中性点1010接地开关在合闸位置）；2号主变10kV侧902断路器接于10kV Ⅱ段母线运行，931分段断路器在断开位置，9311、9312隔离开关在合闸位置。

2. 二次部分

2号主变配置两套保护。主变保护Ⅰ屏为WBH-801型（集成了一台变压器的全部主后备电量保护）和WBH-802型（集成了变压器的全部非电气量类保护）微机变压器保护装置，并配有FCZ-832S型高压侧断路器操作箱（含电压切换），完成主变的一套电量保护、非电气量类保护和高压侧的操作回路及电压切换回路功能；主变保护Ⅱ屏为WBH-8010型微机变压器保护装置，并配有FCZ-813S型中压侧和低压侧断路器操作箱（含中压侧电压切换）、ZYQ-8120型高压侧电压切换箱，完成主变的第二套电量类保护和中、低压侧的操作回路及高、中压侧电压切换回路功能。

其中电量类保护有：差动保护；220kV复压（方向）过电流保护，220kV零序电流保护（零序方向Ⅰ段保护、零序方向Ⅱ段保护、零序方向过电流保护、中性点零序过电流保护），220kV间隙保护；110kV复压（方向）过电流保护，110kV零序电流保护（零序方向Ⅰ段保护、零序方向Ⅱ段保护、零序过电流保护、中性点零序过电流保护）；10kV复压（方向）过电流。非电气量类保护有本体轻瓦斯保护、调压重瓦斯保护、压力释放保护、冷却器故障保护、绕组温度保护和油温保护。

(二) 变压器故障

变压器的故障主要有：①油箱内故障，即绕组的相间短路、接地短路、匝间短路以及铁芯的烧损等；②油箱外故障，即套管和引出线上发生相间短路和接地短路。

【任务实施】

根据变电站事故处理的基本原则、处理流程和相关规程，通过以上任务分析，正确写出2号主变内部故障（保护装置和断路器正确动作）的处理步骤，并结合Q/GDW 1799.1—2013《国家电网公司电力安全工作规程 变电部分》、各级调度规程和其他有关规定在仿真机上进行事故处理。

2号主变内部故障的处理步骤如下：

(1) 记录事故发生时间，恢复警报；记录故障现象（监控系统显示202、102、902断路器指示闪烁，202、102、902断路器回路有功、无功、电流等相关表计指示均为0，931断路器指示闪烁，931断路器回路电流表计指示正常，1号主变过负荷信号，告警信息窗显示的事故总信号，保护与重合闸动作信息，断路器跳闸信息），并及时向值班调度员及有关人员汇报（5min之内）。

（2）检查本站二次设备运行工况。主要检查监控机和相关保护屏，并相互核对保护动作情况（2号主变差动保护、本体重瓦斯和轻瓦斯保护动作，10kV分段备自投动作），同时做好相应记录，打印报告，复归202、102、902、931断路器停止闪光。

（3）穿绝缘靴，戴绝缘手套和安全帽，到现场对主变差动保护范围内一次设备进行检查。主变外部未发现有明显故障现象，2号主变气体继电器内有气体，油位、油色有变化，油温明显升高。检查202、102、902断路器在分闸位置，931断路器在合闸位置，断路器操动机构和SF_6气体压力正常，其他设备情况正常。

（4）检查各母线线路负荷及1号主变负荷情况，将1号主变冷却器全投。从2号主变气体继电器中取出部分气体做色谱分析试验。

（5）根据现场检查的情况，将“2号主变内部故障，202、102、902断路器跳闸，10kV分段备自投动作成功，本站其他设备无异常”检查结果汇报调度。

（6）根据调度指令倒出部分负荷，断开110kV袁西线114断路器，以减轻1号主变负荷；隔离2号主变，并转检修，做好相应的安全措施。

（7）向调度汇报事故处理后的运行方式。

（8）事故处理完毕后，值班人员填写相关运行日志和事故跳闸记录，并根据事故跳闸情况、保护及自动装置的动作情况、故障录波报告以及事故处理过程，整理出详细的事故处理报告。

【拓展提高】

处理变压器内部故障的注意事项如下：

（1）变压器跳闸造成其他变压器超负荷时，应尽快投入备用变压器或在规定时间内降低负荷。

（2）根据继电保护的动作情况及外部现象判断故障原因，在未查明原因并消除故障之前不得送电。

（3）当发现变压器运行状态异常，例如内部有爆裂声、温度不正常且不断上升、油枕或防爆管喷油、油位严重下降、油化验严重超标、套管有严重破损和放电等现象，应申请停电进行处理。

任务4.3.3　1号主变220kV侧C相套管闪络（保护装置和断路器正确动作）

【教学目标】

知识目标：①熟悉变电站主变的运行方式和保护配置；②熟悉主变外部故障现象；③掌握主变外部故障的处理流程和处理步骤。

能力目标：①能说出变电站主变的运行方式和保护配置；②能根据故障现象查找故障；③能在仿真机上熟练进行主变外部故障的事故处理。

态度目标：①能主动学习，在完成任务过程中发现问题、分析问题和解决问题；②能严格遵守“变电运行”专业相关规程标准及规章制度，与小组成员协商、交流配合，按标准化作业流程完成学习任务。

【任务分析】

故障现象：事故警报响，监控系统显示201、101、901、991、993断路器指示闪烁，信息显示1号主变差动保护动作，10kV分段备自投动作且动作成功，10kV Ⅰ段母线恢复供电，并发出相关辅助信息。

根据现场检查，判断为1号主变220kV侧C相套管闪络。

【相关知识】

1. 一次部分

1号主变220kV侧201断路器接于220kV Ⅰ母线运行，母联231断路器、2311、2312隔离开关均在合闸位置，1号主变220kV侧中性点2010接地开关在合闸位置（2号主变220kV侧中性点2020接地开关在断开位置）；1号主变110kV侧101断路器接于110kV Ⅰ段母线运行，母联131断路器、1311、1312隔离开关均在合闸位置，1号主变110kV侧中性点1010接地开关在合闸位置（2号主变110kV侧中性点1020接地开关在断开位置）；1号主变10kV侧901断路器接于10kV Ⅰ段母线运行，931分段断路器在断开位置，9311、9312隔离开关在合闸位置。

2. 二次部分

1号主变配置两套保护。主变保护Ⅰ屏为WBH-801型（集成了一台变压器的全部主后备电量保护）和WBH-802型（集成了变压器的全部非电气量类保护）微机变压器保护装置，并配有FCZ-832S型高压侧断路器操作箱（含电压切换），完成主变的一套电量保护、非电气量类保护和高压侧的操作回路及电压切换回路功能；主变保护Ⅱ屏为WBH-801型微机变压器保护装置，并配有FCZ-813S型中压侧和低压侧断路器操作箱（含中压侧电压切换）、ZYQ-812型高压侧电压切换箱，完成主变的第二套电量类保护和中、低压侧的操作回路及高中压侧电压切换回路功能。

其中电量类保护有：差动保护；220kV复压（方向）过电流保护，220kV零序电流保护（零序方向Ⅰ段保护、零序方向Ⅱ段保护、零序方向过电流保护、中性点零序过电流保护），220kV间隙保护；110kV复压（方向）过电流保护，110kV零序电流保护（零序方向Ⅰ段保护、零序方向Ⅱ段保护、零序过电流保护、中性点零序过电流保护）；10kV复压（方向）过电流。非电气量类保护有本体轻瓦斯保护、调压重瓦斯保护、压力释放保护、冷却器故障保护、绕组温度保护和油温保护。

【任务实施】

根据变电站事故处理的基本原则、处理流程和相关规程，通过以上任务分析，正确写出1号主变220kV侧C相套管闪络（保护装置和断路器正确动作）的处理步骤，并结合《电力安全工作规程》、各级调度规程和其他有关规定在仿真机上进行事故处理。

1号主变220kV侧C相套管闪络的处理步骤如下：

（1）记录事故发生时间，恢复警报；记录故障现象（监控系统显示201、101、901、991、993断路器指示闪烁，201、101、901断路器回路有功、无功、电流等相关表计指示均为0，931断路器指示闪烁，931断路器回路电流表计指示正常，2号主变过负荷信号，告警信息窗显示的事故总信号，保护与重合闸动作信息，断路器跳闸信息），并及时向值班调度员及有关人员汇报（5min之内）。

（2）检查本站二次设备运行工况。主要检查监控机和相关保护屏，并相互核对保护动作情况（1号主变Ⅰ屏、Ⅱ屏差动保护动作，10kV分段备自投动作），同时做好相应记录，打印报告，复归201、101、901、931断路器停止闪光。

（3）穿绝缘靴，戴绝缘手套和安全帽，到现场对1号主变差动保护范围内一次设备进行检查。发现1号主变220kV侧C相套管闪络，两片瓷裙破裂。检查201、101、901断路器在分闸位置，931断路器在合闸位置，断路器操动机构和SF_6气体压力正常，其他设备情况正常。

（4）检查各母线线路负荷及2号主变负荷情况，将2号主变冷却器全投。检查站用电正常，合上2号主变中性点2020、1020接地开关。

（5）根据现场检查的情况，将“1号主变220kV侧C相套管闪络，201、101、901断路器跳闸，10kV分段备自投动作成功，本站其他设备无异常”检查结果汇报调度。

（6）根据调度指令倒出部分负荷，断开110kV袁西线114断路器，以减轻2号主变负荷；隔离1号主变，合上991、993断路器恢复1号和3号电容器组运行，将1号主变转检修，做好相应的安全措施。

（7）汇报调度事故处理后的运行方式。

（8）事故处理完毕后，值班人员填写相关运行日志和事故跳闸记录，并根据事故跳闸情况、保护及自动装置的动作情况、故障录波报告以及事故处理过程，整理出详细的事故处理报告。

【拓展提高】

当变压器差动保护动作时，应到现场检查变压器有无喷油、冒烟及漏油现象，和主变气体继电器、压力释放阀、主变各侧套管、引线及接头有无异常，各侧断路器是否断开，主变各侧设备有无异常。

任务4.4　变电站互感器异常及事故处理

电压互感器常见的异常及事故有电压互感器二次电压异常升降、二次短路、二次失压或二次回路断线、铁磁谐振、高压侧熔断器熔断、渗漏油等。电流互感器常见的异常及事故有内部过热现象、运行声音异常、内部有放电声或冒烟、充油式电流互感器漏油、外绝缘破裂放电、二次回路开路以及电流互感器末屏未接地或接地不良等。

任务4.4.1　220kVⅠ母线电压互感器A相二次自动空气开关跳闸或二次熔断器熔断

【教学目标】

知识目标：①熟悉变电站电压互感器运行的基本知识；②熟悉电压互感器的异常及事故现象；③掌握电压互感器异常及事故处理流程和处理步骤。

能力目标：①能说出变电站电压互感器运行的基本要求，区别电压互感器的正常运行、异常运行及事故运行状态；②能正确写出电压互感器典型异常及事故的处理步骤；③能在仿真机上熟练进行电压互感器的异常及事故处理。

态度目标：①能主动学习，在完成任务过程中发现问题、分析问题和解决问题；②能严格遵守“变电运行”专业相关规程标准及规章制度，与小组成员协商、交流配合，按标准化作业流程完成学习任务。

【任务分析】

在熟悉电压互感器的基本结构原理、运行操作规定和正常运行要求的基础上，能正确掌握电压互感器典型异常及事故的处理步骤并进行异常及事故处理。

【相关知识】

（1）电压互感器二次侧回路在运行中严禁短路。当发生短路时，电压互感器二次侧电源自动空气开关会自动跳闸。

（2）电压互感器二次回路异常（失压或断线）时，保护会失去交流电压，发出“电压回路断线”信号，断线闭锁装置动作，功率表指示降低或为零。

（3）造成二次回路失压或断线的主要原因有电压互感器高、低压侧的熔断器熔断或自动空气开关跳闸，保护及仪表用电压切换回路断线或接触不良，如双母线接线方式中某线路的母线侧隔离开关辅助触点接触不良（常发生在倒闸操作之后）、电压切换继电器断线或触点接触不良、端子排线松动等。

（4）当电压互感器二次回路失压或断线时，应立即向调度申请退出与电压互感器有关的继电保护和自动装置（有可能误动的电压保护、距离保护和纵联保护），尽快将电压互感器二次回路恢复正常后再恢复相应保护。

【任务实施】

根据变电站异常及事故处理基本原则、调度和现场运行规程，变电站运行值班人员对220kV Ⅰ母线电压互感器A相二次自动空气开关跳闸或二次熔断器熔断的异常进行如下处理：

1. 异常现象

（1）220kV Ⅰ母线A相电压指示为零，其他两相电压不变。

（2）220kV Ⅰ母线上出线或主变“TV断线”信号出现，距离保护和高频闭锁保护装置异常光字牌亮，220kV母差“低电压”掉牌。

（3）故障录波器可能动作。

2. 异常处理

（1）根据监控系统信息显示情况，将异常发生时间及现象向值班调度员及相关部门汇报。

（2）根据调度命令停用该母线上线路的距离保护（相间及接地）和高频闭锁保护，停用故障录波器。

（3）详细记录监控系统信息显示和动作情况，在核对无误后复归光字牌信号。

（4）穿绝缘靴，戴绝缘手套和安全帽，到现场检查发现Ⅰ母线电压互感器A相二次自动空气开关跳闸或二次熔断器熔断。

（5）检查电压互感器二次回路无明显短路和接地故障点后，试合电压互感器A相二次自动空气开关或更换二次熔断器。

（6）若恢复正常，应汇报调度，并投入该母线上线路距离保护和高频闭锁保护。

（7）若二次自动空气开关再次跳闸或二次熔断器再次熔断，则应汇报调度及相关部门，并做好相应记录，等候专业人员处理。

【拓展提高】

（1）电压互感器缺相包括电压互感器一次熔断器熔断一相、熔断两相或全部熔断。

1）10kV电压互感器一次熔断器熔断一相时，熔断相的相电压降低或接近于零，完好相的相电压不变或稍有降低，同时发“接地”和“电压回路断线”信号。

2）10kV电压互感器一次熔断器熔断两相时，发“接地”信号，0.5s低电压保护动作跳重要电动机，二次电压同相位，开口三角绕组电压升高。

3）10kV电压互感器一次熔断器全部熔断时，0.5s低电压保护先动作，跳开母线上的电容器等有低电压保护的断路器，然后10kV母线备用电源自投低电压保护动作，跳开工作电源开关。

（2）处理电压互感器故障的步骤如下：

1）退出可能误动的保护及自动装置，退出带电压闭锁的过电流保护和距离保护，断开故障电压互感器二次自动空气开关。

2）将检查电压互感器故障的详细情况汇报调度，听候调度命令。

3）电压互感器故障严重时，如高压侧绝缘已损坏，只能用断路器切除故障，尽量用倒母线方式隔离故障，否则只能在不带电情况下拉开隔离开关后再恢复供电。此时应严禁用隔离开关切除带故障的电压互感器。

4）电压互感器三相或故障相的高压熔断器已熔断时，可以拉开隔离开关来隔离故障。

5）若发现电压互感器故障为内部异常音响（如放电声），可以进行由双母并列运行转单母运行操作，但应在征得调度同意后进行倒母线操作，然后由母联断路器切除故障电压互感器。

6）若发现电压互感器内部放电声剧烈或其他严重故障情况下，在明确判断后严禁在未停电情况下再次靠近故障电压互感器，应按设备紧急停电方法处理，然后向调度及相关人员汇报事故处理情况。

（3）电压互感器出现下列情况应立即申请停电处理：

1）电压互感器内部有严重放电声和异常响声。

2）电压互感器严重缺油（油位表看不到油位）。

3）电压互感器爆炸着火，本体有严重过热现象。

4）电压互感器严重漏油或向外喷油。

（4）处理电压互感器内部故障的注意事项如下：

1）35kV母线电压互感器内部故障时，三相或故障相电压互感器跌落熔断器熔断，应立即将电压互感器进行停电处理。

2）220kV母线电压互感器发生内部故障时，可采用倒母线的方法将该电压互感器退出运行，但操作前必须征得值班调度员的同意，并认真做好记录。

3）220kV线路的电压互感器发生内部故障时，应立即向调度申请将该线路停电，退出故障电压互感器。

任务4.4.2 220kV分袁线211电流互感器B相响声异常处理

【教学目标】

知识目标：①熟悉变电站电流互感器运行的基本知识；②熟悉电流互感器的典型异常现象；③掌握电流互感器异常的处理流程和处理步骤。

能力目标：①能说出变电站电流互感器运行的基本要求，区别电流互感器的正常运行、异常运行状态；②能正确写出电流互感器典型异常的处理步骤；③能在仿真机上熟练进行电流互感器的异常处理。

态度目标：①能主动学习，在完成任务过程中发现问题、分析问题和解决问题；②能严格遵守“变电运行”专业相关规程标准及规章制度，与小组成员协商、交流配合，按标准化作业流程完成学习任务。

【任务分析】

在熟悉电流互感器的基本结构原理、运行操作规定和正常运行要求的基础上，能正确掌握电流互感器典型异常的处理步骤，并进行异常处理。

【相关知识】

1. 电流互感器的运行规定

(1) 运行中的电流互感器严禁二次回路开路。

(2) 新安装的电流互感器或其二次回路有变更时，保护验收中必须核对二次接线的正确性，带负荷检查正确后方可投入保护。

(3) 电流互感器二次绕组不允许多点接地，必须单点永久可靠接地。

2. 电流互感器在运行中声音异常的原因

(1) 铁芯松动会发出“嗡嗡”声，半导体漆涂刷不均匀、形成内部电晕以及坚固螺栓松动等也会使电流互感器产生较大声响。

(2) 某些离开叠层的硅钢片在空载或轻载运行时，会有一定的“嗡嗡”声。

(3) 二次回路开路会造成磁路饱和及非正弦磁通，引起硅钢片振荡而发出较大的声音。

【任务实施】

根据变电站异常及事故处理基本原则、调度和现场运行规程，变电站运行值班人员对220kV分袁线211电流互感器B相响声的异常进行如下处理：

(1) 简单记录异常发生的时间和现象，并汇报调度和相关部门。

(2) 穿绝缘靴，戴绝缘手套和安全帽，到现场对220kV分袁线211电流互感器及其二次回路进行外观检查。

(3) 现场检查未发现电流互感器二次回路有明显开路点，电流表、功率表、电能表等指示无异常。

(4) 根据现场检查的情况，将“220kV分袁线211电流互感器本体故障”检查结果汇报调度及相关部门。

(5) 根据调度命令停电处理，断开211断路器，并拉开2113、2111隔离开关。

(6) 根据工作需要，做好相应安全措施。

(7) 汇报调度处理后的运行方式。

(8) 处理完毕后，值班人员填写相关运行日志，并根据处理过程，整理出详细的处理报告，等候专业人员处理。

【拓展提高】

1. 电流互感器二次开路故障的检查

(1) 回路仪表指示异常降低或为零。用于测量表计的电流回路开路时，会使三相电流表指示不一样，功率表指示降低，电能表不转或转速缓慢。如表计指示时有时无，可能是处在接触不良状态。

(2) 电流互感器本体有噪声、振动等不均匀的声音。

(3) 电流互感器本体有严重发热，有异味、变色或冒烟等。

(4) 电流互感器二次回路端子、元件线头等有无放电、打火现象。

(5) 检查继电保护有无误动作或拒动作。

(6) 仪表、电能表、继电器等冒烟烧坏。

2. 电流互感器二次回路开路故障的处理

立即汇报值班调度员、站长或专责工程师，退出可能误动的保护（如母差保护和变压器差动保护等），申请减小一次负荷电流。应尽快查明开路点，设法将开路点短接，在处理过程中应按Q/GDW 1799.1—2013《国家电网公司电力安全工作规程 变电部分》的有关规定进行，以防触电事故发生。当负荷电流较大、开路点严重放电并危及设备绝缘时，不能自行处理，应向调度申请停电处理。对于故障退出的电流互感器，应进行必要的电气试验检查和处理。

3. 电流互感器出现下列情况应立即申请停电处理

(1) 电流互感器内部有严重放电声和异常声响。

(2) 电流互感器爆炸、着火，本体有严重过热现象。

(3) 当GIS中的电流互感器漏气较严重，又一时无法进行补气时。

任务4.5　变电站补偿装置异常及事故处理

变电站常见的补偿装置（无功电源）有并联补偿电容器、静止补偿器等。

任务4.5.1　电容器异常及事故处理

【教学目标】

知识目标：①熟悉变电站电容器运行的基本知识；②熟悉电容器的异常及事故现象；③掌握电容器典型异常及事故的处理流程和处理步骤。

能力目标：①能说出变电站电容器运行的基本要求，区别电容器的正常、异常及事故运行状态；②能正确写出电容器典型异常及事故的处理步骤；③能在仿真机上熟练进行电容器的异常及事故处理。

态度目标：①能主动学习，在完成任务过程中发现问题、分析问题和解决问题；②能严格遵守“变电运行”专业相关规程标准及规章制度，与小组成员协商、交流配合，按标准化作业流程完成学习任务。

【任务分析】

在熟悉电容器的运行原理和运行要求的基础上，能正确掌握电容器典型异常及事故的处理步骤并进行异常及事故处理。

【相关知识】

1. 补偿电容器组的运行标准

(1) 允许过电压。电容器组允许连续运行的过电压为 1.1 倍额定电压。

(2) 允许过电流。电容器组允许在 1.3 倍额定电流下长期运行。

(3) 允许温升。室温要求控制在−40～+40℃，电容器外壳及箱壁的温度通常不准超过 55℃。

电容器投切时暂态过程比较严重，为限制投入时产生的涌流，在电容器前面串联一个电抗较小的电抗器，同时此电抗器与电容器组成串联谐振滤波器，以消除系统铁磁谐振。

2. 电容器常见异常

电容器常见的异常有电容器外壳膨胀、渗漏油、温度升高、绝缘子表面闪络放电、异常声响、爆破、电压过高、过电流等现象。

【任务实施】

根据变电站异常及事故处理基本原则、调度和现场运行规程，变电站运行值班员对电容器异常及事故进行如下处理：

(1) 处理电容器故障时的注意事项：

1) 电容器组断路器跳闸后，不允许强送电。如为过电流保护动作跳闸，应查明原因，否则不允许再投入运行。

2) 在处理电容器故障前，应先断开断路器及隔离开关，并验电和装设接地线。

3) 电压波动使电容器过电压或低电压保护动作时，应检查保护动作情况及一次设备，断路器跳开后至再投入电容器运行之间至少间隔 5min。

(2) 电容器常见故障的处理见表 1-4-1。

表 1-4-1 电容器常见故障处理

故障现象	产生原因	处理方法
外壳鼓肚变形	(1) 介质内产生局部放电，使介质分解而析出气体 (2) 部分元件击穿或极外壳击穿，使介质析出气体	立即使其退出运行
温度过高	(1) 环境温度过高，电容器布置过密 (2) 高次谐波电流影响 (3) 频繁切合电容器，反复受过电压及涌流作用 (4) 介质老化，$\tan\theta$ 不断增大	(1) 改善通风条件，增大电容器间隙 (2) 加装串联电抗器 (3) 采取措施，限制操作过电压及涌流 (4) 停止使用及时更换
爆炸着火	内部发生极间或机壳间击穿而又无适当保护时，与之并联的电容器组对它放电，因能量大爆炸着火	(1) 立即断开电源 (2) 用沙子或干式灭火器灭火

（3）电容器爆炸着火处理步骤如下：

1）立即断开电源。

2）用灭火器灭火。

3）根据火情控制情况及时报火警、汇报上级及有关设备检修维护单位。

【拓展提高】

电容器发生下列情况之一应立即退出运行并报告值班员调度：

（1）全站及10kV母线失压。

（2）鼓肚、漏油或起火。

（3）集合式电容器严重漏油、鼓肚或油标看不见油位。

（4）电容器压力释放阀动作时。

（5）套管放电闪络。

（6）接头严重过热或熔化。

（7）母线电压持续超过其额定值的1.1倍，或电流超过其额定值的1.3倍。

（8）当电容器外壳温度超过55℃，或室温超过40℃，采取降温措施无效时。

任务4.5.2　1号电容器组991引线AB相相间短路（保护装置和断路器动作正确）

【教学目标】

知识目标：①熟悉变电站电容器的运行方式和保护配置；②熟悉电容器故障现象；③掌握电容器故障的处理流程和处理步骤。

能力目标：①能说出变电站电容器的运行方式和保护配置；②能根据故障现象查找故障；③能在仿真机上熟练进行电容器故障的事故处理。

态度目标：①能主动学习，在完成任务过程中发现问题、分析问题和解决问题；②能严格遵守“变电运行”专业相关规程标准及规章制度，与小组成员协商、交流配合，按标准化作业流程完成学习任务。

【任务分析】

故障现象：事故警报响，监控系统显示991断路器指示闪烁，10kV 1号电容器组过电流保护动作，并发出相关辅助信息。

根据现场检查，判断为1号电容器组991引线AB相相间短路故障。

【相关知识】

1号电容器组的正常运行方式如下：

1. 一次部分

1号电容器组接在10kV Ⅰ段母线运行，1号主变901断路器向10kV Ⅰ段母线供电，10kV 931分段断路器在分闸位置，9311、9312隔离开关在合闸位置。

2. 二次部分

1号电容器组保护为欠电压保护、过电压保护、过电流保护和零序平衡保护，931分段断路器备自投投入。

【任务实施】

根据变电站事故处理的基本原则、处理流程和相关规程，通过以上任务分析，正确写出1号电容器组991引线AB相相间短路故障（保护装置和断路器动作正确）的处理步骤，并结合Q/GDW 1799.1—2013《国家电网公司电力安全工作规程 变电部分》、各级调度规程和其他有关规定在仿真机上进行事故处理。

1号电容器组991引线AB相相间短路故障的处理步骤如下：

(1) 记录事故发生时间，恢复警报，记录故障现象（监控系统显示991断路器指示闪烁，991断路器回路电流表计指示为零，告警信息窗显示的事故总信号，保护与重合闸动作信息，断路器跳闸信息），并及时向值班调度员及有关人员汇报（5min之内）。

(2) 检查本站二次设备运行工况。主要检查监控机和1号电容器组991保护屏，并相互核对保护动作情况（10kV 1号电容器组991断路器过电流保护动作），同时做好相应记录，复归保护信号，复归991断路器停止闪光。

(3) 穿绝缘靴，戴绝缘手套和安全帽，到现场检查991断路器位置（991断路器在分闸位置）及相关设备（检查10kV Ⅰ段母线、991断路器短路回路电气间隔设备，发现1号电容器组991引线AB相相间短路点，其他设备情况正常）。

(4) 根据现场检查的情况，将“1号电容器组991引线AB相相间短路故障，本站其他设备无异常”检查结果汇报调度。

(5) 根据调度命令，隔离1号电容器组991断路器并转检修，做好相应安全措施。

(6) 汇报调度事故处理后的运行方式。

(7) 事故处理完毕后，值班人员填写相关运行日志和事故跳闸记录，并根据事故跳闸情况、保护及自动装置的动作情况以及事故处理过程，整理出详细的事故处理报告。

【拓展提高】

1号电容器组991引线AB相发生相间短路故障时，如991断路器拒动，则由上一级保护1号主变10kV复压方向过电流保护动作，断开901断路器以切除故障，10kV Ⅰ段母线失压，10kV Ⅰ段母线3号电容器组993断路器低电压保护动作；检查站用电切换正常。故障处理时应隔离1号电容器组991断路器，合上901断路器，恢复10kV Ⅰ段母线供电，恢复3号电容器组993断路器运行，安排1号电容器组991断路器检修。

任务4.6　变电站站用电与直流系统异常及事故处理

查找和处理变电站站用电与直流系统的故障时，必须考虑保证保护及自动装置的电源、调度通信电源、强油风冷变压器的冷却电源、充电装置电源的正常供电，以保证一次主设备和电力系统的安全运行。由于站用电与直流系统所接负荷众多，处理不当往往会引起一次系统故障，甚至会造成人身伤亡，因此掌握站用电与直流系统异常及事故处理是变电运行人员非常重要的工作。

任务4.6.1　变电站站用电系统异常及事故处理

【教学目标】

知识目标：①熟悉变电站站用电系统运行的基本知识；②熟悉站用电系统的异常及事故现象；③掌握站用电系统异常及事故的处理流程和处理步骤。

能力目标：①能说出变电站站用电系统运行的基本要求，区别站用电系统的正常运行、异常运行及事故运行状态；②能正确写出站用电系统典型异常及事故的处理步骤；③能在仿真机上熟练进行站用电系统的异常及事故处理。

态度目标：①能主动学习，在完成任务过程中发现问题、分析问题和解决问题；②能严格遵守"变电运行"专业相关规程标准及规章制度，与小组成员协商、交流配合，按标准化作业流程完成学习任务。

【任务分析】

在熟悉变电站站用电系统的正常运行方式的基础上，能正确掌握站用电系统典型异常及事故状况的处理步骤，进行异常及事故处理。

【相关知识】

（一）站用电系统的正常运行方式

(1) 变电站装设两台站用变压器，布置在站用电室，不设置备用站用变压器，站用变压器采用干式变压器，并兼作接地变压器用。

(2) 1号站用变通过961断路器与10kV Ⅰ段母线相连，位于运行状态，低压侧通过401断路器与低压380/220V Ⅰ段母线相连；2号站用变通过962断路器与10kV Ⅱ段母线相连，位于空载状态，低压侧通过402断路器与低压380/220kV Ⅱ段母线相连，站用电备自投装置投入。

（二）站用电失压故障分析

1. 站用电消失的主要现象

(1) 正常照明全部或部分失去，发出站用电系统异常或故障信号。

(2) 站用负荷如变压器控制箱、冷却器电源、断路器液压电源、隔离开关操作交流电源、加热器回路等分支电源跳闸。

(3) 直流充电装置跳闸，事故照明切换。

(4) 变电站电源进线跳闸造成全站失压，照明消失。

(5) 变压器冷却电源消失，风扇停转。

2. 站用电部分或全部失压的原因

(1) 变电站电源进线线路故障，或因系统故障电源线路对侧跳闸造成电源中断，或本站设备故障，失去电源。

(2) 系统故障造成全站失压。

(3) 站用电回路故障导致站用电失压。

【任务实施】

根据变电站异常及事故处理基本原则、调度和现场运行规程，变电站运行值班人员对站用电系统异常及事故进行处理如下：

(1) 站用电部分失去电压时，应先做好人身绝缘措施，并用万用表、绝缘电阻表对失压设备进行检查，查找故障点。若是环路供电，应先检查工作电源跳闸后备用电源是否已正常切换，若未自动切换应手动切换，以保证站用负荷正常供电。

(2) 进一步检查失压分支交流熔断器是否熔断，或自动空气开关是否跳开。可试送电一次，若送电正常则可判断该分支无明显故障点。若送电不成功，用绝缘电阻表测量分支绝缘，查明故障点，并报上级部门安排检修处理。

(3) 站用电全部失去时，事故照明应自动切换，监控系统显示站用负荷失压信号，如“主变风冷全停”“交流电源故障”等光字牌。应首先分清全站失压是由于本站电源进线失压导致的，还是因为站内站用电故障引起的。若是本站电源进线失压导致的全站停电，应投入备用变压器或通过联络线接入站内。若是因为站内站用电故障引起的全站停电，应迅速查找故障点。

(4) 查找站内故障点应采用分段查找方式，根据各种现象判断故障范围。在分段隔离后，用绝缘电阻表测量绝缘电阻，逐步缩小范围，直至找到故障点。摇测绝缘时，可先将绕组接地端拆开，测量后再恢复。若测量绝缘不合格应通知检修人员。短时无法查找事故原因的，应尽快通知有关专业人员进一步查找。

【拓展提高】

站用变压器的自动空气开关或熔断器是变压器过载及二次短路的保护。因为站用变压器平时负荷不大，所以发生自动空气开关跳开或熔断器熔断一般是二次回路发生短路故障。

站用变压器的高压熔断器是保护变压器内部故障和外部引出线故障的，主要反应低压侧熔断器以上的短路故障。但当低压侧母线短路，低压熔断器未熔断时，也会越级造成高压熔断器熔断。

任务 4.6.2 变电站直流系统异常及事故处理

【教学目标】

知识目标：①熟悉变电站直流系统运行的基本知识；②熟悉直流系统的异常及事故现象；③掌握直流系统异常及事故的处理流程和处理步骤。

能力目标：①能说出变电站直流系统运行的基本要求，区别直流系统的正常运行、异常运行及事故运行状态；②能正确写出直流系统典型异常及事故的处理步骤；③能在仿真机上熟练进行直流系统的异常及事故处理。

态度目标：①能主动学习，在完成任务过程中发现问题、分析问题和解决问题；②能严格遵守“变电运行”专业相关规程标准及规章制度，与小组成员协商、交流配合，按标准化作业流程完成学习任务。

【任务分析】

在熟悉变电站直流系统设备组成和正常运行方式的基础上，能正确掌握直流系统典型异常及事故的处理步骤，并进行相应的异常及事故处理。

【相关知识】

1. 变电站直流系统的组成

(1) 220kV 变电站直流系统电压为 220V，直流系统主要由蓄电池、高频开关电源、直流主馈电屏及直流分馈电屏组成，由其对全站测控、保护装置及事故照明等负荷辐射式供电。

(2) 直流系统主要设备包括两组蓄电池组，每组数量 104 个，蓄电池容量为 300A・h (GFM－300 阀控式密封铅酸蓄电池)，高频开关电源 120A/315V。

(3) 每套高频开关电源配一台微机直流监控装置，实现对蓄电池组的自动充、放电控制，并监测直流系统运行工况。

2. 220kV 变电站直流系统的正常运行方式

(1) 直流系统采用单母线分段接线，正常时两段母线分列运行。每段母线接一组蓄电池和一套高频断路器电源。蓄电池组不设端电池，正常时按浮充电方式运行。每套高频断路器电源由两路 380V 交流电源供电（一路工作一路备用），两路交流电源联锁，当工作电源消失时能自动或手动切换至备用电源。高频断路器电源输出回路通过双投刀开关可接入充电母线或馈电母线，正常时接入充电母线给蓄电池浮充电，同时给直流负荷供电。

(2) 直流系统采用辐射状单元供电及局部环状供电方式。双套保护的直流系统中每套保护独立供给一回直流电源。单套保护的直流系统中，保护和操作回路共用一回直流电源。

【任务实施】

根据变电站异常及事故处理基本原则、调度和现场运行规程，变电站运行值班人员对直流系统异常及事故进行如下处理：

1. 蓄电池的故障处理

(1) 阀控密封铅酸蓄电池壳体变形。一般造成的原因有充电电流过大或充电电压超过了 2.4V×N（N 为蓄电池个数）、内部有短路或局部放电、温升超标、安全阀动作失灵等原因，造成内部压力升高。处理方法是减小充电电流，降低充电电压，检查安全阀是否堵死。

(2) 运行中浮充电压正常，但放电时电压很快下降到终止电压值。一般原因是蓄电池内部失水干涸、电解物质变质。处理方法是申请更换蓄电池。

(3) 蓄电池组熔断器熔断后，应立即检查处理，并采取相应措施，防止直流母线失压。

(4) 蓄电池组发生爆炸、开路时，应迅速将蓄电池总熔断器或自动空气开关断开。

(5) 发现蓄电池外壳有膨肚现象时，应立即汇报检修部门。

(6) 蓄电池着火时应用四氯化碳灭火器灭火，不能用二氧化碳灭火器来灭火。

2. 充电装置、绝缘监测装置的故障处理

(1) 直流电源系统设备发生短路，交流或直流失压时，应迅速查明原因，消除故障。

(2) 出现某条直流线路电压无显示时，应检查母线电压是否输入正确。

(3) 绝缘监测装置开机无显示时，可能是内部电源接插件接触不良或电源故障，应检查电源或内部电源接插件。

3. 直流接地的故障处理

(1) 当直流接地绝缘监测装置发出告警信号时，应立即查看直流接地绝缘监测装置内信息，判明接地故障方位、接地相和对地绝缘电阻值。

(2) 此时站内若有与直流二次回路有关的修试工作，应要求立即停止工作，查询有无发生接地。

(3) 在直流接地绝缘监测装置不能判明故障地点时，分别切除直流回路来寻找接地点，但应先与调度联系退出会误动的保护，且每个回路断电时间越短越好，一般约为3s。

(4) 切除直流负荷按下列顺序进行：事故照明电源、通信室电源、充电电源、主控制室长明灯，10、110、220kV断路器操作电源，10、110、220kV备用或停用出线断路器控制信号电源、故障录波装置电源，各断路器信号电源，接地站用变断路器保护控制电源，电容器断路器保护控制电源，并联电抗器断路器保护控制电源，10kV分段断路器控制电源，10、110kV各出线断路器及母联断路器保护控制电源，220kV各出线断路器、母差及母联断路器保护控制电源，主变控制保护信号电源、蓄电池输出隔离开关。

【拓展提高】

直流母线故障时，应迅速查明原因，隔离故障点，恢复送电；故障点不明的应报检修人员立即检查处理，尽早排除故障。

任务4.6.3 1号站用变短路故障（保护装置和断路器动作正确）

【教学目标】

知识目标：①熟悉变电站站用变的运行方式和保护配置；②熟悉站用变故障现象；③掌握站用变故障的处理流程和处理步骤。

能力目标：①能说出变电站站用变的运行方式和保护配置；②能根据故障现象查找故障；③能在仿真机上熟练进行站用变故障的事故处理。

态度目标：①能主动学习，在完成任务过程中发现问题、分析问题和解决问题；②能严格遵守“变电运行”专业相关规程标准及规章制度，与小组成员协商、交流配合，按标准化作业流程完成学习任务。

【任务分析】

事故现象：事故警报响，监控系统显示961断路器指示闪烁，1号站用变过电流保护动作，并发出相关辅助信息。

根据现场检查，判断为1号站用变短路故障。

【相关知识】

1号站用变的正常运行方式如下：

1. 一次部分

1号站用变通过961断路器与10kV Ⅰ段母线相连，位于运行状态，低压侧通过401断路器与低压380/220V Ⅰ段母线相连；2号站用变通过962断路器与10kV Ⅱ段母线相连，位于空载状态，低压侧通过402断路器与低压380/220V Ⅱ段母线相连，站用电备自投装置投入。

2. 二次部分

1号和2号站用变配置有RCS-9621A型成套保护装置。

【任务实施】

根据变电站事故处理的基本原则、处理流程和相关规程，通过以上任务分析，正确写出1号站用变短路故障（保护装置和断路器动作正确）的处理步骤，并结合Q/GDW 1799.1—2013《国家电网公司电力安全工作规程 变电部分》、各级调度规程和其他有关规定在仿真机上进行事故处理。

1号站用变短路故障的处理步骤如下：

(1) 记录事故发生时间，恢复警报；记录故障现象（监控系统显示961断路器指示闪烁，961断路器回路有功、无功、电流等相关表计指示均为零；告警信息窗显示的事故总信号，保护与重合闸动作信息，断路器跳闸信息）；站用电备自投装置动作，且动作成功，并及时向值班调度员及有关人员汇报（5min之内）。

(2) 检查本站二次设备运行工况。主要检查监控机和1号站用变保护屏，并相互核对保护动作情况（1号站用变过电流保护动作），同时做好相应记录，打印报告，复归961断路器停止闪光。

(3) 穿绝缘靴，戴绝缘手套和安全帽，到现场检查961断路器位置（961断路器在分闸位置）及相关设备（检查380V Ⅰ段母线、1号站用变、电缆等），检查未发现明显异常及事故。

(4) 检查1号主变风冷电源已自动切换至2号站用变供电。

(5) 经现场检查，将“1号站用变短路故障”检查情况汇报调度和相关部门。

(6) 根据调度命令，隔离1号站用变并转检修，做好相应安全措施。

(7) 汇报调度事故处理后的运行方式。

(8) 事故处理完毕后，值班人员填写相关运行日志和事故跳闸记录，并根据事故跳闸情况、保护及自动装置的动作情况以及事故处理过程，整理出详细的事故处理报告。

【拓展提高】

处理站用电交流电源故障的基本原则如下：

(1) 若站用电交流电源发生故障全部中断时，要尽快投入备用电源，并注意首先恢复重要的负荷，以免过大的电流冲击；若在晚上则要投入必要的事故照明。

(2) 处理过程中，要注意站用电交流电源对设备运行状态的影响，并对设备进行详细检查，恢复一些不能自动恢复的状态。

(3) 迅速查明故障原因并尽快消除。

任务4.6.4 变电站直流系统接地故障

【教学目标】

知识目标：①熟悉变电站直流系统接地故障现象；②掌握直流系统故障的处理流程和处理步骤。

能力目标：①能根据故障现象查找故障点；②能在仿真机上熟练进行直流系统故障的事故处理。

态度目标：①能主动学习，在完成任务过程中发现问题、分析问题和解决问题；②能严格遵守“变电运行”专业相关规程标准及规章制度，与小组成员协商、交流配合，按标准化作业流程完成学习任务。

【任务分析】

变电站直流系统接地故障的基本处理思路为先检查直流系统情况，再查找直流系统接地点并排除，最后恢复直流系统正常运行。

【相关知识】

(1) 由于直流系统网络连接比较复杂，其接地情况归纳起来有以下几种：按接地极性分为正极接地和负极接地；按接地种类可分为直接接地（又称金属接地或全接地）和间接接地（又称非金属接地）；按接地的情况可分为单点接地、多点接地、环路接地和绝缘降低。

(2) 造成直流接地的原因有：二次回路绝缘材料不合格，绝缘性能低，年久失修，严重老化；外力破坏如磨伤、砸伤、压伤、扭伤或过电流引起的烧伤等；二次回路及设备严重污秽和受潮，接线盒进水，使直流对地绝缘严重下降；小动物侵害或小金属零件掉落在元件上造成直流接地故障；设备元件组装不合理或错误。

【任务实施】

根据变电站事故处理的基本原则、处理流程和相关规程，通过以上任务分析，正确写出变电站直流系统接地故障的处理步骤，并结合 Q/GDW 1799.1—2013《国家电网公司电力安全工作规程 变电部分》、各级调度规程和其他有关规定在仿真机上进行事故处理。

处理变电站直流系统接地故障的步骤如下：

(1) 记录事故发生时间，恢复警报；记录故障现象（直流接地绝缘监测装置告警信号），汇报调度，并告知监控中心。

(2) 值班负责人进行分工，明确直流系统检查责任人，简要交代检查重点和内容，交代安全注意事项。

(3) 检查直流系统情况：①确定站内二次回路上有无工作或设备检修试验，如有工作应立即停止工作，查询有无发生接地；②根据直流系统绝缘在线监察及接地故障定位装置的显示，查看是哪条支路接地；③判断接地极性；④检查室外端子箱、机构箱门是否关严，箱内二次回路有无受潮；⑤检查蓄电池、工作电源是否正常。

(4) 将直流接地现象、现场检查工作情况、天气情况和人身安全情况向调度汇报。

(5) 查找直流系统接地点并排除。在直流接地绝缘监测装置不能判明故障地点时，用分网法缩小查找范围，将直流系统分成几个不相联系的部分，但需要注意不能使保护失去电源，操作电源尽量使用蓄电池；对于不重要的直流负荷和不能转移的分路，利用瞬时停电法(每个回路断电时间越短越好，一般约为3s) 检查该路有无接地故障。

瞬时停电法查找和排除直流接地时，应按下列顺序进行：①断开现场临时工作电源；②断合事故照明回路；③断合通信电源；④断合附属设备；⑤断合充电回路；⑥断合合闸回路；⑦断合信号回路；⑧断合操作回路；⑨断合蓄电池回路。

每拉开一条支路应同时查看接地现象是否消失，如接地现象消失则该支路有直流系统接地点，应及时排除。

(6) 向调度和监控中心汇报直流接地现象和直流接地处理后运行情况。

(7) 将上述情况均记录在PMS系统中。

【拓展提高】

(1) 220kV变电站或重要110kV变电站直流系统，常采用两组蓄电池和两套充电装置(简称2+2方式)；两段母线分列运行，分段断路器正常断开；重要负荷由两段母线分别供电，任何一段母线停电均不会使重要负荷停电，每段母线均有绝缘监察装置和电压监视装置。

(2) 处理变电站直流系统电源故障的注意事项如下：

1) 若直流系统电源发生故障全部中断时，要尽快投入备用电源，并注意首先恢复重要的负荷，以免过大的电流冲击；若在晚上则要投入必要的事故照明。

2) 处理过程中，要注意直流电源对设备运行状态的影响，并对设备进行详细检查，恢复一些不能自动恢复的状态。

3) 直流接地点的查找必须严格按现场规程进行，不得造成另一点接地或直流短路。

4) 迅速查明故障原因并尽快消除。

【项目评价】

变电站异常及事故处理评价（占学期总评比例）参考表1-4-2。

表1-4-2　　变电站异常及事故处理评价表

评价类型			评价内容	权重（%）
过程评价（6%）	素质考评（学生互评）	劳动纪律	出勤情况	2
		平时作业	作业成绩	2
		贡献大小	任务完成的质量	2
结果评价（30%）	综合项目事故处理步骤		规定时间内完成情况	15
	事故处理		规定时间内完成情况	15

【技能训练】

1. 写出 SF_6 断路器 SF_6 压力低闭锁的基本处理步骤。

2. 写出隔离开关电气操作失灵的基本处理步骤。

3. 写出避雷器泄漏电流值明显增大的基本处理步骤。

4. 写出10kV袁张Ⅰ回911线路近端相间瞬时性故障（保护装置和断路器动作正确，重合闸投入）的基本处理步骤。

5. 写出110kV袁风线电流互感器开关侧A相永久性故障（保护装置和断路器正确动作，重合闸投入）的基本处理步骤。

6. 写出220kV袁渝线215线路近端B相瞬时性故障（保护装置和断路器正确动作，单重运行）的基本处理步骤。

7. 写出母线引线接头线夹发热的基本步骤。

8. 写出10kV Ⅰ段母线AC相相间永久性故障（保护装置和断路器动作正确，分段自投不成功）的基本处理步骤。

9. 写出110kV Ⅱ段母线AB相相间永久性故障（保护装置和断路器正确动作）的基本处理步骤。

10. 写出220kV分袁线2142隔离开关母线侧B相永久性故障（保护装置和断路器正确动作）的基本处理步骤。

11. 写出变压器声音异常的基本处理步骤。

12. 写出1号主变内部故障（保护装置和断路器正确动作）的基本处理步骤。

13. 写出2号主变110kV侧C相套管闪络（保护装置和断路器正确动作）的基本处理步骤。

14. 写出220kV Ⅱ母线电压互感器B相二次自动空气开关跳闸或二次熔断器熔断的基本处理步骤。

15. 写出220kV分袁线215电流互感器A相响声异常处理的基本步骤。

16. 写出电容器温度过高的基本处理步骤。

17. 写出2号电容器组992引线AB相相间短路（保护装置和断路器动作正确）的基本处理步骤。

18. 写出变电站站用电全部消失的基本处理步骤。

19. 写出变电站蓄电池着火处理的基本处理步骤。

20. 写出2号站用变短路故障（保护装置和断路器动作正确）的基本处理步骤。

21. 写出变电站直流系统金属接地故障的基本处理步骤。

模块 2

发电厂运行

发电厂是电力系统唯一有功电源的来源，起着生产电能并将电能输送给电网等作用。发电厂主要由发电机及励磁系统，电力变压器，厂用变压器（厂用变），馈电线（进线、出线）和母线，隔离开关（接地开关），断路器，电压互感器 TV、电流互感器 TA，避雷器、继电保护及自动装置，调度自动化和通信等相应的辅助设备组成。

发电厂电气运行的基本任务是给电力系统各用户提供优质、可靠而充足的电能，确保电力系统安全稳定运行。其主要内容有：发电厂运行监控、发电厂电气设备巡视及维护、发电厂倒闸操作和发电厂异常运行及事故处理。本模块以典型的 300MW 发变组单元接线发电厂为例，学习完成发电厂电气运行的各项基本工作。

项目1

发电厂运行监控

【项目描述】

发电厂运行监控项目主要学习发电厂运行规程相关知识，分析典型300、600MW发变组主接线形式、厂用电系统接线形式、直流系统接线形式，典型300、600MW发变组正常运行方式核对。掌握发电机、电动机等主要电气设备额定运行方式下的主要参数，熟悉300、600MW发电厂正常运行监控内容。学习完本项目能具备以下专业能力、方法能力、社会能力。

（1）专业能力：能根据发电厂正常运行方式及各电气设备额定运行方式下的主要参数，对发电厂进行运行监控。

（2）方法能力：能正确理解、分析发电厂运行规程和发电厂主接线图、厂用电系统接线图、直流系统接线图等，并形成发电厂运行监控基本思路，具备较强抽象思维能力。

（3）社会能力：愿意交流，主动思考，善于在反思中进步；学会服从指挥，遵章守纪，吃苦耐劳，安全作业；学会团队协作，认真细致，保证目标实现。

【教学目标】

能识读发电厂主接线图，建立发电厂运行的概念；熟悉发电厂正常运行方式；能对照典型300、600MW发电厂正常运行方式，说出发电机等主要设备额定运行方式下的主要参数；能严格遵守发电厂相关运行规程及各项安全规程，与小组成员协商、交流配合，按标准化作业流程在仿真机上对发电厂运行工况进行监控操作。

【教学环境】

发电厂运行监控在300、600MW火电仿真机房进行一体化教学；机位至少能满足每两个学生一台计算机，最好能满足每个学生一台计算机的教学需要；火电厂仿真系统相关资料齐全；有相对规范的一体化教学教材；有进行一体化教学的多媒体课件、任务工单。

【知识背景】

发电厂运行监控学习项目，是在典型的2×300MW发电机变压器组单元接线火电仿真系统与2×600MW发电机变压器组单元接线火电仿真系统中，完成典型的2×300MW与2×600MW发电厂正常运行方式核对以及学习发电厂电气设备额定运行方式下的主要参数与发电厂运行监控。

任务1.1 典型300、600MW发电厂正常运行方式核对

发电厂的电气系统分为电气一次系统和电气二次系统。电气一次系统的设备用于产生电能和电能的交换和分配，发电厂中主要一次设备除有发电机外，还有电力变压器、断路器、隔离开关、互感器等，这些都是电压高、电流大的强电设备。电气二次系统的设备是对电气一次系统设备进行监视、控制、保护、调节并与上级有关部门和电力系统进行联络通信的有关设备，主要包括各种继电保护和自动装置、测量与监控设备、直流电源和远动通信设备等，这些都是电压较低、电流较小的弱电设备。

为了给电力系统提供合格的电能质量，确保电力系统的安全稳定运行，发电厂电气一次系统和电气二次系统必须正常稳定运行。

【教学目标】

知识目标：①掌握典型300、600MW发电厂电气一次系统与电气二次系统的正常运行方式；②熟悉300、600MW火电仿真系统的功能及使用。

技能目标：①能识读发电厂电气主接线图、厂用电系统接线图、直流系统接线图；②能分别对照典型300、600MW火电仿真系统的主接线图、厂用电系统接线图、直流系统接线图，核对300、600MW发电厂电气一次系统与电气二次系统的正常运行方式。

态度目标：①能主动学习，在完成任务过程中发现问题、分析问题和解决问题；②能严格遵守发电厂相关运行规程及各项安全规程，与小组成员讨论、交流配合，按标准化作业流程完成学习任务。

【任务分析】

(1) 识读典型300、600MW发电厂电气一次系统与电气二次系统接线图。

能识读发电厂电气主接线图、厂用电系统接线图、直流系统接线图等，掌握发电厂电气主接线形式、厂用电系统接线形式、直流系统接线形式及特点。

(2) 分析典型300、600MW发电厂正常运行方式。

分别对照300、600MW发电厂主接线图、厂用电系统接线图、直流系统接线图，说出300、600MW发电厂断路器、隔离开关的接通与断开状态，互感器投退状态、保护投退情况等运行情况。

【相关知识】

1. 发电厂电气主接线

发电厂的电气主接线有多种典型接线形式，它们都有相应的运行方式。所谓电气主接线的运行方式（即一次系统运行方式），是指电气主接线中各电气元件实际所处的工作状态（运行、备用、检修）及其相连接的方式。电气主接线的运行方式分为正常运行方式和非正

常运行方式。

电气主接线正常运行方式（即一次系统正常运行方式）是指正常情况下，全部设备投入运行时，电气主接线经常采用的运行方式。电气主接线正常运行方式一经确定，发电机和变压器及其母线接线的运行方式、中性点的运行方式也随之确定，且继电保护和自动装置的投入也随之确定。电气主接线的正常运行方式只有一种，发电厂电气主接线正常运行方式一经确定，任何人不得随意改变。

2. 大型发电厂电气主接线

对于 300MW 以上大容量机组构成的大型发电厂电气主接线正常运行方式（即发电厂一次系统正常运行方式），发电机发出的电能主要是送给超高压电力系统，由于大容量机组在电力系统中举足轻重，加上高电压、大电流电力系统对电气设备的特殊要求及昂贵的投资，发电厂电气主接线必须满足运行方式可靠、灵活和安全要求，最大限度地避免由于主接线结构引起的局部限输出功率、限送电。

单机容量在 300MW 及以上且采用两级升高电压的电厂，一般 220kV 采用双母线带旁路母线接线，500kV 采用一个半断路器接线，220kV 与 500kV 间通过联络变压器联络，联络变压器设第三绕组，以改善电压波形，同时可作为电厂的第二启动/备用电源。对于单机容量 600MW 的大型电厂，发电厂电气主接线采用发电机—变压器组接线，其母线采取双母线四分段或一个半断路器接线。

【任务实施】

根据电气主接线运行方式的设计原则，以及发电厂现场运行方式按调度令执行的规定，通过以上任务分析，对典型 2×300MW 发电厂正常运行方式进行核对。

（一）典型 2×300MW 发电厂正常运行方式核对

1. 2×300MW 机组发电厂一次系统接线图及正常运行方式核对

(1) 典型 2×300MW 发电机变压器组单元接线发电厂一次系统接线如图 2-1-1 所示。

(2) 典型 2×300MW 发电机变压器组单元接线发电厂一次系统正常运行方式核对。

1) 220kV 主接线采用双母线接线，正常运行方式为双母线运行，母联断路器合上。

2) 5 号发电机接至 220kV Ⅰ母线上运行，4 号发电机接至Ⅱ母线上运行。

3) 乌前Ⅰ回线接至 220kV Ⅰ母线上运行，乌前Ⅱ回线接至 220kV Ⅱ母线上运行。

4) 高压启动/备用变压器接至 220kV Ⅰ母线上，但在单机运行时，应与发电机组接于不同的母线上。

5) 220kV 与乌拉山电厂老厂建一回联络线，同时预留一回出线。

6) 主变 220kV 中性点接地方式由调度决定，但在主变停送电操作前，必须合上其中性点接地开关。

7) 5 号发电机与 5 号主变采取单元组接线。

8) 4 号发电机与 4 号主变采取单元组接线。

2. 2×300MW 机组发电厂厂用电一次系统接线图及正常运行方式核对

(1) 典型 2×300MW 发电机变压器组单元接线发电厂厂用电一次系统接线如图 2-1-2 所示。

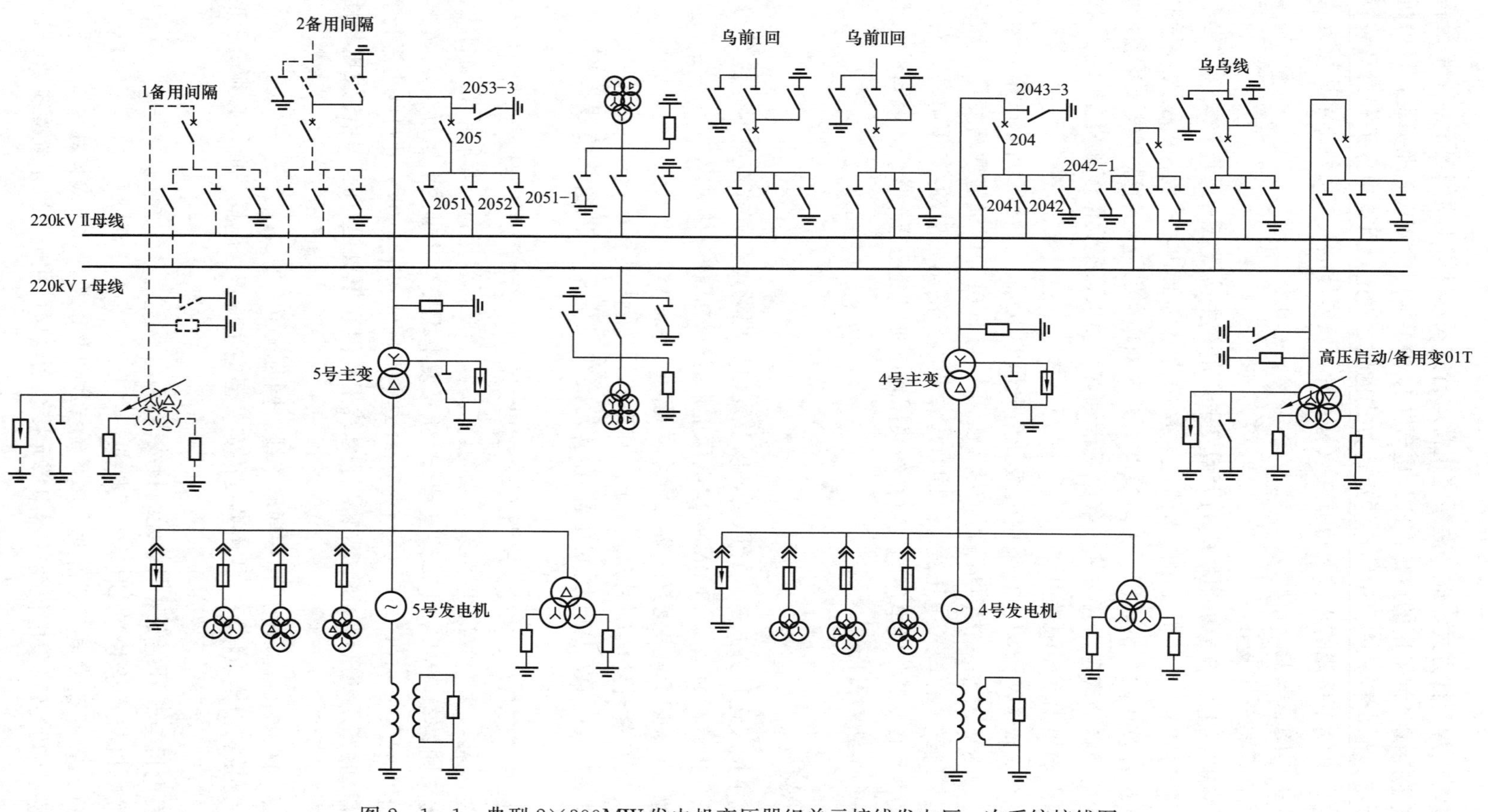

图2-1-1 典型2×300MW发电机变压器组单元接线发电厂一次系统接线图

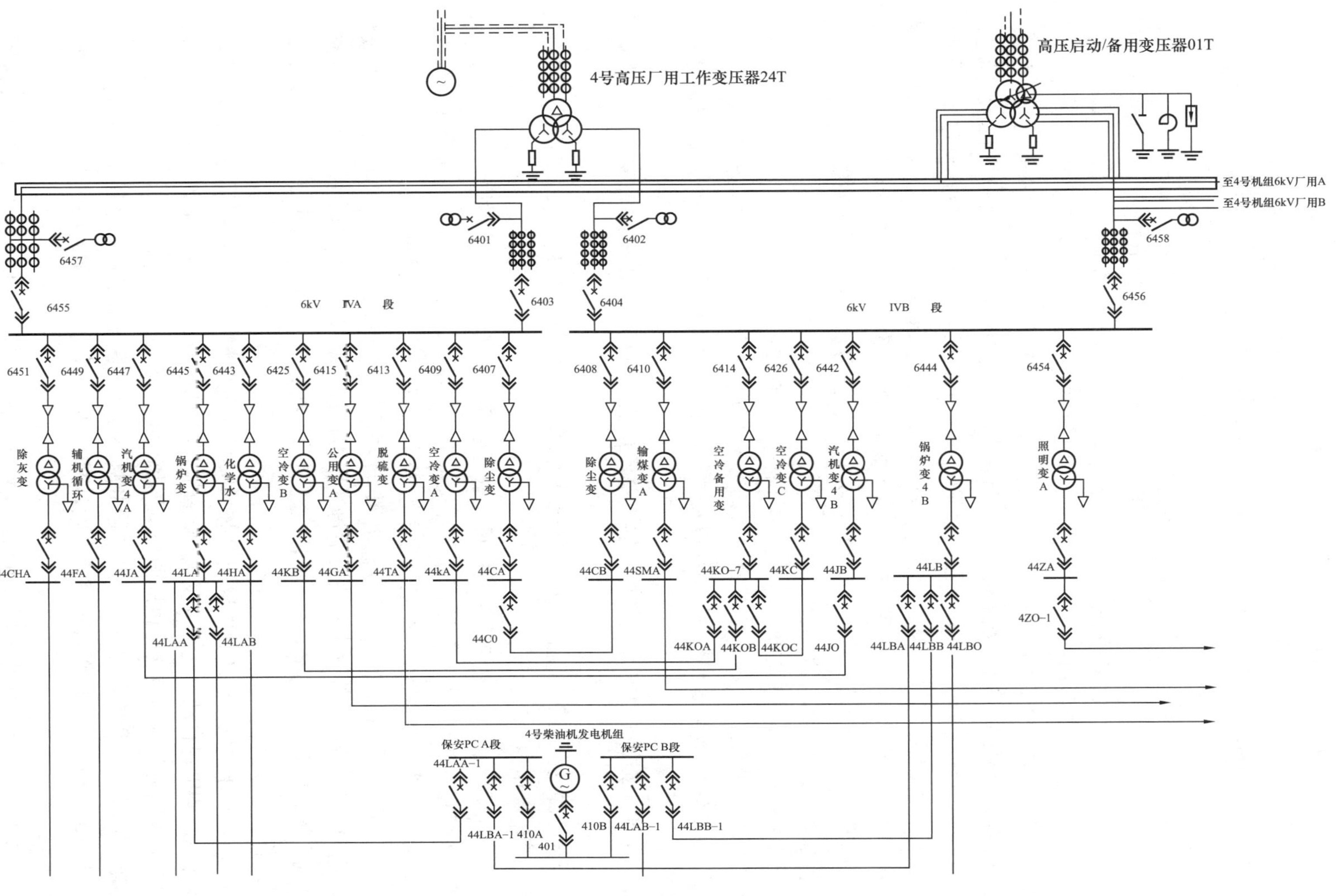

图2-1-2 典型2×300MW发电机变压器组单元接线发电厂厂用电一次系统接线图

（2）典型 2×300MW 发电机变压器组单元接线发电厂厂用电一次系统正常运行方式核对。

1）6kV 厂用一次系统正常运行方式：①4 号高厂变 24T 带 6kV 厂用 IVA、IVB 段；②5 号高厂变 25T 带 6kV 厂用 VA、VB 段（未画出，对称于 4 号高厂变）；③高压启动/备用变压器（启备变）01T 号充电备用，作 6kV 厂用 IVA、IVB 段和厂用 VA、VB 段的备用电源。

2）380V PC 段一次系统正常运行方式：①4 号机 1 号低压厂用变带 4 号机 380V 汽机 A 段 PC、4 号机 2 号低压厂用变带 4 号机 380V 汽机 B 段 PC；②4 号炉 1 号低压厂用变带 4 号炉 380V 锅炉 A 段 PC、4 号炉 2 号低压厂用变带 4 号炉 380V 锅炉 B 段 PC；③4 号机 380V 汽机 A 段 PC、4 号机 380V 汽机 B 段 PC 互为备用；4 号炉 380V 锅炉 A 段 PC、4 号炉 380V 锅炉 B 段 PC 互为备用；④4 号机保安 A 段、保安 B 段各由两路电源供电分别为 4 号炉 380V PCA、4 号炉 380V PCB，两路电源互为备用；⑤4 号机柴油发电机热备用，作为 4 号机 380V 保安 A 段 PC、4 号机 380V 保安 B 段 PC 的备用电源，就地控制方式开关投“自动”位置；⑥4 号机 1 号空冷变带空冷 A 段 PC、4 号机 2 号空冷变带空冷 B 段 PC、4 号机 3 号空冷变带空冷 C 段 PC、4 号机空冷备用变作为 4 号机空冷 A、B、C 段 PC 的备用电源；⑦4 号机照明变带 380V 照明 A 段，5 号机照明变带 380V 照明 B 段，两段互为备用；⑧1 号厂用公用变带 380V 公用 A 段 PC，2 号厂用公用变带公用 B 段 PC，联络隔离开关在合位，联络断路器在断位，两段互为备用。

注：5 号机未画出，与 4 号机 380V 系统 PC 段正常运行方式相同。

3. 2×300MW 机组发电厂直流 220、110V 系统接线图及正常运行方式核对

（1）典型 2×300MW 发电机变压器组单元接线发电厂直流 220、110V 系统接线图如图 2-1-3 所示。

（2）典型的 2×300MW 发电机变压器组单元接线发电厂直流 220、110V 系统正常运行方式核对。

1）两台机组设一 220V 直流系统，每台机组设一 110V 直流系统。每一直流系统设有两段母线、两组蓄电池、三台充电装置。

2）正常方式下，每一直流系统两段母线分开运行，Ⅰ（Ⅱ）组蓄电池、1 号（2 号）充电装置接入相应段电源母线，母联双投刀开关掷于相应段负荷母线，充电装置带该段母线上的负荷及对蓄电池组浮充。0 号充电装置作为 1 号（2 号）充电装置的备用。

3）每一直流系统的Ⅰ（Ⅱ）段直流电源母线故障（或检修）或Ⅰ（Ⅱ）组蓄电池故障时，其直流负荷母线可由Ⅱ（Ⅰ）段负荷母线串带运行。串带的方式是将Ⅰ（Ⅱ）段直流负荷母线的联络双投刀开关掷于Ⅱ（Ⅰ）段直流负荷母线，任一充电装置可带Ⅰ、Ⅱ段直流母线同时运行。

4）110V 操作直流电源各分电屏按辐射状供电。集控楼直流分电屏按屏分为两段互为备用，其分电屏侧电源自动空气开关及 110V 直流母线侧电源自动空气开关均合上工作，联络自动空气开关断开；其他直流分电屏的分电屏侧两路电源快分开关均合上，110V 直流母线侧一路电源自动空气开关合上工作，另一路电源快分开关断开作备用，严防合环运行。

5）各 MCC 操作直流电源按环网状供电，MCC 柜侧及分电屏侧两路电源自动空气开关均合上。

6）正常运行时，220V 直流母线电压应保持在 232±2V 范围内，110V 直流母线电压应保持在 116±2V 范围内。

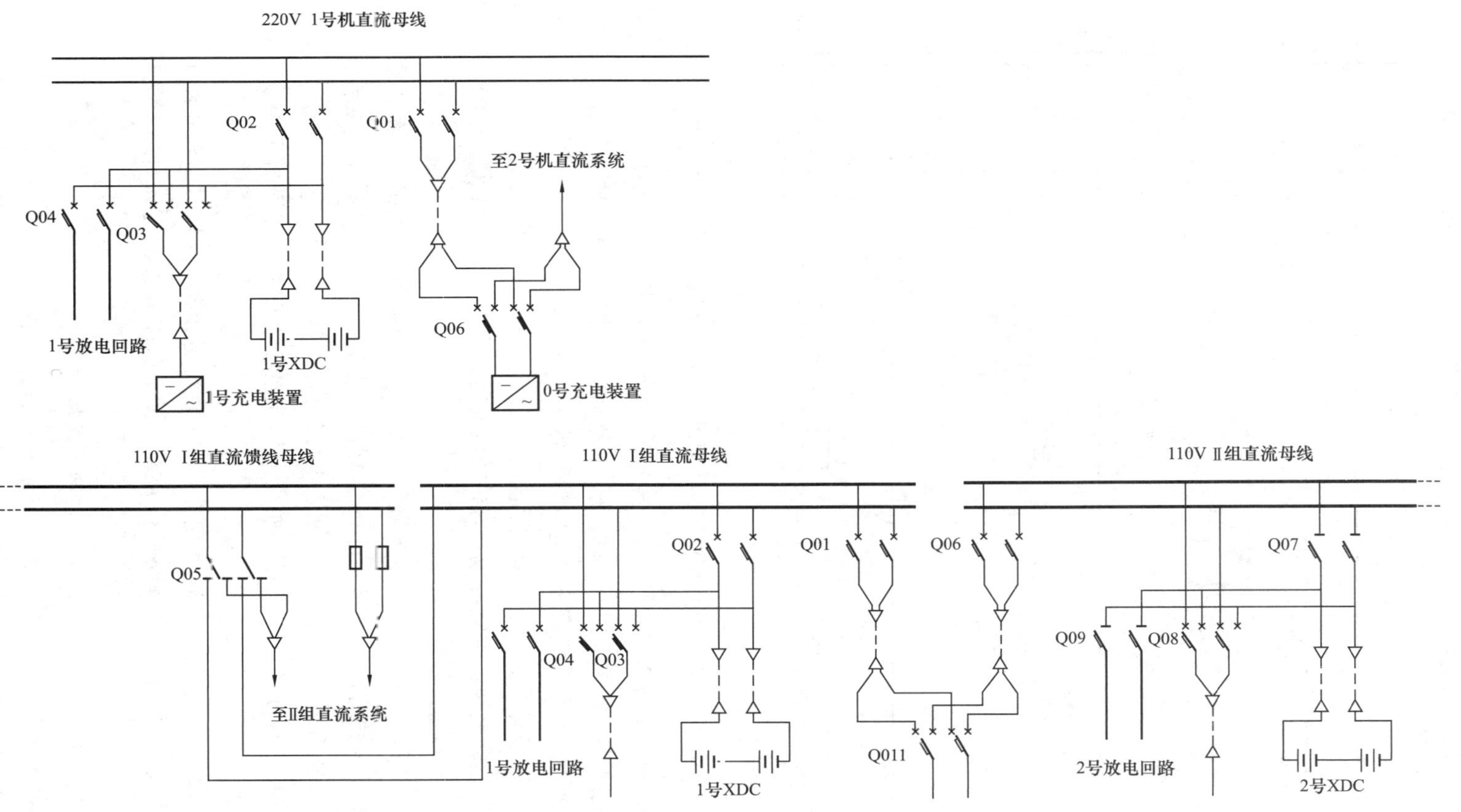

图 2-1-3 典型 2×300MW 发电机变压器组单元接线发电厂直流 220、110V 系统接线图

4. 2×300MW 机组发电厂 UPS 系统接线图及正常运行方式核对

(1) 典型 2×300MW 发电机变压器组单元接线发电厂 UPS 系统接线如图 2-1-4 所示。

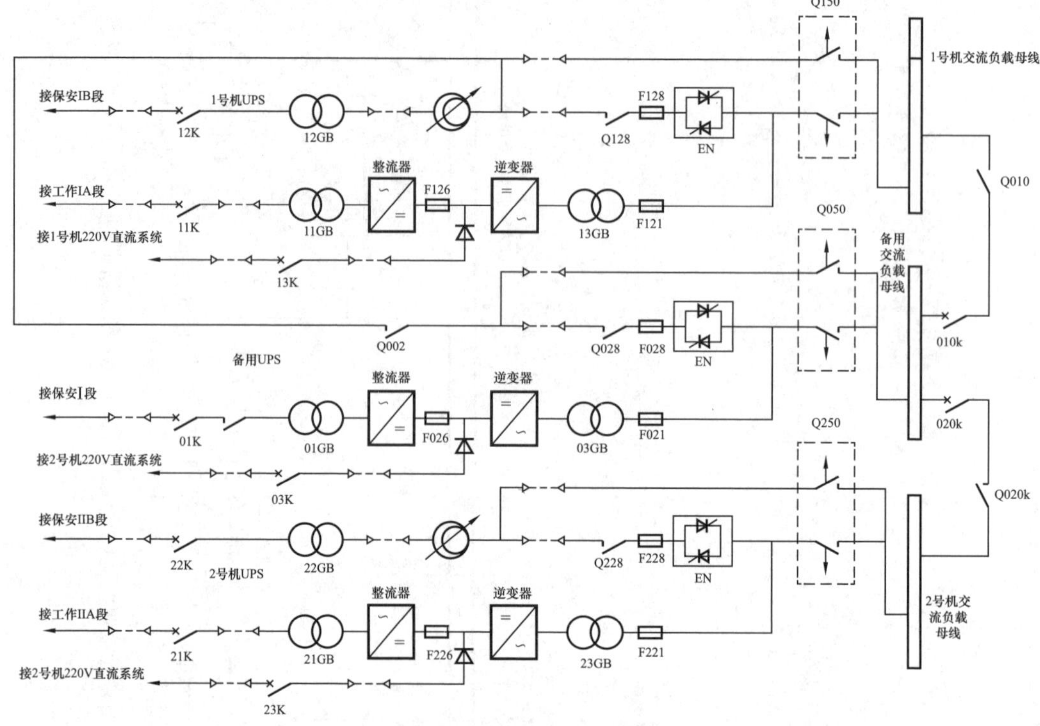

图 2-1-4 典型 2×300MW 发电机变压器组单元接线发电厂 UPS 系统接线图

(2) 典型的 2×300MW 发电机变压器组单元接线发电厂 UPS 系统正常运行方式核对。

1) 两台机组总共配置三套 UPS 装置，1 号机 UPS 供 1 号机组所需交流不停电电源，2 号机 UPS 供 2 号机组所需交流不停电电源，备用 UPS 作为 1 号、2 号机 UPS 的备用电源。

2) 每台 UPS 有正常运行、自动旁路运行、手动旁路运行三种方式。

3) UPS 有三路电源：主电源取自 380V 保安段，旁路电源取自 380V 工作段，直流电源取自 220V 动力直流母线。

4) UPS 正常运行方式负载由主电源经整流、逆变供给单相 220V 交流电源。

5) 当主电源或整流器故障时，UPS 负载由动力 220V 直流电源经逆变器供电。当主电源和整流器恢复正常后，UPS 自动切回主电源供电方式。

6) 当逆变器故障或者整流器停下而直流母线电压太低时，静态开关自动切换到旁路电源供电。

7) 当静态开关 EN 发生故障或整个 UPS 装置退出运行时，UPS 可经手动旁路开关 Q050 由旁路电源供电，即手动旁路运行方式。手动旁路开关具有先合后断的功能，以保证供电不间断。

(二) 典型 2×600MW 发电厂正常运行方式核对

1. 600MW 发电厂一次系统接线图及正常运行方式核对

(1) 典型 2×600MW 发电机变压器组单元接线发电厂一次系统接线如图 2-1-5 所示。

(2) 典型的 2×600MW 发电机变压器组单元接线发电厂一次系统正常运行方式核对。

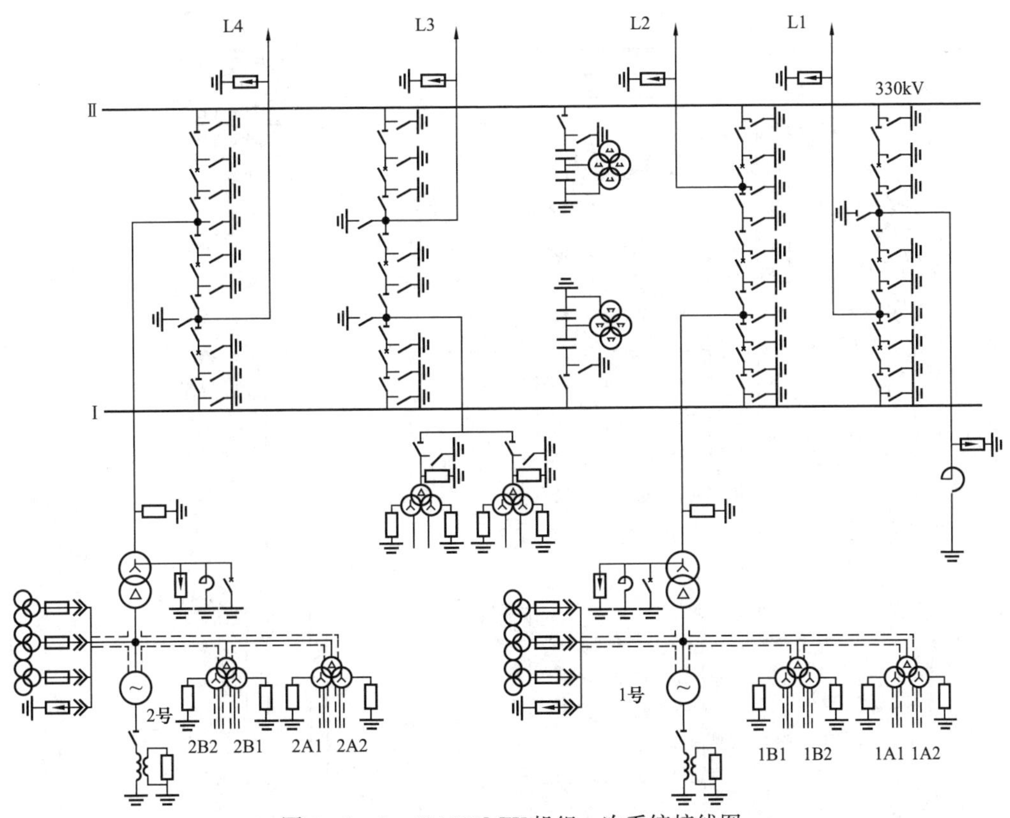

图 2-1-5 2×600MW 机组一次系统接线图

1）1、2 号机组（668520kW，20kV）分别与 3×240000kVA 单相主变接成单元接线，中间不设断路器，主变高压侧通过架空线路作为 330kV 一个半断路器的两回进线，1 号机接于Ⅰ母线，2 号机接于Ⅱ母线。

2）330kV 电气主接线采用一个半断路器接线，正常运行时，两组母线和所有断路器及隔离开关均合上，形成多环运行。线路 L1、L2、L3、L4 均运行，2 号机与出线 L4 交叉布置。线路侧没有隔离开关，若线路检修时，必须断开和此线路相连的两台断路器，其他串则继续正常运行。

3）从 330kV Ⅰ母线上引接两台高压启动/备用变压器。

4）中性点运行方式。发电机中性点经高电阻接地，即发电机中性点的接地开关合上。为减小电阻的容量，发电机中性点经单相配电变压器接地，配电变压器二次侧接电阻，中性点接地变压器容量为 50kVA，二次电阻值 0.33Ω，变比 $20/\sqrt{3}/0.22$kV，100V 处抽头，这样可以限制不超过 2.6 倍额定电压，故障电流不超过 10～15A，为定了保护提供电源，便丁检测。为使接地保护不带延时跳闸，要求发生单相接地时，故障电流不宜小于 3A。

两台主变、高备变中性点直接接地，不设接地开关，以增大零序电抗，限制单相短路电流，降低主变中性点绝缘水平。

2. 600MW 发电厂 6kV 厂用电一次系统接线图及正常运行方式核对

（1）典型 600MW 发电机变压器组单元接线发电厂厂用电一次系统接线如图 2-1-6 所示。

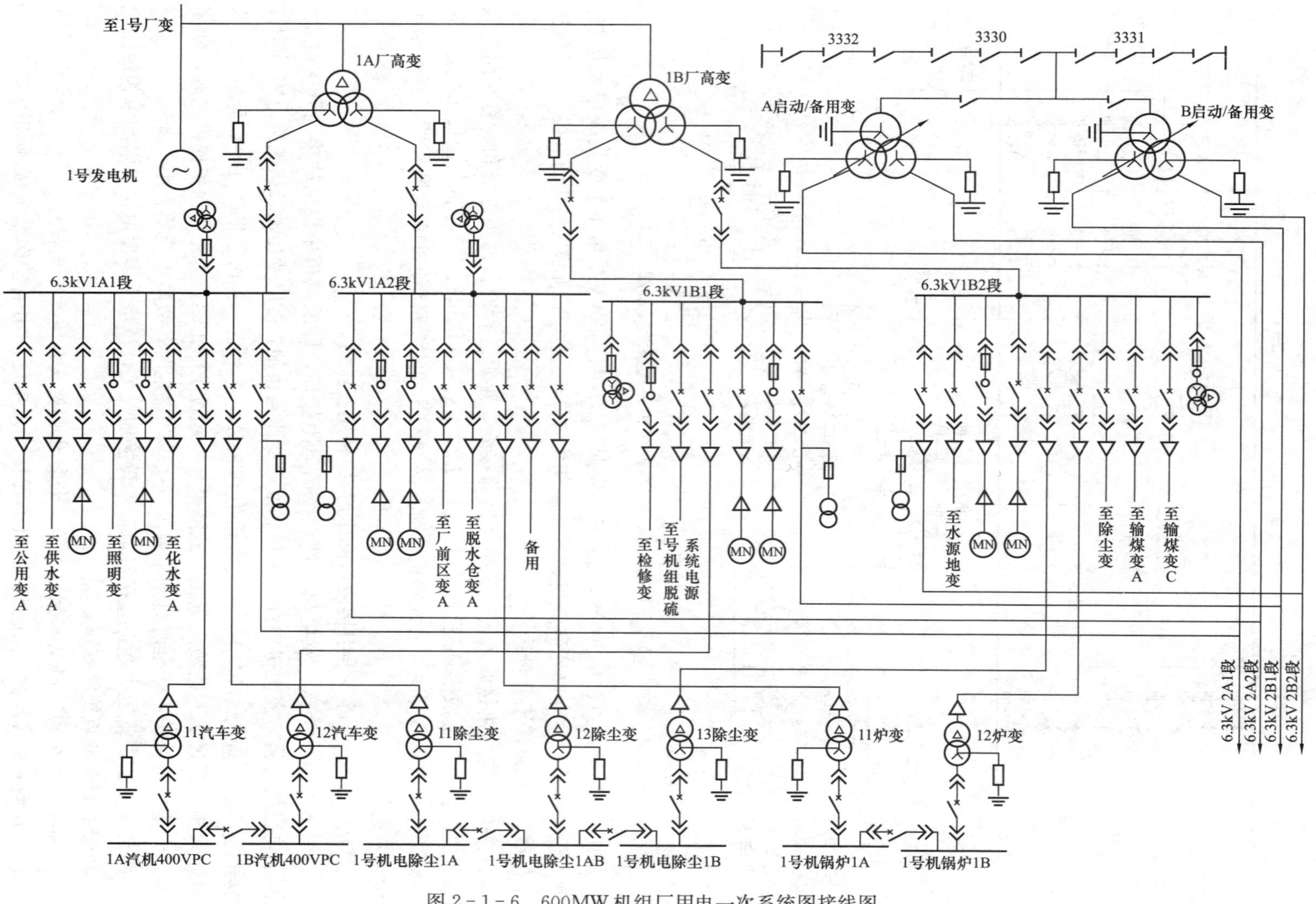

图 2－1－6 600MW 机组厂用电一次系统图接线图

(2) 典型600MW发电机变压器组单元接线发电厂厂用电一次系统正常运行方式核对。

1) 6kV厂用电一次系统正常运行方式。

a) 1号机两台高厂变，1A高厂变带6kV 1A1、1A2段，1B高厂变带6kV 1B1、1B2段，供给1号机组高压厂用负荷。

b) 2号机两台高厂变，2A高厂变带6kV 2A1、2A2段、2B高厂变带6kV 2B1、2B2段，供给2号机组高压厂用负荷。

c) 两台高压厂用启动/备用变压器OECT为三绕组分裂有载调压变压器，接于330Ⅰ母线上充电备用，A启动/备用变作6.3kV 1A1段、2A1段、1A2段、2A2段工作母线的备用电源，B启动/备用变作6.3kV 1B1段、2B1段、1B2段、2B2段工作母线的备用电源。

2) 380V低压厂用一次系统正常运行方式。低压厂用电系统每台机组主厂房内设置四段380V动力配电中心，供给本机组380V机炉辅机低压负荷。辅助厂房根据负荷分布设置：电除尘动力配电中心，每台机组两段；除灰动力配电中心，每台机组两段；煤动力配电中心四段；化水动力配电中心两段；污水处理动力配电中心两段；柱塞泵房动力配电中心两段；汽车进煤动力配电中心两段。

每段380V动力配电中心由一台低压厂用变压器供电。两段380V动力配电中心之间设置联络断路器连接（电除尘段采用明备用方式），低压厂用变压器采用互为备用方式。正常运行时，两段动力配电中心的联络断路器断开。

照明、检修与动力分开供电，每台机组设两段正常照明配电中心及两段检修配电中心，两段动力配电中心用联络断路器连接，分别由两台照明变压器和两台检修变压器供电。两台照明变压器和两台检修变压器互为备用。

主厂房低压厂用电系统采用经中性点接地变压器（二次侧接电阻）的高电阻接地方式。主厂房外380V厂用电系统采用中性点直接接地的方式。

3. 600MW发电厂直流系统接线图及正常运行方式核对

600MW机组，每单元机组一般装设三组蓄电池，其中两组110V蓄电池组，一组220V蓄电池组。110V直流系统供控制、保护、测量及其他控制负荷，220V直流系统供事故照明、动力负荷和UPS电源等。

(1) 典型600MW发电机组110V直流系统接线图及正常运行方式核对。

1) 典型600MW机组110V直流系统接线，如图2-1-7所示。两组110V蓄电池组共配三套硅整流充电装置，其中一套作为两组蓄电池的公共备用充电装置。

2) 典型600MW机组110V直流系统正常运行方式核对。

a) 正常运行时，110V直流系统A、B段分别运行，联络自动空气开关1Q、2Q在断开位置。

b) 正常运行时，自动空气开关3Q、4Q、5Q、6Q、7Q、8Q闭合，A蓄电池组和主充电机A在运行状态，主充电机A带110V直流母线A上的直流负荷及对A组蓄电池充电；B蓄电池组和主充电机B在运行状态，主充电机B带110V直流母线B上的直流负荷及对B组蓄电池充电。

c) 正常运行时，充电机C处于良好备用状态，自动空气开关11Q在断开位置。

d) 运行中主充电机A或B故障，则由充电机C代替运行，自动空气开关11Q打至A母线位置和1Q合上或11Q打至B母线和2Q合上。

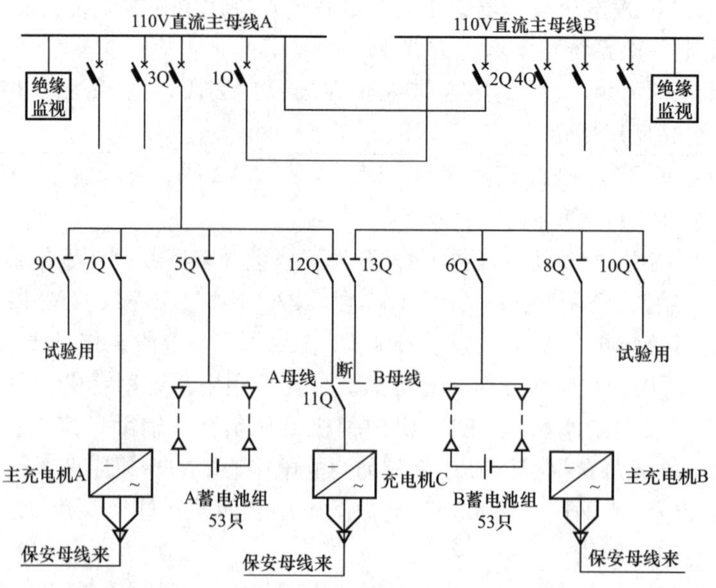

图 2-1-7 典型 600MW 机组 110V 直流系统接线图

e）当蓄电池需要离线均衡充电、补充电或核对性放电时，自动空气开关 3Q 或 4Q 断开，2Q 或 1Q 闭合，本段直流负荷通过联络自动空气开关 2Q 或 1Q 倒换由另一母线供电。

（2）典型 600MW 机组 220V 直流系统接线图及正常运行方式核对。

1）典型 600MW 机组 220V 直流系统接线，如图 2-1-8 所示。

2）典型 600MW 机组 220V 直流系统正常运行方式核对。

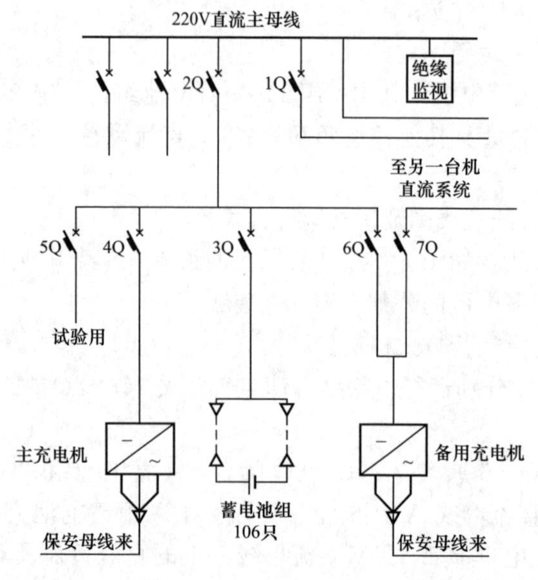

图 2-1-8 某电厂 600MW 机组 220V 直流系统接线图

a）220V 直流系统采用单母线接线方式。

b）配两套硅整流充电装置，其中一套工作，一套备用。备用充电装置跨接在相邻单元机组 220V 直流母线上。

c）正常运行时，自动空气开关 2Q、3Q、4Q 合上，主充电机带本机直流负荷并对蓄电池进行浮充电。

d）正常运行时备用充电机处于良好备用状态，自动空气开关 6Q、7Q 断开。

e）正常运行时，两机组 220V 直流母线联络快分开关在断开位置，即自动空气开关 1Q 断开。

f）运行中主充电机故障，则由备用充电机代替运行，快分开关 4Q 断开、6Q 合上。

4. 典型600MW机组UPS系统接线图及正常运行方式核对

(1) 典型600MW机组UPS系统接线图如图2-1-9所示。这种接线有两路交流、一路直流输入。

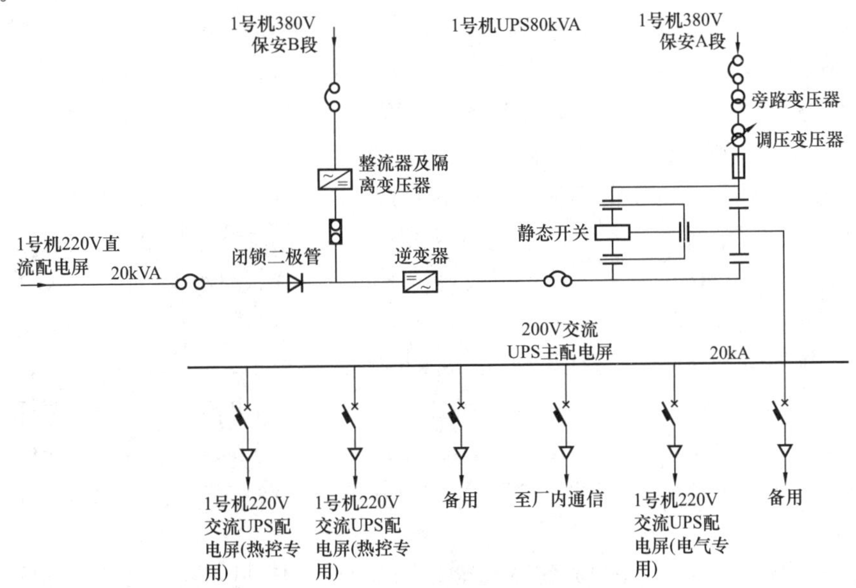

图2-1-9 600MW机组UPS系统接线图

(2) 典型600MW机组UPS系统正常运行方式核对。

1) 两路交流电源输入分别采自不同的380V事故保安电源A段和B段，一路直流输入电源来自发电厂的220V蓄电池直流系统。

2) 正常运行时，UPS系统由厂用电交流380V事故保安电源B段供电，经专用可调整流器变为直流，再经逆变器将直流变成符合要求的高质量220V交流电，通过静态切换开关及手动旁路开关送至UPS主配电盘。

3) 当厂用保安B段或专用整流器故障使整流器输出电压消失或降低至低于蓄电池直流系统电压时，单相逆变器就自动改由蓄电池组直流系统供电。当整流器输出电压恢复到足够高时，逆变器仍由整流器正常供电。

4) 当逆变器故障或过负荷时，由厂用380V事故保安电源A段引接的电源作为备用电源，通过静态切换开关自动切换到旁路系统向交流不停电负荷供电。

5) 当静态切换开关需要检修时，可手动操作旁路开关将其退出，并将UPS主母线切换到旁路交流电源供电。

【拓展提高】

(1) 电气主接线非正常运行方式。电气主接线非正常运行方式是指在事故处理、设备故障或检修时，电气主接线所采用的运行方式。由于事故处理、设备故障和设备检修的随机性，发电厂、变电站电气主接线的非正常运行方式有多种。

(2) 目前，我国600MW机组厂用电电压等级广泛使用以下两种方案。

1) 采用3、10kV两级电压。2000kW以上的电动机采用10kV，200～2000kW电动机采用3kV，75～200kW电动机接于400V动力中心配电，75kW以下由电动机控制中心配电。早期进口机组多采用此种方案。

2）采用6kV一级厂用电压等级。200kW及以上电动机采用6kV供电，200kW以下电动机由400V供电。目前国内新建的600MW机组基本上采用此方案。

电厂高压厂用负荷一般都比较重要，大多设有备用设备，当工作设备故障时，备用设备会自动启动接替工作。为使工作与备用设备不会因母线故障而全部停运，高压厂用母线一般分为两段，把互为备用的设备接于不同段上。

随着机组及高压厂用变压器容量的不断增大，高压厂用电系统中的短路电流也在增大，为限制短路电流水平，除适当加大厂用变压器的阻抗外，还广泛采用低压为分裂绕组的分裂变压器，并将一台机组的两段高压厂用母线接于不同低压分裂绕组上，图2-1-6所示为某600MW机组高压厂用电系统接线图。

（3）当机组容量为600MW及以上时，高压厂用变压器的设置有两种方式。

1）采用一台大容量分裂变压器。由于变压器供给的短路电流大，需将厂用系统的断路器开断电流提高到50kA及以上，这种接线大多见于国外引进机组，如元宝山电厂由法国引进的600MW机组，采用一台63/35-35MVA的分裂变压器作高压厂用变压器，其阻抗百分数为14%。

2）采用两台较小相同容量的分裂变压器。国产600MW机组都采用两台相同容量分裂变压器并列运行，既可降低厂用电系统的短路电流水平及低压绕组出口断路器的额定电流，提高厂用电源的运行性，又与高压厂用/备用电源的设置相衔接。由于每台600MW机组使用两台高压厂用分裂变压器并列运行，因此高压厂用母线也分成了四段。厂用高压系统采用6.3kV电压供电，引接至发电机变压器单元接线变压器低压侧，由发电机组至主变压器回路及其厂用分支回路采用分相封闭母线，由高压厂用变压器至6kV厂用开关柜回路采用三相共箱封闭母线。

（4）查找其他诸如200、1000MW大机组并分析其正常运行方式。

任务1.2 典型300MW发电厂运行监控

发电厂通过机组正常运行控制参数限额规定，监视、调整机组运行工况，使主要参数符合规定；按照电网负荷需求，及时调整机组负荷，维持机组运行工况正常，满足电、热负荷需求，保证机组安全稳定运行，保持运行参数正常，提高运行效率及经济性。

【教学目标】

知识目标：①掌握发电厂额定运行方式的概念；②知道发电机额定运行方式下的主要参数及允许变化范围；③熟悉发电机参数变化时的运行规定。

技能目标：①能说出发电机等主要设备额定运行方式下的主要参数；②能判断发电机主要参数变化是否在正常运行允许范围，能对发电机运行参数进行调节，保证其机组安全经济运行。

态度目标：①能主动学习，在完成任务过程中发现问题、分析问题和解决问题；②能严格遵守“电气运行”规程及各项安全规程，与小组成员讨论、交流配合，按标准化作业流程完成学习任务。

【任务分析】

(1) 掌握发电机主要监视参数：温度、电压、频率、功率因数、绝缘电阻等。

(2) 理解发电机参数变化允许范围及运行规定：电压、频率、过负荷、负序过负荷、失磁异步运行、调峰运行等。

(3) 对发电机运行进行调节：电压、频率、功率因数、有功负荷、无功负荷、三相电流、冷却系统等。

【相关知识】

1. 同步发电机运行

同步发电机运行包括正常运行方式、非正常运行方式和特殊运行方式三种。

正常运行方式是指发电机按铭牌及运行规程规定的额定参数运行的方式，又叫额定运行方式，即同步发电机并列在电网中运行，发电机的电压、电流、功率因数、输出功率、冷却介质温度和压力都是额定值，稳定地向系统输送有功功率和无功功率，具有损耗少、效率高、转矩均匀等较好的性能。非正常运行方式常见的是指同步机处于过负荷、不对称、异步运行状态，此时，部分参量出现异常，如定子转子电流超过额定值、电压不对称、产生某种频率的感应电流、局部过热。这种运行方式只容许短时运行。特殊运行方式是指由于种种原因，发电机运行方式变为过励磁、进相、调相运行方式，此时，某些参量也出现异常或和故障过渡过程相似的运行状态。此时允许发电机较长时间运行，不要求立即切除故障，但需严密监视发电机运行，以防危及机组和系统安全。

2. 发电机组运行的监视和调整通则

(1) 机组运行调整的任务是要保证锅炉的蒸发量能满足机组负荷的要求；调节各参数在允许范围内变动，确保机组的运行安全和正常使用寿命；保证炉内燃烧工况良好和参数在最佳工况下运行，确保机、炉运行安全性、经济性、环保性。

(2) 机组运行中要充分利用和发挥自动控制系统的作用，确保设备运行工况的稳定和运行参数的调节质量。在控制系统自动运行时，运行人员要加强画面参数的监视和运行参数的分析。只有在自动控制系统或测量元件发生故障、机组发生异常使设备的参数超出自动系统的调整范围、设备非正常方式运行超出自动控制系统设计能力才需要解除自动进行手动调整。发现自动控制系统不能正常运行，要立即将故障的自动系统切换成手动进行调整确保运行参数正常，同时立即联系热控人员进行处理。

(3) 机组运行期间要密切注意监视画面上参数的变化，发现参数偏离正常要及时进行调整，不得使参数超出正常运行允许范围。在参数不严重偏离正常值的情况下尽量保持参数平稳变化，防止大幅度调整造成参数振荡。

(4) 当出现参数报警要认真进行检查、核实、分析并积极进行调整，必要时要联系巡检人员就地进行核实、检查，禁止不加分析盲目复归报警。在机组出现较多参数异常和报警时，要立即进行协作调整。

(5) 正常运行中严禁退出锅炉保护装置，若必须退出，必须经总工程师批准，并有防范措施。

(6) 在机组出现异常、出现较多参数异常和报警时要立即组织能够参与异常消除的力量积极进行协作调整。在调整过程中要注意抓住主要参数进行调整，待主要参数基本调整正常再逐一进行其他参数调整。

【任务实施】

根据发电厂相关运行规程等相关规定，对照发电厂各主要设备配置和技术规范，对典型2×300MW发电厂进行运行监控。

(一) 发电机主要参数监视

发电机运行中的监视主要通过DCS的数据实时监视，主要监视发电机的有功功率(MW)、无功功率 (Mvar)、定子电压 (kV)、三相定子电流 (kA)、转子电压 (V)、转子电流 (A)、频率 (Hz)、转子电压 (V)、电流 (A) 等。另外还有自动励磁调节器的有关数据。当发电机在额定工况下运行时，上述各表计均应指示在相应额定值附近，AVR为AC运行，DC跟踪，平衡电压表应始终保持在零或零值附近偏差很小的范围内。正常运行中，值班人员应严密监视发电机各表计、自动记录装置的工作情况，除应监视各数据指示不超过规定数值外，还应根据运行资料及时分析各数据有无异常指示。例如，在一定的有功、无功负荷时，定子电流及转子电压、电流的指示应相应，即不应出现个别数据指示异常升高或降低情况；在冷却条件相似的条件下，发电机各部位温度应无不正常指示升高等。监盘过程中，根据有功负荷、电网电压等情况，及时做好无功负荷、发电机电压、电流及励磁系统参数的调整，使机组在安全、经济的最佳状态下运行。

此外，还应通过运行资料和历史数据分析，针对各表计的指示值，不断监视和掌握发电机的运行工况，及时分析、判断有无异常和采取相应措施。例如对发电机定、转子绝缘的监视，转子电压的正常指示值为正、负极之间的电压，当转子某极接地时，转子绕组对地绝缘电阻为零，另一极对地电压等于正负极之间电压。定子各相对地电压正常时应相等且平衡，即均为相电压。当一相对地电压降低而另两相升高时，则说明对地电压低的一相对地绝缘下降（如果低至0而另外两相对地电压升高至线电压时，则表明发生了金属性接地，此时发电机定子接地保护反应报警）。上述维护、检查的周期，应根据设备的具体情况而定，一般投产初期的机组或已发现有异常的机组其周期应短一些，这在各厂的现场运行规定和制度中均应有明确规定。

1. 发电机允许温度

发电机定子和转子绕组的温度和温升对发电机安全运行有着决定性的意义。发电机负载运行时，其绕组和铁芯中存在功率损耗，从而引起相应部分发热。在一定冷却条件下运行时，发电机各部分的温度和温升与损耗及其所产生的热量有关，负载越大，损耗越大，产生的热量也多，温度和温升就越高。电机的绝缘由于电场的影响和各种机械力（如机组振动、电流在绕组导线间产生的电动力、冷却介质对绝缘表面的摩擦等）的作用以及最高污垢、潮湿、氧化、受热等原因，逐渐老化而损坏。对于绝缘的老化，影响最大的是绝缘的受热温度。温度越高，绝缘老化越快，寿命越短，有时甚至由于温度过高而导致机组烧毁。因此，在运行中，必须特别注意发电机各部分的温度、温升，使其不超过允许值，以保证机组安全运行。发电机绕组和铁芯的长期发热允许温度与采用的绝缘等级有关。大机组一般采用耐热等级为B级或F级绝缘。B级绝缘允许最高温度为130℃，F级绝缘允许最高温度为155℃。

发电机允许温度极限值是指使用规定的测量方法测得的允许值。发电机定子绕组的温度是利用埋于定子槽内线棒间、槽底或槽楔下的电阻温度计所测出的温度，这些温度经过测量装置反映在温度表上。这些温度并不能反映绕组最热点的温度，而发电机的允许负荷是以绕组最热点温度不超过绝缘材料的允许温度确定的，因此，为了准确地知道发电机最热点温度，一般只能通过用试验和运行中的测量方法测出的温度，并考虑最热点的可能温升来修正，从而得出绕组最热点温度，看其是否超过绝缘材料的允许温度。也可以通过带电测温装置用比较法测得发电机运行中定子绕组的平均温度。

转子绕组的温度一般根据冷热状态下的电阻变化测量或根据转子电压表、转子电流表的指示计算得出。

电阻法测量转子绕组温度应采用0.2级的电压表和电流表，温度计算式为

$$T_2=\frac{(234.5+T_1)\times R_2}{R_1}-234.5$$

式中：T_1 为转子绕组冷态温度，℃；T_2 为转子绕组热态温度，℃；R_1 为转子绕组冷态直流电阻，Ω；R_2 为转子绕组热态直流电阻，Ω。

即使在相同的绝缘等级允许温度下，由于各种发电机通风结构不同，其温升的不均匀系数存在差异，因此，采用相同的测量方法，发电机各部分的允许温度可能有些不同。

2. 发电机电压允许变化范围

电压是电能质量的重要指标之一，电压过高或过低对发电机、电力系统及用户的正常生产、生活都会产生不利影响。例如，电压过高会影响用户用电设备的使用寿命，电压过低会使电动机发热甚至烧毁。发电机在实际运行中，由于电力系统负荷总是变动的，电压不能始终稳定并保持额定值。

发电机电压应维持额定值，当功率因数为额定值时，电压变化范围不超过额定值±5%，发电机允许连续输出额定功率。

发电机最高运行电压不得大于110%，最低运行电压不得低于额定值的90%，当电压下降至低于额定值的95%时，定子电流长期允许的数值不得超过额定值的105%；当电压升高5%时，定子电流应降低5%。

发电机电压过高可能产生如下不良影响。

(1) 电压升高时，无功功率增大，若输出功率维持不变则必须增大励磁电流，可能使转子绕组温度升高超过允许值，若维持励磁电流不变则需降低输出功率。

(2) 电压升高，发电机的定子铁芯磁通密度增大，铁芯损耗增大，可能使定子铁芯和定子绕组温度超过允许值。

(3) 大容量内冷发电机在额定条件下运行时，定子铁芯已饱和状态，电压升高不多，也会使定子铁芯磁深度饱和，发电机端部漏磁也会增加，引起发电机转子及定子结构部件中附加损耗增加，使发电机实体部分（如漏磁逸出轭部、机座某些部件如支持筋、机座、齿压板等）和支持端部的金属零件过热，造成事故。

(4) 过电压运行对定子绕组绝缘（如存在绝缘薄弱点）有击穿危险。

发电机电压过低可能产生如下不良影响。

(1) 电压低于额定电压运行可能使定子绕组温度升高。在电压降低时若要保持输出功率不变，需增加定子电流。当电压降低到额定值的95%时，定子电流长期允许值不得超过额

定值的105%，因为当电压低于额定值时，铁芯磁通密度降低，铁损耗减少，所以稍微增加定子电流，绕组温度不会超过允许值，但当电压低于额定值的95%以下时，定子电流不允许再增加，否则定子绕组温度会超过允许值。

(2) 电压降低会引起厂用电动机和用户电动机运行恶化。因为电动机力矩与电压平方成正比，电压降低使电动机力矩大大下降，引起电动机电流增大而发热，对厂用电动机影响机组出力，可能导致发电机运行状况变坏，引起更大事故。

(3) 电压降低会引起系统并列运行稳定问题和发电机本身励磁调节稳定性问题。当发电机电压低于额定值的95%以下运行时（一般到90%），会使系统并列运行稳定度大大下降，因为此时由于励磁电流的减少，使定子磁场和转子磁场拉力减少，容易产生失步和振荡；另外，发电机正常运行时，铁芯磁密工作在饱和区，当电压降低运行至不饱和区，励磁电流的很小变化会引起电压的较大变动，使电压调节不稳定。

3. 发电机频率允许变化范围

频率是电能质量的重要指标之一。发电机保持额定频率运行是最理想的运行状态，我国规定的额定频率为50Hz，但由于电力系统负荷的变化，故运行中的频率较额定值有所偏差。

按我国运行规程规定，发电机运行频率允许变化范围为50Hz±1%时，发电机可按额定容量运行。

发电机运行频率过高时，发电机转速增加，转子离心力增加，可能使转子某些部件损坏，因此频率增高主要受转子机械强度的限制。在汽轮发电机组中，若转速增加过多，其保护装置动作，关闭主汽门，使机组停止运行。正常运行时系统频率过高的情况不多。

发电机运行频率低于额定值较多时，对发电机会产生许多不良影响。

(1) 发电机频率降低，转速下降，使发电机端部通风量减少，冷却条件变坏，使绕组和铁芯的温度升高，机组输出功率下降。

(2) 发电机的感应电动势与频率和磁通成正比，频率降低，要在相同负荷下保持母线电压不变，必须相应地增加磁通，即增大转子电流，这样使转子过热，要避免过热则要降低负荷。

(3) 频率降低时，厂用电动机的转速也相应下降，影响发电厂的正常生产，如循环水量不足，凝结水抽出较慢，造成汽轮机真空下降，锅炉给水压力不足，影响锅炉上水，从而又影响锅炉汽压下降、水位不够稳定等，所有这些都会影响发电机的输出功率，又促使系统频率进一步下降，如此循环，会造成电力系统频率崩溃。

(4) 汽轮机在较低转速下运行时，会造成叶片过负荷，产生机组振动，可能使汽机叶片损坏。

4. 功率因数的监视与控制

功率因数正常应维持额定值，发电机额定功率因数为0.9（迟相），正常运行一般不超过0.95（迟相）。如自动调励装置投入时，必要时可在功率因数为1的条件下运行，并允许短时间进相0.95～1范围内运行（必须经试验后，根据系统需要）。

发电机允许变功率因数运行，当降低功率因数时，转子励磁电流不允许大于额定值，而且视在功率应减少。当增大功率因数时，发电机的视在功率不能大于其额定值。

发电机进相运行的允许范围主要受发电机静态稳定和定子铁芯端部构件发热两个因素的限制。发电机在结构上能满足超前功率因数0.95和额定功率的情况下稳定运行。

当发电机进相运行时，应严格执行以下规定。

(1) 发电机失磁、失步保护完好投入。

(2) 高压母线电压不得低于电网电压曲线要求下限。

(3) 定子铁芯、端部结构件，定子线圈及线圈出水温度不超规定值。

(4) 在发电机进相运行期间，6kV 厂用母线电压不能低于 5.7kV，否则停止继续降低无功负荷。

(5) 当机组运行不稳定时，应立即将发电机拉回至迟相运行状态，并汇报网调。

(6) 在发电机进相运行期间，发电机定子电压、定子电流不能超过运行限额，否则停止继续降低无功负荷。

5. 发电机绝缘电阻测量

发电机开机前及停机后必须测量定子、转子回路的绝缘电阻。

测量绝缘电阻时，应使用相应电压等级的绝缘电阻表，发电机定子回路的绝缘电阻测量使用 2500V 的水绝缘电阻表或“水内冷电机定子绝缘测试仪”进行测量，将进、出水管屏蔽线接到仪表的屏蔽端上。测定子绝缘电阻时，必须核实定子绕组水回路内无水或者通入电导率合格的定冷水；发变组出口隔离开关、接地开关、中性点接地变必须断开，出口电压互感器拉出。干燥情况下发电机定子回路的绝缘电阻值应在 100MΩ 以上。如测得定子回路的绝缘电阻值降至历年的 1/3～1/5 时应查明原因，并设法消除。当温度在 10～30℃范围内，定子绕组吸收比 R60/R15 应不小于 1.3。测发电机定子绝缘电阻前须先进行测量，汇水环对绕组绝缘电阻必须大于 80kΩ，汇水环对地电压必须小于 30mV，对地电阻大于 20kΩ，然后再进行定子绝缘电阻的测量，测量时如电压达不到 1000V 立即停表，否则会损坏绝缘电阻表。

发电机励磁回路测量绝缘电阻使用 500V 的绝缘电阻表进行测量。发电机转子回路绝缘电阻值应在 1MΩ 以上，发电机励磁回路绝缘电阻值低于 0.5MΩ 时必须经总工程师批准才允许运行。若绝缘电阻持续降低至 15kΩ 时，应检查绝缘电阻降低部位，并对集电环电刷进行清理和干燥。如电阻值仍不回升应尽快停机检修。转子绕组接地保护在转子绝缘电阻低于 10kΩ 时须报警，低于 4kΩ 时立刻停机。

(二) 发电机运行中的调节

1. 发电机出口电压的调节

正常运行中 DCS 应投入自动调节励磁，并检查出口电压在允许范围之内 ($95\% U_N \leqslant U \leqslant 105\% U_N$)。如果发电机出口高电压运行 ($U > 105\% U_N$) 时应按电压下降的比例降低发电机的总功率 (MVA)。

2. 频率的调节

正常运行时，运行人员应经常检查频率在允许范围之内。当频率升至 50.5Hz 以上时，应将发电机有功负荷降至最低；当频率降至 49.5Hz 以下时，应将发电机有功负荷升至最大，并报告中调。

3. 发电机三相电流的调节

由于三相电流不平衡产生的负序电流不得超过其额定电流的 10%，且每相电流不超过额定值，否则应减小发电机励磁使其符合要求。

当发电机定子电压为 $95\% U_N$ 时，允许定子带 105%的额定电流连续运行。

4. 功率因数的调节

正常运行时，应使发电机功率因数维持在允许的范围之内。调节功率因数应根据发电机所接高压电网的母线电压曲线决定，应注意低功率因数时转子电流应不大于额定值。

如果发电机必须进相运行时，应不超过由试验决定的最大进相深度。

5. 发电机负荷的调节

发电机功率应尽量满足系统的需要，运行人员应创造一切条件满足要求。

发电机运行中负荷的调节包括有功和无功负荷调节，目前机组采用的多是机电炉集控方式，即锅炉、汽轮机、发电机为一个独立的系统，所以有功负荷的调节由锅炉运行人员负责。但当电力系统出现振荡且该机处于高频率系统需要立即减荷；或发电机出现失步现象需要立即降低该机有功负荷；或发电机三相定子电流不平衡超过允许值需要降低时，电气运行人员可通过值长直接调节有功负荷。在现场运行规程中均有具体规定。

无功负荷由电气运行负责调节。

(1) 发电机运行中调节的原则。

1) 有功负荷。正常时，按上级调度的命令进行，即由上级调度根据系统负荷的变化和需要，通知各厂增加或降低输出功率，即 DCS 发出相应调整燃料、水量和风量的大小。这一过程中电气运行人员应时刻监视该机数据显示，以保证发电机的正常工作。

事故时，电气运行可根据具体情况直接进行有功负荷的调节，并尽量联系锅炉运行协同进行。

2) 无功负荷。正常情况下，根据电网给定的电压曲线按规定要求由电气运行人员通过改变 AVR 的工作点进行调节。

事故时，根据事故处理要求进行调节。例如，发电机失步时应增加无功负荷，三相定子电流不平衡超过规定时降低无功负荷等。

(2) 调节有功、无功负荷时发电机表计的变化。

1) 单纯调节有功负荷，例如降低有功负荷，有功功率（MW）下降，三相定子电流（kA）平衡下降，无功功率（Mvar）略有上升，有些发电机仅装设功率因数表，则在滞后范围内下降。

2) 单纯调节无功负荷，例如增加无功负荷，无功功率上升或功率因数滞后下降，三相定子电流平衡上升，转子电流（A）、电压（V）上升，定子电压（kV）略有上升，主励转子电压、电流上升。

(3) 调节过程中的注意事项。

1) 调节幅度应控制得小一些为好，以免被调节对象大起大落。

2) 调节时，必须先认清调节对象的操作设备。根据运行经验，曾多次发生过因搞错操作对象而造成机组异常运行的事例。

3) 调节过程中，必须严密监视数据变化情况，切忌在调节的同时一心多用，例如和他人谈话等，更不应该在调节时眼睛不看监视设备。实践中，曾不止一次发生过眼睛注视的监视设备与调节对象不一致，而操作者又恰巧搞错了调节设备，等到偏差过大时才发现，已客观上造成了误操作。

4) 调节过程中，还应综合观察和分析数据显示的变化情况。例如，三相定子电流是否平衡变化；转子电流、电压是否相应变化等。另外，调节后，特别是增加后，应对发电机的各部分温度加强监视。正常工况下，各部分温度应稍有上升并且不会超过允许值，但是，如果由于冷却条件影响而发生温度异常升高时，应认真分析，找出可能原因并汇报上级，采取措施，包括降低有功、无功负荷，使机组运行在允许范围内。

（三）发电机冷却系统的监视与调整

机组正常运行时每小时应检查氢压、氢气纯度、氢冷却器冷氢温度、定子冷却进出水温度等是否正常。

1. 发电机氢气系统监视与调整

当氢压变化时，发电机的允许输出功率由绕组最热点的温度决定，即该点温度不得超过发电机在额定工况时的温度。

若氢气纯度小于98%时，必须补排氢使氢气纯度大于98%。当氢气纯度下降至95%时，应立即减负荷并进行补排氢；若氢气纯度继续下降至90%以下时，应立即停机排氢进行检查。

运行中发电机内氢气绝对湿度必须小于2g/m^3（机外常压取样化验0.4g/m^3），停机时可用降低氢压或充入干燥氢气来维持，保持氢气干燥器运行。

发电机内氢湿度在2～2.5g/m^{3}时（机外常压取样化验0.5g/m^3）每年不超过3次，每次持续时间不超过3d。

不同氢压、不同功率因数时发电机的功率应按容量曲线带负荷，当氢压太低或空气冷却方式下不准带负荷。特殊情况下需要降低氢压运行，须与制造厂商协商，且运行时间不超过4h。

当发电机冷氢温度为额定值时，其负荷不应高于额定值的1.1倍；当冷氢温度低于额定值时，不允许提高发电机功率；当发电机冷氢温度高于额定值时，每升高1℃时，定子电流相应减少2%。但冷氢温度超过48℃不允许发电机运行。

发电机正常运行时须投入两组（每组两台氢冷器），以维持机内冷氢温度恒定。当氢冷器在运行中停止一台运行时，发电机在额定氢压、额定功率因数下可带额定负荷的80%或以下运行。

当氢气冷却器的冷却水流量降低至额定值的75%时，信号装置报警。应适当减少发电机的负荷，同时采取措施使其流量恢复正常值。

氢气冷却器进水温度超过额定值时，可根据运行氢压和氢温调节负荷运行。

2. 发电机定子冷却水系统的监视与调整

正常运行期间，定子冷却水的电导率小于1.5μS/cm。

正常运行时，定子冷却水泵一台运行、一台备用，备用泵的出入口门应在开启状态。

发电机定子冷却水流量降低至额定值的68%时，发出报警信号，流量继续下降至额定值的52%时，发出事故信号并使发电机断水保护动作跳闸。

定冷水离子交换器出口电导率应在0.1～0.4μS/cm。当电导率达到0.5μS/cm时，电导仪CC1将发“离子交换器电导率高”报警信号，及时通知化学人员处理。

定冷水换水应根据化学的要求使用凝结水或除盐水。

当定冷水中含氢气量超过3%时，应加强对发电机的监视，若每小时取氢样监测时发现捕集器中含氢量超过20%时，应立即将发电机解列灭磁。

正常运行时，发电机定子冷却水进水温度应控制在45～50℃；定子冷却水压控制在0.25～0.35MPa，当压力降低至0.14MPa时，延时3～5s联起备用泵。

两台冷却器同时运行，发电机可带100%负荷，此时冷却器一次出水温度应不高于50℃，两台冷却器冷却水温应保持相同。如果一台定子冷却水冷却器故障，发电机定子线圈进水温度应不超过60℃，否则应降负荷使定子线圈进水温度降至60℃以下。发电机每运行两个月以上的停机，应对发电机的线棒及引线进行反冲洗。

【拓展提高】

1. 发电机参数变化时的运行规定

正常运行的发电机，其各参数应保持在额定值允许的范围内运行，当参数偏离额定值时，应及时调整，使发电机保持在合理的运行工况。

(1) 发电机频率与电压变化范围。发电机在额定功率因数，电压偏离额定值±5%，频率偏离额定值+2%～−3%时能连续输出额定功率。发电机在额定功率因数，电压偏离额定值±5%，频率偏离额定值+3%～−6%时，输出额定功率运行的时间按规程的规定运行。

(2) 发电机过负荷。在系统故障状态下，允许发电机短时过负荷运行，但此时氢气参数、定子绕组定冷水参数、定子电压均为额定值。

定子绕组能承受短时过电流运行，不产生有害变形及接头开焊等情况。这种运行工况，每年不得超过两次，时间间隔不小于30min。

转子绕组能承受短时过电压运行，每年不得超过两次，时间间隔不小于30min。

(3) 发电机负序过负荷。发电机在额定参数下连续运行，不平衡电流应小于或等于8%的额定电流，且每相电流不大于额定值，允许发电机长期运行。

当负序电流大于8%的额定值，最大相定子电流大于额定值时应降低有功、无功负荷，将负序电流限制在允许范围内，检查原因并消除。

为防止负序电流产生的损耗引起转子磁极表面和护环的局部过热和烧损，必须严格控制事故状态下的不平衡负荷及其时间，规定负序电流标幺值的平方与事故时间的乘积 $(I_2/I_N)^2t \leqslant 10s$，否则保护将解列停机。

(4) 发电机失磁时的异步运行。在未进行应有的试验，并将试验结果与制造厂商定之前，不规定发电机异步运行能力。但在事故条件下，发电机失磁保护投入运行应按照保护动作结果处理。当励磁系统故障，且电网条件允许时，失磁运行的持续时间不得超过15min，此时允许的负荷在额定值的40%以内，而且发生失磁时，在最初的60s时间内将负荷降至额定值的60%，在其后的90s时间内降至额定值的40%。

(5) 发电机调峰运行。当电网需要时，发电机允许调峰运行。

发电机每年启停允许330次，在整个使用寿命内，启停次数不超过10000次。

发电机负荷增减率，一般每分钟为额定负荷的5%，但紧急情况下取决于汽轮机。

2. 冷却条件变化对发电机允许输出功率的影响

对于水氢氢冷却汽轮发电机，冷却条件变化主要是指氢气和冷却水的有关参数不同于额定值。当冷却条件发生变化时，发电机一般不能在额定容量下运行，其允许负荷可随冷却条件的变化作相应调整。

(1) 氢气温度变化的影响。发电机负荷不变时，当氢气入口风温升高时，绕组和铁芯温度将升高，会加速绝缘老化，降低发电机寿命。

当冷却介质温度升高时，为避免绝缘加速老化，要求减小发电机输出功率，使绕组和铁芯温度不超过在额定方式下运行时的最高监视温度。当氢气温度高于额定值时，按照氢气冷却条件的转子温升条件限制输出功率。

对于水氢氢冷却发电机，冷端氢温不允许高于或低于制造厂的值，在规定温度范围内，发电机可以按额定功率运行。

(2) 氢气压力变化的影响。随着氢压的提高，氢气的传热能力增强，氢冷发电机的最大允许负荷也会增加。反之，当氢压低于额定值时，氢气传热能力减小，允许负荷也应降低。为使绕组最热点温度不超过发电机在额定工况时的温度，当氢压变化时，发电机的允许输出功率应由绕组最热点的温度决定。

对水氢氢冷却发电机，当氢压高于额定值时，其所带负荷不允许增加，因为定子绕组的热量是由冷却水带走的，提高氢压不能增强定子线棒的散热能力。当氢压低于额定值时，必须降低发电机的允许负荷，为保证绕组温度不超过额定工况的允许温度，氢压降低时应使发电机的允许输出功率根据制造厂提供的技术条件或 P—Q 曲线确定。

由于氢压变化会引起机内温度的变化，从而影响发电机的正常功率，故机内的氢压必须保持在规定范围内。通过氢气控制系统实现机内氢压的自动调节。

(3) 氢气纯度变化的影响。纯净的氢气不会燃烧，当混入空气时将变成危险的爆炸物。氢气的爆炸范围是在大气压力下空气中含有 4.1%～74.2%（体积含量），故发电机壳中氢气的纯度必须确保高于爆炸限，而且不允许低于 90%。要求发电机运行时氢气纯度应保持在 96%以上，低于此值应进行排污。另外，从经济角度考虑，氢气的纯度越高，混合气体的密度越小，通风摩擦损耗就越小，运行效率就越高。通常氢气压力不变时，氢气纯度每降低 1%，通风摩擦损耗约增加 11%。对大机组，通过排污处理来保证运行时氢气纯度不低于 97%～98%，以提高运行效率。

(4) 定子绕组进水量和进水温度变化的影响。一般情况下，发电机铁芯的温度比绕组的温度高一些，在额定条件下，定子绕组和铁芯之间的温差约为 15～20℃。

正常情况下，定子冷却水的流量在规定范围内变化是允许的。当流入定子绕组的冷却水量在额定值的±10%范围内变化时，对定子绕组的温度影响不大。若大量增加冷却水量，会导致入口压力过大，在由大截面流向小截面的过渡部位可能发生气蚀现象，使水管壁损坏，故一般不采用提高水流量来降低定子绕组的温度。若水流量过低，将使绕组入口与出口温差增大，出口水温高，会造成绕组温升极不均匀，也是不允许的。此外，水流量过低使定子绕组冷却水停止循环，从绕组的温升条件来看是非常危险的。规程规定：若冷却水停止循环之前，其电阻率小于 200kΩ·cm，冷却水停止循环后，应在 3min 内将发电机与电网解列；若冷却水停止循环之前，其电阻率大于 200kΩ·cm，冷却水停止循环后，则容许发电机带不超过 30%额定负荷运行 1h，从而可采取措施在机组不停运情况下恢复冷却水的循环。

一般在设计中采用绕组进出口的水温差不超过 30～35℃，当入口水温等于 45℃时，出口水温等于 80℃（绕组出口水温不应超过 85℃），以避免出口处产生汽化。在发电机功率不变时，绕组入口的水温与额定值允许范围的偏差是±5℃。绕组进水温度额定值为 45～46℃，当进水温度在额定值±5℃范围内变化时，可不改变功率。当绕组入口水温超过规定的上限时，为保证出水温度不超过允许值，则应减小功率。为防止定子绕组和铁芯的温差过大或汇水母管表面结露，入口水温也不允许低于制造厂的规定值。

3. 依照 300MW 机组分析完成 600MW 机组运行监控

【项目评价】

发电厂运行监控评价（占学期总评比例）参考表 2-1-1。

表 2-1-1 发电厂运行监控评价表

评价类型			评价内容	权重（%）
过程评价（4%）	素质考评（学生互评）	劳动纪律	出勤情况	1
		平时作业	作业成绩	2
		贡献大小	任务完成的质量	1
结果评价（10%）	运行方式分析		规定时间内完成情况	5
	额定运行方式下的主要参数及监控		规定时间内完成情况	5

【技能训练】

1. 画出 2×300MW 机组发电厂一次系统正常运行方式接线图。

2. 对照 2×300MW 机组厂用电主接线图，叙述 2×300MW 机组发电厂厂用电系统的正常运行方式。

3. 对照 2×600MW 机组主接线图，叙述 2×600MW 机组发电厂一、二次系统的正常运行方式。

4. 对照 2×600MW 机组厂用电主接线图，叙述 2×600MW 机组发电厂厂用电系统的正常运行方式。

5. 什么是电气主接线的正常运行方式？什么是非正常运行方式？

6. 背诵额定运行方式概念，说出发电机电压、频率允许变化范围及原因。

7. 分析电压、频率超出允许变化范围对机组和系统的影响。

8. 发电机的电压正常变化范围为__________，最大变化范围为__________。

9. 发电机的频率正常变化范围为__________，最大变化范围为__________，频率达到__________应停机。

10. 发电机的连续工作容量主要决定于__________、__________和______的温度。

项目2

发电厂电气设备巡视及维护

【项目描述】

发电厂电气设备巡视及维护项目，主要学习典型的2×300MW发电机变压器组单元接线发电厂发电机、电动机的基本结构，巡视及维护内容；分析典型300MW发电厂正常运行方式下发电机、电动机巡视的标准化作业流程；掌握火电仿真系统中发电机、电动机巡视及维护相关操作及火电仿真系统的功能与使用。学习完本项目必须具备以下专业能力、方法能力、社会能力。

(1) 专业能力目标：具备根据典型的2×300MW发电机变压器组单元接线发电厂发电机、励磁系统、电动机运行和维护的基本内容及相关规定，对发电厂发电机、励磁系统、电动机进行运行巡视和维护的能力。

(2) 方法能力目标：具备正确理解、分析发电厂相关运行规程和发电厂一次系统、二次系统图，并形成发电厂电气设备巡视及维护基本思路，具备较强抽象思维能力。

(3) 社会能力：具备服从指挥、遵章守纪、吃苦耐劳、主动思考、善于交流、团结协作、认真细致的安全作业的能力。

【教学目标】

具备能正确叙述典型2×300MW发电机变压器组单元接线发电厂正常运行方式；能根据发电机、电动机巡视的标准化作业流程及发电机、电动机巡视及维护内容；严格遵守发电厂相关运行规程及各项安全规程，与小组成员协商、交流配合，按标准化作业流程在仿真机上对照发电机、电动机巡视及维护内容，熟练进行发电机、电动机巡视及维护操作。

【教学环境】

发电厂电气设备巡视及维护学习项目是在典型2×300MW发电机变压器组单元接线发电厂火电仿真机房进行一体化教学；机位至少能满足每两个学生一台计算机，最好能满足每个学生一台计算机的教学需要；2×300MW机组发电厂火电仿真系统相关资料齐全；有相对规范的一体化教学教材；有进行一体化教学的多媒体课件、任务工单；有便于学生学习的实训室管理制度和管理规范。

【知识背景】

对发电厂电气设备进行巡视及维护，可以及时发现和消除设备缺陷，预防事故的发生，确保发电厂电气设备及电力系统的安全稳定运行。每个电气值班人员必须严格按照发电厂相关运行规程及各项安全规程要求，认真负责，一丝不苟地做好发电厂电气设备巡视及维护工作。

（一）发电厂电气设备巡视相关规定

1. 对巡视人员专业素质要求

(1) 熟悉发电厂各类电气设备的工作原理和结构性能。

(2) 掌握发电厂主要电气设备铭牌规范、主要技术参数。

(3) 了解发电厂设备定级状况和尚存的设备缺陷。

(4) 掌握发电厂相关运行规程的有关规定，并经考核合格。

2. 发电厂电气设备巡视制度

(1) 每班值班期间，对全部设备检查应不少于三次，即交、接班各一次，班间相对高峰负荷时一次。

(2) 对于天气突变、设备存在缺陷及运行设备失去备用等各种特殊情况，应临时安排特殊检查或增加巡视次数，并做好事故预想。

(3) 检修后设备以及新投入运行设备，应加强巡视。

(4) 事故处理后应对设备、系统进行全面巡视。

下列情况应对发电厂电气设备进行特殊巡视。

(1) 设备过负荷或负荷有明显增加时。

(2) 设备经过检修、改造或长期停用后重新投入系统运行，新安装设备投入系统运行。

(3) 设备异常运行或运行中有可疑的现象。

(4) 恶劣气候或气候突变。

(5) 事故跳闸。

(6) 设备存在缺陷未消除前。

(7) 法定节、假日或上级通知有重要发电任务期间。

(8) 其他特殊情况。

3. 按照规定的巡视路线进行巡视

(1) 目的：为了防止巡视中漏巡设备，减少重复巡视，首先应明确发电厂电气设备巡视路线。

(2) 相关规定：发电厂电气设备巡视路线应报技术部门领导批准后，绘制出发电厂电气设备巡视路线图，并在设备区做好必要的巡视路线标志。运行人员应按规定路线进行巡视。

4. 巡视过程中的注意事项

(1) 值班人员必须认真按时地巡视设备。

(2) 值班人员必须按规定的设备巡视路线巡视本岗位所分工负责的设备，以防漏巡设备。

(3) 巡回检查时应带好必要的工具，如手套、手电、电笔、防尘口罩、套鞋、听音器等。

(4) 巡回检查时必须遵守有关安全规定，不要触及带电、高温、高压、转动等危险部位，防止危及人身和设备安全。

(5) 检查中若发现异常情况，应及时处理、汇报，若不能处理时，应填写缺陷单，并及时通知有关部门处理。

(6) 检查中若发生事故，应立即返回自己的岗位处理事故。

(7) 巡回检查前后，均应汇报班长，并做好有关记录。

(二) 发电厂电气设备巡视方法

(1) 以运行人员的眼观、耳听、鼻嗅、手触等感觉为主要检查手段，判断运行中设备的缺陷及隐患。

1) 目测检查法。目测检查法就是用眼睛来检查看得见的设备部位，通过设备外观的变化来发现异常情况。通过目测可以发现的异常现象综合如下：①破裂、断股断线；②变形（膨胀、收缩、弯曲、位移）；③松动；④漏油、漏水、漏气、渗油；⑤腐蚀污秽；⑥闪络痕迹；⑦磨损；⑧变色（烧焦、硅胶变色、油变黑）；⑨冒烟，接头发热（示温蜡片熔化）；⑩产生火花；⑪有杂质、异物搭挂；⑫不正常的动作等。

这些外观现象往往反映了设备的异常情况，因此靠目测观察就可以作出初步分析判断。应该说发电厂的电气设备几乎可用目测法对外观进行巡视。所以，目测法是巡视中最常用方法之一。

2) 耳听判断法。发电厂的一、二次电磁式设备（如变压器、互感器等）正常运行时通过交流电后，其绕组铁芯会发出均匀有规律和一定响度的“嗡、嗡”声。这些声音是运行设备所特有的，也可以说是设备处于运行状态的一种特征。如果仔细听这种声音，并熟练掌握声音特点，就能通过它的高低节奏、音量的变化、音量的强弱及是否伴有杂音等，来判断设备是否运行正常。运行值班人员应该熟悉、掌握声音的特点，当设备出现故障时，一般会夹着杂音，甚至有“噼啪”的放电声，可以通过正常时和异常时音律、音量的变化来判断设备故障的发生和性质。

3) 鼻嗅判断法。电气设备的绝缘材料一旦过热会产生一种异味，这种异味对正常巡查人员来说是可以嗅别出来的。如果值班人员检查电气设备，嗅到设备过热或绝缘材料被烧焦产生的气味时，应立即进行深入检查，看有没有冒烟的地方，有没有变色的现象，听一听有没有放电的声音等，直到查找出原因为止，嗅气味是发现电气设备某些异常和缺陷的比较灵敏的一种方法。

4) 手触试检查法。用手触试检查是判断设备的部分缺陷和故障的一种必需的方法，但用手触试检查带电设备是绝对禁止的。运行中的变压器、消弧线圈的中性点接地装置，必须视为带电设备，在没有可靠的安全措施时，应禁止用手触试。对外壳不带电且外壳接地很好的设备及其附件等，检查其温度或温差需要用手触试时，应保持安全距离。对于二次设备（如断电器等）发热、振动等也可用手触试检查。

(2) 使用工具和仪表，进一步探明故障的性质。用仪器进行检测的优点是灵敏、准确、可靠。检测技术发展较快，测试仪器种类较多。使用这些测试仪器时，应认真阅读说明书，掌握测试要领和安全注意事项。

目前在发电厂使用较多的是用仪器对电气设备的温度进行检测。常用的测温方法有：

1) 在设备易发热部位贴示温蜡片，黄、绿、红三种示温蜡片的熔点分别为 60、70、80℃。

2）设备上涂示温漆或涂料。

3）红外线测温仪。

前两种方法的优点是简便易行，但也存在一些缺点，主要是不能和周围温度做比较；蜡片贴的时间长了易脱落；涂料和漆可长期使用，但受阳光照射会引起变色，变色不易分辨清楚；不能发现设备发热初期的微热以及温差等。

红外线测温仪是一种利用高灵敏度的热敏感应辐射元件检测由被测物发射出来的红外线进行测温的仪器，能正确地测出运行设备的发热部位及发热程度。

测温后的分析与判断：实际上测温的目的是在运行设备发热部位尚未达到其最高允许温度之前，尽快发现发热的状态，以便采取相应的措施。为此，当经过测量得到设备的实际温度后，必须了解设备在测温时所带负荷情况，与该设备历年的温度记录资料及同等条件下同类设备温度做比较，并与各类电气设备的最高允许温度比较，然后进行综合分析，做出判断，制定处理意见。经判断属于“注意”范围的设备，应加强巡视检查，并在定期检修时安排处理；属于“危险”范围的设备，应立即报告调度和领导，进行停电处理。巡视检查时，注意力必须高度集中，对气候异常或刚投入运行的设备或因跳闸后又投入运行的设备，应重点检查。

（三）发电厂电气设备巡视内容

1. 电气设备正常巡视内容

（1）设备运行情况。

（2）充油设备有无漏油、渗油现象，油位、油压指示是否正常。

（3）充气设备有无漏气、气压是否正常。

（4）设备接头接点有无发热、烧红现象，金具有无变形和螺钉有无断损和脱落、电晕放电等情况。

（5）运转设备声音是否异常（如冷却器风扇、油泵和水泵等）。

（6）设备干燥装置是否已失效。

（7）设备绝缘子、瓷套有无破损和灰尘污染。

（8）设备的计数器、指示器的动作和变化指示情况（如避雷器动作计数器、断路器液压操动机构液泵启动指示器和断路器操作指示器等）。

（9）除此之外还应对下列内容进行巡视。

1）设备遮栏应加上锁，标志及告警牌应醒目齐全。

2）配电装置、蓄电池室门窗关闭严密。

3）灯光、音响应正常，测量表计指示正确。

4）电缆头无损坏漏油，半导体绝缘子无过热现象。

5）阴雨后应检查厂房是否漏水，基础有无下沉、倾斜，电缆沟是否积水。

6）备用设备应始终保持在可用状态，其运行巡视与运行中的设备要求相同。

7）巡视时应按巡视项目对一、二次设备逐台认真地进行。

8）每次巡视情况均应记入设备巡视检查交接记录簿内。新发现的设备缺陷分别记入“运行工作记录簿”和“设备缺陷记录簿”内。

2. 电气设备特殊巡视内容

（1）断路器故障跳闸后或新投运的断路器查油色、油位，有无喷油、漏油，接线端子是否松动或过热，机械有无变形，绝缘有无损伤等。

(2) 变压器过负荷时或轻瓦斯动作后，查上层油面、油温，主变压器声响，冷却系统有无故障，核算过负荷值及允许运行时间，轻瓦斯动作时间间隔，接触点接触是否良好等。

(3) 高峰负荷期间，注意设备触点及导线有无发红过热现象及热气流现象。

(4) 恶劣天气时，查设备有无放电，有无异物搭挂及接头过热现象，是否结冰等。对气候变化或突变等情况有针对性对设备进行检查的要求如下。

1) 气候暴热时，应检查各种设备温度和油位的变化情况，检查是否过高、冷却设备运行是否正常，油压和气压变化是否正常。

2) 气候骤冷时，应重点检查充油充气设备的油位变化情况，油压和气压变化是否正常，加热设备是否启动、运行是否正常等情况。

3) 大风天气时，应注意临时设备牢固情况、导线舞动情况及有无杂物刮到设备上的可能，室外设备箱门是否已关闭好。

4) 降雨、雪天气时，应注意室外设备触点、触头等处及导线是否有发热和冒气现象。

5) 大雾潮湿天气时，应注意套管及绝缘部分是否有污闪和放电现象；端子箱、机构箱内是否有凝露现象。

6) 雷雨天气后，应注意检查设备有无放电痕迹、避雷器放电记录器是否动作。

(四) 发电厂电气设备巡视标准化作业流程

发电厂电气设备巡视的基本流程如下。

(1) 制订巡视计划。

(2) 运行单位审核批准巡视工作计划。

(3) 值班负责人分配巡视任务，巡视人员做好巡视准备。

(4) 按照巡视路线开展设备巡视。

(5) 巡视过程中发现设备缺陷。

(6) 按照设备缺陷处理流程执行。

(7) 巡视结束后，做好巡视后的记录整理。

(8) 资料归档。

任务 2.1　发电厂发电机与励磁系统巡视及维护

发电机是电力系统唯一的有功电源的来源，发电厂发电机与励磁系统巡视及维护是发电厂值班员主要工作之一。每个电气值班人员必须严格按照发电厂相关运行规程及各项安全规程要求，认真负责，一丝不苟地做好发电厂发电机与励磁系统巡视及维护工作，及时发现发电机与励磁系统的异常和缺陷，及时汇报，杜绝事故发生，确保发电机与电力系统的安全稳定运行。

【教学目标】

知识目标：①熟悉典型的 2×300MW 发电机变压器组单元接线发电厂正常运行方式，同步发电机与励磁系统正常运行方式；②熟悉发电机与励磁系统巡视的标准化作业流程；③

掌握发电机与励磁系统巡视及维护内容；④掌握典型的 2×300MW 发电机变压器组单元接线火电仿真系统中，同步发电机与励磁系统巡视及维护的操作。

能力目标：①能说出典型的 2×300MW 发电机变压器组单元接线发电厂中同步发电机与励磁系统正常运行方式；②能说出发电机与励磁系统巡视的标准化作业流程；③能在仿真机上对照发电机与励磁系统巡视及维护内容，熟练进行同步发电机与励磁系统巡视及维护的操作。

态度目标：①能主动学习，在完成任务过程中发现问题、分析问题和解决问题；②能严格遵守发电厂相关运行规程及各项安全规程，与小组成员协商、交流配合，按标准化作业流程完成发电厂发电机与励磁系统巡视及维护学习任务。

【任务分析】

(1) 熟悉发电机与励磁系统的结构原理。

(2) 熟悉整个发电厂设备的投运情况、设备编号及设备位置分布。

(3) 熟悉发电机与励磁系统巡视部位及巡视维护标准。

(4) 按发电厂电气设备巡视标准化作业流程，对典型 300MW 发电厂发电机与励磁系统进行巡视及维护。

(5) 将发电机与励磁系统异常现象和巡视及维护标准进行比较，决定缺陷处理办法。

【相关知识】

(一) 同步发电机工作原理

同步发电机是利用电磁感应原理将机械能转变成电能的，同步发电机工作原理示意图如图 2-2-1 所示。在同步发电机的定子铁芯内，对称安放着 A—X、B—Y、C—Z 三相绕组。每相绕组匝数相同，三相绕组的轴线在空间互差 120°电角度；在同步发电机的转子上装有励磁绕组，励磁电流通过转子绕组时会产生主磁场，磁通如图中虚线所示，磁极的形状决定了气隙磁密在空间基本上按正弦规律分布；当原动机带动转子旋转时，在空间形成一个按正弦规律分布的旋转磁场；由于定子三相绕组在空间互差 120°电角度，感应的三相电动势在时间上也互差 120°电角度，发电机发出的是对称三相交流电，即

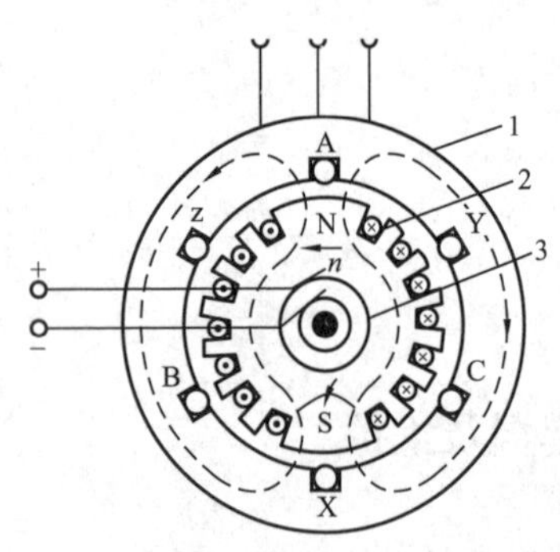

图 2-2-1 同步发电机工作原理图

1—定子铁芯；2—转子；3—集电环

$$e_A = E_m \sin\omega t$$
$$e_B = E_m \sin(\omega t - 120°)$$
$$e_C = E_m \sin(\omega t - 240°)$$

(二) 同步发电机基本结构

同步发电机由定子、转子两个基本部分组成。

1. 定子

同步发电机的定子由定子铁芯、定子绕组（电枢绕组）、机座、端盖及挡风装置等部件组成。

定子铁芯是电机磁路的一部分，嵌放定子绕组。定子铁芯的形状呈圆筒形，在内壁上均

匀分布着槽。为减小铁芯损耗，定子铁芯一般采用 0.35mm 或 0.5mm 厚的硅钢片叠装制成。当定子铁芯外径大于 1m 时，用扇形冲片拼成一个整圆，错缝叠装，沿轴向分成若干段，段与段之间留有 1cm 宽的风道。整个铁芯用非磁性的端压板和抱紧螺杆压紧固定于机座上。

定子绕组是定子的电路部分，它是感应电动势、通过电流、实现机电能量转换的重要部件。定子绕组用铜线或铝线制成。汽轮发电机多采用双层叠绕组。为减少集肤效应引起的附加损耗，绕制定子绕组的导线由许多相互绝缘的多股线并绕而成，在绕组的直线部分还要换位，以减少因漏磁通而引起各股导线间的电动势差和涡流。整个绕组对地绝缘。

定子机座应有足够的强度和刚度，一般机座都是用钢板焊接而成，主要用于固定定子铁芯，并和其他部件一起形成密闭的冷却系统。

2. 转子

同步发电机的转子由转子铁芯、转子绕组（励磁绕组）、滑环、转轴等部件组成。对于一对磁极的汽轮发电机，其转速达 3000r/min。因此转子要做得细一些，以减少转子圆周的线速度，避免转子部件由于高速旋转的离心力的作用而损坏。转子形状为隐极式，它的直径小，为细长圆柱体。

转子铁芯既是电机磁路的一部分，又是固定励磁绕组的部件，大型汽轮发电机的转子一般采用导磁性能好、机械强度高的合金钢锻成，并和轴锻成一整体。沿转子铁芯轴向，铁芯表面 2/3 的部分对称地铣有凹槽，槽的形状有两种，一种为辐射排列，一种是平行排列。转子表面 1/3 的不开槽部分形成一个大齿，大齿的中心实际为磁极中心。

励磁绕组由矩形的扁铜绕成同心式绕组，嵌放在铁芯槽中，所有绕组串联组成励磁绕组。直流励磁电流一般是通过电刷和集电环引入转子励磁绕组，形成转子的直流电路。励磁绕组各匝间相互绝缘，各匝和铁芯也有可靠的绝缘。

（三）励磁系统结构原理

1. 励磁系统的结构原理

同步发电机是根据导体切割磁力线这一基本原理工作的。因此，同步发电机应具有可以产生磁力线的旋转磁场以及切割该磁场的导体。而这一磁场是由转子的励磁电流产生的，供给同步发电机励磁电流的电源及其附属设备称为励磁系统。

同步发电机的励磁系统一般由励磁功率单元和励磁调节器两部分组成。励磁功率单元向发电机转子提供直流励磁电流以产生磁场，而励磁调节器则根据输入信号和给定的调节准则控制励磁功率单元的输出，整个励磁控制系统是由励磁调节器、励磁功率单元和发电机共同构成的一个反馈控制系统。

2. 励磁系统作用

电力系统正常运行时，发电机励磁电流的变化主要影响电网的电压水平和并联运行的机组间的无功功率分配。而在事故情况下，发电机端电压降低将导致电力系统稳定性下降。因此励磁系统应具有以下作用。

(1) 在正常运行的条件下供给发电机励磁电流，并根据发电机负载情况自动做出相应的调整以维持发电机端电压或电网某点电压为一定水平。

(2) 当电力系统发生短路故障或其他原因，使系统电压严重下降时，对发电机进行强行励磁以提高电力系统的稳定性。

(3) 当发电机突然甩负荷时，实行强行减磁以限制发电机端电压的过度增高。

(4) 当发电机出现内部短路故障时，能进行灭磁以减少故障损坏程度。

(5) 能使并联运行发电机的无功功率得到合理分配。

3. 对励磁系统的基本要求

为完成励磁自动控制系统的各项任务，对励磁功率单元和励磁调节器分别提出如下要求。

(1) 对励磁功率单元的要求。励磁功率单元受励磁调节器的控制，对它的要求如下。

1) 具有足够的调节容量，以适应发电机各种运行工况的要求。因为发电机运行中维持系统电压和输送无功功率，都是靠调节励磁电流来实现的。

2) 具有足够的励磁顶值电压和电压上升速度。励磁顶值电压和电压上升速度分别反映了励磁功率单元的强励能力和快速响应能力，较大的强励能力和较快的响应能力对改善电力系统运行条件和提高暂态稳定性是有利的。

所谓强励，是指在电力系统发生故障时，将引起发电机端电压的迅速下降，当机端电压降低到80%～85%额定电压时，迅速将励磁加到顶值的措施，即强行励磁。发电机强行励磁的作用表现在：有助于继电保护的正确动作（指带延时的保护）；缩短故障后系统电压的恢复时间，有助于系统运行的稳定性恢复和厂用电动机的自启动。

励磁顶值电压U_{fm}是指励磁功率单元在强行励磁时，可能提供的最高输出电压值。U_{fm}与额定工况下的励磁电压U_{fn}之比称为强励倍数，其值的大小涉及制造和成本等因素，一般取不小于2。励磁电压的上升速度是衡量励磁功率单元动态行为的一项指标。

3) 励磁功率单元实质上是一个可控的直流电源，它应具有一定的独立性和可靠性，不受电网运行工况变化的影响。

4) 起励方式应力求简单方便。

(2) 对励磁调节器的要求。励磁调节器的主要任务是检测和综合系统运行状态的信息，以产生相应的控制信号，经放大后控制励磁功率单元，以得到所要求的发电机励磁电流，因此对其要求如下。

1) 系统正常运行时，励磁调节器应能反应发电机电压的高低，以维持发电机电压在给定水平，并能合理分配机组间的无功功率和便于实现无功功率的转移。

2) 对远距离输电的发电机组，为了能在人工稳定区域运行，要求励磁调节器没有失灵区。

3) 能迅速反应系统故障，具备强行励磁等控制功能，以提高暂态稳定和改善系统运行条件。

4) 具有较小的时间常数，能迅速响应输入信息的变化。

5) 结构简单可靠，操作维护方便，并逐步做到系列化、标准化。

【任务实施】

根据发电厂电气设备巡视相关规定、发电厂电气设备巡视方法、发电厂电气设备巡视标准化作业流程，对照发电机与励磁系统巡视及维护内容，严格遵守发电厂相关运行规程及各项安全规程，与小组成员协商、交流配合，在现场或火电仿真系统中按照规定的巡视路线巡视到发电机与励磁系统时，找出发电机与励磁系统的巡视点进行巡视，并根据每个巡视点的现象判断运行中发电机与励磁系统有何缺陷，记录到巡视卡上。

（一）发电机巡视及维护

对运行中的发电机应监视其运行情况，并对其各部分进行系统的巡视，以便及时发现不正常现象及早消除。

1. 发电机正常运行巡视内容

（1）发电机各部分温度不得超过规定值。

（2）各项表计指示正常。

（3）发电机运行声音正常，无异常和强烈振动。

（4）发电机空气冷却器的运行正常，无漏水现象。

（5）滑环表面光滑、清洁，电刷无过热、冒火、卡住、过短及损坏现象。

（6）励磁变运行正常。

（7）励磁系统各断路器、隔离开关，无过热现象。

（8）运行中的整流柜无故障信号显示，冷却风机运行正常。

（9）转子过电压保护装置完好，无放电现象。

（10）发电机出口电压互感器和避雷器的工作正常。

（11）发电机及冷却系统各部参数正常。

（12）发电机氢、油、水进出法兰无渗漏现象。

（13）转动部分无异音。

2. 滑环和电刷巡视及维护内容

（1）运行中的滑环，电刷维护人员应定期用干燥压缩空气吹掉表面灰尘，每次停机后也应进行清扫。

（2）定期巡视滑环和电刷的内容。

1）滑环表面清洁，光滑。

2）电刷无冒火。

3）电刷在刷握内无摇动或卡住。

4）滑环与电刷接触良好，弹簧压力均匀正常，刷辫完整无发热变色现象。

5）电刷边缘无剥落，电刷无严重磨损，即电刷不低于刷握的1/3，否则应及时更换。

（3）运行中滑环上的工作，由检修人员或有经验的值班人员进行，工作中应穿绝缘鞋，扣紧工作服的袖口，女工适当将辫子卷入帽子内，地面上加铺胶皮垫，当励磁系统一点接地时，更应注意严禁两手同时接触励磁回路和接地部分或两个不同极的带电部分。

（4）更换电刷应注意：碳刷的型号应一致，碳刷应保持其接触面积不小于80%，电刷在刷握中能自由活动。

（5）运行中更换碳刷的注意事项。

1）遵守安全工作规程中的有关规定。

2）同一排碳刷不能同时更换超过三块，但正、负极碳刷不能同时更换。

3）型号必须一致。

（二）励磁系统巡视及维护

1. 励磁系统投运前巡视内容

(1) 系统检查维护工作已完成。

(2) 控制和电源柜已准备待运行并且适当地被锁定。

(3) 临时措施已拆除。

(4) 灭磁开关控制电源及调节器电源已送电。

(5) 调节屏、灭磁屏无报警和故障信息（有故障信号需复位）。

(6) 灭磁屏起励电源开关投入。

(7) 励磁系统切换到“远方”控制方式。

(8) 励磁系统切换到“自动”运行方式。

(9) 励磁系统灭磁方式切换到“逆变”灭磁方式。

2. 励磁系统运行中巡视内容

(1) 各表计指示正常。

(2) 各控制开关位置正确，信号指示应与工作方式一致。

(3) 在自动电压调节器 AVR 处于自动方式时，重点监视 AVR 直流回路的跟踪情况和电压波动时，AVR 的自动调节功能。

(4) 盘内各元件无发热及焦臭味，各保护继电器及小开关位置符合运行方式要求，无掉牌及报警信号。

(5) 励磁电流、励磁电压、机端电压、电流及运行方式指示灯应与集控室盘面一致，稳压电源输出电压正常，其他表计指示正常。

(6) 可控整流柜冷却风机运行正常，无异常声音。

(7) 晶闸管柜输出电流正常，风温正常。

(8) 灭磁开关、励磁回路断路器、隔离开关触头接触良好，无过热现象。

(9) 各快速熔断器无熔断现象，各脉冲指示灯指示正常，无脉冲丢失信号，电源监视灯亮。

(10) 无限制器动作。

(11) 工作调节器的设定点未达到极限设定值。

(12) 通道之间是平衡的，并且通道确已准备就绪。

【拓展提高】

1. 励磁系统投运条件

(1) 灭磁开关无故障。

(2) 220kV 断路器无故障。

(3) AVR 无故障。

(4) 发电机转速大于 2950r/min。

(5) 发变组出口断路器在断开状态。

(6) 合上发变组 220kV 侧隔离开关。

(7) 发变组出口断路器在“远方”控制方式。

2. 励磁系统投运步骤

(1) 合灭磁开关。

(2) 灭磁开关合闸且正常，投AVR。

(3) 控制AVR增、减励磁。

(4) 发电机出口电压至95%的额定电压。

3. 励磁系统开机前运行方式的选择

(1) 运行方式选AVR（恒机端电压调节），起励以后发电机机端电压会在数十秒钟缓慢上升至95%的额定机端电压，并等待发电机并网操作（软启动建压时间可以人工设定）。

(2) 运行方式选FCR（恒磁场电流调节），起励以后发电机机端电压会停在10%端电压位置，经手操增磁，端电压上升至需要值。

4. 励磁系统起励方式选择

(1)“自动”，需要在控制室DCS发开机令，励磁调节屏接收开机令后，检测磁场灭磁开关状态，如果灭磁开关是分闸状态，发合灭磁开关指令；给灭磁屏起励接触器发起励信号；投整流屏风机；投整流桥脉冲信号。当起励电源使机端电压达到10%以上，进入励磁调节程序。如果在10s内机端电压没达到10%或20%，调节屏发出起励失败信号，发出起励失败信号之后还可以起励三次，不成功则闭锁起励功能。

(2) 起励过程中，当机端电压达到10%～15%的额定电压时调节器跳开起励接触器切除起励电源，然后自动把机端电压升到设定的数值（当起励时运行方式为AVR时，机端电压将自动达到95%的额定电压，当起励时运行方式为FCR时，机端电压将自动达到10%的额定电压）。

(3)“手动”（远方与现场选择都可以），可以在灭磁屏前按起励按钮，起励接触器吸合，开始起励，励磁调节屏接到起励接触器辅助触点动作信号，投风机，投整流桥脉冲，同自动方式操作。

任务2.2　发电厂电动机巡视及维护

电动机是发电厂主要的厂用电设备，发电厂电动机巡视及维护是发电厂值班员主要工作之一。每个电气值班人员必须严格按照发电厂相关运行规程及各项安全规程要求，认真负责，一丝不苟地做好发电厂电动机巡视及维护工作，及时发现电动机的异常和缺陷，及时汇报，杜绝事故发生。

【教学目标】

知识目标：①熟悉典型的2×300MW发电机变压器组单元接线发电厂正常运行方式、电动机正常运行方式；②熟悉电动机巡视的标准化作业流程；③掌握电动机巡视及维护内容；④掌握典型的2×300MW发电机变压器组单元接线火电仿真系统中，电动机的巡视及维护的操作。

能力目标：①能说出典型的2×300MW发电机变压器组单元接线发电厂中电动机正常运行方式；②能说出电动机巡视的标准化作业流程；③能在仿真机上对照电动机巡视及维护内容，熟练进行电动机巡视及维护的操作。

态度目标：①能主动学习，在完成任务过程中发现问题、分析问题和解决问题；②能严格遵守发电厂相关运行规程及各项安全规程，与小组成员协商、交流配合，按标准化作业流程完成电动机巡视及维护学习任务。

【任务分析】

(1) 熟悉电动机的结构原理。

(2) 熟悉整个发电厂设备的投运情况、设备编号及设备位置分布。

(3) 熟悉电动机巡视部位及巡视维护标准。

(4) 按发电厂电气设备巡视标准化作业流程，对典型 300MW 发电厂电动机进行巡视及维护。

(5) 将电动机异常现象和巡视及维护标准进行比较，决定缺陷处理办法。

【相关知识】

(一) 电动机基本结构原理

电动机是将电能转换为机械能，用于拖动各类机械动作的动力设备。电动机的使用范围广，种类多，这里主要介绍发电厂常用电动机。

电动机主要由定子和转子两大部分组成，它利用载流导体（绕组）在磁场中受到电磁力矩（转矩）的特点制造而成。

1. 异步电动机

(1) 定子部分。异步电动机的定子由定子绕组、定子铁芯、机座、端盖等部件组成。

1) 定子绕组是定子上的电路部分，三相异步电动机的定子绕组为三相交流绕组，常见的接线方式有星形和三角形两种接法。单相异步电动机的定子绕组一般由两个交流绕组构成。其作用是当定子绕组通过交流电流时，提供电动机电磁感应所需要的定子旋转磁场。异步电动机的旋转方向与定子旋转磁场的旋转方向是一致的，只要改变电动机定子旋转磁场的方向，就可以使电动机反转。而定子旋转磁场的方向总是由电流相位超前的绕组位置转向电流相位滞后的绕组，所以只要改变各定子绕组中电流的相位关系即可改变电动机的转向。

2) 定子铁芯是定子上的磁路部分，同时起到固定定子绕组的作用。为减少铁芯上的涡流损耗和磁滞损耗，定子铁芯采用 0.5mm 厚、两面涂有绝缘漆的硅钢片叠加而成。

3) 机座的作用是固定和支撑电动机。

4) 绕线式异步电动机的定子上还装有电刷装置。

(2) 转子部分。异步电动机的转子部分主要有转子绕组、转子铁芯、冷却风叶等。

1) 转子绕组按结构可分为笼式和绕线式两类。

笼式转子结构简单，其转子绕组由转子导条组成笼形结构，两端用端环将所有转子导条连接起来形成自闭合回路。

绕线式转子绕组为三相交流绕组，一般接成星形，绕组的三个出线端子分别与转子上的三个集电环（又称滑环）相连，集电环分别与定子上的三只电刷接触，从而将转子绕组电路与外部电路接通，转子回路必须与外部电路连接才能闭合，形成转子电流。

转子绕组的作用是用来切割定子旋转磁场在转子电路感应电动势，在转子回路闭合时流过转子电流，异步电动机即利用转子电流在电动机磁场中所形成的电磁转矩来转动。

2）转子铁芯用来固定转子绕组，同时构成转子上的磁路部分。

（3）气隙。气隙是指电动机定子与转子之间的间隙，是电动机磁路的一部分（电动机中绝大多数磁力线经定子铁芯、气隙、转子铁芯三部位构成闭合回路）。气隙的大小直接影响电动机的运行特性、效率，也影响电动机的装配和转动。气隙越大，电动机磁路的磁阻越大，建立磁场所需的励磁电流越大，电动机功率因数越低；气隙太小，又会使电动机装配困难，运转时容易发生转子与定子铁芯的摩擦（即出现扫膛现象）影响电动机安全。

2. 直流电动机

（1）定子部分。直流电动机的定子由主磁极、换向磁极、电刷装置、机座、端盖等部件组成。

1）主磁极由主磁极铁芯和励磁绕组两部分组成，作用是在励磁绕组通过励磁电流时建立主磁极磁场，作为直流电动机将电能转换为机械能所需要的主要磁场。

2）换向极由换向极铁芯和换向极绕组构成，作用是改善直流电动机运行时产生的火花现象。

3）电刷装置的作用是将外部电路与转子上的电枢绕组相连，构成闭合回路，向转子输入电能。

（2）转子部分。直流电动机的转子主要由电枢绕组、电枢铁芯、换向器构成。

1）电枢绕组是直流电动机实现机电能量转换的电路部分，电枢绕组中流过电枢电流时，在电动机磁场中形成电动机转动所需的电磁转矩。

2）电枢铁芯用来固定电枢绕组及换向器，也是电动机磁路的一部分。

3）换向器上有许多换向片，实际上换向器是很多换向片的集合。每个换向片与相应的电枢绕组固定连接。换向器的作用是连接转子上的电枢绕组与定子上的电刷，通过换向器与电刷的接触，将电枢回路闭合，使电源能够向电枢绕组输入电流。

（3）气隙。直流电动机的气隙作用与异步电动机类似。

（二）电动机的主要类型及用途

1. 电动机的分类

电动机分类方式很多，按电动机所使用的电源性质可分为交流电动机和直流电动机。其中交流电动机按原理特性又可分为异步电动机和同步电动机；按所使用电源的相数可分为单相异步电动机和三相异步电动机；按结构可分为笼式异步电动机和绕线式异步电动机；按所使用电源的高低可分为高压电动机和低压电动机。

2. 电动机的主要用途

（1）三相交流笼式异步电动机：由于其结构简单、运行可靠、控制方便，是电动机中使用最多的一种类型。例如强油循环风冷变压器上的油泵和风扇、有载调压变压器的调压开关动力机构、发电厂辅机中的各类水泵、风机、输送泵、交流润滑油泵等 。

（2）三相交流绕线式异步电动机：由于其启动转矩大常用于各类起重电动机。

（3）单相交流异步电动机：体积小，用于小型风扇、电动工具等处。

（4）直流电动机：直流电动机具有平滑的调速特性、宽广的调速范围、较高的过载能力、较大的启动和制动力矩，常用于发电厂汽轮机给水泵、直流润滑油泵、锅炉给粉机、密封油泵等负荷。

【任务实施】

根据发电厂电气设备巡视相关规定、发电厂电气设备巡视方法、发电厂电气设备巡视标准化作业流程，对照电动机巡视及维护内容，严格遵守发电厂相关运行规程及各项安全规程，与小组成员协商、交流配合，在现场或火电仿真系统中按照规定的巡视路线巡视到电动机时，找出电动机的巡视点进行巡视，并根据每个巡视点的现象判断运行中电动机有何缺陷，记录到巡视卡上。

（一）电动机运行中的巡视

(1) 电动机电流指示在允许范围内，无摆动现象。

(2) 电动机运转声音均匀，振动、串轴未超过规定值。

(3) 电动机各部分的温度在规定的范围内，不超过滑动轴承不大于80℃，滚动轴承不大于100℃的规定，无冒烟、焦味。

(4) 电动机轴承润滑良好，油位在1/2～1/3之间，油色透明。

(5) 直流电动机电刷无冒火、跳动现象。

(6) 电动机的接线盒密封良好。

(7) 电动机外壳接地线牢固完好，地脚螺栓不松动。

(8) 对于密闭空冷的电动机无渗水、漏水、结露现象，空冷器的水压、流量正常。

(9) 通风道无阻塞，冷却水阀门及通风挡板位置正确。

（二）电动机的维护

(1) 电动机检修后、保护掉闸后、紧急停止后、受潮后，均应进行绝缘测量；备用状态下的高、低压电动机每半个月测一次绝缘电阻，并做好详细记录。

(2) 装有防潮加热器的电动机，如备用时加热器投入正常，平时可不再测量绝缘电阻，但在检修后必须测量绝缘电阻。

(3) 装有防潮加热器的电动机，在停止后应将加热器投入运行，电动机运行时，将加热器停用。加热器投入时，监视电动机的温度，不得超过允许值。

(4) 电动机周围要保持清洁和通风良好，防止飞灰、煤粉和水汽等有害物质进入电动机。

(5) 电动机测量绝缘电阻的规定。

1) 额定电压在1000V及以上的电动机，使用2500V绝缘电阻表测量，在常温下定子绕组和相连电缆的绝缘电阻值不低于1MΩ/kV。

2) 额定电压在1000V以下的电动机，使用500V或1000V绝缘电阻表测量，在常温下定子绕组和相连电缆的绝缘电阻值不低于0.5MΩ。

3) 直流电动机绝缘电阻不应小于0.5MΩ。

4) 容量为500kW以上的电动机在大小修后应测量相对地吸收比，吸收比 $R60/R15 \geqslant 1.3$。

5) 大修后大型电机绝缘轴承对地绝缘用1000V绝缘电阻表测绝缘电阻不低于0.5MΩ。

6) 电动机测量的绝缘阻值与以前同温度下的数值相比较，如果低于以前阻值的1/2，虽然大于上述规定值，也应通知检修人员查明原因。

7) 若电动机绝缘电阻不符合上述要求，应进行干燥处理，合格后按规定送电。特殊情况需征得值长（或总工程师）同意后，方可启动。

(6) 测量电动机绝缘电阻注意事项。

1) 测量6kV电动机的绝缘电阻，应用2500V绝缘电阻表；测量380V电动机的绝缘电阻，应用500V或1000V绝缘电阻表。

2) 隔绝该电动机的电源，验明确无电压后，方可进行测量。

3) 测量前进行验电放电，测量后也应放电。

【拓展提高】

电动机加热器的投退规定如下：

(1) 投入前的检查。

1) 检查加热器无损坏、接线完好。

2) 测量加热器回路绝缘合格。

(2) 投退规定。

1) 停用的电动机测量绝缘不合格时投入加热器。

2) 电动机投入运行前退出加热器。

【项目评价】

发电厂电气设备巡视及维护评价（占学期总评比例）参考表2-2-1。

表2-2-1　发电厂电气设备巡视及维护评价表

评价类型			评价内容	权重（%）
过程评价（4%）	素质考评（学生互评）	劳动纪律	出勤情况	1
		平时作业	作业成绩	2
		贡献大小	任务完成的质量	1
结果评价（10%）	项目笔试		笔试一次	10

【技能训练】

1. 哪些情况下应对发电厂电气设备进行特殊巡视？
2. 发电厂电气设备巡视方法有哪些？
3. 发电厂电气设备巡视的基本流程是什么？
4. 试述同步发电机工作原理。
5. 励磁系统有哪些作用？
6. 发电机正常运行巡视内容有哪些？
7. 励磁系统投运前巡视内容有哪些？
8. 励磁系统运行中巡视内容有哪些？
9. 电动机运行中的巡视内容有哪些？
10. 电动机加热器的投退规定有哪些？

项目3

发电厂倒闸操作

【项目描述】

发电厂电气倒闸操作的学习项目，主要学习发电机及励磁系统、电动机与厂用电系统、直流系统、交流不停电电源UPS进行停送电操作的基本原则及要求；停送电操作票的正确填写；学习完本项目能具备以下专业能力、方法能力、社会能力。

（1）专业能力：具备根据发电厂电气倒闸操作基本原则、发电厂电气倒闸操作基本流程，对发电机及励磁系统、电动机与厂用电系统、直流系统、交流不停电电源UPS进行停送电操作的能力。

（2）方法能力：具备正确理解、分析发电厂电气运行规程和发电厂电气一次系统、二次系统接线图，形成发电机及励磁系统、电动机与厂用电系统、直流系统、交流不停电电源UPS进行停送电操作的基本思路，具备较强抽象思维能力。

（3）社会能力：具备服从指挥、遵章守纪、吃苦耐劳、主动思考、善于交流、团结协作、认真细致的安全作业的能力。

【教学目标】

具备能正确说出发电机及励磁系统、电动机与厂用电系统、直流系统、交流不停电电源UPS进行停送电操作前的运行方式；能正确填写发电机及励磁系统、电动机与厂用电系统、直流系统、交流不停电电源UPS进行停送电操作的倒闸操作票；能在仿真机上熟练进行各种倒闸操作的能力。

【教学环境】

发电厂倒闸操作在300MW火电仿真机房进行一体化教学；机位至少能满足每两个学生一台计算机，最好能满足每个学生一台计算机的教学需要；300MW火电仿真系统相关资料齐全；有相对规范的一体化教学教材；有进行一体化教学的多媒体课件、任务工单。

【知识背景】

发电厂电气倒闸操作学习项目，主要学习典型2×300MW火电厂发变组升压并网及解列停机操作、厂用电停送电操作、直流系统及交流不停电电源的停送电操作等。

典型 2×300MW 发电机变压器组单元接线发电厂一次系统接线如图 2－1－1 所示，典型 2×300MW 发电机变压器组单元接线发电厂厂用电一次系统接线如图 2－1－2 所示。发电厂电气操作的基本内容有：发变组恢复冷备用；发变组恢复热备用；发变组开机并网操作；发变组解列停机操作；6kV 母线厂用电停送电操作；发电机厂用电由高厂变切至启备变操作；发电机厂用电由启备变切至高厂变操作；6kV 厂用变压器停送电操作；6kV 电动机由检修转热备用；6kV 电动机由热备用转检修；380V 电动机由“冷备用”转至“热备用”；380V 电动机由“热备用”转至“检修”。

任务 3.1　发电厂发变组升压并网及解列停机操作

同步发电机的投入、退出、负荷调节、运行方式的改变等都密切关系着电网运行的安全、经济以及电能质量。同步发电机并入电网运行或解列，必须满足一定条件并采用适当的方法，否则会产生很大的冲击电流或过电压，造成严重后果。并网、解列及励磁系统调节操作是电气运行人员日常十分重要的操作。

通过该任务对发电厂发变组倒闸操作相关规定、原则进行学习。从思想上意识到发电厂发变组倒闸操作的重要性，深刻理解发变组倒闸操作的规定、原则，能按照规定步骤进行相关工作；能按照规定正确办理操作票、工作票，完成发变组倒闸操作任务。

【教学目标】

知识目标：①掌握发电厂发变组正常运行方式；②掌握填写发变组并解列倒闸操作票原则及规范；③熟悉发变组并解列倒闸操作的基本原则；④掌握在仿真机上完成发变组并解列倒闸操作一般流程。

技能目标：①能读懂发电厂发变组正常运行方式；②能根据任务正确填写发变组并解列倒闸操作票；③能根据倒闸操作的基本原则及一般程序，填写发变组并解列倒闸操作票；④能在仿真机上完成发变组并解列倒闸操作。

态度目标：胆大心细，遵守安规；团结协作，权责明确。

【任务分析】

(1) 分析典型 2×300MW 机组发电厂发变组升压并网及解列停机操作前的运行方式。

(2) 正确填写发电厂发变组升压并网及解列停机的操作步骤。

(3) 按发电厂电气倒闸操作标准化作业流程，对典型 300MW 发电厂发变组升压并网及解列停机进行操作。

【相关知识】

(一) 发变组恢复备用相关规定

新安装或检修后的发电机在启动前的准备工作包括检查、测量、试验三个环节。

(1) 检查内容。检查的内容主要包括各部件的清洁状况及整机一次回路和二次回路的完好性。检查发电机、励磁系统设备、出线连接设备、配电设备、保护设备、测量表计和操作盘等是否完好。如果发电机是直接与升压变压器连接的，应检查变压器的连接线、变压器本体、变压器高压侧断路器是否完整好用。检查发电机滑环应光滑、整洁，电刷刷握完整，电刷能上下起落、压力均匀。检查发电机氢、油、水系统运行正常。检查发电机灭火装置良好，消防水管有水压。发电机启动前，应收回所有工作票，拆除安全措施，恢复常用遮拦和标识牌。

(2) 参数测量。参数测量包括发电机定子绕组、转子绕组的绝缘，主励磁机、副励磁机定转子绝缘，主变、厂用变的绝缘等。通过测量绝缘发现电气设备是否存在贯穿性导电通道、是否发生接地或相间短路故障。

(3) 发电机启动前完成规定试验，保证电气设备正常投运。

(二) 发变组并、解列操作相关规定

1. 发电机的升压

发电机达到额定转速后才能合灭磁开关，手动升压合磁场开关前，应检查手动励磁值在最小位置。发变组出口隔离开关，在发电机达到额定转速才能合上，以防止在启动、试验过程中误合发变组出口断路器造成对系统和发电机的冲击。发电机升压可参考发电机空载特性曲线，监视转子电流、定子三相电压，核对发电机的空载特性，确定定子绕组、转子绕组和定子铁芯有无故障，以及表计指示的正确性。若励磁电流大、励磁电压低、定子电压低，则励磁回路可能存在短路故障；若额定电压下转子电流较空载励磁电流显著增大，则可能是转子绕组有匝间短路或定子铁芯片间短路，在定子铁芯中形成涡流；若发现有定子电流，就说明定子回路有短路；检查发电机三相电压应平衡，反应一次引线有无断路，电压互感器有无断路。

(1) 升压时注意事项。

1) 三相定子电流表的指示均应等于或接近于零，如果发现定子电流有指示，说明定子绕组上有短路（如临时接地线未拆除等），这时应减励磁至零，拉开灭磁开关进行检查。

2) 三相电压应平衡，同时也以此检查一次回路和电压互感器回路有无开路。

3) 当发电机定子电压达到额定值，转子电流达到空载值时，将磁场变阻器的手轮位置标记下来，便于以后升压时参考。核对这个指示位置可以检查转子绕组是否有匝间短路，因为有匝间短路时，要达到定子额定电压，转子的励磁电流必须增大，这时该指示位置就会超过上次升压的标记位置。

4) 在定子电压起压正常且三相电压平衡、三相电流为零的基础上，发电机定子电压缓慢升至20kV。

(2) 发电机升压方式。

1) 发电机正常升压并列操作应采用自动电压调节器进行，50Hz感应调压器作为备用方式。

2) 发电机升压操作可采用自动电压调节器“自动”或自动电压调节器“手动”调压方式进行。

3) 自动准同期并列时可采用自动电压调节器“自动”方式调压，也可采用自动电压调节器“手动”方式将电压升到额定值，再将自动电压调节器从“手动”切换到“自动”方式，进行自动准同期并列操作。

4) 手动准同期并列可采用自动电压调节器“自动方式”升压，也可用自动电压调节器

“手动”方式升压。若用自动电压调节器“手动”方式升压，在发电机并列后，应将自动电压调节器由“手动”切换到“自动”方式。

(3) 升压流程。

1) 在励磁画面上将发电机励磁系统AVR选择自动运行方式。

2) 按下励磁系统启动按钮。

3) 监视灭磁开关自动合上。

4) 约5～20s后监视发电机定子电压自动升至19kV。

5) 检查三相电压平衡、三相电流为零或接近于零。

6) 核对并记录发电机转子电压和转子电流。

2. 发电机的并列

当发电机电压升到额定值后，可准备对电网并列。并列是一项非常重要的操作，必须小心谨慎，操作不当将产生很大的冲击电流，严重时会使发电机遭到损坏。发电机的同期并列方法有两种，即准同期并列与自同期并列，汽轮发电机一般都采用准同期并列。

(1) 发电机准同期并列条件。

发电机准同期并列应满足下列四个条件。

1) 发电机与系统电压差不大于5%。

2) 发电机与系统频率差不大于0.1Hz。

3) 发电机与系统相位相同。

4) 发电机与系统相序一致。

并列操作可以手动进行，称为手动准同期；也可以自动进行，称为自动准同期。自动准同期需借助于专有的自动准同期装置进行。

(2) 发电机准同期并列流程。

1) 在DCS系统画面上确认发电机允许自动准同期并列。主断路器准备好。

2) 选线器工作方式选择开关在“自动”状态。自动准同期装置工作方式选择为“工作”位置。

3) 汽轮机数字电液控制DEH切为自动方式。在DCS系统画面上按下同期开关选择按钮，给上选线器、准同期装置电源，将发电机及系统电压加至同期装置。

4) 在DCS系统画面上监视选线器选择同期点唯一并正确。派人在电子间同期装置处监视并网过程。

5) 在发电机画面监视主断路器自动同期合闸，记录并列时间点。派人在电子间同期装置处抄录主断路器实际合闸时间。

6) 在DCS系统画面上退出同期开关选择按钮，断开选线器、准同期装置电源，隔离同期装置的发电机及系统电压。

7) 按汽机运行规程的规定将发电机带上初始负荷。检查发电机三相电流指示平衡。

8) 调整发电机无功负荷至10～30Mvar左右，保持端电压在规定范围内。全面检查发变组及励磁系统运行正常。

9) 根据调度要求，合理安排主变中性点接地开关。

(3) 防止非同期并列。

1) 同期表指针经过同期点时转速过快，说明发电机频率与系统频率相差较大，不得合闸。

2）同期表指针经过同期点时转速不稳有跳动，可能是同期表卡涩，不得合闸。

3）在同期表指针经过同期点瞬间，也不得合闸，此刻已无导前时间，由于操动机构延迟，断路器合上时，可能合在非同期点上。

（4）发电机并列后带负荷的规定。发电机并列后，即可按规程规定接带负荷，其有功负荷的增加速度决定于汽轮机。一般由值班员进行调整负荷的操作。

有功负荷的调整是通过汽轮机的同步器电动机进行的，即调整汽轮机的进汽量，该操作可由值班员或由自动装置协调控制。有功负荷的增加速度通常由汽轮机和锅炉的工作条件决定，但无论是开机或正常运行，增加速度都不能过快。

1）发电机带初负荷。机组并网后，立即带5%额定负荷；确认主变压器工作冷却器运行正常；根据需要增加发电机无功功率；全面检查发电机定子铁芯、绕组温度、绕组各支路出水温度正常。

2）发电机升负荷流程。

① 发电机并入电网以后，发电机的输出功率总是处于输出功率曲线的限值之内。发电机并列后，根据值长指令调有功负荷，定子电流增长的速度应根据负荷调整曲线进行。

② 发电机同类水支路定子线棒温度与其平均温度的偏差不得超过规定值。

③ 增加负荷时应监视发电机冷氢温度、铁芯温度、绕组温度、出口风温以及励磁装置的工作情况。

④ 发电机带初负荷后，稳定汽轮机的进汽参数在冲转时的参数，保持初负荷暖机一段时间，如果汽轮机的进汽参数发生变化，应根据启动曲线增加初负荷暖机时间。

⑤ 在热态或事故情况下发电机加负荷的速度一般不受限制（发电机定子线圈和铁芯温度在55℃以上为热态）。

⑥ 发电机并网后加负荷过程中，应注意监视定子冷却水压、流量、氢气压力、温度、氢油压差、氢水压差，定、转子及铁芯温度变化，发电机变压器组各参数和励磁系统，继电保护装置的运行情况。

⑦ 根据有功负荷的变化随时调整无功以满足电压曲线的要求，并应兼顾厂用系统电压在额定范围内。

⑧ 待发电机运行稳定后将发电机高压厂用电源倒为高压厂用变压器供电，高压启动备用变压器联动备用。

加负荷时，应监视定子端部有无渗漏现象，在增加发电机有功负荷的同时，要相应地增大其无功负荷，以保持一定的功率因数。如果有功负荷不变，调整无功负荷也会改变功率因数。水氢氢冷的大、中型汽轮发电机的额定功率因数多为0.9（滞后），即功率因数从0.9～1之间均可长时间带额定有功负荷运行。但是如果励磁再进一步减少就会变为进相运行，这时$\varphi<0$。虽然一般汽轮发电机都允许在$\cos\varphi=0.95$（超前、进相）情况下运行，但进相运行下有两个问题特别要注意：①可导致发电机定子端部构件发热；②可能导致电力系统运行失稳。因此，在正常运行中，如发现功率因数表指示进相，且超过了允许的功率因数值，则应增大励磁电流。如果这时定子电流过大，则在增大励磁电流的同时，减少发电机的有功负荷，否则可能引起发电机振荡或失步。

3. 发电机解列

单元机组发电机停止运行包含解列、解列灭磁、停机三个层次。解列是指仅断开发电机变压器出口断路器，这时发电机可带厂用电运行；解列灭磁是指断开发电机变压器出口断路器，同时断开励磁开关，此时汽轮机拖动发电机空转；停机是在解列灭磁同时关闭汽轮机主汽门，使发电机的转速降下来。

正常停机是在发电机解列前，先将厂用电倒至备用电源，然后再逐渐将负荷转移到并列运行的其他机组上去。减小发电机有功与无功功率至某一规定的值时，停用自动励磁调节器，然后把有功功率减少到零，无功功率减至接近于零，定子电流表指示接近于零，断开发电机变压器出口断路器与系统解列。若有功功率未至零就解列，可能会使汽轮机超速。为防止汽轮机超速，可先关闭汽轮机主汽门，然后由逆功率动作跳发电机。发电机解列后，调节手动励磁，将发电机电压减至最小值，再断开励磁开关。然后根据要求断开发电机变压器组出口隔离开关及电压互感器。

在接到电网调度员解列命令后，操作人员应按值长命令填写操作票，经审核批准后执行。发电机出线上带有厂用电，应将厂用电切换后，随后将本机组的有功及无功负荷转移到其他发电机上。对于正常停机，应在机组有功负荷降到某一数值后，停用自动调节励磁装置，然后将有功和无功降到零时，才能进行解列。在减有功负荷的同时，注意相应减少无功负荷，保持功率因数约为 0.9。

(1) 发电机解列时的注意事项。

1) 若用手动感应调压器解列发电机，由于无自动电压调节功能，应注意降低无功负荷至最低极限，并在主断路器跳闸后及时调整发电机电压在额定值以下，以防止发电机超压。

2) 待发电机解列后，将发电机励磁调节器（AVR 自动、AVR 手动/50Hz）输出降至最小。

(2) 发电机解列流程。

1) 值长发出停机命令后，可以进行发电机停机解列操作（紧急停机除外）。

2) 发电机解列操作前检查主断路器分闸回路无闭锁。待有功和无功功率降下来后将高压厂用电源转为高压启动备用变压器供电，将高压厂用变压器停电。

3) 根据机炉运行情况，逐步减发电机有功负荷至低限，无功负荷近于零。

4) 汽轮机打闸，监视逆功率保护动作，发电机主断路器断开。

5) 监视发电机三相定子电流表指示为零。

6) 检查发电机定子电压为零。

7) 退出励磁系统运行。

8) 断开发电机主断路器和出口隔离开关控制电源。

9) 断开发电机变压器组出口隔离开关。

(3) 发电机解列后的操作。发电机解列后需长期停运，应对发电机做如下工作。

1) 拉开发电机自动电压调节器交流侧开关、发电机 50Hz 感应调压器交流开关。

2) 停用发电机封闭母线风扇，保持封闭母线微正压装置运行。

3) 停运主变压器冷却装置。

4. 发电机励磁系统

励磁系统是供给同步发电机励磁电流的电源，是由励磁功率单元和励磁调节器两个主要部分组成。励磁功率单元向同步发电机转子提供励磁电流，励磁调节器根据输入信号和给定的调节准则控制励磁单元的输出。励磁系统一方面向同步发电机的励磁绕组供电以建立转子磁场，并根据发电机运行工况自动调节励磁电流以维持机端及系统电压水平；另一方面决定着电力系统并联机组间无功功率的分配，对电力系统并联机组稳定运行起着极大作用。

励磁调节器能正确反应发电机电压的高低维持发电机电压在给定水平；能合理分配机组间无功功率；励磁调节器能保证发电机在人工稳定区运行，防止出现调节失灵；能在系统故障时，迅速反应提高机组暂态稳定性。

(1) 励磁系统投运条件。

1) 灭磁开关无故障。

2) 220kV 断路器无故障。

3) AVR 无故障。

4) 发电机转速大于 2950r/min。

5) 发变组出口断路器在断开状态。

6) 合上发变组 220kV 侧隔离开关。

7) 发变组出口断路器在“远方”控制方式。

(2) 开机前励磁系统运行方式的选择。

1) 运行方式选 AVR (恒机端电压调节)，起励以后发电机机端电压会在数十秒钟缓慢上升至 95%额定机端电压，并等待发电机并网操作。

2) 运行方式选 FCR (恒磁场电流调节)，起励以后发电机机端电压会停在 10%端电压位置，经手操增磁，端电压上升至需要值。

(3) 起励方式选择。

1)“自动”需要在控制室 DCS 发开机令，励磁调节屏接收开机令后，检测磁场灭磁开关状态，如果灭磁开关是分闸状态，发合灭磁开关指令；给灭磁屏起励接触器发起励信号；投整流屏风机；投整流桥脉冲信号。当起励电源使机端电压达到 10%以上，进入励磁调节程序。如果在 10s 内机端电压没达到 10%或 20%，调节屏发出起励失败信号，发出起励失败信号之后还可以起励三次，不成功则闭锁起励功能。

2) 起励过程中，当机端电压达到 10%～15%额定电压时调节器跳开起励接触器切除起励电源，然后自动把机端电压升到设定的数值（当起励时运行方式为 AVR 时，机端电压将自动达到 95%额定电压，当起励时运行方式为 FCR 时，机端电压将自动达到 10%额定电压)。

3)“手动”(远方与现场选择都可以)，可以在灭磁屏前按起励按钮，起励接触器吸合，开始起励，励磁调节屏接到起励接触器辅助触点动作信号，投风机，投整流桥脉冲，同自动方式操作。

(4) 励磁系统运行操作。当发电机并网后，即进入运行操作，运行操作有四种方式。

1) 电流调节 (FCR)，操作增、减磁，可调节励磁电流至需要值。需配合有功调解来改变励磁电流。此运行方式只能保证励磁电流稳定（当 TV 断线后可选此方式运行)。

2) 电压调节 (AVR)，操作增、减磁，可调节发电机机端电压或无功功率至需要值。此运行方式能保证机端电压稳定，是最常用的一种运行方式。当 TV 断线后，计算机会利用另一台计算机的 TV 测量通信信号，当两台计算机都报 TV 断线时，正在运行的计算机自动转入FCR（磁场电流调节）方式运行。

3）恒无功（Q）调节方式。发电机并网后，才可以选恒无功或恒 $\cos\varphi$ 调节如果选恒无功（Q）调节方式，励磁调节屏将维持发电机无功功率稳定，此方式必须在发变组主断路器闭合时才可以投入运行。

4）如果选恒 $\cos\varphi$ 调节方式，励磁调节屏将维持发电机端电压超前机端电流固定相角，即 $\cos\varphi$ 不变，此方式必须在发变组主断路器闭合时才可以投入运行。

（5）励磁系统投运流程。

1）合灭磁开关。

2）灭磁开关合闸且正常，投AVR。

3）控制AVR增、减励磁。

4）发电机出口电压至95%额定电压。

（6）励磁系统停机流程。

1）当发电机正常解列后，需要停机操作。首先，操作无功减载，无功功率会缓慢减少至零，待操作发电机解列后（断开发电机出口断路器），给励磁调节屏一个停机令信号。

2）励磁调节屏将自动顺序执行下列操作：当逆变开关打逆变位置时，首先逆变灭磁，延时5s跳磁场开关。

3）紧急停机操作。接紧急停机令，立即按下“紧急停机”按钮，联跳发变组主断路器，磁场开关，调节屏逆变灭磁，将逆变开关打逆变位置。

【任务实施】

根据发电厂电气倒闸操作基本原则、发电厂电气倒闸操作一般程序及相关规程规范，对发电厂发变组升压并网及解列停机操作进行分析判断，其倒闸操作实施情况如下。

（一）发变组恢复备用任务实施

1. 恢复备用流程图

恢复备用流程图如图2-3-1所示。

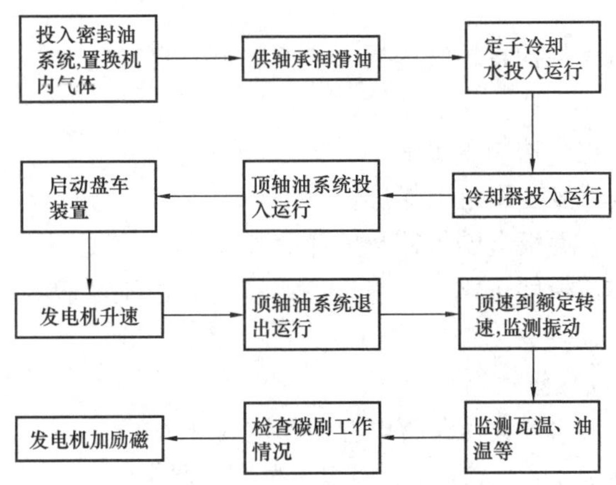

图2-3-1 恢复备用流程图

2. 4号发变组恢复冷备用操作步骤

(1) 检查4号发变组所有检修工作终结，安措已全部拆除。

(2) 确认4号发变组定子回路、转子回路、励磁系统、汇水管绝缘电阻合格。

(3) 检查4号发变组各部无异常且具备送电条件。

(4) 通知热工送上4号发变组热工电源。

(5) 通知继保送上4号发变组保护、仪表、自动装置等电源。

(6) 检查4号发电机内气体置换完毕，H_2压力正常。

(7) 检查4号发电机内冷水系统运行正常，且内冷水水质合格。

(8) 检查4号发电机密封油系统已投运，且运行正常。

(9) 检查4号发变组各断路器大连锁试验正常。

(10) 合上UPS至灭磁柜、AVR柜服务电源自动空气开关。

(11) 合上UPS至AVR交流工作电源。

(12) 合上UPS至整流辅助柜交流工作电源自动空气开关。

(13) 合上UPS至整流辅助柜服务电源自动空气开关。

(14) 合上UPS至4号主变散热器自投回路电源。

(15) 合上UPS至4号高厂变散热器自投回路电源。

(16) 合上110V直流系统至4号炉电子间柜自动空气开关。

(17) 合上110V直流系统至主厂房电气保护室直流分电屏自动空气开关。

(18) 合上110V直流系统至6kV ⅣA直流分电屏自动空气开关。

(19) 合上110V直流系统至6kV ⅣB直流分电屏自动空气开关。

(20) 检查4号发变组所有热工、仪表、自动装置电源均已送上。

(21) 检查6kV ⅣA段工作电源进线断路器在试验位置，且已分闸。

(22) 检查6kV ⅣB段工作电源进线断路器在试验位置，且已分闸。

(23) 检查4号高厂变低压侧TV在“工作”位。

(24) 合上4号机电气保护室110V直流屏至4号机励磁整流柜电源自动空气开关。

(25) 合上4号机电气保护室110V直流屏至励磁AVR柜、灭磁柜的电源自动空气开关。

(26) 检查4号机电气保护室辅继屏后QF控制电源自动空气开关及信号电源自动空气开关已合上。

(27) 检查4号发变组保护装置正常。

(28) 按规定投入4号发变组继电保护。

(29) 复位静态励磁柜面板上的报警及掉牌信号。

(30) 检查励磁室整流模件正常，检查励磁系统所有控制及服务电源已给上，指示灯指示正常。

(31) 检查AVR柜面板已复位。

(32) 合上汽机层4号机微正压装置电源自动空气开关。

(33) 检查4号发变组1（2、3）TV三相一次熔断器完好。

(34) 装上4号发变组1（2、3）TV三相一次熔断器。

(35) 检查4号发变组1（2、3）TV三相二次熔断器完好。

(36) 装上4号发变组1(2、3)TV三相二次熔断器。
(37) 将4号发变组1(2、3)TV三相推入工作位置。
(38) 检查4号发变组1(2、3)TV三相一次熔断器完好。
(39) 投入4号发电机中性点接地变压器。
(40) 合上4号机单台负荷MCC至4号机励磁小间空调及风机电源自动空气开关。
(41) 合上220V直流系统至DEH开关。
(42) 检查220V直流至204主断路器操作箱电源自动空气开关已合上。
(43) 合上汽机房MCC至4号高厂变冷却风机电源自动空气开关。
(44) 检查380V汽机工作段至4号机起励电源自动空气开关已合上。
(45) 检查380V汽机工作段至4号机整流柜及辅助柜电流自动空气开关已合上。
(46) 检查汽机房MCC至4号主变冷却风机电源自动空气开关已合上。
(47) 按规定投入4号主变冷却装置。
(48) 按规定投入4号高厂变冷却装置。
(49) 检查220kV 4号发变组出口主断路器204断路器三相确在分闸位置。
(50) 检查220kV 4号发变组出口隔离开关2041在断开位置。
(51) 检查220kV 4号发变组出口隔离开关2042在断开位置。
(52) 在盘车状态下，检查4号发电机励磁碳刷运行正常。
(53) 在盘车状态下，检查4号发电机接地碳刷运行正常。

3. 4号发变组恢复热备用操作步骤

(1) 确认4号发变组处于冷备用，发电机转速已升至3000r/min。
(2) 检查灭磁开关在分位。
(3) 合上灭磁开关合闸回路控制电源自动空气开关。
(4) 合上起励电源自动空气开关。
(5) 检查励磁系统所有保护掉牌已复归。
(6) 检查4号发变组所有保护按规定投入。
(7) 联系调度合上4号主变中性点接地开关。
(8) 检查4号主变中性点接地开关确已合好。
(9) 检查4号发变组靠Ⅰ母线侧隔离开关2041在分闸位置。
(10) 合上4号发变组靠Ⅱ母线侧隔离开关2042控制电源及动力电源。
(11) 将4号发变组靠Ⅱ母线侧隔离开关2042控制方式切至远方位置。
(12) 合上4号发变组靠Ⅱ母线侧隔离开关2042。
(13) 检查4号发变组靠Ⅱ母线侧隔离开关2042三相确已合好，隔离开关位置显示正确。
(14) 将4号发变组靠Ⅱ母线侧隔离开关2042控制方式切至就地位置。
(15) 拉开4号发变组靠Ⅱ母线侧隔离开关2042控制电源及动力电源。
(16) 检查4号发变组204断路器压缩空气压力及SF_6压力正常。
(17) 检查4号发变组204断路器空压机电源已合上。
(18) 合上4号发变组204断路器合闸及跳闸回路电源自动空气开关。

(二) 发变组并、解列任务实施

1. 并网流程图

并网流程图如图2-3-2所示。

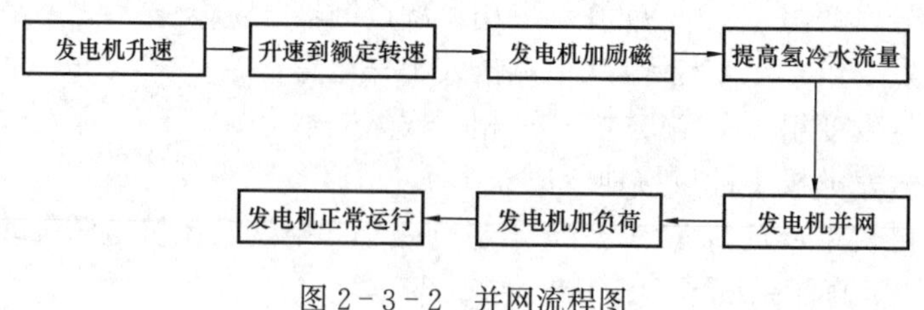

图 2-3-2 并网流程图

2. 解列停机流程图

解列停机流程图如图 2-3-3 所示。

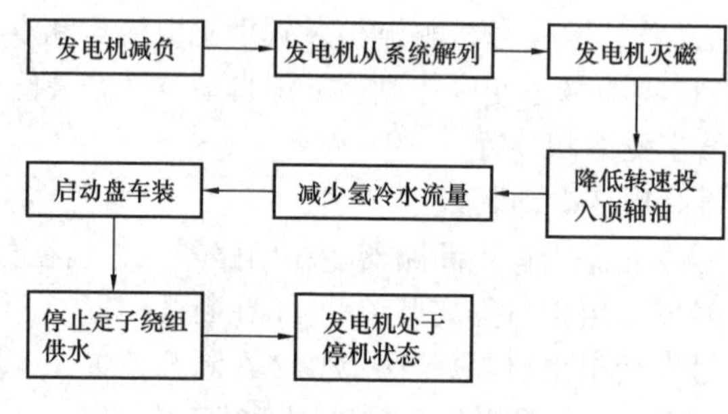

图 2-3-3 解列停机流程图

3. 4号发变组并列于220kVⅡ母线操作步骤

(1) 检查4号发变组在热备用状态。

(2) 检查4号发变组母线侧接地开关在分闸位置。

(3) 检查4号发变组主变侧接地开关在分闸位置。

(4) 检查4号发变组出口204断路器在分闸位置。

(5) 检查4号发变组出口204断路器 SF_6 压力正常。

(6) 合上4号发变组出口204断路器蓄能电源自动空气开关。

(7) 检查4号发变组出口204断路器蓄能正常。

(8) 检查4号发变组出口204断路器控制方式自动空气开关在远方位置。

(9) 检查4号发变组Ⅰ母线2041隔离开关在分闸位置。

(10) 合上4号发变组Ⅰ母线2041隔离开关动力电源自动空气开关。

(11) 合上4号发变组Ⅰ母线2041隔离开关控制电源自动空气开关。

(12) 将4号发变组Ⅰ母线2041隔离开关控制方式自动空气开关切远方位置。

(13) 检查“4号发变组204跳闸”连接片已投入。

(14) 检查“4号发变组204失灵启动”连接片已投入。

(15) 检查4号主变中性点接地开关在合闸位置。

(16) 检查4号主变冷却装置工作正常。

(17) 检查4号主变冷却器油流指示器指示正常。

(18) 检查4号高厂变冷却装置工作正常。

(19) 检查4号机出口三组TV小车已连接好，二次自动空气开关已合好。

(20) 投入4号机中性点接地变压器。

(21) 检查4号机灭磁开关在分闸位置。

(22) 检查4号机励磁系统已处于热备用状态。

(23) 检查4号发变组保护正常投入。

(24) 检查4号高厂变保护正常投入。

(25) 检查4号励磁变保护正常投入。

(26) 检查4号同期装置已投运。

(27) 检查4号机厂用电快切装置已投运。

(28) 合上4号发变组出口204断路器控制电源自动空气开关。

(29) 检查4号发变组2042隔离开关三相确已合上。

(30) 在DCS励磁操作面板上选择“AVR投入”、“自动启励”、“开机”，监视发电机电压升至19.6kV。

(31) 手动“增磁”，发电机电压升至20kV。

(32) DEH发“自动同步”信号。

(33) 同期面板点击“投入TK”、“同期启动”、“同期复位”。

(34) 同期表转动，满足条件发电机自动并网，204断路器自动合上。

(35) 复位4号发变组出口204断路器至合闸位置。

(36) 将同期柜自动准同期开关TK切至退出位置。

(37) 检查4号发变组出口204断路器三相合闸良好。

(38) 检查4号发电机本体运行正常。

(39) 检查4号主变、01号启备变运行正常。

(40) 按调度要求倒换220kV系统中性点接地方式。

4. 4号发变组与系统解列操作步骤

(1) 4号发电机厂用电已切换至起备变带。

(2) 检查4号主变中性点接地开关在合闸位置。

(3) 降低4号发电机有功、无功负荷至零。

(4) 启动4号发变组解列顺控逻辑。

(5) 待4号发变组与系统解列后。

(6) 复位4号发变组出口204断路器至分闸位置。

(7) 检查4号发电机灭磁开关在分闸位置。

(8) 检查4号发电机定子电压降至零。

(9) 拉开4号发变组出口204断路器控制电源自动空气开关。

(10) 检查4号发变组出口204断路器在分闸位置。

(11) 拉开4号发变组Ⅱ母线2042隔离开关。

(12) 检查4号发变组Ⅱ母线2042隔离开关确已拉开。

(13) 停运4号主变冷却器。

(14) 停运4号高厂变冷却器。

(15) 拉开4号机出口TV二次自动空气开关。

(16) 4号发电机中性点接地变退出运行。

(17) 检查4号机励磁自动柜已退出。

(18) 拉开4号机励磁自动柜辅助电源自动空气开关。

(19) 拉开 4 号机励磁自动柜起励电源自动空气开关。

(20) 拉开 4 号机励磁自动柜整流柜风扇电源自动空气开关。

(21) 拉开 4 号机励磁自动柜直流电源自动空气开关。

(22) 拉开 4 号机励磁自动柜灭磁开关控制电源自动空气开关。

(23) 停运 4 号发电机整流柜风机。

【拓展提高】

1. 发电机启动前应做的试验

(1) 投入发电机控制、保护及信号直流，各信号应正确。

(2) 自动调节励磁装置整定电位器加减方向正确，动作灵活。

(3) 调速系统加减方向正确，动作灵活。

(4) 做发变组出口断路器、灭磁开关、厂用变压器高、低压侧断路器，拉合闸试验良好。

(5) 做主变、高压厂用变压器、启备变压器风扇联动试验。

(6) 配合继电保护人员做同期检查试验完好。

(7) 大修后的氢冷发电机必须进行气密试验，试验不合格的发电机严禁投入运行。

(8) 发电机水压试验合格。

(9) 配合继电保护人员做发变组的保护传动试验。

(10) 配合继电保护人员做励磁回路的方式切换和保护连锁试验。

(11) 配合继电保护人员进行厂用电快切装置切换试验和低压 PC 备自投试验。

2. 发电机启动前的准备工作

(1) 发电机内冷水箱经换水后水质合格，启动内冷水泵，发电机定子通水循环。必要时进行发电机内冷水泵的启、停、连锁试验正常。

(2) 检查水冷却器有足够的冷却水量，且冷却水温度正常。

(3) 发电机密封油系统投入运行，同时检查密封油冷却器冷却水量足够，水温正常。

(4) 将发电机内气体置换为氢气，并检查氢气参数合格。

(5) 测量发变组定子、转子回路绝缘合格。

(6) 发电机、变压器中性点接地开关合入。

(7) 发电机出口 3 组 TV 测绝缘和二次熔断器良好后投入。

(8) 自动励磁调节器冷却风机投入。

(9) 自动励磁调节器二次电源自动空气开关合入良好。

(10) 主变、高压厂变、启备变冷却装置电源投入并做冷却风扇联动试验良好。

(11) 主变、高压厂变冷却装置置“自动”运行。

(12) 检查转子过电压保护装置投入工作完好。

(13) 检查励磁变处于良好备用状态。

(14) 检查整流装置完好后合上交流侧自动空气开关。

(15) 合上整流柜直流侧自动空气开关。

(16) 将整流柜冷却风机投入运行。

(17) 检查自动调节励磁装置完好后投入工作，置“自动”位置。

(18) 合上整流柜和调节装置的信号电源和控制电源。

(19) 合上整流柜加热器电源自动空气开关。

(20) 检查发变组出口断路器确在断开位置后，在机组转速达到2950r/min时合上发变组出口隔离开关。

(21) 检查发变组出口隔离开关合好，发变组出口断路器液压操作系统工作正常。

(22) 合上发变组及厂用系统信号电源。

(23) 检查自动调节励磁装置在具备升压条件。

(24) 将自动调节励磁装置控制方式置远方位置。

3. 发电机升压、并列时操作的注意事项

(1) 发电机不允许在未充氢气和定子线圈未通水的情况下投入励磁升压。

(2) 待机炉有关试验结束，检查机组无异常报警信号，汽轮机已定速，发变组空载、短路、核相、假同期等启动试验已结束，得到值长正式并列命令后方可进行发电机并列操作。

(3) 正常情况下，发电机必须采用“自动准同期”并列方式进行并列。

(4) 不允许同时选择两个及以上同期点的同期开关，投入一个同期点的同期开关时，应先检查其他同期点的同期开关均在未选位置。

(5) 发电机升压操作应缓慢进行，升压过程中，三相电压平衡，三相电流指示为零或接近于零；达到额定电压时，检查发电机转子电压和电流是否在空载值。整个过程中，必须检查发变组、励磁系统运行参数正常且无异常报警。

(6) 在升压过程中，发现定子电流升起或出现定子电压失控立即对发电机进行灭磁。

(7) 在发电机升压过程中，当转子电流已达空载值，而定子电压未达到额定值时，或出现报警、掉闸信号，应停止操作，查明原因。

(8) 在机组转速低于2950r/min时禁止投入励磁系统。

(9) 只有发电机与系统频率相差1Hz以内，方可投入自动准同期装置。

(10) 对于额定转速下已经升压等待并列或进行其他试验等情况下，如出现转速下降的情况，应立即断开灭磁开关。

(11) 并列过程中，同期装置上的同步表应顺时针转动，转动过快或过慢时要及时调整机组转速。

(12) 如果同期装置在并列过程中合闸指示灯亮，而主断路器未合闸，应立即断开同期装置电源，查明原因。

(13) 并列瞬间要密切监视三相电流、负序电流、有功、无功等主要参数，防止并列时主断路器非全相动作。

(14) 机组并列后，在DCS画面上全面检查各设备的指示状态、有无异常报警，特别是设备冷却介质参数。

(15) 发电机解并列主变压器中性点接地开关必须投入。

4. 发电机停机后的三种状态

(1) 热备用状态。发电机出口断路器、励磁开关在断开位置，高压厂用变压器低压分支手车式断路器在断开位置，其余与运行状态相同。

(2) 冷备用状态。发电机出口断路器及其出口隔离开关、励磁开关在断开位置，高压厂用变压器低压分支手车式断路器在隔离位置，其余与运行状态相同。

(3) 检修状态。发电机出口断路器及其出口隔离开关、励磁开关、高压厂用变压器低压分支手车式断路器在隔离位置，取下发电机出口及厂用分支电压互感器一、二次熔断器，断开发电机中性点接地变压器隔离开关，在发电机各电源侧挂接地线。

5. 发电机停机期间的维护

(1) 备用中的发电机及其全部附属设备应同运行中的发电机一样进行监视和维护，使其处于完好状态，以便随时启动。

(2) 停机备用的发电机密封油排烟机和润滑油主油箱的排烟风机应维持运行，以抽去可能逸入油系统的氢气。

(3) 发电机第一次停机以及每当外部温度变化在 8K 以上时，应维持机内氢气相对湿度在 50%以下，可以采用排氢补氢的方法降低机内氢气的湿度。

(4) 停机期间密封油冷却器密封油温度保持在 40～49℃。

(5) 氢气的纯度不低于 90%。

(6) 离子交换器出水电导率应维持在 0.1～0.4μS/cm。

(7) 当发电机长期处于备用状态时，应该采取适当的措施防止绕组受潮，并保持绕组温度在 5℃以上；可采用内冷水热水循环的方法保温，内冷水水温以 20～40℃为宜；冬季停机后，应使发电机各部温度维持在 5℃以上，防止冻坏发电机设备。停机期间，厂房室温应保持在 4℃以上，若低于 4℃，应采取防止定子绕组内的冷却水和氢气冷却器内的冷却水冻结的措施。

(8) 停机期间发电机内充满空气时，需注意防止结露。

(9) 取下充氢管道联管并加堵板，将供氢管道进行隔离，防止氢气进入发电机。

(10) 发电机运行两个月以上如遇停机，应对发电机定子水回路进行反冲洗，以确保水回路畅通。

(11) 对停用时间较长的发电机，定子绕组和定子端部冷却元件中的水应放净吹干，吹干时应使用仪用气。

任务 3.2 发电厂电动机与厂用电系统停送电操作

在电力生产过程中，为主设备服务配套的机械设备称为厂用辅助机械设备。用于拖动这些机械设备的主要原动机是电动机，称为厂用电动机，其广泛应用于电力生产的各个环节，是电力生产中必不可少的重要设备，厂用电动机中异步电动机约占原动机的 95%。为确保主设备的安全运行，必须根据倒闸操作的基本原则及一般程序，按照《发电运行规程》正确对厂用电动机运行停送电操作。

当发电厂正常运行时，发电机厂用电源来自厂用高压变压器；若厂用高压变压器检修或故障，则由电力系统 220kV 母线供给。正确进行厂用电系统切换等操作是确保电力系统及发电机本身安全稳定运行的重要环节，操作中必须严谨认真。

【教学目标】

知识目标：①掌握发电厂电动机与厂用电系统正常运行方式；②掌握填写发电厂电动机与厂用电系统倒闸操作票原则及规范；③熟悉发电厂电动机与厂用电系统倒闸操作的基本原

则及一般程序；④掌握在仿真机上完成发电厂电动机与厂用电系统倒闸操作一般流程。

技能目标：①能读懂发电厂电动机与厂用电系统正常运行方式；②能根据倒闸操作的基本原则及一般程序，正确填写发电厂电动机与厂用电系统倒闸操作票；③能在仿真机上完成发电厂电动机与厂用电系统倒闸操作。

态度目标：胆大心细，遵守安规；团结协作，权责明确。

【任务分析】

(1) 分析典型 2×300MW 机组发电厂电动机与厂用电系统停送电操作前的运行方式。

(2) 正确填写发电厂电动机与厂用电系统停送电操作步骤。

(3) 按发电厂电气倒闸操作标准化作业流程，对典型 300MW 发电厂电动机与厂用电系统停送电进行操作。

【相关知识】

(一) 厂用电系统运行规定

(1) 6kV 厂用电的切换应在机组运行稳定、负荷 150MW 左右进行，切换前必须检查工作、备用电源在同一系统。

(2) 在厂用电倒换为高厂变自带或倒换为启备变带时，在 DCS 画面上进行正常切换。

(3) 6kV 厂用电正常倒换电源时，需先调整起备变分接头，使待并断路器两侧的压差小于 5%，必要时还可调整发电机无功达到压差要求。

(4) 6kV 厂用ⅣA、ⅣB 段工作电源与备用电源之间设有快切装置，正常运行时，快切装置方式投入并联方式。

(5) 厂用电系统因故改为非正常运行方式时，应事先制定安全措施，并在工作结束后尽快恢复正常运行方式。

(6) 380V 系统 PC 段运行电源切换前，应检查两路在同一系统，以防非同期合闸，如两路电源不在同一系统，应采用瞬停的切换方法。属于同一系统时，可并列切换，在两段压差小于 5%时，可先合上分段断路器，然后断开要停电断路器。

(7) MCC 盘进行电源切换时，一般采用先断后合方式，在就地盘上将断路器切至备用电源。

(8) 电源切换瞬间将失电，在切换前应检查 MCC 盘所带负荷的运行情况，以防影响机组的安全运行。

(9) 下列厂用电设备禁止投入运行。

1) 无保护的设备。

2) 绝缘电阻不合格的设备。

3) 断路器操动机构有问题。

4) 断路器事故遮断次数超过规定。

5) 速动保护动作后，未查明原因和排除故障。

(二) 厂用电源的切换方式

厂用电源的切换方式，除按操作控制分手动与自动外，还可按运行状态、断路器的动作顺序、切换的速度等进行区分。

1. 按运行状态区分

(1) 正常切换。在正常运行时，由于运行的需要（如开机、停机等），厂用母线从一个电源切换到另一个电源，对切换速度没有特殊要求。

(2) 事故切换。由于发生事故（包括单元接线中的厂总变、发电机、主变压器、汽轮机和锅炉等事故），厂用母线的工作电源被切除时，要求备用电源自动投入，以实现尽快安全切换。

2. 按断路器的动作顺序区分

(1) 并联切换。在切换期间，工作电源和备用电源是短时并联运行的，它的优点是保证厂用电连续供给，缺点是并联期间短路容量增大，增加了断路器的断流要求。但由于并联时间很短（一般在几秒内），发生事故的概率低，因此在正常的切换中被广泛采用。但应注意观测工作电源与备用电源之间的差拍电压和相角差。

(2) 串联切换。其切换过程是，一个电源切除后，才允许投入另一个电源，一般是利用被切除电源断路器的辅助触点去接通备用电源断路器的合闸回路。因此厂用母线上出现一个断电时间，断电时间的长短与断路器的合闸速度有关。其优缺点与并联切换相反。

(3) 同时切换。在切换时，切除一个电源和投入另一个电源的脉冲信号同时发出。由于断路器分闸时间和合闸时间的长短不同以及本身动作时间的分散性，在切换期间，一般有几个周期的断电时间，但也有可能出现1～2周期两个电源并联的情况。所以在厂用母线故障及在母线供电的馈线回路故障时应闭锁切换装置，否则投入故障供电网会因短路容量增大而有可能造成断路器爆炸的危险。

3. 按切换速度区分

(1) 快速切换。一般是指在厂用母线上的电动机反馈电压（即母线残压）与待投入电源电压的相角差还没有达到电动机允许承受的合闸冲击电流前合上备用电源。快速切换的断路器动作顺序可以是先断后合或同时进行，前者称为快速断电切换，后者称为快速同时切换。

(2) 慢速切换。主要是指残压切换，即工作电源切除后，当母线残压下降到额定电压的20%～40%后合上备用电源。残压切换虽然能保证电动机所受的合闸冲击电流不致过大，但由于停电时间较长，对电动机自启动和机炉运行工况产生不利影响。慢速切换通常作为快速切换的后备切换。

大容量机组厂用电源的切换中，厂用电源的正常切换，一般采用并联切换。事故切换，一般采用断电切换，而且切换过程不进行同期检定，在工作电源断路器跳闸后，立即联动合上备用电源断路器。这是一种快速断电切换。但实现安全快速切换的一个条件是：厂用母线上电源回路断路器必须具备快速合闸的性能，断路器的固有合闸时间一般不要超过5个周波(0.1s)。

（三）厂用电快切装置的投运操作

(1) 检查快切装置无检修工作。

(2) 检查快切装置各插件完好，并可靠插入位置，端子排接线完好。

(3) 检查快切装置显示屏、指示灯、通信插口、按键等完好。

(4) 给上快切装置220V直流电源进线熔断器。

(5) 合上快切装置柜后220V直流电源自动空气开关。

(6) 打开快切装置电源插件自动空气开关，检查电源插件小面板上+5、+15、−15V和+24V指示灯量。

(7) 检查快切装置面板上指示灯、显示屏的显示状态与DCS画面和现场一次设备状态一致。

(8) 投入快切装置动作出口连接片。

(四) 厂用电快切装置的停运操作

根据快切装置的退出规定，退出对应装置的动作出口连接片即可，必要时可以进一步切断装置的220V直流电源自动空气开关。

(五) 厂用电快切装置的手动切换

(1) 快切装置的手动切换应该在DCS画面上进行。

(2) 将切换方式选择为手动并联方式。

(3) 将“出口闭锁”投退置于“投入”位置。

(4) 点击装置“复归”键。

(5) 确认装置无闭锁。

(6) 点击装置“手动切换”启动键。

(7) 确认热备用自动空气开关自动合闸，再手动断开原工作状态自动空气开关。

(8) 检查“切换完毕”，“装置闭锁”灯亮，切换完成。

(六) 6kV手车断路器送电操作

(1) 插入6kV手车断路器的二次插头。

(2) 合上二次柜内的控制电源自动空气开关、保护电源自动空气开关、凝露器控制电源自动空气开关、电能表电源自动空气开关。

(3) 锁好柜门。

(4) 检修或更换小车后，试验电动分合闸及储能情况完好。

(5) 查6kV手车断路器在断开位置。

(6) 查接地开关在断开位置。

(7) 用曲柄顺时针将断路器从试验位置摇至工作位置。

(8) 查二次插头的闭锁杆落下。

(9) 观察位置指示器指示工作位置。

(10) 将二次柜门上或综合保护面板上的“就地/远方”选择开关切至远方位置。

(11) 检查综合保护和差动保护装置正常。

(12) 投入综合保护及差动保护出口连接片。

(七) 电动机的启动规定

(1) 电动机在正常情况下，允许在冷态下连续启动两次，每次间隔时间不得少于5min；允许在热态下启动一次。只有在处理事故时以及启动时间不超过2～3s的电动机可以多启动一次。在进行动平衡校验时，启动的间隔时间为：200kW以下的电动机，应不小于30min，200～500kW应不小于1h，500kW以上不小于2h。

(2) 当电动机静子线圈和铁芯温度在50℃以上或运行4h后，则认为是热态。

(3) 电动机启动时，应注意观察电流，并监视启动时间。

(4) 新安装或检修后第一次启动的电动机，在远方启动时，应在电动机旁设专人监视，直到启动正常。

(5) 电动机在启动过程中不可切断电动机电源，以防引起过电压。

(6) 直流电动机启动应监视所在直流母线电压。

(7) 尽量避免在厂用母线电压降低的情况下进行启动（6kV 母线电压低于 6.3kV，380V 母线电压低于 400V）。

(8) 严禁同时启动两台及以上大型电动机。

(9) 严防因风机挡板不严，在风机反转的情况下启动风机电动机，严防在水泵反转的情况下启动水泵电动机。

(八) 电动机启动前检查

(1) 电动机及其附近应无人工作和杂物。

(2) 电动机所带动的机械可以启动或在试转时电动机与机械的对轮已拆开。设法转动转子，证实转子与定子不相摩擦，它所带动的机械也没有被卡住。

(3) 检查轴承中和启动装置中油位正常。如采用强力润滑，应投入油系统，并检查油压正常、油路畅通，不漏油。

(4) 检查电动机各部测温元件 LCD 上显示正确。

(5) 检查无机械引起的反转现象，如有应设法停止反转。

【任务实施】

根据发电厂电气倒闸操作基本原则、发电厂电气倒闸操作一般程序及相关规程规范，对发电厂电动机与厂用电系统停送电操作进行分析判断，其倒闸操作实施情况如下。

(一) 厂用电 6kV ⅣA 段母线送电操作步骤

(1) 检查 6kVⅣA 段母线所有负荷断路器在检修位置。

(2) 检查 6kVⅣA 段母线所有工作票已经终结。

(3) 检查 6kVⅣA 段母线具备送电条件。

(4) 检查 DCS 画面厂用 IVA 分支快切确已投入闭锁。

(5) 拆除 6kVⅣA 段母线临时接地线。

(6) 验明 6kVⅣA 段母线三相确无电压。

(7) 测量 6kVⅣA 段母线绝缘良好。

(8) 检查 6kVⅣA 段母线 TV 良好。

(9) 将 6kVⅣA 段母线 TV 推到工作位置（合上一、二次侧隔离开关）。

(10) 检查 6kVⅣA 段母线工作电源进线断路器 6403 在分闸位置。

(11) 插入 6kVⅣA 段母线工作电源进线断路器 6403 二次插件。

(12) 将 6kVⅣA 段母线工作电源进线断路器 6403 推到工作位置。

(13) 合上 6kVⅣA 段母线备用电源进线断路器 6403 弹簧储能自动空气开关。

(14) 合上 6kVⅣA 段母线工作电源进线断路器 6403 的直流自动空气开关。

(15) 将 6kVⅣA 段母线工作电源进线断路器 6403 切换把手打到远方位置。

(16) 检查 6kVⅣA 段母线工作电源进线断路器 6403 的面板各指示灯指示正确。

(17) 检查 6kVⅣA 段母线备用电源进线断路器 6455 在分闸位置。

(18) 插入 6kVⅣA 段母线备用电源进线断路器 6455 二次插件。

(19) 将6kVⅣA段母线备用电源进线断路器6455推到工作位置。

(20) 合上6kVⅣA段母线备用电源进线断路器6455弹簧储能自动空气开关。

(21) 合上6kVⅣA段母线备用电源进线断路器6455的直流自动空气开关。

(22) 将6kVⅣA段母线备用电源进线断路器6455切换把手打到远方位置。

(23) 检查6kVⅣA段母线备用电源进线断路器6455的面板各指示灯指示正确。

(24) 检查6kV厂用电源快切装置投运正常。

(25) 在DCS画面上点击6kVⅣA段母线工作电源进线断路器6403的“预合”按钮。

(26) 在DCS画面上点击6kVⅣA段母线工作电源进线断路器6403的“合”按钮。

(27) 检查DCS画面上6kVⅣA段母线工作电源进线断路器6403确已合好。

(28) 检查6kVⅣA段母线电压正常。

(29) 在DCS画面上将厂用ⅥA分支快切解除闭锁。

(30) 检查DCS画面上将厂用ⅥA分支快切已经解除闭锁。

(二) 厂用电6kVⅣA段母线停电操作步骤

(1) 检查6kVⅣA段母线所有负荷已转移，负荷断路器在检修位置。

(2) 在DCS画面上将厂用6kVⅣA分支快切投入闭锁。

(3) 在DCS画面点击6kVⅣA母线工作电源进线断路器6403预分。

(4) 在DCS画面点击6kVⅣA段母线工作电源进线断路器6403分。

(5) 检查6kVⅣA段母线电压指示为零。

(6) 检查6kVⅣA段母线工作电源进线断路器6403确已分开。

(7) 拉开6kVⅣA段母线工作电源进线断路器6403的控制直流自动空气开关。

(8) 取下6kVⅣA段母线工作电源进线断路器6403二次插件。

(9) 将6kVⅣA段母线工作电源进线断路器6403拉到检修位置。

(10) 检查6kVⅣA段母线备用电源进线断路器6455在分闸位置。

(11) 拉开6kVⅣA段母线备用电源进线断路器6455的控制直流自动空气开关。

(12) 取下6kVⅣA段母线备用电源进线断路器6455二次插件。

(13) 将6kVⅣA段母线备用电源进线断路器6455拉到检修位置。

(14) 在6kVⅣA段母线间隔上端验明6kVⅣA段母线确无电压。

(15) 在6kVⅣA段母线间隔上端挂一组接地线。

(三) 4号发电机厂用电由高厂变切至启备变操作步骤

(1) 检查发变组保护投入正常。

(2) 检查发电机有功负荷150MW。

(3) 检查6kV厂用电源快切装置投运正常。

(4) 在DCS画面上点击6kVⅣA段母线工作电源进线断路器的“6kVⅣA段快切控制”按钮。

(5) 点击厂用6kVⅣA分支快切“复归”按钮。

(6) 检查厂用6kVⅣA分支快切在并联位置。

(7) 点击厂用6kVⅣA分支快切“手动启动”按钮。

(8) 点击厂用6kVⅣA分支快切“确定”按钮。

(9) 检查6kVⅣA段母线备用电源进线断路器6455自动投入。

(10) 检查6kVⅣA段母线工作电源进线断路器6403自动断开。

(11) 检查6kVⅣA段母线电压正常。

(12) 在DCS画面上点击6kVⅣB段母线工作电源进线断路器的“6kVⅣB段快切控制”按钮。

(13) 点击厂用6kVⅣB分支快切“复归”按钮。

(14) 检查厂用6kVⅣB分支快切在并联位置。

(15) 点击厂用6kVⅣB分支快切“手动启动”按钮。

(16) 点击厂用6kVⅣB分支快切“确定”按钮。

(17) 检查6kVⅣB段母线备用电源进线断路器6456自动投入。

(18) 检查6kVⅣB段母线工作电源进线断路器6404自动断开。

(19) 检查6kVⅣB段母线电压正常。

(20) 检查6kV开关室6kVⅣA段母线工作电源进线断路器确已断开。

(21) 检查6kV开关室6kVⅣB段母线工作电源进线断路器确已断开。

(四) 4号发电机厂用电由启备变切至高厂变操作步骤

(1) 检查发变组保护投入正常。

(2) 检查发电机有功负荷150MW。

(3) 检查6kV厂用电源快切装置投运正常。

(4) 在DCS画面上点击6kVⅣA段母线工作电源进线断路器的“6kVⅣA段快切控制”按钮。

(5) 点击厂用6kVⅣA分支快切“复归”按钮。

(6) 检查厂用6kVⅣA分支快切在并联位置。

(7) 点击厂用6kVⅣA分支快切“手动启动”按钮。

(8) 点击厂用6kVⅣA分支快切“确定”按钮。

(9) 检查6kVⅣA段母线工作电源进线断路器6403自动投入。

(10) 检查6kVⅣA段母线备用电源进线断路器6455自动断开。

(11) 检查6kVⅣA段母线电压正常。

(12) 在DCS画面上点击6kVⅣB段母线工作电源进线断路器的“6kVⅣB段快切控制”按钮。

(13) 点击厂用6kVⅣB分支快切“复归”按钮。

(14) 检查厂用6kVⅣB分支快切在并联位置。

(15) 点击厂用6kVⅣB分支快切“手动启动”按钮。

(16) 点击厂用6kVⅣB分支快切“确定”按钮。

(17) 检查6kVⅣB段母线工作电源进线断路器6404自动投入。

(18) 检查6kVⅣB段母线备用电源进线断路器6456自动断开。

(19) 检查6kVⅣB段母线电压正常。

(20) 检查6kV开关室6kVⅣA段母线备用电源进线断路器确已断开。

(21) 检查6kV开关室6kVⅣB段母线备用电源进线断路器确已断开。

(五) 6kVⅣA段4号炉1号磨煤机检修转热备用操作步骤

(1) 检查6kVⅣA段4号炉1号磨煤机6445断路器检修工作已结束，工作票已终结。

(2) 核对6kVⅣA段4号炉1号磨煤机6445断路器名称编号无误。

(3) 检查6kVⅣA段4号炉1号磨煤机6445断路器间隔柜内清洁无杂物。

(4) 拉开6kVⅣA段4号炉1号磨煤机6445断路器接地开关。

(5) 检查6kVⅣA段4号炉1号磨煤机6445断路器接地开关三相断开。

(6) 测量6kVⅣA段4号炉1号磨煤机电机绝缘合格。

(7) 测量6kVⅣA段4号炉1号磨煤机6445断路器绝缘合格。

(8) 检查6kVⅣA段4号炉1号磨煤机6445断路器在断开位置。

(9) 手动将断路器机械分闸一次。

(10) 将6kVⅣA段4号炉1号磨煤机6445断路器推至试验位置。

(11) 合上6kVⅣA段4号炉1号磨煤机6445断路器二次插件。

(12) 检查6kVⅣA段4号炉1号磨煤机6445断路器方式选择把手在断开位置。

(13) 合上6kVⅣA段4号炉1号磨煤机6445断路器综合保护装置交流电源自动空气开关。

(14) 检查6kVⅣA段4号炉1号磨煤机6445断路器智能操控装置位置指示灯显示正确。

(15) 将6kVⅣA段4号炉1号磨煤机6445断路器推至工作位置。

(16) 合上6kVⅣA段4号炉1号磨煤机6445断路器控制电源自动空气开关。

(17) 检查6kVⅣA段4号炉1号磨煤机6445断路器面板上分闸指示绿灯亮。

(18) 合上6kVⅣA段4号炉1号磨煤机6445断路器动力储能电源自动空气开关。

(19) 将6kVⅣA段4号炉1号磨煤机6445断路器方式选择把手切至远方位置。

(六) 6kVⅣA段4号炉1号磨煤机热备用转检修操作步骤

(1) 核对6kVⅣA段4号炉1号磨煤机6445断路器名称编号无误。

(2) 检查6kVⅣA段4号炉1号磨煤机6445断路器面板分闸指示绿灯亮。

(3) 检查6kVⅣA段4号炉1号磨煤机6445断路器机械指示在断开位置。

(4) 拉开6kVⅣA段4号炉1号磨煤机6445断路器动力储能电源自动空气开关。

(5) 拉开6kVⅣA段4号炉1号磨煤机6445断路器控制电源自动空气开关。

(6) 将6kVⅣA段4号炉1号磨煤机6445断路器方式选择把手切至断开位置。

(7) 将6kVⅣA段4号炉1号磨煤机6445断路器摇至试验位置。

(8) 检查6kVⅣA段4号炉1号磨煤机6445断路器智能操控装置自动空气开关位置指示灯显示正确。

(9) 拉开6kVⅣA段4号炉1号磨煤机6445断路器综合保护装置直流电源自动空气开关。

(10) 拉开6kVⅣA段4号炉1号磨煤机6445断路器二次插件。

(11) 将6kVⅣA段4号炉1号磨煤机6445断路器拉至检修位置。

(12) 合上6kVⅣA段4号炉1号磨煤机6445断路器接地开关。

(13) 检查6kVⅣA段4号炉1号磨煤机6445断路器接地开关三相合好。

(七) 380V 1号顶轴油泵由"冷备用"转"热备用"操作步骤

(1) 取下1号顶轴油泵断路器处"禁止合闸,有人工作"标示牌。

(2) 合上1号顶轴油泵断路器操作电源自动空气开关。

(3) 合上1号顶轴油泵断路器交流电源自动空气开关。
(4) 检查1号顶轴油泵断路器就地/遥控转换开关在就地位置。
(5) 顺时针切断路器屏上操作把手至分闸位置，打开屏门。
(6) 检查断路器确在分闸位置。
(7) 检查接触器确在分闸位置。
(8) 关好屏门，逆时针切开关屏上操作把手至抽出位置。
(9) 推入断路器至屏内推不动位置。
(10) 顺时针切开关屏上操作把手至分闸位置，断路器进入屏内。
(11) 检查断路器分闸指示灯亮。
(12) 按下开关屏上操作把手，顺时针切开关屏上操作把手至合上位置。
(13) 切断路器就地/远方转换开关至远方位置。
(14) 检查1号小机顶轴油泵热备用正常。

(八) 380V 1号顶轴油泵由"热备用"转"检修"操作步骤

(1) 检查1号顶轴油泵断路器分闸指示灯亮。
(2) 将1号顶轴油泵断路器就地/远方转换开关至就地位置。
(3) 在1号顶轴油泵断路器电缆头上验电，确无电压。
(4) 逆时针切开关屏上操作把手至分闸位置。
(5) 逆时针切开关屏上操作把手至抽出位置，断路器移出屏外。
(6) 拉出断路器至屏外检修位。
(7) 断开1号顶轴油泵断路器操作电源自动空气开关。
(8) 断开1号顶轴油泵断路器交流电源自动空气开关。
(9) 在1号顶轴油泵断路器处挂"禁止合闸，有人工作"标示牌。

【拓展提高】

1. 快切装置切换方式

(1) 并联自动切换：若并联条件满足，快切装置将自动合上备用（工作）电源断路器，经一定延时后再自动跳开工作（备用）电源断路器。

(2) 并联半自动切换：若并联条件满足，快切装置将自动合上备用（工作）电源断路器，而跳开工作（备用）电源断路器的操作由人工完成。

(3) 串联自动切换：先跳工作电源断路器，在确认工作电源断路器已跳开且切换条件满足时，自动合上备用电源断路器。

2. 快切装置切换条件

(1) 装置不处于闭锁状态。
(2) 切换目标电源电压高于额定值的80%。
(3) 装置本身必须有电，且各灯光、信号指示均正确，装置已复位。
(4) 装置有关出口连接片在投入位置。

3. 快切装置闭锁原因

(1) 装置动作一次后。
(2) TV小车摇出。

(3) 工作和备用电源断路器全合。

(4) 工作和备用电源断路器全分。

(5) 装置自检异常。

(6) 分支过电流保护动作。

(7) 母线 TV 断线。

(8) 备用电源失电。

(9) 外部出口闭锁。

(10) 运行方式设置中出口退出。

(11) 装置的快切、残压切换、越前时间、越前相角切换方式均退出。

4. 厂用电快切装置的投退规定

(1) 双机运行，起备变备用时，两台机四个 6kV 段的快切装置均投入。此时若一台机组跳，则手动退出运行机组的 6kV 厂用快切装置。待跳闸机组完全停下后，再投入运行机组的 6kV 厂用快切装置。

(2) 一台机组运行，另一台机组正在启动或停机过程中，两台机组的 6kV 厂用快切装置均退出。

(3) 一台机组运行，另一台机组备用或检修时，投入运行机组的 6kV 厂用快切装置，退出备用或检修机组的快切装置。

(4) 双机全停时，两台机组的快切装置均退出。

(5) 两台机组正在启动，则两台机组的快切装置均退出。

任务 3.3　发电厂直流系统停送电操作

发电厂和变电站的电气设备分为两类，即一次设备和二次设备。发电机、变压器、电动机、断路器、隔离开关等属于一次设备。为了安全、经济地发、供电，需对一次设备及其电路进行测量、操作和保护，因而需装设辅助设备，如各种测量仪表、控制开关、信号器具、继电器等。这些辅助设备称作二次设备。二次设备互相连接而成的电路叫做二次回路。向二次回路中的控制、信号、继电保护和自动装置供电的电源称作操作电源。操作电源一般采用直流电。

为保证对机组的直流油泵、断路器合闸机构、直流事故照明、UPS 等动力负荷及控制、信号、继电保护和自动装置等控制负荷供电，确保机组的安全，参照《火力发电厂直流系统设计技术规定》，每单元机组装设一套直流系统。

直流电源系统由蓄电池组、充电用整流器和蓄电池调整器等设备组成，分控制直流和动力直流两种供电方式，控制直流系统的电压为 110V。其作用是向发电厂的信号装置、继电保护装置、自动装置、断路器的控制回路等负荷供电，故控制直流电源也称操作电源。动力直流系统的电压为 220V 或 110V，其作用是向直流动力负荷（如润滑油泵、给粉机等）、直流事故照明负荷及不停电电源系统等负荷供电。

典型 2×300MW 发电机变压器组单元接线发电厂直流 220、110V 系统接线图如图 2-1-3 所示，下面介绍发电厂 220V 直流母线停电及送电操作。

任务3.3.1 发电厂220V直流母线停电操作

【教学目标】

知识目标：①熟悉发电厂220V直流母线停电前直流系统的运行方式；②掌握发电厂直流系统停送电操作的基本原则及要求；220V直流母线停电操作票的正确填写；③熟悉直流系统停送电操作的标准化作业流程；④掌握发电厂220V直流母线停电的倒闸操作。

技能目标：①能说出发电厂220V直流母线停电前直流系统的运行方式；②能正确填写发电厂220V直流母线停电的倒闸操作票；③能在仿真机上熟练进行发电厂220V直流母线停电的倒闸操作。

态度目标：①能主动学习，在完成任务过程中发现问题、分析问题和解决问题；②能严格遵守“发电运行”规程及各项安全规程，与小组成员协商、交流配合，按标准化作业流程完成学习任务。

【任务分析】

(1) 分析发电厂典型2×300MW机组直流系统的运行方式。

1) 两台机组设一套220V直流系统，每台机组设一套110V直流系统。每一套直流系统设有两段母线、两组蓄电池、三台充电装置。

2) 正常方式下，每一套220V直流系统两段母线分开运行，Ⅰ（Ⅱ）组蓄电池、1（2）号充电装置接入相应段电源母线，母联双投刀开关掷于相应段负荷母线，充电装置带该段母线上的负荷及对蓄电池组浮充。0号充电装置作为1（2）号充电装置的备用。

3) 110V操作直流电源各分电屏按辐射状供电。集控楼直流分电屏按屏分为两段互为备用，其分电屏侧电源自动空气开关及110V直流母线侧电源自动空气开关均合上工作，联络自动空气开关断开；其他直流分电屏的分电屏侧两路电源自动空气开关均合上，110V直流母线侧一路电源自动空气开关合上工作，另一路电源自动空气开关断开作备用，严防合环运行。

4) 各MCC操作直流电源按环网状供电，MCC柜侧及分电屏侧两路电源自动空气开关均合上。

5) 正常运行时，220V直流母线电压应保持在232V±2V范围内，110V直流母线电压应保持在116V±2V范围内。

(2) 正确填写发电厂220V直流母线停电操作步骤。

(3) 按发电厂电气倒闸操作标准化作业流程，对典型300MW发电厂220V直流母线进行停电操作。

【相关知识】

（一）蓄电池的基础知识

蓄电池是一种独立可靠的直流电源。尽管蓄电池投资大，寿命短，且需要很多的辅助设备（如充电和浮充电设备、保暖、通风、防酸建筑等），以及运行维护复杂，但由于它具有独立而可靠的特点，因而在发电厂和变电站内发生任何事故时，即使在交流电源全部停电的情况下，也能保证直流系统的用电设备可靠而连续地工作。另外，不论如何复杂的继电保护装置、自动装置和任何型式的断路器，在其进行远距离操作时，均可用蓄电池的直流电作为操作电源。因此，蓄电池组在发电厂中不仅是操作电源，也是事故照明和一些直流自用机械的备用电源。

蓄电池是储存直流电能的一种设备，它能把电能转变为化学能储存起来（充电），使用时再把化学能转变为电能（放电），供给直流负荷，这种能量的变换过程是可逆的，也就是说，当蓄电池已部分放电或完全放电后，两极表面形成了新的化合物，这时如果用适当的反向电流通入蓄电池，就可使已形成的新化合物还原成原来的活性物质，供下次放电之用。

（二）蓄电池组的维护检查

（1）维护工作电解液的配制：检查并保持蓄电池电解液液面和密度在正常范围，否则加以调整；对蓄电池进行定期充、放电；蓄电池端电压、液温、密度的监视、测量及记录；处理蓄电池内部缺陷，如极板短路、生盐及脱落等；保持蓄电池完好及其整洁，经常擦洗蓄电池等设备表面的污秽和进行清扫工作；各种安全工具、备用、药品及防护用品等配齐，安全措施完备；已放电使用过的电池必须在24h内充电，以保证其额定容量不变。

（2）蓄电池检查项目包括：蓄电池室禁止引入火种；蓄电池室应清洁、干燥、阴凉、通风良好，门窗应关闭，无阳光直射，且温度为5～40℃，相对湿度不大于80％。

【任务实施】

根据发电厂倒闸操作的基本原则及一般程序，通过以上任务分析，正确写出1号机220V直流母线停电的倒闸操作步骤；结合发电厂相关运行规程以及各级调度规程等规定在仿真机上进行倒闸操作。

1号机220V直流母线停电操作步骤如下。

（1）检查1号机220V直流系统Q05自动空气开关确已切至2号机220V直流母线。

（2）停止1号机220V直流系统1号充电装置运行。

（3）检查号1机220V直流系统1号充电装置确已停止运行。

（4）断开1号机220V直流系统Q03自动空气开关。

（5）检查1号机220V直流系统Q03自动空气开关确已断开。

（6）检查1号机220V直流系统Q01自动空气开关确在断开位置。

（7）断开1号机220V直流系统Q02自动空气开关。

（8）检查1号机220V直流系统Q02自动空气开关确已断开。

（9）检查1号机220V直流母线电压到零。

【拓展提高】

1．直流系统运行的一般规定

（1）直流母线不允许脱离蓄电池长期运行。

（2）两组直流母线都有接地信号时，严禁串带运行。

（3）直流母线运行时，其绝缘监测装置应投入。因故退出时，应每小时测量一次母线正、负极对地电压，以监视该系统绝缘情况。

（4）0号充电装置与1（2）号充电装置的倒换、两母线分段运行方式与串带运行方式的倒换、各直流分电屏电源的倒换均应采用停电法。

(5) 直流电源倒换，在极性相同的情况下，且电压差不大于5V时，可短时合环进行倒换。

2. 蓄电池组浮充电运行方式

蓄电池的运行方式有两种方式，一种是浮充电方式，另一种是充放电方式。

浮充是蓄电池组的一种供（放）电工作方式，充电装置与蓄电池同时连接于母线上并列工作。整流装置除给直流母线上的经常性直流负荷供电外，同时又以很小的电流向蓄电池充电，以补偿蓄电池的自放电，使蓄电池经常处于满充电状态。而蓄电池组主要担负冲击负荷和交流系统故障或充电装置断开的情况下的全部直流负荷的供电。

浮充电运行方式特点如下。

(1) 蓄电池组、充电设备和负荷并联运行。

(2) 蓄电池组的端电压保持在规定的浮充电压值。

(3) 充电设备承担经常负荷，同时以很小的电流向蓄电池浮充电，以补偿其自放电。

(4) 充电设备配备电流限制电路。

(5) 交流电源故障时，蓄电池组提供直流电源。交流电源恢复后，充电设备自动启动给蓄电池组充电，同时承担负直流荷。

正常运行时，直流系统工作在浮充电状态，主要是提供经常性负荷工作电源及补偿蓄电池放电损失的电能。蓄电池组直流电源采用浮充电方式运行，不仅可提高工作的可靠性、经济性，还可减少运行维护的工作量，因而在发电厂中广泛采用。

3. 蓄电池组充电—放电运行方式

蓄电池组按充电放电方式工作的主要缺点是必须频繁地对蓄电池进行充电（通常每运行1～2昼夜就要充电一次），蓄电池老化较快，且运行维护也较复杂，因而目前该运行方式已很少采用。

4. 直流系统的检查与维护

(1) 直流母线电压正常，系统绝缘良好，无接地现象。

(2) 各自动空气开关位置正确，熔断器无熔断。

(3) 各表计指示正确，信号正常。

(4) 整流装置各元件、接头无发热。

(5) 整流装置无异常声音及放电现象。

(6) 蓄电池室内温度在10～30℃。

(7) 每周试验一次蓄电池熔断器熔断信号回路正常。

(8) 检查蓄电池的壳、盖是否有裂纹或变形。

(9) 检查连接导线、螺栓是否有松动和污染现象。

(10) 检查电解液是否泄漏。

任务3.3.2 发电厂220V直流母线送电

【教学目标】

知识目标：①熟悉发电厂220V直流母线送电前直流系统的运行方式；②掌握发电厂直流系统停送电操作的基本原则及要求；220V直流母线送电操作票的正确填写；③熟悉直流

系统停送电操作的标准化作业流程；④掌握发电厂 220V 直流母线送电的倒闸操作。

技能目标：①能说出发电厂 220V 直流母线送电前直流系统的运行方式；②能正确填写发电厂 220V 直流母线送电的倒闸操作票；③能在仿真机上熟练进行发电厂 220V 直流母线送电的倒闸操作。

态度目标：①能主动学习，在完成任务过程中发现问题、分析问题和解决问题；②能严格遵守《发电运行规程》及各项安全规程，与小组成员协商、交流配合，按标准化作业流程完成学习任务。

【任务分析】

(1) 分析发电厂 220V 直流母线送电前直流系统的运行方式。每一直流系统的Ⅰ（Ⅱ）段直流电源母线故障（或检修）或Ⅰ（Ⅱ）组蓄电池故障时，其直流负荷母线可由Ⅱ（Ⅰ）段负荷母线串带运行。串带的方式是将Ⅰ（Ⅱ）段直流负荷母线的联络双投刀开关掷于Ⅱ（Ⅰ）段直流负荷母线，任一充电装置可带Ⅰ、Ⅱ段直流母线同时运行。

(2) 正确填写发电厂 220V 直流母线送电操作步骤。

(3) 按发电厂电气倒闸操作标准化作业流程，对典型 300MW 发电厂 220V 直流母线进行送电操作。

【相关知识】

（一）直流系统投入前检查

(1) 充电装置：充电装置、母线绝缘合格。装置内全部开关处于“OFF”位置。装置接地线可靠接地。装置的输入、输出线已接好，且相序、极性、色别正确。

(2) 确认负载设备已处于待受电状态。

(3) 各蓄电池表面无磨损、无漏液，电压正常。

(4) 检查熔断器完好无熔断。

（二）充电装置投入前检查

(1) 检查蓄电池外部正常，充电器与蓄电池的极性相同。

(2) 直流母线绝缘电阻合格（$>0.5\text{M}\Omega$）。

(3) 检查整流设备无异常，紧固处无螺钉松动现象。

(4) 检查各插接件无松动现象。

(5) 检查各熔断器正常，断路器、隔离开关位置正确。

(6) 送上充电装置的交流电源（380V 保安段）。

【任务实施】

根据发电厂倒闸操作的基本原则及一般程序，通过以上任务分析，正确写出 1 号机 220V 直流母线停电的倒闸操作步骤；结合发电厂相关运行规程以及各级调度规程等规定在仿真机上进行倒闸操作。

1 号机 220V 直流母线送电操作步骤如下：

(1) 检查 1 号机 220V 直流母线检修工作全部结束，安全措施已全部拆除，具备送电条件。

(2) 检查1号机220V直流系统Q05自动空气开关确已切至2号机220V直流母线侧。

(3) 检查1号机220V直流系统Q01自动空气开关确在断开位置。

(4) 检查1号机220V直流系统Q04自动空气开关确在断开位置。

(5) 合上1号机220V直流系统Q02自动空气开关。

(6) 将1号机220V直流系统Q03自动空气开关切至1号机220V直流母线侧。

(7) 启动1号机220V直流系统1号充电装置。

(8) 检查1号机220V直流系统1号充电装置运行正常。

(9) 检查1号机220V直流母线电压正常。

【拓展提高】

1. 充电装置配置及容量选择

蓄电池只能用直流电源来充电，发电厂厂用电是交流电，这就需要使用将交流电变为直流电的设备，即整流设备。目前广泛采用硅整流器作为直流电源蓄电池的充电装置。

110V和220V蓄电池组每组蓄电池配置一台工作充电装置，每单元机组的两组110V蓄电池再装设一台备用充电装置；两单元机组的两组220V蓄电池装设一台备用充电装置作为两机组的公用备用。所有充电装置额定容量均按蓄电池事故放电后补充电同时带经常负荷选择。

2. 充电装置的技术参数应满足的条件

(1) 电流满足事故放电后补充电要求。

(2) 电流满足核对性放电后的充电要求。

(3) 电压调节范围满足蓄电池组充电末期的电压要求。

任务3.4　发电厂交流不停电电源UPS停送电操作

随着机组容量的增大和自动化水平的日益提高，其负荷容量不断增大，重要性更加突出，对交流工作电源的质量和供电连续性要求都很高。例如，标准的计算机系统要求电源电压变化在±2%、频率变化在±1%、波形失真不大于5%、断电时间小于5ms；各种热工自动化装置其中相当一部分的交流电源中断几十毫秒后就不能正常工作，有的自动化装置在电源恢复后不能自动恢复工作，不但对机组起不到正常保护作用，往往还会引起其他事故而造成更大的损失。对这些不允许间断供电的交流用电负荷，目前一般的厂用电系统所提供的380/220V交流电源，显然不能满足要求，必须设置专门的交流不停电电源。

交流不停电电源要求无论在机组本身厂用电中断还是电网故障时，都不应中断供电，这些装置一旦失电，将会使机组失去必要的监视和调节手段，给机组的安全稳定运行造成严重的威胁，甚至造成巨大的经济损失。这就要求大容量机组中不但有可以使机组安全停机的事故保安电源，而且要求有一个为控制、监视装置及事故后状态参数记录装置提供高供电品质且不间断供电的交流不停电电源，即Uninterruptible Power System，习惯上把它简称为UPS电源。

典型2×300MW发电机变压器组单元接线发电厂UPS系统接线图如图2-1-4所示，下面介绍发电厂交流不停电电源的倒换电源操作。

任务3.4.1 交流不停电电源由正常供电转至直流供电

【教学目标】

知识目标：①熟悉交流不停电电源由正常供电转至直流供电前的运行方式；②掌握交流不停电电源倒换操作的基本原则及要求；交流不停电电源由直流供电操作票的正确填写；③熟悉交流不停电电源倒换操作的标准化作业流程；④掌握交流不停电电源由直流供电的倒闸操作。

技能目标：①能说出交流不停电电源由正常供电转至直流供电前的运行方式；②能正确填写交流不停电电源由直流供电的操作票；③能在仿真机上熟练进行各种倒闸操作。

态度目标：①能主动学习，在完成任务过程中发现问题、分析问题和解决问题；②能严格遵守发电厂相关运行规程及各项安全规程，与小组成员协商、交流配合，按标准化作业流程完成学习任务。

【任务分析】

(1) 分析交流不停电电源由正常供电转至直流供电操作前的运行方式。

1) 两台机组总共配置三套UPS装置，1号机UPS供1号机组所需交流不停电电源，2号机UPS供2号机组所需交流不停电电源，备用UPS作为1、2号机UPS的备用电源。

2) 每台UPS有正常运行、自动旁路运行、手动旁路运行三种方式。

3) UPS有三路电源，主电源取自380V保安段，旁路电源取自380V工作段，直流电源取自220V动力直流母线。

4) UPS正常运行方式负载由主电源经整流—逆变供给单相220V交流电源。

(2) 正确填写发电厂交流不停电电源由正常供电转至直流供电的操作步骤。

(3) 按发电厂电气倒闸操作标准化作业流程，对典型300MW发电厂交流不停电电源由正常供电转至直流供电进行操作。

【相关知识】

1. 对交流不停电电源的基本要求

(1) 保证在发电厂正常运行和事故状态下，为不允许间断供电的交流负荷提供不间断电源。在全厂停电情况下，这种电源系统满负荷连续供电的时间不得少于0.5h。

(2) 输出的交流电源质量要求电压稳定度在5%～10%范围内，频率稳定度稳态时不大于±1%，暂态时不大于±2%，总的波形失真度相对于标准正弦波不大于5%。

(3) 交流不停电电源系统切换过程中供电中断时间小于5ms。这样快的切换时间只有静态开关才能做到。

(4) 交流不停电电源系统还必须有各种保护措施，保证安全可靠的运行。

2. 发电厂交流不停电电源装置的选择

发电厂的交流不停电电源装置应选用制造厂的定型产品。其标准容量应大于统计的负荷容量。一般都应按双重化的原则配置。当一套装置故障时，另一套能担负全部负荷。

【任务实施】

根据发电厂倒闸操作的基本原则及一般程序，通过以上任务分析，正确写出交流不停电电源由正常供电转至直流供电的倒闸操作步骤；结合发电厂相关运行规程以及各级调度规程等规定在仿真机上进行倒闸操作。

1号机UPS由正常供电转至直流供电操作步骤如下：

(1) 检查1号机UPS运行正常，无报警信号。

(2) 断开1号1K断路器。

(3) 检查1号1K断路器机械指示在分闸位置。

(4) 将1号1K断路器摇至检修位置。

(5) 取下1号1K操作熔断器。

(6) 检查1号机UPS负载母线电压正常，1号机UPS已切换至直流供电。

(7) 断开1号2K断路器。

(8) 检查1号2K断路器机械指示在分闸位置。

(9) 将1号2K断路器摇至检修位置。

(10) 取下1号2K断路器操作熔断器。

(11) 检查1号机UPS负载母线电压正常。

(12) 检查1号机220V直流母线电压正常。

(13) 断开Q128自动空气开关。

(14) 检查Q128自动空气开关确在分闸位置。

(15) 断开Q002自动空气开关。

(16) 检查Q002自动空气开关确在分闸位置。

【拓展提高】

1. 交流不停电电源系统的主要设备

交流不停电电源系统主要由整流器、逆变器、旁路隔离变压器、逆止二极管、静态开关、手动切换开关、同步控制电路、信号及保护电路、直流输入电路、交流输入电路等设备构成。

2. 交流不停电电源系统主要器件的工作原理

(1) 整流器。它的作用是将380V交流电整流后与蓄电池直流系统并列，为逆变器提供电源，并承担该机组正常情况下不允许间断供电的全部负荷。此外，整流器还有稳压和隔离作用，能防止厂用电系统的电磁干扰侵入到负荷回路。整流器由整流变压器、整流电路、滤波电路、控制电路、保护电路、控制开关等部分组成。整流电路采用多相可控整流，通过对晶闸管导通角的控制，实现对输出电压控制和电流稳定。

(2) 逆变器。它的作用是将整流器输出的直流电或来自蓄电池的直流电变换成220V、50Hz正弦交流电。它是不停电电源系统的核心部件。

(3) 旁路隔离变压器。它的作用是当逆变回路故障时能自动地将负荷切换到旁路回路。为确保对不允许间断供电负荷的安全可靠地供电，不能直接将厂用电系统保安电源直接接到负荷上。而应通过旁路回路中设置的隔离和稳压用变压器向不允许间断供电负荷供电。这种变压器除采取可靠屏蔽措施外，还具有稳压的功能。

(4) 静态开关。它的作用是将来自逆变器的交流电源和旁路系统电源选择其一送至负荷。它的动作条件是预先整定好的。要求在切换过程中对负荷的间断供电时间小于5ms。

任务3.4.2 交流不停电电源由直流供电转至正常供电

【教学目标】

知识目标：①熟悉交流不停电电源由直流供电转至正常供电前的运行方式；②掌握交流不停电电源倒换操作的基本原则及要求；交流不停电电源由直流供电转至正常供电操作票的正确填写；③熟悉交流不停电电源倒换操作的标准化作业流程；④掌握交流不停电电源由直流供电转至正常供电倒闸操作。

技能目标：①能说出交流不停电电源由直流供电转至正常供电操作前的运行方式；②能正确填写交流不停电电源由直流供电转至正常供电操作的倒闸操作票；③能在仿真机上熟练进行各种倒闸操作。

态度目标：①能主动学习，在完成任务过程中发现问题、分析问题和解决问题；②能严格遵守"发电运行"规程及各项安全规程，与小组成员协商、交流配合，按标准化作业流程完成学习任务。

【任务分析】

(1) 分析交流不停电电源由直流供电转至正常供电操作前的运行方式。

1) 当主电源或整流器故障时，UPS负载由动力220V直流电源经逆变器供电。当主电源和整流器恢复正常后，UPS自动切回主电源供电方式。

2) 当逆变器故障或者整流器停下而直流母线电压太低时，静态开关自动切换到旁路电源供电。

3) 当静态开关EN发生故障或整个UPS装置退出运行时，UPS可经手动旁路开关Q050由旁路电源供电，即手动旁路运行方式。手动旁路开关具有先合后断的功能，以保证供电不间断。

(2) 正确填写发电厂交流不停电电源由直流供电转至正常供电的操作步骤。

(3) 按发电厂电气倒闸操作标准化作业流程，对典型300MW发电厂交流不停电电源由直流供电转至正常供电进行操作。

【相关知识】

交流不停电电源的运行规定：

(1) 220V直流电源不正常或退出时，禁止将UPS装置由自动旁路电源切至主电源供电。

(2) UPS负载由220V直流电源供电时，运行人员应加强巡视，当直流系统不能满足负载要求并确认旁路电源正常情况下，应尽快将UPS切换至自动旁路电源运行，然后断开主电源断路器。

(3) 在主电源故障消除后，合主电源断路器前应先将UPS装置切至220V直流电源供电，然后合主电源断路器，将UPS装置切回由主电源供电。

(4) UPS的检修原则上在对应机组停运状态时，可采用手动旁路供电方式，UPS主回路全部停电检修。对应机组在运行状态下，不得采用手动旁路供电的方式停用UPS，应采用合环倒换UPS负载母线的方法。

【任务实施】

根据发电厂倒闸操作的基本原则及一般程序，通过以上任务分析，正确写出交流不停电电源由直流供电转至正常供电的倒闸操作步骤；结合发电厂相关运行规程以及各级调度规程等规定在仿真机上进行倒闸操作。

1号机UPS由直流供电转至正常供电操作步骤如下：

(1) 检查1号机UPS由直流电源供电。

(2) 装上1号1K操作熔断器。

(3) 将1号1K断路器摇至试验位置。

(4) 将1号1K断路器摇至工作位置。

(5) 检查1号1K断路器在工作位置。

(6) 合上1号1K断路器。

(7) 检查1号1K断路器机械指示在合闸位置。

(8) 检查1号1K断路器“合闸”指示灯亮。

(9) 检查1号机UPS已转至正常运行方式，无报警信号。

【拓展提高】

UPS运行中的检查项目如下：

(1) 装置运行良好，无异常声音和特殊气味。

(2) 各连接部位无发热、松动现象。

(3) 读取UPS各部运行参数正常。

(4) 试验报警面板上所有指示灯完好。

(5) UPS室内温度合适，UPS装置风扇运行正常。

【项目评价】

发电厂倒闸操作评价（占学期总评比例）参考表2-3-1。

表2-3-1　发电厂倒闸操作评价表

评价类型			评价内容	权重（%）
过程评价（6%）	素质考评（学生互评）	劳动纪律	出勤情况	2
		平时作业	作业成绩	2
		贡献大小	任务完成的质量	2
结果评价（30%）	倒闸操作票		规定时间内完成情况	15
	倒闸操作		规定时间内完成情况	15

【技能训练】

1. 填写4号发变组恢复冷备用操作票并操作。
2. 填写4号发变组恢复热备用操作票并操作。
3. 发电机并列（解列）前检查项目有哪些？
4. 填写4号发变组并列操作票并操作。
5. 填写4号发变组解列操作票并操作。
6. 发电机厂用电操作前检查项目有哪些？
7. 填写4号发变组厂用电6kVⅣA段停送电操作票并操作。
8. 填写4号发变组6kV厂用电源由高厂变切换到启备变（或由启备变切换到高厂变）操作票并操作。
9. 填写4号锅炉变停（送）电操作票并进行操作。
10. 发电机厂用6kV、380V电机操作前检查项目有哪些？
11. 填写4号发变组6kV厂用电机1号磨煤机停（送）电操作票并操作。
12. 填写4号发变组380V厂用电机1号顶轴油泵停（送）电操作票并操作。
13. 填写发电厂110V直流母线停（送）电操作票并进行操作。
14. 填写交流不停电电源由直流供电转至正常供电操作票并进行操作。
15. 填写交流不停电电源由正常供电转至直流供电操作票并进行操作。

项目4

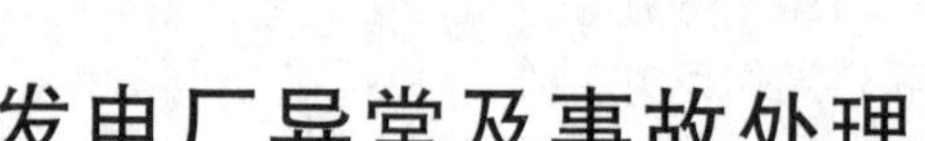

发电厂异常及事故处理

【项目描述】

发电厂异常及事故处理学习项目，主要学习典型的2×300MW发电机变压器组单元接线发电厂同步发电机与励磁系统、电动机与厂用电系统、直流系统、交流不停电电源UPS异常及事故处理。学习完本项目能具备以下专业能力、方法能力、社会能力。

（1）专业能力：具备根据发电厂异常及事故处理基本原则、发电厂异常及事故处理一般程序及相关规程规范，对发电厂同步发电机与励磁系统、电动机与厂用电系统、直流系统、交流不停电电源UPS异常及事故进行分析判断处理及评价处理结果的能力。

（2）方法能力：具备正确理解、分析发电厂相关运行规程和发电厂一次系统、二次系统运行方式，形成发电厂同步发电机与励磁系统、电动机与厂用电系统、直流系统、交流不停电电源UPS异常及事故处理的基本思路，具备较强抽象思维能力，并能根据发电厂设备及系统参数的异常，快速准确判断、分析、处理常见的异常及事故，具备较强的发现问题、解决问题能力。

（3）社会能力：具备服从指挥、遵章守纪、吃苦耐劳、主动思考、善于交流、团结协作、真细致地安全作业的能力。

【教学目标】

具备能正确叙述典型2×300MW发电机变压器组单元接线发电厂正常运行方式；能根据发电厂同步发电机与励磁系统、电动机与厂用电系统、直流系统、交流不停电电源UPS异常及事故处理的基本原则及要求，正确写出同步发电机与励磁系统、电动机与厂用电系统、直流系统、交流不停电电源UPS各种异常及事故处理的基本处理步骤；并能严格遵守发电厂相关运行规程及各项安全规程，与小组成员协商、交流配合，按发电厂异常及事故处理流程在仿真机上熟练进行发电厂各种异常及事故处理。

【教学环境】

发电厂异常及事故处理在典型2×300MW发电机变压器组单元接线发电厂火电仿

真机房进行一体化教学；机位能满足单个班级分组（6～8 人）教学要求；2×300MW 机组发电厂火电仿真系统相关资料齐全；有相对规范的一体化教学教材；有进行一体化教学的多媒体课件；有便于学生学习的实训室管理制度和管理规范。

【知识背景】

发电厂异常及事故处理学习项目，是在典型的 2×300MW 发电机变压器组单元接线火电仿真系统中，完成同步发电机与励磁系统、电动机与厂用电系统、直流系统、交流不停电电源 UPS 异常及事故处理。

1. 发电厂异常及事故处理总则

(1) 事故处理的总原则是：保命、保网、保主设备的安全。

(2) 事故发生时，机长应在值长统一领导下，带领全班人员按照本规程的规定，迅速采取一切可行的办法，解除事故对人身和设备安全的威胁。

(3) 最大限度地缩小事故范围，确保非故障设备的正常运行。

(4) 在人身及设备安全有保障的前提下，应尽力迅速恢复机组正常运行，满足系统负荷需要。

2. 发电厂异常及事故处理步骤

(1) 根据仪表、光字牌指示和机组外部现象初步判断设备是否已发生故障。

(2) 迅速查清故障性质、发生地点和损伤的范围。

(3) 如对人身及设备有威胁时，应立即设法解除这种威胁，在必要时停止设备运行。

(4) 先解除音响，确认已记录后，再恢复闪光和掉牌。

(5) 如故障是因某种操作或改变运行方式引起，一般应停止操作或恢复原运行方式。

(6) 尽可能保持无故障设备的正常运行，根据需要启动备用设备。

(7) 将故障设备退出运行，布置好安全措施，通知检修处理，恢复系统的正常运行方式。

3. 发电厂异常及事故处理一般规定

(1) 处理事故时，机长受值长领导，本专业范围内原则上工作独立。发生故障时，并尽可能先向值长报告情况。机长对所有值班人员颁发的命令应以值班人员的岗位职责范围和不离开岗位能就地执行为原则。在威胁设备和人身安全的情况下，值班人员应单独处理，同时向机长汇报。

(2) 处理事故时，必须沉着、准确、迅速，接到事故处理命令时，必须向发令者重复一遍，如命令不清楚或意图不明确，应向发令者提出，但不能拒绝执行（对人身或设备有威胁者除外），命令执行后，应立即汇报发令人，如下一个命令需要根据前一个命令的执行情况来确定，则必须等待受令人的亲自汇报，不能由第三者传达，也不允许根据表计指示来判断命令执行情况。

(3) 如故障发生在交接班时，应延迟交班，当班值长、机长可征调接班人员协助处理故障，待故障消除或事故处理告一段落，得到值长允许交接班的命令后方可进行交接班。

(4) 事故处理后，运行人员应如实记录事故发生的时间、现象及所采取的措施；保护好打印，记录曲线等原始资料，以便于事故分析，总结经验教训。

(5) 事故处理时可以不使用操作票，但必须遵守有关规定。

任务4.1 发电厂发电机与励磁系统异常及事故处理

同步发电机与励磁系统正常运行时，由于受不可抗拒的外力破坏、设备存在缺陷、继电保护误动、运行人员误操作等原因，不可避免地会发生设备异常或事故。处理电气设备异常或事故是发电厂值班员主要工作之一，它是一件很复杂的工作，它要求值班员具有良好的技术素质，熟悉同步发电机与励磁系统性能、结构、工作原理、运行参数以及同步发电机异常及事故处理规程等专业知识和技术法规。运行经验证明，严格执行电气设备异常及事故处理规程，并掌握处理设备异常及事故的一些方法和技巧，能够正确判断和及时处理发电机与励磁系统各种异常或事故，并将其造成的损失减小到最低程度。

【教学目标】

知识目标：①熟悉典型的2×300MW发电机变压器组单元接线发电厂正常运行方式，同步发电机与励磁系统异常及事故前的运行方式；②掌握同步发电机与励磁系统异常及事故处理的基本原则和要求，正确写出同步发电机与励磁系统异常及事故处理的基本步骤；③掌握典型的2×300MW发电机变压器组单元接线火电仿真系统中，同步发电机与励磁系统异常及事故处理的操作。

能力目标：①能说出典型的2×300MW发电机变压器组单元接线发电厂中同步发电机与励磁系统异常及事故前的运行方式；②能分析出同步发电机与励磁系统异常及事故时保护动作情况和处理的基本步骤；③能在仿真机上熟练进行同步发电机与励磁系统异常及事故处理操作。

态度目标：①能主动学习，在完成任务过程中发现问题、分析问题和解决问题；②能严格遵守《发电厂运行规程》及各项安全规程，与小组成员协商、交流配合，按标准化作业流程完成同步发电机与励磁系统异常及事故处理学习任务。

【任务分析】

(1) 掌握同步发电机与励磁系统异常及事故处理的一般原则。

1) 尽快限制事故发展，消除事故根源，解除对人身和设备的威胁。

2) 首先设法保证厂用系统电源的正常供电，尤其是事故保安段电源的供电。

3) 保证未受到同步发电机与励磁系统异常及事故影响的设备可靠运行，根据情况投入备用电源。

4) 及时调整运行方式，使系统恢复正常，迅速恢复供电。

5) 当派人去检查设备或寻找同步发电机与励磁系统异常及事故原因时，未与检查人员取得联系之前，不允许对检查设备合闸送电。

6) 同步发电机与励磁系统异常及事故处理时，应始终保持冷静的头脑，相互联系，服从当值值长统一指挥。

7) 同步发电机与励磁系统异常及事故处理应有专人记录与事故有关的现象和各项操作的时间。

8) 同步发电机与励磁系统异常及事故时，对保护动作信号、光字牌应由两人做好记录再复归。

(2) 掌握同步发电机与励磁系统异常及事故前的一次系统正常运行方式。典型 2×300MW 发电机变压器组单元接线发电厂一次系统接线图如图 2-1-1 所示，同步发电机与励磁系统异常及事故前的一次系统正常运行方式为：①4 号发电机与 4 号主变压器采取单元组接线，4 号发电机接至 220kV 2M 母线上运行；②5 号发电机与 5 号主变压器采取单元组接线，5 号发电机接至 220kV 1M 母线上运行；③高压启动/备用变压器接至 220kV 1M 母线上，但在单机运行时，应与发电机组接于不同的母线上。

(3) 熟悉同步发电机与励磁系统保护配置情况。大容量发电机变压器组继电保护的总体配置，强调最大限度地保证机组安全和限制故障范围。不仅要求发电机组继电保护装置的可靠性、灵敏性、选择性和快速性，还要求在继电保护的总体配置上尽量做到完善、配合合理，并力求避免繁琐、复杂。

大容量发电机变压器组配置的保护装置见表 2-4-1，表中把保护装置划分为 A 组和 B 组，这两组保护装置彼此独立，确保发电机变压器组继电保护装置动作的可靠性。

表 2-4-1 中所列出的仅是大型发电机变压器组装设的各种保护装置，对于不同容量、不同电压等级和不同类型的其他发电机变压器组，各自应当具体装设哪些保护装置，应当根据有关规程或规定并按照实际情况决定。

表 2-4-1　大型汽轮发电机—双绕组变压器组配置的继电保护装置及出口的控制对象表

序号	保护装置名称	组别	保护装置出口									处理方式
			停汽机	停锅炉	跳QF	跳QDM	跳QF1 QF3	调汽门	切换励磁	跳母联	发信号	
Ⅰ	短路保护											
1	发电机差动保护	A	+	+	+	+	+					全停
2	升压变压器差动保护	A	+	+	+	+	+					全停
3	高压厂用变压器差动保护	A	+	+	+	+	+					全停
4	发变组差动保护	B	+	+	+	+	+					全停
5	全阻抗保护　t_1 t_2	B			+	+	+					母线解列 解列灭磁
6	高压侧零序保护　t_1 t_2	B			+	+	+					母线解列 解列灭磁
7	定子匝间短路保护	B	+	+	+	+	+					全停
8	发电机励磁回路两点接地保护	B	+	+		+	+					全停
Ⅱ	异常运行保护											
9	定子一点接地保护　Ⅰ段 Ⅱ段	A B									+ +	发信号 发信号
10	发电机励磁回路一点接地保护	A									+	发信号
11	励磁机励磁回路一点接地保护	A									+	发信号
12	定子过负荷保护　定时限 反时限	A			+	+	+				+	发信号 解列灭磁

续表

序号	保护装置名称	组别	保护装置出口									处理方式
			停汽机	停锅炉	跳QF	跳QDM	跳QF1 QF3	调汽门	切换励磁	跳母联	发信号	
13	转子表层负序过负荷保护 定时限 反时限	A			+	+	+				+	发信号 解列灭磁
14	励磁回路过负荷保护 定时限 反时限	A			+	+	+				+	发信号 解列灭磁
15	低频保护	B									+	发信号
16	低励失磁保护 t_0 t_1、t_3 t_2	A			+			+	+		+	发信号 解列灭磁 减出力
17	过电压保护	B			+							解列灭磁
18	逆功率保护 t_1 t_2	A			+						+	发信号 解列灭磁
19	失步保护	B						+				增、减出力
20	过励磁保护	B			+	+	+					解列灭磁
21	断路器失灵保护	B			+	+	+					解列灭磁
22	非全相运行保护	B			+							解列
Ⅲ	辅助装置											
23	电流回路断线保护	B									+	发信号
24	电压回路断线保护	B									+	发信号
25	出口装置	B										
26	检测装置	A、B										
27	电源装置	A、B										
Ⅳ	厂用6kV分支线保护						+					
28	分支线差动保护 t_0 t_2				+	+	+					跳QF1、QF2 或QF3、QF4 解列灭磁
29	分支线过电流保护 t_1 t_2				+	+	+					跳QF1、QF2 或QF3、QF4 解列灭磁

注 表中 t_0、t_1、t_2 分别指该保护的动作时限。

各保护装置动作后所控制的对象，依保护装置的性质、选择性要求和故障处理方式的不同而不同。对于大容量的发电机双绕组变压器组，有以下几种处理方式。

1）全停：停汽机、停锅炉、断开高压侧断路器、灭磁、断开高压厂用变压器低压侧断路器、使机炉及其辅机停止工作。

2）解列灭磁：断开高压侧断路器、灭磁、断开高压厂用变压器低压侧断路器。

3）解列：断开高压侧断路器。

4）减出力：减少原动机的输出功率。

5）发信号：发出声光信号或光信号。

6）母线解列：对母线系统，断开母线联络断路器，缩小故障波及范围。

大型汽轮发电机—双绕组变压器组配置的继电保护装置，以及各种保护装置在不同处理方式下的出口控制对象见表2-4-1。

（4）写出同步发电机与励磁系统异常及事故处理步骤，按照标准化作业流程对同步发电机与励磁系统异常及事故进行处理。

【相关知识】

（一）发电机允许运行方式

1. 发电机允许运行的一般规定

（1）发电机可按厂家铭牌规定的技术参数或出力限制的范围内长期连续运行，在未进行温升试验前，不允许超过铭牌数据运行。

（2）发电机各部件在额定运行参数最高允许温度应根据温升试验结果确定（现场没有进行温升试验，因此按厂家规定执行）。

（3）电压、频率、不平衡电流的规定。

1）发电机运行电压的变动范围在额定电压的±5%以内，而功率因数为额定值时，其额定容量不变。

2）发电机连续运行的最高允许电压应不大于21kV。发电机的最低允许电压应考虑厂用电和系统的稳定要求，一般不应低于额定值的90%。

3）当发电机电压下降到低于额定值的95%时，定子电流长期允许的数值，仍不得超过额定值的105%。

4）发电机正常运行其频率应保持在50Hz±0.2Hz范围内，并根据机组运行状况及调度员的指令（或负荷曲线）及时进行调节。

5）发电机的功率因数宜保持迟相0.85，一般不超过迟相0.95。自动励磁调节器投入时，允许在0.95～1.0范围内运行。

6）发电机可以降低功率因数运行，但转子电流不允许超过额定值，且视在功率应减少，当功率因数增大时，发电机视在功率不能大于额定值，功率因数变化时允许负荷应符合发电机功率曲线。

7）发电机进相运行的允许范围，主要受发电机静态稳定、定子铁芯端部构件发热及厂用系统电压等因素限制。

8）发电机正常运行时，定子三相电流应相等。当三相电流不平衡时，各相电流之差不应超过额定值的10%。同时最大一相电流不得超过额定值，允许发电机长期运行，但应及时检查三相不平衡电流产生的原因，设法消除，同时注意监视发电机各部温度和轴承振动情况。

9）发电机在系统故障情况下，为了避免破坏系统的稳定性，允许定子短时过负荷，转子短时过电压运行，但此时氢气参数、定子绕组内冷却水参数、定子电压均为额定值，这种运行工况每年不超过两次。

10）发电机允许最低氢压0.1MPa。任何情况下，定子绕组及冷却器进水压力必须调整到低于氢压，其压差不小于0.04MPa。

11）在各种负荷条件下，氢气压力都应维持在0.2～0.3MPa范围内，但在任何情况下发电机内氢压不得高于0.32MPa。发电机正常运行时，不允许降低氢压运行。特殊情况下需降低氢压运行时，应遵循发电机功率图并控制好负荷（$\cos\varphi=0.85$），且最低氢压为0.1MPa，定冷水压及氢冷器冷却水压必须低于氢气压力至少0.04MPa，并立即全面检查发电机，查明原因，消除故障，尽快使氢压恢复正常；若在定冷水系统中发现大量氢气，应立即停机检查。

12）发电机正常运行时共有两组（共4台）氢气冷却器，以维持机内冷氢温度恒定，当一台氢冷却器解列时，发电机的负荷应降至额定负荷的80%及以下继续运行。

2. 氢温变化时允许运行方式

（1）当发电机入口氢温超过40℃时，应及时调整使其降到40℃以下。

（2）发电机入口氢温在40～45℃范围内每增加1℃，定子电流的允许值较额定值降低1.5%；在45～50℃范围内每增加1℃，降低额定值的2%；超过50℃时，每增加1℃，降低额定值的3%。

（3）发电机入口氢温不要经常低于20℃，最低不得低于5℃。

（4）发电机入口氢温低于40℃时，每降低1℃，允许定子电流升高额定值的0.5%，此时转子电流也允许有相应的增加（有功功率不变，功率因数降低），但最高不许超过额定定子电流的5%。

（5）冷却气体出口温度不予规定，但应监视冷却气体的温升（进出口冷却气体的温差）。因为冷却气体的温升若有显著增加时，则说明发电机的冷却系统已不正常，或电机内部的能量损失有所增加。

（二）大容量发电机励磁系统运行要求

（1）保证发电机在各种可能运行方式下对励磁的要求，励磁装置的额定电流应为发电机转子额定电流的1.1倍。

（2）励磁系统应满足所要求的顶值电压和励磁增长速度：一般强励顶值倍数大于2，即最高励磁电压是额定励磁电压的2倍以上，强励允许时间为10s，可明显提高暂态稳定性。在发生故障时向系统提供瞬时无功功率，支持系统电压。

（3）调节器的工作应是自动、连续动作，没有死区，实现平滑无扰切换。

（4）为保证并列运行的发电机之间无功功率的合理分配，要求具有1%以上的调压精度，保证发电机运行的可靠性和稳定性。

（5）应具有充分发挥发电机进相运行能力的功能。

（6）反应速度快，具有高起始响应的能力，要求励磁系统的电压响应时间为0.1s或以下。

（7）具有快速减磁和灭磁能力。

（8）为改善机组的动态稳定，机组振荡时能提供正阻尼。

（9）必须具有各种相应的逻辑功能和保护与限制功能，以保证安全运行和适应电网运行工况的变化。

（三）发电机异常及事故运行

发电机的异常运行，是指机组脱离正常允许运行状态，在运行中机组的某些参数失调，但未造成恶果的运行状态。机组发生异常运行时，通常会发出相应的故障信号，有关表计也会有所指示，运行人员可根据这些指示和信号，分析并处理异常，使机组恢复正常运行。

如果发电机的异常运行不能及时处理，则可发展为危及机组安全运行的事故状态，当有危及机组安全运行的发展趋势时，应停机处理。

【任务实施】

根据发电厂异常及事故处理基本原则、发电厂异常及事故处理一般程序及相关规程规范，对发电厂同步发电机与励磁系统异常及事故进行分析判断，其处理步骤如下。

(一) 发电机与励磁系统异常运行的处理

1. 发电机对称过负荷

现象："对称过负荷"信号发出；定子电流表指示明显增大；有功或无功表指示明显增大。

处理：

(1) 密切监视发电机各部温度不超过额定值，过负荷及允许时间见表2-4-2。

表2-4-2

时间（s）	10	30	60	120
倍数	2.2I_N	1.5I_N	1.3I_N	1.15I_N
定子电流（A）	22418	15692.6	13242	11820.4
转子电压（V）	963	676	579	519

(2) 如系统电压正常，采用降低转子电流，使定子电流降到最大允许值，但不得使发电机进相运行和发电机电压低于19kV，如发电机电压低于19kV，则应报告值长降低有功负荷。

(3) 如果对称过负荷保护动作于跳闸，按发电机主断路器跳闸处理。

(4) 如系发变组主断路器外的线路发生持续短路，定子电流表指向最大而电压剧烈降低时，若发电机保护未动作跳闸，应立即解列停机。

2. 发电机不对称过负荷

现象："不对称过负荷"信号发出；发电机三相电流指示不平衡。

处理：

(1) 检查表计或仪用互感器回路是否发生故障。

(2) 当三相不平衡电流超过额定值的10%，应立即降低发电机有功或无功负荷，使任何一相电流不超过额定值，任意两相电流之差不超过额定值的10%，同时密切监视发电机定子、转子和铁芯各部的温度。

(3) 当发电机温度异常升高，不平衡电流增大时，应紧急解列停机。

3. 发电机温度异常

现象：当发电机运行温度异常时，汽机盘发"发电机温度巡测报警"及冷却介质温度报警光字牌信号；发电机温度巡测表中（或CRT画面显示）发电机绕组或铁芯温度比正常值明显升高或超限；转子绕组运行温度计算值比正常值明显升高或超限。

处理：引起发电机运行温度异常的因素很多，运行人员应针对不同情况做出相应处理。

(1) 判明是否为检测元件故障引起，若是，通知检修人员检验表计；若表计指示正确，应立即减负荷，使温度降到极限值以内。

(2) 检查三相电流是否平衡，不平衡电流是否超限，若超限，按三相电流不平衡超限处理。

(3) 检查三相电压是否平衡，功率因数是否在正常范围内，若不符合要求，应调整至正常。

(4) 判明是否为氢气温度和压力异常引起，若进风温度超限，应检查氢气冷却器运行是否正常，若不正常，调节氢气冷却器进水压力和流量，降低风温。若因氢气压力低，冷却效果差，应补氢提高氢气压力。

(5) 判明是否为内冷却水系统故障引起，若定子冷却水回路水温高，应检查和调节冷却水流量、压力，使发电机进水温度符合规定值。

(6) 判明是否为过负荷引起，若为过负荷引起，按过负荷方式处理。

经上述处理后温度仍继续上升并超限，应汇报调度，减负荷或停机。

4. 发电机保护用1TV一次或二次熔断器熔断

现象："保护柜电压回路断线"信号发出；发电机定子电压表、有功或无功功率表指示降低或至零；发电机电能表转速减慢或停转，发电机频率表指示异常或为零。

处理：

(1) 汇报值长，退出发电机失磁、过励磁、逆功率保护。

(2) 故障未消除，不得调整发电机有功负荷，同时通知汽机监视参数，维持发电机运行，无功负荷按发电机励磁电流表监视。

(3) 检查TV一、二次回路熔断器是否熔断，若TV一次熔断器熔断时，应向值长申请并做好安全措施后将TV停电进行更换。

(4) 恢复正常后投入停用的保护。

5. 发电机调压用2TV（或3TV）一次或二次熔断器熔断

现象："AVR电压回路断线"、"保护柜电压回路断线"信号发出；发电机各表计发生摆动。

处理：

(1) 检查励磁已切换通道运行，并对发电机定、转子回路电压、电流加强监视。

(2) 检查运行通道对应的TV一、二次回路熔断器是否熔断，若TV一次熔断器熔断时，应向值长申请并做好安全措施后将TV停电进行更换。

(3) 正常后，由控制部复位所有报警信号。

6. 发电机（励磁机）升不起压

现象：发电机（励磁机）定子电压表无指示或转子电流已达到空载额定电流，而发电机（励磁机）定子电压却达不到额定值。

处理：此时切不可冒冒失失地继续升压，必须立即停止，并进行检查。

(1) 检查发电机（励磁机）定子电压表指示是否正常，主励、副励电压和电流表指示是否正常，以上各表计的变送器及其电源是否正常。

(2) 检查发电机TV回路是否有故障。

(3) 检查发电机及主励磁机碳刷接触是否良好。

(4) 检查励磁回路是否有短路、断线、极性接反现象。

(5) 励磁系统断路器、隔离开关是否良好。

(6) 励磁调节器或手动感应调压装置是否正常。

7. 发电机转子一点接地

现象："发电机转子一点接地"信号发出；发电机转子回路绝缘监视电压在切换时指示异常。

处理：

(1) 查询转子回路是否有人工作而引起。

(2) 检查大轴接地碳刷接触是否良好。

(3) 测量转子对地电压来判断接地点位置。

(4) 接地点位置在转子线圈之外，则应设法消除。

(5) 接地点位置在转子线圈上，则应立即投入发电机转子两点接地保护，并尽快联系停机处理。

(二) 发电机与励磁系统事故处理

1. 发电机转子两点接地

现象："发电机转子两点接地"信号发出，两点接地保护投入时，发变组可能跳闸。发电机转子电流增加或为零，转子电压降低；定子电压降低，无功显示可能降低；机组突然振动增加。

处理：

(1) 如果发电机跳闸则按发电机跳闸处理。

(2) 如果发电机未跳闸，应立即将发电机解列灭磁，手动拉开高压厂用电源断路器，投入备用电源断路器。

(3) 将发电机停电后，再联系检修人员查找接地点并处理。

2. 发电机转子匝间短路

现象：发电机转子电流大于同负荷下的正常值；发电机振动增大。

处理：

(1) 若引起转子振动或转子电流明显增大（变化达10%），应立即降低负荷使振动或转子电流在允许范围，并尽快申请停机检查。

(2) 若机组振动保护动作，按事故停机处理。

3. 发电机定子接地

现象："定子接地"信号发出；发电机零序电流表有指示；主断路器跳闸，绿灯闪光。

处理：

(1) 当定子基波零序电压保护动作时，按发电机主断路器跳闸处理。

(2) 当定子三次谐波电压保护动作时，通知保护人员检查保护是否误动，运行人员一并检查。

1) 发电机有无漏油、水信号。

2) 检查发电机系统有无明显接地故障。

3) 询问定子冷却水质是否合格。

(3) 当判明发电机定子回路接地时，应联系值长，将发电机解列。

4. 发电机主断路器跳闸

现象：

(1) 发电机匝间、发电机差动、主变差动、高压厂变差动、发变组差动、主变气体、高压厂变气体保护动作跳闸现象：发电机主断路器掉闸，事故音响动作；有关保护动作光字亮；厂用电源断路器跳闸，启动/备用电源自投；发电机灭磁；主汽门关闭。

(2) 发电机过电压、过励磁、定子接地、阻抗、断水保护、主变冷却器故障、厂变高压侧过流、热工保护动作跳闸现象：发电机主断路器掉闸，事故音响动作；有关保护动作光字亮；厂用电源断路器跳闸，启动/备用电源自投；发电机灭磁。

处理：

(1) 检查厂用备用电源自投情况，如未自投，在确认厂用工作电源断路器断开的情况下，合入厂用备用电源断路器。

(2) 检查保护动作情况，做好记录，分析判断故障性质和范围。

(3) 对发变组及相关设备进行全面检查，查明跳闸原因。

(4) 如确认保护误动，应申请退出误动保护，但差动保护和重瓦斯保护不得同时退出。

(5) 若检查未发现异常现象，经总工批准对发电机进行手动零起升压，升压过程中密切监视发电机各表计指示，升至额定值时对发变组进行一次全面的检查，若无异常，经调度批准后并网。若升压中有异常，立即停机处理。

5. 发电机非同期并列

现象：并列时冲击较大，定子电流剧烈摆动；发电机发出轰鸣声，表计摆动。

处理：

(1) 若发电机产生强烈振动，应立即解列停机，对发电机回路进行检查，测量绝缘，并通知有关人员处理。

(2) 若发电机无明显轰鸣或振动可以不停机。

6. 发电机主断路器非全相运行

现象："非全相"信号可能发出；"不对称过负荷"信号发出；线路对侧保护可能动作跳闸；发电机负序电流表指示异常增大；发电机振动增大。

(1) 发电机出口断路器两相断开，一相未断时，若主变中性点接地，则发电机三相电流中两相相等或近似相等，另一相电流为零或近似为零；若中性点不接地，则发电机三相电流为零或近似为零。

(2) 发电机出口断路器一相断开，两相未断开时，发电机三相电流中两相相等或近似相等，且仅为另一相电流的一半左右。

处理：

(1) 若非全相保护动作，检查主断路器三相确已全部断开，发电机、线路侧各相电流为零，按发电机主断路器跳闸处理。

(2) 若失灵保护启动跳开对侧断路器，按主断路器跳闸处理。

(3) 发电机并列时，发生非全相运行，应立即调整发电机有功、无功负荷到零，将发电机与系统解列；如不能解列，则应立即联系调度拉开对侧断路器。

(4) 发电机解列时，发生非全相分闸，应检查发电机有功、无功负荷到零，应立即联系调度拉开对侧断路器。

(5) 当发生非全相运行时，灭磁开关已跳闸，若汽机主汽门已关闭，应立即联系调度拉开对侧断路器；若汽机主汽门未关闭，则应立即合上灭磁开关，维持转速，给上励磁，再进行处理。

(6) 做好发电机定子电流和负序电流变化、非全相运行时间、保护动作情况、有关操作等项目的记录，以备事后对发电机的状况进行分析。

7. 发电机变同步电动机运行

现象："热工保护"、"逆功率"动作信号发出；有功表指示为负值，无功表指示升高，定子电流表指示偏低，定子电压和励磁回路仪表指示正常。

处理：

(1) 若发电机热工、逆功率保护动作跳闸，按事故停机处理。

(2) 若发电机未跳闸，汇报值长，增带有功，若发电机逆功率运行达1min应将发电机手动解列。

8. 发电机失磁

现象：发电机失磁保护动作，相关保护动作光字牌亮；发电机无功反指，有功稍低；定子电流增大并摆动，定子电压降低；转子电流接近于零，转子电压周期性摆动。

处理：

(1) 失磁保护动作跳闸时按事故跳闸处理。

(2) 如果失磁是自动调节励磁装置引起，保护未动作，则应切换到手动调节方式运行，立即调整励磁电流，恢复机组正常运行。

(3) 经以上处理后励磁仍无法恢复时，则将厂用电系统由高厂变供电倒至启备变供电。

(4) 发电机发生失磁时，在最初1min内应将发电机负荷降至额定值的60%以下；在此后的1.5min以内将发电机负荷降到额定值40%以下。

(5) 在15min以内不能恢复励磁时，则将发电机解列。

9. AVR低励限制动作

现象："AVR低励限制动作"信号发出；AVR输出电流较正常值小；发电机无功负荷被限制在一定范围内。

处理：

(1) 若为瞬时故障，复归信号。

(2) 若无法复归，操作增磁开关，增加发电机励磁。

(3) 若同时"AVR总告警"信号发出，迅速前往调节室检查报警代码，并通知检修处理。

10. AVR过励限制动作

现象："AVR过励限制动作"信号发出，AVR输出电流较正常值大；发电机无功负荷被限制在一定范围内。

处理：

(1) 若为瞬时故障，复归信号。

(2) 若无法复归，操作减磁开关，减少发电机励磁。

(3) 若同时"AVR总告警"信号发出，迅速前往调节室检查报警代码，并通知检修处理。

【拓展提高】

1. 发电机紧急停运规定

(1) 发生直接威胁人身安全的危急情况。

(2) 发电机组内有摩擦、撞击声，振动突然增加 50μm 或超过 100μm。

(3) 发电机组氢气爆炸、冒烟、着火。

(4) 发电机电流互感器或电压互感器冒烟、着火。

(5) 发电机内部故障，保护或断路器拒动。

(6) 发电机主断路器外发生长时间短路，且发电机定子电流指向最大，定子电压骤降，后备保护拒动。

(7) 发电机无保护运行（直流系统瞬时选接地点或直流熔断器熔断、接触不良等能立即恢复正常者除外）。

(8) 发电机大量漏水、漏油，并伴随有定子接地或转子一点接地现象时。

(9) 发电机定子冷却水断水，且断水保护拒动。

(10) 发电机失磁，失磁保护拒动。

(11) 发电机励磁系统发生两点接地，保护拒动。

(12) 汽轮机打闸，逆功率保护拒动。

2. 发电机出现下列情况之一，应考虑停机

(1) 密封油系统故障无法维持运行氢压，氢气纯度降低至极限值。

(2) 发电机定子出现漏水情况。

(3) 发电机定子出水温度接近 90℃或出水温差接近 12K 或定子层间温差接近 14K，经处理无效，有继续上升趋势时。

(4) 发电机定子铁芯温度超标，经处理无效时。

(5) 氢气冷却器泄漏，氢气湿度超标无法恢复。

3. 发电机进相运行

当发电机励磁系统由于 AVR 原因或故障，或人为降低发电机的励磁电流过多，使发电机由发出感性无功功率变为吸收系统感性无功功率，定子电流由滞后于机端电压变为超前于机端电压运行，这就是发电机的进相运行。进相运行即现场经常提到的欠励磁运行（或低励磁运行），进相程度取决于励磁电流降低的程度。

发电机从迟相转为进相运行时，静态稳定储备下降，端部发热严重。大型发电机已采取多种措施减少端部发热，如采用非磁性钢的转子护环、采用铜板屏蔽、开槽分割以限制涡流通路，从而降低进相运行的端部温度，提高进相运行的允许功率。

(1) 引起发电机进相运行的原因。引起发电机进相运行的原因是低谷运行时，发电机无功负荷原已处于低限，当系统电压因故突然升高或有功负荷增加时，励磁电流自动降低引起进相；AVR 失灵或误动、励磁系统其他设备发生了故障、人为操作使励磁电流降低较多等也会引起进相运行。

(2) 发电机进相运行的处理。

1) 如果由于设备原因引起进相运行，只要发电机尚未出现振荡或失步，可适当降低发电机的有功负荷，同时提高励磁电流，使发电机脱离进相状态，然后查明励磁电流降低的原因。

2）由于设备原因不能使发电机恢复正常运行时，应及早解列。因通常情况下，机组进相运行时，由于定子端部漏磁和由此引起的损耗要比调相运行时增大，所以定子铁芯端部附近各金属件温升较高，容易发热。

3）制造厂允许或经过专门试验确定能进相运行的发电机，如系统需要，在不影响电网稳定运行的前提下，可将功率因数提高到1或在允许的进相状态下运行。此时，应严密监视发电机的运行工况，防止失步，尽早使发电机恢复正常。此外，应注意高压厂用母线电压的监视，保证其安全。

4. 发电机调相运行

当运行中的发电机因汽轮机危急保安器误动或调速系统故障而导致主汽门关闭时，发电机失去原动力，此时若发电机的横向联动保护或逆功率保护未动作，发电机则变为调相机运行。

(1) 发电机变为调相机运行的现象。

1）汽轮机盘出现“主汽门关闭”光字牌信号报警。

2）发电机有功功率表指示为负值，电能表反转。此时，发电机从系统吸取少量有功功率维持其同步运行。

3）发电机无功功率表指示升高。此时，发电机仅从系统吸取少量有功功率维持空载转动，而发电机的励磁电流未发生变化。由发电机的电压相量图或功率输出 $P-Q$ 特性曲线可知，其功角 δ 减小时，功率因数角加大，故无功功率增大。

4）发电机定子电压升高，定子电流减小。定子电流的减小是由于发电机输出有功功率突然消失引起的，虽然输出无功功率增加，并从系统吸取少量有功功率，但定子总的电流仍减小。由于定子电流的减小，电流在定子绕组上的压降减小，故定子电压升高。由于发电机与系统相连，发电机向系统输送的无功功率增加，使发电机的去磁作用增加，定子电压自动降低保持发电机电压与系统电压平衡。

5）发电机励磁回路仪表指示正常，系统频率可能降低。因励磁系统未发生变化，故励磁回路各表计指示正常；发电机调相运行时，不仅不输出有功，还要从系统吸取少量有功维持其同步运行，当该发电机占系统总负荷比例较大时，由于系统有功不足，使系统频率下降。

(2) 发电机变为调相机运行的处理。

1）发电机变为调相机运行，对发电机本身来说并无什么危害，但汽轮机不允许长期无蒸汽运行。这是由于汽轮机无蒸汽运行时，叶片与空气摩擦将会造成过热，使汽轮机排气温度很快升高，故汽轮发电机不允许持续调相运行。

2）当汽轮发电机发生调相运行后，若逆功率保护动作跳闸，按事故跳闸处理。

3）若逆功率保护拒动，运行人员应根据表计指示及信号情况迅速作出判断，在1min内将机组手动解列，此时应注意厂用电联动正常。

4）若汽轮机能很快恢复，则可再并列带负荷；若汽轮机不能很快恢复，应将发电机操作至备用状态。

任务4.2　发电厂电动机与厂用电系统异常及事故处理

发电厂电动机与厂用电系统正常运行时，由于受不可抗拒的外力破坏、设备存在缺陷、继电保护误动、运行人员误操作等原因，不可避免地会发生异常或事故。发电厂电动机与厂用电系统的安全运行直接关系到电力系统及发电机本身的安全稳定运行，运行人员必须迅速、准确地处理好发电厂电动机与厂用电系统的各种异常及事故。

【教学目标】

知识目标：①熟悉典型的2×300MW发电机变压器组单元接线发电厂电动机与厂用电系统正常运行方式、电动机与厂用电系统异常及事故前的运行方式；②掌握发电厂电动机与厂用电系统异常及事故处理的基本原则及要求，正确写出发电厂电动机与厂用电系统异常及事故处理的基本步骤；③掌握典型的2×300MW发电机变压器组单元接线火电仿真系统中，电动机与厂用电系统异常及事故处理的操作。

能力目标：①能说出典型的2×300MW发电机变压器组单元接线发电厂中电动机与厂用电系统异常及事故前的运行方式；②能分析出发电厂电动机与厂用电系统异常及事故时保护动作情况及处理的基本步骤；③能在仿真机上熟练进行发电厂电动机与厂用电系统异常及事故处理操作。

态度目标：①能主动学习，在完成任务过程中发现问题、分析问题和解决问题；②能严格遵守发电厂相关运行规程及各项安全规程，与小组成员协商、交流配合，按标准化作业流程完成发电厂电动机与厂用电系统异常及事故处理学习任务。

【任务分析】

（1）分析电动机与厂用电系统异常及事故处理的一般原则。

1）电动机异常及事故处理原则。

① 异常及事故情况下，已跳闸的重要电动机，在没有备用设备或不能迅速启动备用设备时，为保证供电，经检查确认，无设备故障时，可再启动一次。

② 电动机“速断”“差动”保护动作跳闸后，在未查明原因前不允许强送。

③ 当重要的厂用电动机失去电压或电压下降时，在1min内禁止值班员手动跳开电动机断路器。

2）厂用电系统异常及事故处理原则。

① 厂用电系统发生事故时，应首先迅速消除威胁人身及设备安全的因素，保证厂用电系统非故障设备的继续运行。

② 厂用电母线失压处理原则：a. 当发生母线失压时，将连接在母线上的所有断路器拉开，并应迅速恢复厂用电，如能判明故障点只需将故障点隔离，即可恢复母线电压；b. 若在母线失压的同时，发现冒烟、爆炸、起火等现象时，应对配电装置进行详细检查，消除故障后，对母线试送电；c. 用变压器或电源断路器向失压母线试送电时，其过流保护时限应调至最小；d. 母线电压恢复后，按用户重要性分别恢复送电。

③ 发现是误拉厂用电系统隔离开关时，若弧光确没有断开，应迅速将隔离开关合上；若弧光已经断开，则严禁再将该隔离开关合上。

④ 发现是误合厂用电系统隔离开关时，若已产生弧光，则应迅速合到位，严禁再将其拉开。（只有在用断路器将该回路断开后或者将该隔离开关旁路跨接后，才可以拉开）

⑤ 厂用电系统断路器拒绝合闸时，应立即检查操作电源或合闸储能是否正常；检查断

路器操作回路、合闸回路及操作电源、合闸电源是否正常，保护装置是否有不正确的动作；对抽屉式断路器还应检查断路器是否处在“工作”或“试验”位置，二次插头是否插好；检查操动机构及辅助触点是否良好；如无法消除缺陷或原因不明时，应联系检修人员处理。

⑥ 厂用电系统故障断路器拒绝自动跳闸时，应立即到就地手动拉开，并查明拒绝跳闸的原因，在未消除缺陷前，禁止将该断路器再投入运行。

(2) 分析电动机与厂用电系统异常及事故前一次系统的正常运行方式。典型 2×300MW 发电机变压器组单元接线发电厂厂用电一次系统接线图如图 2-1-2 所示，电动机与厂用电系统异常及事故前一次系统的正常运行方式如下。

1) 6kV 厂用一次系统正常运行方式。

① 4 号高厂变 24T 带 6kV 厂用ⅣA、ⅣB 段。

② 5 号高厂变 25T 带 6kV 厂用ⅤA、ⅤB 段（未画出，对称于 4 号高厂变）。

③ 高压厂用启动/备用变压器（启备变）01T 号充电备用，作 6kV 厂用ⅣA、ⅣB 段和厂用ⅤA、ⅤB 段的备用电源。

2) 380V PC 段一次系统正常运行方式。

① 4 号机 1 号低压厂用变带 4 号机 380V 汽机 A 段 PC、4 号机 2 号低压厂用变带 4 号机 380V 汽机 B 段 PC。

② 4 号炉 1 号低压厂用变带 4 号炉 380V 锅炉 A 段 PC、4 号炉 2 号低压厂用变带 4 号炉 380V 锅炉 B 段 PC。

③ 4 号机 380V 汽机 A 段 PC、4 号机 380V 汽机 B 段 PC 互为备用；4 号炉 380V 锅炉 A 段 PC、4 号炉 380V 锅炉 B 段 PC 互为备用。

④ 4 号机保安 A 段、保安 B 段各由两路电源供电分别为 4 号炉 380V PCA、4 号炉 380V PCB，两路电源互为备用。

⑤ 4 号机柴油发电机热备用，作为 4 号机 380V 保安 A 段 PC、4 号机 380V 保安 B 段 PC 的备用电源，就地控制方式开关投“自动”位置。

⑥ 4 号机 1 号空冷变带空冷 A 段 PC、4 号机 2 号空冷变带空冷 B 段 PC、4 号机 3 号空冷变带空冷 C 段 PC、4 号机空冷备用变作为 4 号机空冷 A、B、C 段 PC 的备用电源。

⑦ 4 号机照明变带 380V 照明 A 段，5 号机照明变带 380V 照明 B 段，两段互为备用。

⑧ 1 号厂用公用变带 380V 公用 A 段 PC，2 号厂用公用变带公用 B 段 PC，联络隔离开关在合位，联络断路器在断位，两段互为备用。

注：5 号机未画出，与 4 号机 380V 系统 PC 段正常运行方式相同。

(3) 分析同步发电机与励磁系统保护配置情况。典型 2×300MW 发电机变压器组单元接线发电厂发电机—双绕组变压器组配置的继电保护装置，以及各种保护装置在不同处理方式下的出口控制对象见表 2-4-1。

(4) 写出电动机与厂用电系统异常及事故处理步骤，按照标准化作业流程对电动机与厂用电系统异常及事故进行处理。

【相关知识】

(一) 厂用电和厂用电率

发电厂在启动、运转、停役、检修过程中，有大量以电动机拖动的机械设备，用以保证机组的主要设备和输煤、碎煤、除灰、除尘及水处理等辅助设备的正常运行。这些电动机以及全厂的运行、操作、试验、检修、照明等用电设备都属于厂用负荷，总的耗电量，统称为厂用电。

厂用电的电量，大都由发电厂本身供给。其耗电量与电厂类型、机械化和自动化程度、燃料种类及其燃烧方式、蒸汽参数等因素有关。厂用电耗电量占发电厂全部发电量的百分数，称为厂用电率。厂用电率是发电厂运行的主要经济指标之一。

（二）厂用电系统电压等级的确定

发电厂厂用电系统电压等级是根据发电机额定电压、厂用电动机的容量和厂用电网络的可靠性等诸多方面因素，经过经济、技术综合比较后确定的。

发电厂中拖动各种厂用机械设备的电动机，其容量相差很大，从几瓦到几兆瓦，而电动机的容量与电压有关。因此，只有一种电压等级是不能满足要求的，必须根据所拖动设备的功率和电动机的制造情况来选择电压等级。通常在满足技术要求的前提下，应优先选用较低电压等级的电动机，以获得较高的经济效益。因为高压电动机的绝缘等级高、结构尺寸大、造价高、损耗大，所以应优先考虑较低电压等级。

发电厂中一般采用的低压供电网络电压为380V/220V；高压供电网络电压有3、6kV和10kV。为了简化厂用电接线，且使运行维护方便，电压等级不宜过多。为了正确选择高压供电网电压，需进行技术经济论证。

（1）3kV电压供电的优点。

1）3kV电动机效率比6kV电动机约高1%～15%，价格约低20%。

2）3kV电动机的最小容量比6kV电动机小，可以将75kW以上的电动机接到3kV电压母线上，从而使低压厂用变压器容量和台数减少。

3）由于减少了380V电动机数量，使较大截面的电缆数量减少，从而降低了低压供电网络投资。

（2）6kV电压供电的优点。

1）对同样的厂用电系统，6kV网络不仅节省有色金属及投资费用，而且短路电流也较小。

2）6kV电动机的功率可制造得较大，以满足大容量负荷要求。

3）发电机电压若为6kV时，可省去高压厂用变压器，直接由发电机电压母线经电抗器向厂用高压负荷供电。

（3）10kV电压作为厂用电系统电压，只用于300MW以上大容量机组，且不能作为单一厂用高压，因为不能满足全厂所有高压电动机的要求，所以在经济与技术上均欠佳。

实际经验表明：对于火电厂，当发电机容量在60MW及以下、发电机电压为10.5kV时，可采用3kV作为厂用高压电压；当发电机容量在100～300MW时，宜选用6kV作为厂用高压电压；当发电机容量在300MW以上时，若技术经济合理，可采用两种电压厂用电压，即3kV和10kV两种电压。当厂用高压为3kV时，100kW以上的电动机一般采用3kV，100kW以下者采用380V；当厂用高压为6kV时，200kW以上的电动机采用6kV，200kW以下者采用380V；当厂用高压采用3kV和10kV两种电压时，200～1800kW的电动机采用3kV，大于1800kW的电动机采用10kV，小于200kW的电动机采用380V。

（三）厂用电源及其接线形式

发电厂的厂用工作电源是保证发电厂正常运行的基本电源，不仅要求供电可靠，而且应满足各级厂用电负荷容量的需求。通常工作电源应不少于两个。

1. 高压厂用电基本接线

高压厂用电系统是指厂总变和启备变3～10kV电压等级的厂用电系统。高压厂用电系统的接线与采用的电压等级数、厂总变的型式和台数、启备变的型式和台数、启备变平时是否带公用负荷等因素有关。发电厂厂用电系统接线通常都采用单母线分段接线形式，并多以成套配电装置接受和分配电能。为了保证厂用电系统的供电可靠性与经济性，且便于灵活调度，一般都采用“按炉分段”的接线原则，即将厂用电母线按照锅炉的台数分成若干独立段，既便于运行、检修，又能使事故影响范围局限在一机一炉，不致过多干扰正常运行的其他机炉。当锅炉容量较大（如大于400t/h）、辅助设备容量较大时，每台锅炉可由2～4段厂用母线供电。厂用负荷在各段上应尽可能分配均匀，且符合生产程序要求。全厂公用性负荷应适当集中，可设立公用厂用母线段。

国内高压厂用电系统接线基本可分为如下两种。

第一种接线，如图2-4-1所示。高压厂用电采用6kV一个电压等级。设置一台高压厂用三相三绕组（或分裂中压绕组）的工作变压器T1AB、两台三相双绕组启备变Tfa1、Tfa2，启备变平时带公用负荷。

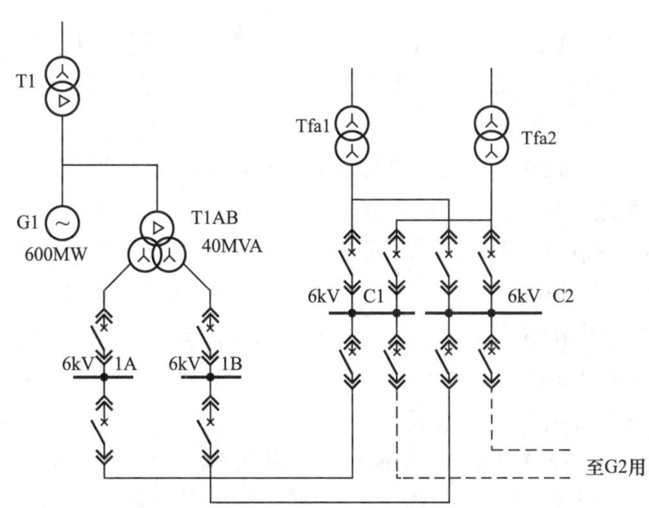

图2-4-1　高压厂用电系统接线（一）

这种厂用电接线的主要特点如下：

(1) 机组单元（机、炉、电）厂用负荷由两段高压厂用母线（1A和1B）分担，正常运行由厂总变供电，有双套或更多套设备的，可均匀地分接在两段母线上，以提高可靠性。厂总变不带公用负荷，故其容量较小。

(2) 公用负荷由两段厂用公用母线（C1和C2）分担。正常运行时，两台启备变各带一段公用母线（也称公用段），两段公用母线分开运行。由于该厂的启备变经常带公用负荷，故也称其为“公备变”。

(3) 当一台启备变停役或由于其他设备有异常使一台启备变不能运行时，可由另一台启备变带两段公用母线。因此，对公用负荷而言，两台启备变是互为备用的电源。

在这种接线方式中，三相三绕组（或分裂绕组）工作变压器也可用两台三相双绕组工作变压器所代替，但需作技术经济比较。

第二种接线，如图2-4-2所示。高压厂用电既可用于6kV一个电压等级，也可用于采用10.5kV和3.15kV两个电压等级。每个机组单元设置两台三绕组或分裂绕组的工作变压器（厂总变）T1A、T1B，每两台机组设公用的两台三绕组或分裂绕组变压器作启动/备用变压器T12A、T12B。

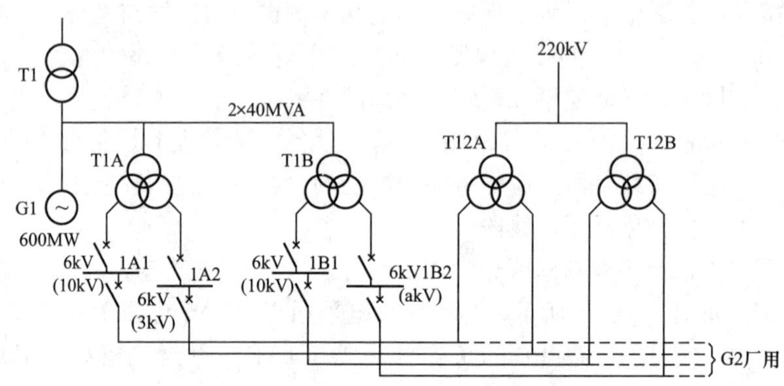

图2-4-2 高压厂用电系统接线（二）

这种接线的特点是，工作电源经两台三绕组或分裂中压绕组变压器，分接至四段高压厂用母线，既带机组单元负荷，又带公用负荷。启备变平时不带负荷。

2. 400V厂用电系统基本接线

单元机组低压厂用电系统，其工作电源和备用电源都从高压厂用母线上引接，对于设有10.5kV和3.15kV两级高压厂用电的，一般从10.5kV母线上引接。

400V（或380V）低压厂用电系统，通常在一个单元中设有若干个动力中心（简称PC）和由PC供电的若干个电动机控制中心（简称MCC）。一般容量在75～200kW之间的电动机和150～650kW之间的静态负荷接于动力中心（PC），容量小于75kW的电动机和小功率加热器等杂散负荷接于电动机控制中心（MCC）。从电动机控制中心又可接出至车间就地配电屏（PDP），供本车间小容量杂散负荷。

400V各动力中心，如汽轮机PC、锅炉PC、出灰PC、水处理PC等，基本接线为单母线分段，如图2-4-3所示。每一400V的PC单元设两段母线，每段母线通过一台低压厂用变压器供电，两台变压器的高压侧分别接至厂用高压母线的不同分段上。两段低压母线之间设一联络断路器。

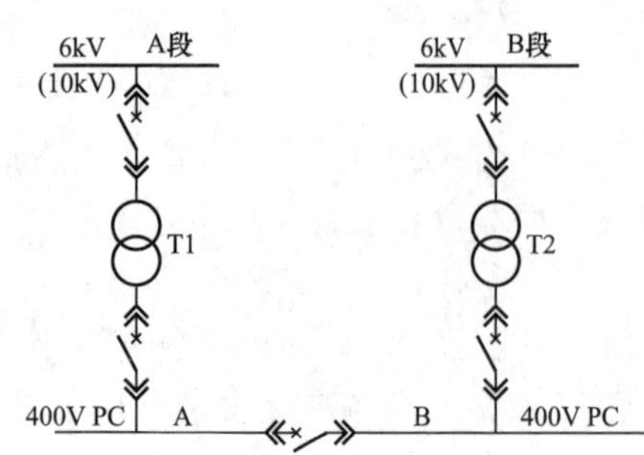

图2-4-3 厂用380V动力中心基本接线

该接线工作电源与备用电源之间的关系，采用暗备用方式，即两台低压厂用变压器（简称低厂变）互为备用，一台低压厂变故障或其他原因停役时，另一台低压厂变能满足同时带两段母线的负荷运行的要求。也就是说，一台低厂变退出工作后，可合上两段母线的联络断路器，由另一台低厂变带两段母线的负荷。但在正常运行时，一般两台低厂变是不能并联工作的，即不可合上联络断路器，因为PC的所有设备的短路容量均按一台厂变提供的短路电流选择。

3. 400V保安MCC基本接线

对于在失去正常厂用电的事故中，会危及机组主、辅机安全，造成永久性损坏的负荷即机组的保安负荷，由专门设置的保安电动机控制中心（MCC）对其集中供电。每台机组设置一台柴油发电机作为交流保安负荷的备用电源（也称交流保安电源）。单元机组一般设置有汽轮机保安MCC和锅炉保安MCC，也有只设一段母线的保安MCC，基本接线如图2-4-4所示。

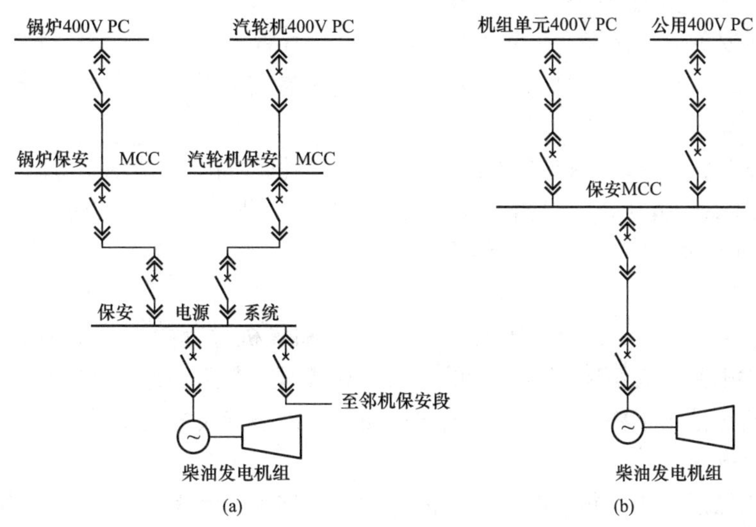

图2-4-4　交流保安MCC基本接线图

(a) 保安MCC有两个电源；(b) 保安MCC有三个电源

图2-4-4（a）中保安MCC每段有两个电源。正常运行时，每段保安MCC由机组单元低压厂用动力中心供电；当保安MCC失电时，柴油发电机自动投入，一般15s内可向失电的保安MCC恢复供电。图2-4-4（b）中保安段母线有三路电源，即机组单元厂用PC、公用PC、柴油发电机。正常运行时，由机组单元厂用PC供电；当保安MCC母线失电时，自动切换至公用PC供电，同时启动柴油发电机。如果柴油发电机电压已达到额定值（约经10s），而保安MCC母线仍然为低电压，则由柴油发电机发出切除公用PC供电命令，改由柴油发电机供电。

为了确保柴油发电机处于完整的备用状态，对柴油发电机应定期进行带负荷试验。柴油发电机一般不允许与厂用电系统并列运行（防止短路容量超过400V低压开关设备的额定值），因此，柴油发电机必须配置一套试验负荷装置。

（四）厂用负荷的供电类别

1. 按负荷的重要性分类

厂用电负荷，根据某用电设备在生产中的作用和突然供电中断时造成危害的程度，可分为五类。

(1) Ⅰ类负荷，是指短时（一般指手动切换恢复供电所需的时间）停电将影响人身或设备安全，使机组运转停顿或发电量大幅度下降的负荷。如给水泵、凝结水泵、送风机、引风机等。接有Ⅰ类负荷的高、低压厂用母线，应设置备用电源。当一个电源断电后，另一个电源就立即自动投入。

(2) Ⅱ类负荷，是指允许短时停电（几秒至几分钟），但较长时间停电有可能损坏设备或影响机组正常运转的负荷。如输煤设备、工业水泵、疏水泵、冲灰水泵、除尘设备、输灰设备等。对于接有Ⅱ类负荷的厂用母线，应由两个独立电源供电，一般采用手动切换。

(3) Ⅲ类负荷，是指长时间停电不会直接影响生产的负荷。如试验室和中央修配厂的用电设备等。对于Ⅲ类负荷，一般由一个电源供电。

(4) 事故保安负荷，是指在事故停机过程中及停机后一段时间内应保证供电的负荷。这类负荷停电将引起主要设备损坏、重要的自动控制失灵或推迟恢复供电。根据对电源的不同要求，事故保安负荷分为两种。

1) 直流事故保安负荷，由蓄电池组供电，如发电机的直流润滑油泵等。

2) 交流事故保安负荷，平时由交流厂用电源供电，失去厂用电源时，交流事故保安电源一般采用快速启动的柴油发电机组自动投入供电，如200MW及以上机组的盘车电动机等。

(5) 不间断供电负荷，是指在机组启动、运行和停机过程中，甚至停机后的一段时间内，需要连续供电并具有恒频恒压特性的负荷，如实时控制用的电子计算机。不间断供电负荷一般采用由蓄电池组或整流设备经逆变机组或配备静态开关的逆变器供电。

2. 按负荷的运行方式分类

发电厂在生产过程中，每天都要使用的电动设备称为“经常”使用；而只在检修、事故或机炉启停期间使用的电动设备称为“不经常”使用。因此，“经常”与“不经常”主要表征该类电动设备的使用机会。而“连续”、“短时”、“断续”等则用来区别电动设备每次使用时间的长短。通常，每次带负荷运转2h以上者称为“连续”；带负荷运转在10～120min者称为“短时”；每次使用从带负荷到空载或停止，反复周期性的工作，其每一周期不超过10min者称为“断续”。

【任务实施】

根据发电厂异常及事故处理基本原则、发电厂异常及事故处理一般程序及相关规程规范，对发电厂电动机与厂用电系统异常及事故进行分析判断，其处理步骤如下。

（一）发电厂电动机异常及事故处理

1. 电动机启动时异常

现象：合闸后，电动机电流指示满量程，发出嗡嗡响声，电动机不转或转速低，随后电流到零或有焦臭味；启动时电动机出口处有冒火或冒烟。

原因：定子回路一相断线；转子回路断线或接触不良；定子回路有短路；电动机所带机械卡住或所带机械过重；定转子摩擦相碰；电动机接线错误。

处理：

(1) 若保护未动作，值班员应立即断开断路器。

(2) 对电机一次系统进行停电检查，测定电机绝缘。

(3) 将检查情况汇报值长，联系检修人员处理。

(4) 保护动作未查明原因前不得再次合闸启动。

(5) 电动机转速低，电流大，若因母线电压低引起，待电压恢复正常后方可再启动。

(6) 检查接线是否正确。

2. 电动机不正常发热或局部过热

现象：电流表指示正常或升高，机械负荷也正常，但电动机发热超过允许值或有局部过热。

原因：冷却情况不好（冷却空气温度太高，冷却空气量太少，风道阻塞）；大型电动机空气冷却器水系统有故障；定子回路内一相断线或定子线圈内发生匝间短路。

处理：

(1) 检查冷却情况是否良好，如不良，应设法改善或加强通风。

(2) 可能时应将电动机负荷减轻。

(3) 经上述处理无效时，应将电动机停止运行，并隔绝电源，进一步检查定子回路是否有一相断线，定子线圈电阻三相是否平衡等。

3. 电动机轴承温度高

原因：供油不足润滑不良（强力润滑的电动机，油泵异常、滤油器或冷却器堵塞、轴瓦上的油槽堵塞或被磨平、进油箱油位过低；油环润滑的电动机，油环卡住或旋转缓慢、轴承箱内油位过低等），滚动轴承油脂不足或太多；油质不良（不清洁、油太浓、油中有水、油种用错）；轴承松动；电动机的轴或轴承倾斜；中心不正或弹性联轴器的凸齿工作不均匀；滚动轴承内部磨损；轴承有电流通过，轴颈磨蚀不光滑，轴瓦合金熔解；转子不在磁场中心，引起轴向窜动，轴承敲击或轴承受挤压。

处理：

(1) 检查油质、油位、油压、振动、串动等。

(2) 倾听轴承有无异音。

(3) 找不到具体原因时，启动备用电动机，停止该电动机运行做进一步处理。

4. 电动机运行中声音不正常，电流指示增大或为零

原因：定子回路中一相断线；电源三相电压下降；线圈匝间短路；转子鼠笼条开焊断裂；被带动的机械故障。

处理：

(1) 立即启动备用电动机，停止故障电动机。

(2) 检修人员检查，查明原因消除故障后重新启动。

5. 电动机定子电流表周期性摆动

原因：电动机转子线圈内部损坏或笼式电动机转子开焊断裂；电动机所带机械负荷不稳定；系统电压波动。

处理：

(1) 启动备用电动机，停用故障电机。

(2) 若无备用电动机则加强监视，并进行检查处理。如果电流表摆动越来越大，或电动机内冒火花，应停止故障电动机，通知维护人员处理。

(3) 若所带机械负荷不稳定通知有关人员，检查机械问题。

6. 电动机运行中剧烈振动

原因：电动机与所带机械中心不正，大轴弯曲，机械损坏；电动机轴承损坏或磨损；地脚螺栓或基础预埋件松动，电机某些零件松动；定转子相互摩擦或风扇脱落；电源电压三相不平衡；定转子间隙不均匀超过规定值；联轴器、连接装置或所带机械损坏。

处理：

(1) 启动备用电动机。

(2) 若无备用电动机应降低负荷，视振动是否降低或消失；无效时，停止电动机运行，检查处理。

7. 电动机运行中自动跳闸

原因：电动机故障，保护动作；保护误动或人员误碰；控制回路故障或断路器故障；发生紧急情况，有人就地按事故按钮；所带机械卡死或过负荷。

处理：

(1) 检查备用电动机是否自动投入，否则立即启动备用电机。

(2) 若无备用电动机，在检查无问题后方可再次启动，若为保护误动或人员误动可立即启动。

(3) 根据保护动作情况，判断故障原因。

(4) 排除故障，测量绝缘电阻合格。

(5) 重新启动。

8. 电动机着火处理

(1) 断开电源断路器进行灭火。

(2) 用 1211、CO_2 灭火器灭火，禁止用大股水流或泡沫灭火器及干砂灭火。

(二) 发电厂厂用电系统异常及事故处理

1. 6kV 系统谐振

现象：电压指示剧烈摆动；母线 TV 二次熔断器熔断或自动空气开关跳闸；该段上的设备可能跳闸；谐振过电压严重时，可能造成避雷器爆炸，TV 损坏。

处理：

(1) 退出该段的低电压保护。

(2) 退出该段的快切装置。

(3) 迅速切除部分不重要的运行设备或投运部分设备。

(4) 谐振过电压严重时，立即断开电源断路器紧急停止该段母线。

2. 6kV 系统接地

现象：发“6kV 某段接地”信号；接地段可能有设备跳闸；接地段母线一相电压降低或为 0，其余两相电压升高或为线电压。

处理：

(1) 若为低厂变 6kV 侧接地，转移负荷，将该变压器停运检查。

(2) 若为 6kV 电动机接地，保护未动作，启动备用设备，停运该故障电动机进行检查处理；若该电动机零序保护动作，检查断路器跳闸，启动备用设备。

(3) 若为 6kV 母线接地，则应迅速倒换该段电源，如接地现象消失，则为电源封闭母线接地，否则为 6kV 母线接地。

（4）判明为6kV母线接地，则应请示值长，尽量倒换接地6kV母线负荷，停电处理，总的接地运行时间不超过2h，在此期间要严密监视母线TV的运行情况。

3. 6kV母线失压

现象：事故喇叭鸣叫；“高压厂用变过电流”或“高厂变限时电流速断”保护可能动作，发电机跳闸；跳闸机组6kV母线电压到零，6kV母线上电机停转。

处理：

（1）若备用电源投入成功，则复归断路器把手及音响信号，同时注意母线电压正常。

（2）若备用电源未投入，且无“高压厂用变过电流”或“高厂变限时电流速断”保护动作时，应在工作电源断路器断开的情况下强送备用电源一次。

（3）若无备用电源或有备用电源供电但备用电源断路器跳闸时，在无任何保护动作的情况下，允许强合一次当前供电断路器。

（4）注意380V系统的供电情况。

（5）若备用电源联动或手动强送不成功时不允许再强送。

（6）检查一次系统，发现有明显故障点并隔离后方可试送电；若无明显故障点，应先断开母线上所有负荷，再测量母线绝缘电阻合格后试送电，试送成功后先送上失压时已跳闸的断路器，对手动拉开的负载进行检查并测量绝缘后恢复运行。试送不成功则为母线故障。

4. 380V母线失压

现象：事故喇叭鸣叫；双机运行时正常照明熄灭，事故照明灯亮。发电机跳闸；跳闸机组380V母线（保安段除外）电压到零，380V母线上电机停转。

处理：

（1）如备用电源未联动，应强送一次。

（2）若无备用电源或有备用电源供电但备用电源断路器跳闸时，检查工作变压器跳闸不是因气体、速断保护动作引起，则可将工作变压器强送一次，再跳闸不得强送。

（3）380V工作段失压注意380V保安段电源的情况。

（4）若电源强送不成功，应检查一次系统，发现有明显故障点并隔离后方可试送电；若无明显故障点，先检查隔离开关三相熔断器，发现有熔断者且判明该回路确有故障并隔离后可试送电。否则，应先断开母线上所有断路器，保留母线上的隔离开关，再试送电一次，试送成功，将所拉断路器逐个恢复送电。试送不成功，则将母线上的所有隔离开关拉开，再试送电一次。试送成功，用隔离开关送电的电源及设备应摇测绝缘合格后方可逐一恢复送电。若再次试送不成功则为母线故障。

【拓展提高】

1. 电动机的停运

（1）电动机启动时如发生下列情况，应立即停运电动机。

1）当合闸后电动机不转或瞬时转动后立即停下者。

2）合闸后电动机有异音，且转速较平常慢或不转者。

3）合闸后电流过大不返回者（确认表计无卡住）。

4）合闸后电动机内冒烟或有火星冒出者。

（2）对于重要电动机，在下列情况下，可先启动备用电动机，然后再停用故障电动机。

1）电动机声音不正常或绝缘有烧焦的气味。

2）电动机内或启动调节装置内出现火花或冒烟。

3）电动机电流超过正常允许运行的数值。

4）电动机振动超过允许值。

5）轴承温度发生不正常升高。

6）大型密闭式冷却电动机的冷却水系统发生故障。

7）电动机受水淋或有被淹的可能，虽经采取措施仍无法防止绝缘受损时。

（3）遇下列情况，应立即将电动机紧停。

1）发生危及人身安全的危急情况。

2）电动机及所带动的机械损坏至危险程度时。

3）轴承温度升高至极限值。

4）电动机发生强烈振动。

5）电动机或其启动调节装置内冒烟。

6）发生需要立即停用电动机的重大事故。

（4）对于重要电动机，若在运行中发生下列情况之一，可先启动备用机组然后停机。

1）电动机发出不正常的声音或绝缘有烧焦气味。

2）电动机内或启动器内有火花或冒烟时。

3）定子电流超过额定值。

4）电动机出现强烈振动。

5）电动机冷却系统出现故障。

6）电动机轴承温度超过允许值。

2. 厂用电系统运行规定

（1）6kV厂用电的切换应在机组运行稳定、负荷150MW左右进行，切换前必须检查工作、备用电源在同一系统。

（2）在厂用电倒换为高厂变自带或倒换为启备变带时，在DCS画面上进行正常切换。

（3）6kV厂用电正常倒换电源时，须先调整起备变分接头，使待并断路器两侧的压差小于5%，必要时还可调整发电机无功达到压差要求。

（4）6kV厂用4A、4B、5A、5B段工作电源与备用电源之间设有快切装置，正常运行时，快切装置方式投入并联方式。

（5）厂用电系统因故改为非正常运行方式时，应事先制定安全措施，并在工作结束后尽快恢复正常运行方式。

（6）380V系统PC段运行电源切换前，应检查两路在同一系统，以防非同期合闸，如两路电源不在同一系统，应采用瞬停的切换方法。属于同一系统时，可并列切换，在两段压差小于5%时，可先合上分段断路器，然后断开要停电断路器。

（7）MCC盘进行电源切换时，一般采用先断后合方式，在就地盘上将隔离开关切至备用电源。

（8）电源切换瞬间将失电，在切换前应检查MCC盘所带负荷的运行情况，以防影响机组的安全运行。

（9）下列厂用电设备禁止投入运行。

1）无保护的设备。

2）绝缘电阻不合格的设备。

3）断路器操动机构有问题。

4）断路器事故遮断次数超过规定。

5）速动保护动作后，未查明原因和排除故障。

3．厂用电母线失压处理原则

（1）当发生母线失压时，将连接在母线上的一切断路器拉开，并应迅速恢复厂用电，如能判明故障点只需将故障点隔离，即可恢复母线电压。

（2）若在母线失压的同时，发现冒烟、爆炸、起火等现象时，应对配电装置进行详细检查，消除故障后，对母线试送电。

（3）用变压器或电源断路器向失压母线试送电时，其过电流保护时限应调至最小。

（4）母线电压恢复后，按用户重要性分别恢复送电。

4．厂用电中断事故处理

现象：事故喇叭鸣叫，双机运行时正常照明熄灭，事故照明灯亮。汽机跳闸，锅炉MFT动作，发电机跳闸，小机跳闸；跳闸机组6kV、380V母线（保安段除外）电压到零，6kV、380V母线上电机停转；主汽压力瞬时上升后（若厂用电中断前负荷高，安全门有可能动作），与主汽温、汽包水位呈下降趋势；双机运行时机组循环水中断，主厂房压缩空气压力降低。

原因：

（1）高厂变、启备变或厂用母线故障。

（2）机组故障停运，厂用电切换不成功。

（3）电网发生重大故障，导致大面积停电或电网瓦解，引起全厂停电。

处理：

（1）电气侧事故处理参见以上厂用电母线失压处理，并应特别注意检查保安段紧急备用电源应自投成功，或柴油机自启动成功，保安段电压正常。否则迅速前往就地启动柴油机。

（2）汽机立即启动交流润滑油泵、顶轴油泵，并检查空侧密封油泵运行正常，小机直流油泵是否联启，否则手动启动。若保安段失压，应立即启动大机直流润滑油泵和直流空侧密封油泵。做好手动投盘车准备。

（3）检查各主汽门、调速汽门、抽汽逆止门关闭严密，严防汽机进水。

（4）锅炉检查MFT主燃料失去跳闸后，应密切注意汽包水位情况和壁温差情况。电源恢复后，应视水位不可见的时间和壁温差情况，请示总工，启动电泵由省煤器或下联箱进水。

（5）锅炉关闭各风门，进行闷炉，防止汽包壁温差过大。

（6）注意公用系统备用泵是否启动，如循环水泵、灰浆泵、空压机等。若由于某种原因导致机组循环水中断，应密切注意汽机低压缸排汽温度、压力，大、小机润滑油温度，汽机各轴承金属温度、回油温度。迅速关闭凝汽器循环水进出水门，对凝汽器补入大量除盐水，汽机采取闷缸措施，条件具备时开启汽机后缸喷水及疏扩减温水。当恢复循环水时，应注意缓慢开启循环水进水阀。

(7) 复位跳闸设备，连锁解除。

(8) 检查UPS供电正常。

(9) 根据现象判断事故原因，联系检修尽快处理，恢复厂用电源。

任务4.3 发电厂直流系统异常及事故处理

直流系统是发电厂电气及热控极为重要的电源系统，是继电保护装置、自动装置、控制系统、信号系统、计算机监控系统、事故照明、UPS等设备的工作电源，是保证发电厂正常运行的必备条件。因此，各发电厂对直流系统都非常重视，并且对日常运行设备维护和事故处理都有一套严格的规定。正确及时地处理直流系统异常及事故是电气值班员极为重要的一项工作。

【教学目标】

知识目标：①熟悉典型的2×300MW发电机组直流系统正常运行方式；②掌握直流系统异常及事故处理的基本原则及要求，正确写出直流系统异常及事故处理的基本步骤；③掌握典型的2×300MW发电机组直流系统异常及事故处理的操作。

能力目标：①能说出典型的2×300MW发电机组直流系统异常及事故前的运行方式；②能分析出直流系统异常及事故时保护动作情况及处理的基本步骤；③能在仿真机上熟练进行直流系统异常及事故处理操作。

态度目标：①能主动学习，在完成任务过程中发现问题、分析问题和解决问题；②能严格遵守"发电运行"规程及各项安全规程，与小组成员协商、交流配合，按标准化作业流程完成学习任务。

【任务分析】

(1) 分析典型2×300MW发电厂直流系统的运行方式。典型2×300MW发电机变压器组单元接线发电厂直流220V、110V系统接线图如图2-1-3所示，其直流系统的运行方式如下。

1) 两台机组设一套220V直流系统，每台机组设一套110V直流系统。每一套直流系统设有两段母线、两组蓄电池、三台充电装置。

2) 正常方式下，每一套直流系统两段母线分开运行，Ⅰ（Ⅱ）组蓄电池、1（2）号充电装置接入相应段电源母线，母联双投刀开关掷于相应段负荷母线，充电装置带该段母线上的负荷及对蓄电池组浮充。0号充电装置作为1（2）号充电装置的备用。

3) 110V操作直流电源各分电屏按辐射状供电。集控楼直流分电屏按屏分为两段互为备用，其分电屏侧电源自动空气开关及110V直流母线侧电源自动空气开关均合上工作，联络用自动空气开关断开；其他直流分电屏的分电屏侧两路电源自动空气开关均合上，110V直流母线侧一路电源自动空气开关合上工作，另一路电源自动空气开关断开作备用，严防合环运行。

4) 各MCC操作直流电源按环网状供电，MCC柜侧及分电屏侧两路电源自动空气开关均合上。

5) 正常运行时，220V直流母线电压应保持在(232±2)V范围内，110V直流母线电压应保持在(116±2)V范围内。

(2) 写出直流系统异常及事故的处理步骤。

(3) 按照标准化作业流程对直流系统异常及事故进行处理。

【相关知识】

(一) 直流正、负极接地对运行的危害

直流正极接地有造成保护误动的可能。因为一般跳闸线圈(如出口中间继电器线圈和跳合闸线圈等)均接负极电源,若这些回路再发生接地或绝缘不良就会引起保护误动作。直流负极接地与正极接地同一道理,如回路中再有一点接地就可能造成保护拒绝动作(越级扩大事故)。因为两点接地将跳闸或合闸回路短路,这时还可能烧坏继电器触点。

(二) 查找直流系统接地时的注意事项

(1) 发生直流接地时,应迅速进行处理,不得延误,并停止直流回路上所有其他工作,以免造成两点接地或短路等异常情况。

(2) 在对支路进行试拉时,应考虑相关的继电保护和热工自动装置,采取避免自动空气开关、装置误动的措施,防止运行机组因直流接地而停运,必要时可会同继保人员或热工人员一起进行处理。试拉保护电源,应短时退出有可能动作的保护。

(3) 试拉负荷前,应通知有关值班人员,试拉后,不论回路是否接地,均应立即送电。

(4) 查出接地支路后,应继续对支路上的负荷进行逐一试拉,直至找出接地盘柜后,通知检修人员进行处理。

(5) 对电源设备进行试拉时,应保证母线不会失去电源,不得将接地系统和非接地系统并列,严禁将两个接地系统并列。

(6) 寻找直流系统接地应由两人进行,一人试拉(拉3s后合上),另一人严密监视接地信号变化情况,以判断接地是否由该路引起。

(7) 禁止采用将未接地的一极人为接地,烧焦接地处,来寻找接地点方法。

(8) 查找接地时间不应超过2h。

(9) 检查直流系统一点接地时,应防止直流回路另一点接地,造成直流短路。

【任务实施】

根据发电厂异常及事故处理基本原则、发电厂异常及事故处理一般程序及相关规程规范,对直流系统异常及事故进行分析判断。

(一) 直流系统母线电压异常

现象:集控室"直流故障"报警;就地直流配电盘上低电压继电器或过电压继电器有指示;就地电压表指示异常。

原因:充电装置故障;蓄电池断开;蓄电池放电。

处理:

(1) 就地检查电压高还是电压低。

(2) 检查充电装置已自动切换至适合的充电方式,否则手动切换。

(3) 如充电装置由于电压高而跳闸,可由蓄电池单独向母线供电,待电压降至额定值时,再投入充电装置运行。

（二）直流系统母线失压

现象：失压母线电压至零，“直流母线故障”及所控回路的失压报警等光字牌亮。硅整流装置跳闸，蓄电池熔断器熔断，蓄电池出口熔断器监视灯灭。直流配电室各路负荷电源的监视灯均灭，接至该直流系统的控制盘信号指示灯熄灭。

处理：

（1）检查充电装置跳闸原因。

（2）检查蓄电池组出口熔断器是否熔断（或出口自动空气开关是否跳闸）。

（3）如母线有明显故障，将该系统及其负荷停电，查明故障点，通知检修处理。

（4）如系蓄电池组故障引起，应将该直流系统工作母线与另一台机组直流系统联络运行，并将该蓄电池组和对应充电装置退出运行。

（5）如系负荷故障引起熔断器越级熔断，应将该负荷停电，恢复直流系统正常运行，并通知检修对故障负荷进行检查处理。

（三）直流系统接地

现象：集控室“直流母线故障”报警；直流母线上绝缘监测装置有接地报警指示；直流正或负母线对地电压超过报警值。

原因：蓄电池接地故障；负荷接地故障；母线接地故障。

处理：

（1）量对地电压，判明接地极及接地性质。

（2）首先对作业设备查找，若因工作引起接地，则应排除故障，并终止其工作。

（3）了解有无刚启动的设备，对该设备试拉。

（4）通过绝缘监察装置巡查绝缘低支路情况，如未查到接地点，则试拉直流负荷支路、试停闪光装置、试停微机绝缘监察装置、按运行操作程序检查充电装置和蓄电池回路。

（5）如经以上检查未查出接地点，则是母线接地，应及时汇报有关部门联系处理。

（四）整流器故障

现象：中央信号音响动作，“110V（220V）整流装置交流消失”或“整流器故障”光字牌亮。整流器主开关跳闸。整流器输出为零，蓄电池放电，直流母线电压下降。

处理：

（1）检查硅整流装置有无异常。

（2）检查硅整流装置熔断器是否熔断。

（3）检查硅整流装置过电压、过电流保护是否动作。

（4）复归保护装置，更换熔断器，重新启动装置正常后，恢复其运行。

（5）若启动不成功，应投入备用硅整流装置，通知电气检修处理故障整流装置。

（五）蓄电池出口熔断器熔断（或出口自动空气开关跳闸）

现象：中央信号动作“蓄电池熔断器熔断”监视灯灭（或“蓄电池组自动空气开关跳闸”光字牌亮）。直流母线电压波动，蓄电池的浮充电流为零。

处理：

（1）检查确认蓄电池出口熔断器熔断（或出口自动空气开关跳闸）。

（2）判断故障设备，分析原因。

（3）设法消除故障，恢复设备运行。

(4) 若无法排除故障，应倒为备用直流系统工作母线供电。

(六) 蓄电池着火处理

将故障蓄电池组所带直流母线倒由正常运行的另一台机直流系统供电，并退出故障蓄电池组及其充电装置。及时通知消防部门并用 CO_2 灭火器灭火。灭火时应戴防毒面具并防止身体直接接触硫酸溶液。

【拓展提高】

1. 直流绝缘监测装置

在直流装置中，发生一极接地时并不会引起任何危害，但长期一极接地是不允许的。因为在同一极的另一点再发生接地后，可以造成信号装置、继电器和控制电路的误动作。另外，在有一极接地时，假如再发生另一极接地，就将造成直流短路，因此不允许直流系统长期带一点接地运行，为此需要装设直流绝缘监测装置。直流绝缘监测单元是监视直流系统绝缘情况的一种装置，可实时监测线路对地漏电阻，此数值可根据具体情况设定。当线路对地绝缘降低到设定值时，就会发出告警信号。直流系统绝缘监测单元目前有母线绝缘监测、支路绝缘监测。

2. 直流绝缘监测装置的运行

(1) 220V 直流系统每段母线设一台绝缘监测装置，对该段母线电压、绝缘进行监测。220V 直流母线串带运行时，为避免直流接地误发信，应停用一套绝缘监测装置。

(2) 110V 直流系统设置有微机型直流绝缘监察装置，直流系统发绝缘降低信号时，检查装置自动巡检支路并做好记录，按照提示操作即可找出接地支路。每次查看直流母线对地电压或绝缘情况后，应将画面切回主画面，否则将自动退出绝缘监测功能。

任务 4.4　交流不停电电源 UPS 异常及事故处理

交流不停电电源 UPS 在电厂运行中起很重要的作用，该系统的运行、维护、异常及事故处理具有重要意义，掌握交流不停电电源 UPS 的异常及事故处理是发电厂电气值班人员必备的技能之一。

【教学目标】

知识目标：①熟悉典型的 2×300MW 发电机组交流不停电电源 UPS 正常运行方式；②正确写出交流不停电电源 UPS 异常及事故处理的基本步骤；③掌握典型的 2×300MW 发电机组交流不停电电源 UPS 异常及事故处理的操作。

能力目标：①能说出典型的 2×300MW 发电机组交流不停电电源 UPS 异常及事故前的运行方式；②能分析出交流不停电电源 UPS 异常及事故时保护动作情况及处理的基本步骤。

态度目标：①能主动学习，在完成任务过程中发现问题、分析问题和解决问题；②能严格遵守“发电运行”规程及各项安全规程，与小组成员协商、交流配合，按标准化作业流程完成学习任务。

【任务分析】

分析典型的 2×300MW 发电机组交流不停电电源的正常运行方式。

（1）两台机组总共配置三套 UPS 装置，1 号机 UPS 供 1 号机组所需交流不停电电源，2 号机 UPS 供 2 号机组所需交流不停电电源，备用 UPS 作为 1、2 号机 UPS 的备用电源。

（2）每台 UPS 有正常运行、自动旁路运行、手动旁路运行三种方式。

（3）UPS 有三路电源：主电源取自 380V 保安段，旁路电源取自 380V 工作段，直流电源取自 220V 动力直流母线。

（4）UPS 正常运行方式负荷由主电源经整流—逆变供给单相 220V 交流电源。

（5）当主电源或整流器故障时，UPS 负荷由动力 220V 直流电源经逆变器供电。当主电源和整流器恢复正常后，UPS 自动切回主电源供电方式。

（6）当逆变器故障或者整流器停下而直流母线电压太低时，静态开关自动切换到旁路电源供电。

（7）当静态开关 EN 发生故障或整个 UPS 装置退出运行时，UPS 可经手动旁路开关 Q050 由旁路电源供电，即手动旁路运行方式。手动旁路开关具有先合后断的功能，以保证供电不间断。

【相关知识】

（一）交流不停电电源的运行规定

（1）220V 直流电源不正常或退出时，禁止将 UPS 装置由自动旁路电源切至主电源供电。

（2）UPS 负荷由 220V 直流电源供电时，运行人员应加强巡视，当直流系统不能满足负荷要求并确认旁路电源正常情况下，应尽快将 UPS 切换至自动旁路电源运行，然后断开主电源自动空气开关。

（3）在主电源故障消除后，合主电源自动空气开关前应先将 UPS 装置切至 220V 直流电源供电，然后合主电源自动空气开关，将 UPS 装置切回由主电源供电。

（4）UPS 的检修原则上在对应机组停运状态时，可采用手动旁路供电方式，UPS 主回路全部停电检修。对应机组在运行状态下，不得采用手动旁路供电的方式停用 UPS，应采用合环倒换 UPS 负荷母线的方法。

（二）UPS 系统应装设以下保护和控制装置

（1）UPS 系统应装有防止直流和交流回路的暂态过电压保护，该保护装置应装设在内部，不需与任何外部设备的配线相连接。

（2）带热保护、满足 UPS 整流器交流输入要求的自动空气开关应在仪表盘上有输入信号指示灯，带热保护的旁路开关也应装设指示灯。

（3）在主回路输入端和旁路电源输入端均应装设功率损失继电器（三相式）。继电器动作时发出报警信号。

（4）逆变器输入端应装设监视直流输出的低电压继电器，继电器动作经延时发出报警信号。

（5）整流器输出端应装设过电压继电器。过电压继电器动作时，跳开工作回路直流电源，以保护逆变器，并发出信号。

（6）逆变器电容应有放电开关或电路。

（7）为强迫风冷系统，设置“强迫风冷系统故障”指示灯或其他报警信号。

（三）UPS装置面板上应设有各种运行和故障显示

(1) 运行显示。UPS装置LCD液晶显示屏所显示的项目有：整流器输入电压、整流器输入频率、整流器输入电流、整流器输出电压、整流器输出电流、逆变器输出电压、逆变器输出频率、旁路电源电压、旁路电源频率、负载百分比。

(2) 面板报警显示。整流器输入电压低报警、直流输入电压低报警、旁路交流电源电压低报警、逆变器输入电压低/高报警、逆变器输出电压低/高报警、静态开关（旁路位置）报警、直流供电方式报警、整流器故障报警、逆变器故障报警、静态开关故障报警、冷却风机故障报警。

【任务实施】

根据发电厂异常及事故处理基本原则、发电厂异常及事故处理一般程序及相关规程规范，对交流不停电电源UPS异常及事故进行分析判断。

（一）逆变器过负荷

原因：逆变器输出电流超过规定的额定电流。

处理：

(1) 检查UPS切至旁路供电正常。

(2) 在UPS分配屏上视具体情况减负荷。

（二）逆变器与旁路不同步

原因：

(1) 逆变器输出与旁路电源回路的电压、频率不一致。

(2) 同步监视回路故障。

处理：此时若主路出故障，则不能切换到旁路运行，应及时通知检修人员进行处理。

（三）逆变器故障

原因：逆变器输出电压过高或过低。

处理：

(1) 检查UPS切至旁路供电。

(2) 停止逆变器运行并隔离。

(3) 通知检修人员处理，处理好后，恢复逆变器运行。

（四）整流器故障

原因：整流器内部故障。

处理：

(1) 检查并确认UPS已切换至直流电源供电。

(2) 通知检修人员处理，如有必要处理整流器时，将UPS切至旁路供电。

(3) 停止整流器、逆变器运行并隔离。

(4) 处理好后，恢复整流器、逆变器运行。

（五）直流供电运行

原因：

(1) 主电源回路故障。

(2) 整流器故障。

（3）整流器未投入运行。

处理：

（1）检查旁路电源备用正常。

（2）通知检修人员处理，如必要处理整流器时，将UPS切至旁路供电。

（3）关闭逆变器、整流器运行并进行隔离。

（4）故障消除后，恢复整流器、逆变器运行。

（六）UPS过热报警

原因：整流器或逆变器内部元件过热或冷却风扇故障。

处理：

（1）查UPS已切换至直流或旁路供电正常。

（2）若逆变器过热，此时旁路不在备用状态，则继续由整流器、逆变器回路保持供电，10min后，UPS停运。

（3）当整流器、逆变器恢复正常，将UPS切回至逆变器供电。

【拓展提高】

1. UPS的技术性要求

每台UPS装置的交流输入电源应为两路：正常电源和旁路电源。当正常交流输入电源在规定的变化范围以内时，应作为UPS装置的输入。UPS系统的输出应向交流不停电电源母线上的负荷供电。此输出为单相交流220V供交流负荷（即每台UPS装置各承担实际负荷的50%），并具有恒频恒压功能。

交流电源的暂态状况下，UPS系统能够承受电动机启动引起的大约200%的微秒级电压冲击。

UPS系统不带专用直流蓄电池组，其直流电源从电厂220V直流系统取得。当正常交流电源故障或UPS系统的整流器故障时，UPS可以无扰动不间断地切换到由蓄电池供电状态，即由直流蓄电池组向逆变器供电。此时逆变器的输入和输出应不中断。除向逆变器供电之外，整流器不需向直流负荷供电，也不需向蓄电池充电。蓄电池与UPS之间应设置闭锁二极管，以防止直流电从UPS系统流向直流蓄电池系统。

旁路电源和逆变器输出均应分别通过高速静态切换开关接至交流不停电电源母线。如果旁路交流电源的变化在所规定的范围内，而此时逆变器输出的暂态响应时间超出了要求的调节范围，或当逆变器输出电压降低，或当输出频率变化超出规定的范围时，高速静态切换开关应能自动将交流不停电电源母线的供电电源切换至旁路电源。从逆变器切换至旁路，其供电间断时间，不应超过规定的要求范围。当上述情况恢复正常后，经过适当延时，静态切换开关应自动地将电源反切换至逆变器。延时是为了避免外部故障缓慢消失和冲击时的振荡。这种反切换应在有冲击负荷情况下实现。从逆变器切换至旁路，或从旁路切换至逆变器，都不应对所接负荷产生干扰。

2. 对UPS系统组件的要求

整流器：UPS系统内部直流电源应为晶闸管整流器型，由外部正常交流电源供电。整流器的输出电源应供给UPS逆变器。整流器输出应能自动调节，并在已述的电源切换过程中保持其输出电压恒定。UPS整流器应具有全自动负荷限制特性，以防止其输出超出最大安全值。当负荷限制特性失灵时，后备保护应能跳开整流器。整流器应有涌流抑制功能。

逆变器：UPS逆变器输出的频率和相角应与厂用电系统同步。如果厂用电源的频率超出限定值，逆变器应保持其本身输出的信号频率在限定值内。厂用电频率恢复正常值，逆变器应自动地以每秒1Hz或更小的转差与厂用电系统同步。同期闭锁装置应能防止两者不同步时，手动将电源由逆变器切换至旁路。UPS控制盘上应设置同期指示。UPS逆变器应具有全自动限流特性，以防止逆变器输出超出安全值和保护逆变器输出端过载或短路，当过载存在时，限流特性应限制输出电流在不至于损坏逆变器或导致保护装置动作的值。一旦过载消失，逆变器应自动恢复正常工作，当限流特性失灵时，后备保护应能使逆变器跳闸，这一情况发生时，通过报警点（干接点）发信控制室。

静态开关：静态开关监视和控制模块应能准确反应和处理逆变器的逻辑信号状态和报警。即当UPS故障时，能将负荷无间断地切换至旁路交流电源。在旁路运行方式下，静态开关应设计为易于维护和拆装，切换时间小于0.5ms，且对负荷的供电不中断。

手动旁路开关：开关为手动，2极，先合后开。“正常”位置，负荷接至逆变器。“旁路”位置，负荷接至交流电源（进口主机采用两个自动空气开关，完成“先合后分”的功能）。手动旁路开关将负荷由逆变器输出切换至旁路交流电源供电。当负荷由旁路交流供电时，允许对整流器、逆变器和静态开关进行检修和维护，由旁路手动切换至逆变器，应有同步信号。

闭锁二极管：闭锁二极管在UPS内部整流器输出端和外部直流蓄电池系统间应设置闭锁二极管。任何时候，也不能由整流器向直流蓄电池供电。闭锁二极管应能长期承载UPS逆变器的满负荷，且应有完全的直流短路暂态自保护能力，闭锁二极管应有故障指示或监视装置。

【项目评价】

发电厂异常及事故处理评价（占学期总评比例）参考表2-4-3。

表2-4-3　发电厂异常及事故处理评价表

评价类型			评价内容	权重（%）
过程评价（6%）	素质考评（学生互评）	劳动纪律	出勤情况	2
		平时作业	作业成绩	2
		贡献大小	任务完成的质量	2
结果评价（30%）	综合项目事故处理步骤		规定时间内完成情况	15
	事故处理		规定时间内完成情况	15

【技能训练】

1. 写出发电机对称过负荷的处理步骤并操作。
2. 写出发电机不对称过负荷的处理步骤并操作。
3. 写出发电机温度异常的处理步骤并操作。
4. 写出发电机保护用1TV一次或二次熔断器熔断的处理步骤并操作。
5. 写出发电机调压用2TV（或3TV）一次或二次熔断器熔断的处理步骤并操作。

6. 写出发电机（励磁机）升不起电压的处理步骤并操作。
7. 写出发电机转子一点接地的处理步骤并操作。
8. 写出发电机定子接地的处理步骤并操作。
9. 写出发电机主断路器跳闸的处理步骤并操作。
10. 写出发电机主断路器非全相运行的处理步骤并操作。
11. 写出发电机失磁的处理步骤并操作。
12. 写出电动机启动时异常的处理步骤并操作。
13. 写出电动机不正常发热或局部过热的处理步骤并操作。
14. 写出电动机轴承温度高的处理步骤并操作。
15. 写出电动机运行中自动跳闸的处理步骤并操作。
16. 写出 6kV 系统谐振的处理步骤并操作。
17. 写出 6kV 系统接地的处理步骤并操作。
18. 写出 6kV 母线失压的处理步骤并操作。
19. 写出 380V 母线失压的处理步骤并操作。
20. 写出直流系统母线电压异常的处理步骤并操作。
21. 写出直流系统母线失压的处理步骤并操作。
22. 写出直流系统接地的处理步骤并操作。
23. 写出蓄电池出口熔断器熔断（或出口断路器跳闸）的处理步骤并操作。
24. 写出逆变器过负荷的处理步骤并操作。
25. 写出逆变器与旁路不同步的处理步骤并操作。
26. 写出逆变器故障的处理步骤并操作。
27. 写出 UPS 过热报警的处理步骤并操作。

附录　发电厂调度术语和定义

1. 术语表

附表 1　　术　语　表

编号	术语	定义及描述方式
1	操作指令	值班调度员对其管辖的设备进行变更电气接线方式和事故处理而发布的立即操作的指令（分为逐项操作指令和综合操作指令）
2	操作许可	电气设备在变更状态操作前，由厂、站值长或班长、相关调度员提出操作要求，在取得相关调度值班调度员许可后才能操作，操作后应汇报
3	操作任务	对某设备的操作目的或设备状态改变
4	操作要求	对某设备在操作前提出的要求
5	合上	把断路器或隔离开关操作至接通位置（包括高压熔断器）。例：合上×××断路器（隔离开关）
6	断开	把断路器或隔离开关操作至断开位置（包括高压熔断器）。例：断开×××断路器（隔离开关）
7	合环	将电气环路用断路器或隔离开关闭合的操作
8	解环	将电气环路用断路器或隔离开关断开的操作
9	并列	将发电机（或两个系统）与全系统经同期表检查同期后并列运行
10	解列	将发电机（或两个系统）与全系统解除并列运行
11	自同期并列	将发电机用自同期法与系统并列运行
12	非同期并列	将发电机（或两个系统）不经同期检查即与系列并列运行
13	强送	设备故障跳闸后未经检查即送电
14	强送成功	设备故障后，未经详细检查或试验，用断路器对其送电成功
15	试送	设备检修后或故障跳闸后，经初步检查再送电
16	冲击合闸	对未带电变压器、线路、母线进行合闸充电
17	跳闸（分相断路器、单相或三相主汽门）	设备（如断路器、主汽门等）自动从接通位置变为断开位置
18	测量	测量设备的绝缘、电压、电流、温度等。例：测量×××对地绝缘电阻为××MΩ，测量×××相间电压为××V，测量×××电流为××A
19	装设（拆除）接地线或合上（拉开）接地刀关	用临时接地线或接地开关将设备与大地接通（或断开）。例：在×××处装设接地线（×××号），拆除×××处接地线（×××号）
20	放上、取下绝缘垫	例：在×××隔离开关口处放上绝缘垫，取下×××隔离开关口处绝缘垫
21	零起升压	利用发电机将设备从零电压渐渐升至额定电压
22	验电	用校验工具验明设备是否带电
23	放电	设备停后，用工具将静电放去
24	充电	不带电设备与电源接通，但设备没有供电（不带负荷）
25	核相	用校验工具对断路器两侧，或×母线与×母线之间，核对带电设备的两端相位

续表

编号	术语	定义及描述方式
26	检查相序	用校验工具核对某一电源的相序
27	带电拆接	在设备带电状态下拆断或接通短接线
28	短线（或跨线）	用临时导线将断路器或隔离开关等设备跨越旁路
29	拆（接）引线	将设备引线或架空线的跨越线（弓子线）拆断（或接通）
30	上锁	重要机构用锁锁住
31	除锁	将锁取下不用
32	挂上标示牌	在设备上挂上标示牌（警告牌）。例：在×××处挂上“×××”标示牌
33	摘下标示牌	从设备上摘下标示牌（警告牌）。例：摘下×××处“×××”标示牌
34	倒母线	指双母线互相倒换
35	检查	观察设备的状态如何，如进行正常定期检查和事故检查。例：检查×××断路器在合闸位置，检查×××断路器在分闸位置；检查×××隔离开关合闸到位置，检查×××隔离开关分闸到位置；检查×××断路器“红灯”亮；检查×××表计指示正常；检查×××把手在“×××”位置；检查×××保护连接片已投入（已退出）；检查×××熔丝已装好（已取下）
36	拉出、推入	例：拉出×××手车开关至“×××”位置；推入×××手车开关至“×××”位置
37	摇出、摇入	例：摇出×××手车开关至“×××”位置；摇入×××手车开关至“×××”位置
38	拔下、插上	例：拔下×××断路器二次插头；插上×××断路器二次插头
39	清扫	消除设备上的灰尘、脏物
40	校验	对自动装置、继电保护装置进行预先测试检验是否良好
41	冷倒	断路器在热备用状态，先拉开×母线隔离开关，再合上×（另一组）母线隔离开关
42	限电	限制用户用电
43	启动（停止）	热机或水机操作改变设备的状态。例：启动磨煤机
44	保护投入	将保护投入运行，指投跳闸位置
45	保护退出	将保护退出运行
46	信号复归	继电保护动作的信号牌恢复原位
47	开机	将发电机、汽轮机开动
48	投入或退出连接片	将继电保护、安全自动装置连接片投入或退出。例：投入×××保护连接片，或退出×××保护连接片
49	装上、取下熔丝	例：装上×××熔丝；取下×××熔丝
50	停机	将发电机、汽轮机停下
51	开启	把汽门或阀门转动至开启位置
52	关闭	把汽门或阀门转动至关闭位置
53	切	切换把手。例：切×××把手至“×××”位置
54	蒸汽母管并列、解列	将主蒸汽母管并列（或解列）运行
55	装设（拆除）堵板	法兰装设（拆除）堵板
56	零、一、二、三、四、五、六、七、八、九	洞、幺、两、三、四、五、六、拐、八、九

2. 调度术语的描述

调度术语应按《电网调度管理规程》执行，常用调度术语及描述方式参见附表2。

附表2　常用调度术语描述方式示例

联系方式	调度术语	使用范围	描述方式示例
上级与下级	通知××	中调、区调给电厂下令	通知××电厂（变电站）
		值长给单元长下令	通知××单元长
		单元长给值班负责人下令	通知××值班负责人
	接××汇报	中调、区调接电厂（变电站）汇报	接××电厂（变电站）汇报
		值长接单元长汇报	接××单元长汇报
		单元长接值班负责人汇报	接××值班负责人汇报
下级与上级	接××令	值长接中调、区调令	接中调令，接区调令
		单元长接值长令	接值长令
		××值班负责人接单元长令	接单元长令
	汇报××	电厂（变电站）汇报中调、区调	汇报中调，汇报区调
		单元长汇报值长	汇报值长
		××值班负责人汇报单元长	汇报××单元长
平级	通知	××值班负责人通知××值班负责人	通知××值班负责人
	接通知	××值班负责人接××值班负责人通知	接××值班负责人通知

3. 电气设备名称描述

发电机、电动机、变压器、电压互感器（TV）、电流互感器（TA）、断路器、隔离开关、接地开关、电缆、熔断器等。

4. 电气设备双重名称描述

(1) 电气设备双重名称是指设备名称和设备编号（简称双重编号）。填写操作票时必须使用设备双重编号。其描述为：

[电压等级] + [××段] + [×××设备或线路名称] + [×××断路器（隔离开关）]

(2) 接入固定段的断路器（隔离开关）描述，应写明电压等级、固定段、设备名称、断路器（隔离开关）编号。例如，6kV ⅢA段A磨煤机A2309断路器。

(3) 接入双母线的断路器（隔离开关）描述，应写明电压等级、设备（线路）名称、断路器（隔离开关）编号。例如，220kV石盘Ⅰ线608断路器。

(4) 接入3/2接线方式的断路器（隔离开关）描述，应写明电压等级、固定串、固定母线、断路器（隔离开关）编号。例如，500kV第一串Ⅰ母线侧××××断路器。

(5) 填写厂用段单一断路器（隔离开关）倒闸操作票时，操作内容可以不写明设备双重编号，只写明电压等级和断路器（隔离开关）编号即可，但操作任务必须写明设备双重编号。例如，填写“6kV ⅢA段A磨煤机A2309断路器送电”操作票时，操作任务为“6kV ⅢA段A磨煤机A2309断路器送电”，而操作内容可写成“合上6kV A2309断路器”。

5. 电气倒闸操作中的电气设备状态定义

(1) 电气设备状态。电气设备一般有四种状态，即运行状态、热备用状态、冷备用状态、检修状态。

1) 运行状态。设备的隔离开关及断路器均在合入位置，设备带电运行，相应保护投入运行。

2) 热备用状态。设备的隔离开关在合入位置，断路器在断开位置，相应保护投入运行。

3) 冷备用状态。设备的隔离开关及断路器均在断开位置，且合闸熔断器（或合闸能量已释放）和操作熔断器均已取下。

4) 检修状态。设备的隔离开关及断路器均在断开位置，在有可能来电端挂好接地线，挂好安全标示牌，且合闸熔断器（或合闸能量已释放）和操作熔断器均已取下。

(2) 手车断路器位置。手车断路器本体所处的三种位置，即工作位置、试验位置、检修位置。

1) 工作位置。手车断路器本体在断路器柜内，一次插件（动、静插头）已插好。

2) 试验位置。手车断路器本体在断路器柜内，且断路器本体限定在“试验”位置，一次插件（动、静插头）在断开位置。

3) 检修位置。手车断路器本体在断路器柜外。

(3) 手车断路器状态。手车断路器有五种状态，即运行状态、热备用状态、冷备用状态、试验状态、检修状态。

1) 运行状态。手车断路器本体在“工作”位置，断路器处于合闸状态，二次插头插好，断路器操作电源、合闸电源均已投入，相应保护投入运行。

2) 热备用状态。手车断路器本体在“工作”位置，断路器处于分闸状态，二次插头插好，断路器操作电源、合闸电源均已投入，相应保护投入运行。

3) 试验状态。手车断路器本体在“试验”位置，断路器处于分闸状态，二次插头插好，断路器操作电源、合闸电源均已投入，保护投退不确定。

4) 冷备用状态。手车断路器本体在“试验”位置，断路器处于分闸状态，二次插头拔下，断路器操作电源、合闸电源均未投入，相应保护退出运行。

5) 检修状态。手车断路器本体在“检修”位置（在断路器柜外），二次插头拔下，断路器操作电源、合闸电源均未投入，相应保护退出运行，已做好安全措施。

参 考 文 献

[1] 张红艳. 变电运行（220kV）. 4版. 北京：中国电力出版社，2010.
[2] 钱振华. 电气设备倒闸操作技术问答. 4版. 北京：中国电力出版社，2008.
[3] 杨娟. 电气运行技术. 北京：中国电力出版社，2009.
[4] 焦日升. 变电站事故分析与处理. 北京：中国电力出版社，2009.
[5] 李火元. 电力系统继电保护及自动装置. 北京：中国电力出版社，2006.
[6] 杨娟. 变电运行. 北京：中国电力出版社，2012.